Klett-Cotta im Ullstein Taschenbuch

Klett-Cotta im Ullstein Taschenbuch
Ullstein Buch Nr. 39058
im Verlag Ullstein GmbH,
Frankfurt/Main – Berlin – Wien
Die Originalausgabe erschien 1977
unter dem Titel
›J.R.R. Tolkien – A biography‹

Ungekürzte Ausgabe
Umschlagentwurf:
Hansbernd Lindemann

Printed in Germany 1983
Druck und Verarbeitung:
Mohndruck Graphische Betriebe GmbH, Gütersloh
ISBN 3 548 39058 7

April 1983

CIP-Kurztitelaufnahme der Deutschen Bibliothek

Carpenter, Humphrey

J.R.R. Tolkien: e. Biographie/Humphrey Carpenter.
Aus d. Engl. übers. von Wolfgang Krege.
– Ungekürzte Ausg. – Frankfurt/Main;
Berlin; Wien: Ullstein, 1983.
(Ullstein-Buch; Nr. 39058: Klett-Cotta im
Ullstein-Taschenbuch)
Einheitssacht.: J.R.R. Tolkien ‹dt.›
ISBN 3-548-39058-7
NE: GT

HUMPHREY CARPENTER

J.R.R. TOLKIEN

EINE BIOGRAPHIE

AUS DEM ENGLISCHEN ÜBERSETZT VON WOLFGANG KREGE

Klett-Cotta im Ullstein Taschenbuch

Dem Andenken des »T. C. B. S.«

Inhalt

Vorbemerkung

Dieses Buch beruht auf den Briefen, Tagebüchern und anderen Papieren des verstorbenen Professors J. R. R. Tolkien sowie auf Erinnerungen seiner Angehörigen und Freunde.

Tolkien selbst war mit Biographien nicht ganz einverstanden. Oder richtiger, es mißfiel ihm, wenn die Biographie als Form der Literaturkritik dient. »Eine meiner stärksten Überzeugungen ist«, schrieb er einmal, »daß es völlig falsch und vergeblich ist, in der Lebensgeschichte eines Autors nach dem Zugang zu seinen Werken zu forschen.« Doch war ihm ohne Zweifel klar, daß die Beliebtheit seiner Erzählungen es sehr wahrscheinlich machte, daß nach seinem Tode eine Biographie geschrieben werden würde, und er scheint dafür sogar selbst manche Vorkehrungen getroffen zu haben, denn in seinen letzten Lebensjahren versah er eine Anzahl alter Briefe und Schriftstücke mit erklärenden Anmerkungen und Hinweisen. Er schrieb auch ein paar Seiten Erinnerungen an seine Kindheit. So ist zu hoffen, daß dieses Buch seinen Wünschen nicht ganz und gar fremd wäre.

Beim Schreiben habe ich versucht, Tolkiens Lebensgeschichte zu erzählen, ohne seine erzählerischen Werke kritisch beurteilen zu wollen. Dies geschieht zum Teil mit Rücksicht auf seine eigenen Ansichten, doch bin ich überhaupt der Meinung, daß die erste veröffentlichte Biographie eines Schriftstellers nicht unbedingt der beste Ort ist, um literarische Urteile abzugeben, die letztlich über den Kritiker ebensoviel verraten wie über seinen Gegenstand. Ich habe jedoch versucht, manche literarischen und anderen Einflüsse auf Tolkiens Vorstellungswelt zu zeigen, in der Hoffnung, damit etwas Licht auf seine Bücher werfen zu können.

H. C.
Oxford, 1976

I
EIN BESUCH

Es ist ein Vormittag im Frühjahr 1967. Ich bin aus dem Zentrum von Oxford herausgefahren, über die Magdalen Bridge, die Londoner Straße entlang, einen Hügel hinauf nach Headington hinein, einen achtbaren, doch öden Vorort. Bei einer großen Privatschule für Mädchen biege ich nach links ab in die Sandfield Road, eine Straße mit zweistöckigen Wohnhäusern, jedes mit einem reinlichen Gärtchen davor.

Nummer 76 liegt ein ganzes Stück weit die Straße hinunter. Das Haus ist weiß gestrichen und teilweise verdeckt hinter einem hohen Zaun, einer Hecke und überhängenden Bäumen. Ich parke den Wagen, öffne das Gartentor, gehe den kurzen Weg zwischen den Rosensträuchern hinauf und läute an der Haustür.

Eine ganze Weile ist es still, abgesehen von den Verkehrsgeräuschen aus der entfernten Hauptstraße. Ich überlege schon, ob ich noch einmal läuten oder wieder fortgehen soll, als die Tür von Professor Tolkien geöffnet wird.

Er ist ein wenig kleiner, als ich erwartet hatte. Körpergröße ist eine Eigenschaft, von der er in seinen Büchern viel hermacht, deshalb ist es ein bißchen überraschend zu sehen, daß er selbst etwas unter Mittelgröße ist — nicht viel, aber doch merklich. Ich stelle mich vor (mein Besuch ist angekündigt, und ich werde erwartet), und der skeptische, etwas abweisende Blick, der mir zuerst begegnete, weicht einem Lächeln. Er streckt mir die Hand hin und greift fest nach der meinen.

Hinter ihm kann ich den Hausflur sehen, klein, ordentlich und mit nichts darinnen, was man im Haus eines älteren Ehepaars aus der Mittelschicht nicht erwarten würde. W. H. Auden hat gesagt, das Haus sei »scheußlich«, in einer unbedachten Äußerung, die in den Zeitungen wiedergegeben wurde, doch das ist Unsinn. Es ist ein ganz gewöhnliches Vorstadthaus.

Mrs. Tolkien erscheint für einen Augenblick, um mich zu begrüßen. Sie ist kleiner als ihr Mann, eine gepflegte alte Dame mit eng um den Kopf gelegtem weißem Haar und dunklen Augenbrauen. Ein paar Höflichkeiten werden gewechselt, und dann tritt der Professor heraus und führt mich in sein »Büro« an der Seite des Hauses.

Dies ist eine ehemalige Garage. Schon seit langem steht kein Wagen mehr darinnen, erklärt er mir; seit Anfang des Zweiten Weltkrieges habe er keinen mehr besessen. Nach seiner Pensionierung wurde die Garage bewohnbar gemacht, und er brachte die Bücher und Papiere dort unter, die er früher in seinem Zimmer im College aufbewahrt hatte. Die Regale sind vollgestopft mit Wörterbüchern, etymologischen und philologischen Werken, Textausgaben in vielen Sprachen, vor allem Alt- und Mittelenglisch und Altnordisch; ein Brett ist jedoch auch für die Übersetzungen des *Herrn der Ringe* ins Polnische, Niederländische, Dänische, Schwedische und Japanische reserviert, die Karte des erfundenen Kontinents »Mittelerde« ist ans Fenstersims geheftet. Auf dem Boden steht ein alter Klappkoffer voller Briefe, auf dem Tisch sind Tintenfässer, Federn und Federhalter und zwei Schreibmaschinen. Der Raum riecht nach Büchern und Tabakrauch.

Sehr bequem ist es nicht, und der Professor entschuldigt sich, daß er mich hier empfange; in seinem Schlaf- und Arbeitszimmer, erklärt er, wo er zu schreiben pflege, sei kein Platz. Dies alles sei überhaupt nur ein Provisorium. Bald, so hoffe er, werde er zumindest den größten Teil dessen fertiggestellt haben, was er seinem Verlag versprochen habe, und dann könnten er und Mrs. Tolkien umziehen, in eine bequemere Wohnung in freundlicherer Umgebung, fern von Besuchern und Störungen. Nach dieser letzten Bemerkung sieht er etwas verlegen drein.

Ich steige über den elektrischen Ofen hinweg und nehme auf seine Anweisung in einem Rollstuhl Platz, während er die Pfeife aus einer Tasche seiner Tweedjacke zieht und zu einer Erklärung ansetzt, warum er nicht imstande sei, mehr als ein paar Minuten für mich zu erübrigen. Ein glänzender blauer Wecker tickt geräuschvoll, wie um dem Gesagten Nachdruck zu geben. Er sagt, er müsse einen scheinbaren Widerspruch in einer Passage des *Herrn der Ringe* klären, auf den ein Leser in einem Brief hingewiesen habe; die Sache erfordere dringend, daß er sich darum kümmert, weil eine überarbeitete Auflage des Buches gerade in Druck gehen soll. Er erläutert die Frage in allen Einzelheiten, wobei er von seinem Buch nicht wie von einer literarischen Fiktion, sondern wie von einer Chronik wirklicher Geschehnisse redet; er scheint sich nicht als einen Autor zu betrachten, dem ein kleiner, nun zu berichtigender oder wegzuerklärender Irrtum unterlaufen ist, sondern als einen Historiker, der in eine dunkle Stelle eines historischen Dokuments Licht bringen muß.

Unangenehm ist, daß er zu glauben scheint, ich würde sein Buch ebenso gut kennen wie er selbst. Ich habe es etliche Male gelesen, doch er spricht von Details, die mir wenig oder nichts bedeuten. Ich fange an zu befürchten, er könne mir eine tiefschürfende Frage hinwerfen, die mein Unwissen bloßlegen würde – und tatsächlich fragt er mich nun etwas, doch zum Glück nur rhetorisch, und ein »Ja« als Antwort genügt vollkommen.

Ich bin immer noch beunruhigt, ob nicht noch weitere, schwierigere Fragen kommen, um so mehr, als ich nicht alles verstehen kann, was er sagt. Er hat eine sonderbare Stimme, tief, doch ohne Resonanz, ganz und gar englisch, doch mit einer Eigenart darin, die ich nicht definieren kann, so als käme er aus einem anderen Zeitalter oder einer fremden Kultur. Meist spricht er nicht deutlich. Die Worte kommen in heftigen Schüben heraus; ganze Sätze werden ausgelassen oder in der Eile des Betonens zusammengezogen. Oft wird eine Hand gehoben und greift über den Mund, und das macht es noch schwerer, ihn zu verstehen. Er spricht in komplizierten Sätzen, fast ohne zu zögern — doch dann kommt eine lange Pause, in der er eine Antwort von mir zu erwarten scheint. Antwort auf was? Wenn er eine Frage gestellt hat, habe ich sie nicht verstanden. Plötzlich spricht er weiter (er hatte seinen Satz noch gar nicht beendet), und nun kommt er zu einem nachdrücklichen Abschluß. Währenddessen schiebt er sich die Pfeife zwischen die Zähne, redet mit geschlossenen Kiefern weiter, und als er beim Punkt angelangt ist, entzündet er ein Streichholz.

Wieder mühe ich mich ab, mir eine gescheite Bemerkung auszudenken, und wieder fährt er fort, ehe mir etwas eingefallen ist. Nach einer spärlichen Überleitung kommt er auf eine Bemerkung in einer Zeitung zu sprechen, die ihn geärgert hat. Jetzt habe ich das Gefühl, eine Kleinigkeit beitragen zu können, und ich sage etwas, das hoffentlich intelligent klingt. Er hört mit achtungsvollem Interesse zu und antwortet mir ausführlich, wobei er meine (eigentlich ganz triviale) Bemerkung zu einem vortrefflichen Sinn wendet und mir das Gefühl gibt, ich hätte etwas Sagenswertes gesagt. Dann springt er zu einem angrenzenden Thema über, und ich verliere wieder den Faden und kann nichts mehr beisteuern als einsilbige Zustimmungslaute hier und da; doch kommt mir der Gedanke, daß ich vielleicht als Zuhörer ebenso willkommen bin wie als Gesprächspartner.

Während er spricht, ist er unablässig in Bewegung; er geht in dem dunklen kleinen Zimmer mit einer Energie hin und her, die Rastlosigkeit verrät. Er schwenkt die Pfeife in der Luft, klopft sie im Aschbecher aus, stopft sie, reißt ein Zündholz an, raucht aber kaum je mehr als ein paar Züge. Er hat kleine, zierliche und faltige Hände, mit einem glatten Ehering auf dem Mittelfinger der Linken. Seine Kleidung ist ein bißchen verknautscht, doch gutsitzend, und obwohl er im siebenundsechzigsten Jahr steht, sieht man nur eine Andeutung von Schwere unter den Knöpfen seiner farbigen Weste. Ich kann meine Aufmerksamkeit nicht lange von seinen Augen abwenden, die bald im Zimmer umherwandern, bald aus dem Fenster schauen, dann und wann aber auch mich streifen oder in einem steten Blick zur Ruhe kommen, wenn er etwas Wichtigeres sagt. Sie sind von Runzeln und Falten umgeben, deren Wechsel jede Gestimmtheit hervorhebt.

Der Strom der Worte ist für einen Augenblick versiegt, und die Pfeife wird neu angezündet. Ich nutze die Gelegenheit und erkläre den Grund meines Kommens, der nun nebensächlich erscheint. Doch geht er gleich begeistert darauf ein und hört mich aufmerksam an. Dann, als dieser Teil des Gesprächs vorüber ist, stehe ich auf, um zu gehen; aber für den Augenblick wird offenbar mein Aufbruch weder erwartet noch gewünscht, denn er hat wieder zu reden begonnen. Noch einmal geht er auf seine Mythologie ein. Seine Augen heften sich an einen fernen Gegenstand, und er scheint vergessen zu haben, daß ich da bin, während er sich die Pfeife in den Mund klemmt und durch das Rohr spricht. Mir fällt ein, daß er in allen äußeren Belangen dem Archetypus eines Oxforder »Don« gleicht, zuweilen sogar der Bühnenkarikatur eines Don. Doch genau das ist er nicht. Es ist vielmehr so, als hätte ein fremder Geist die Gestalt eines alten Professors angenommen. Der Leib mag in diesem kümmerlichen Zimmer umhergehen, der Geist aber ist weit weg und streift durch die Gebirge und Ebenen von Mittelerde.

Dann ist alles vorüber, und ich werde aus der Garage zur Gartentür geführt — der kleineren gegenüber dem Haupteingang: Er erklärt mir, daß er die Garagentüren versperrt halten müsse, damit die Fußball-Zuschauer ihre Wagen nicht in seiner Einfahrt parkten, wenn sie zu den Spielen im örtlichen Stadion kämen. Sehr zu meiner Überraschung fordert er mich auf, wiederzukommen. Nicht gleich, denn weder er noch Mrs. Tolkien sind ganz wohlauf, und sie fahren jetzt nach Bournemouth in die Ferien, und in seiner Arbeit ist er viele Jahre zurück, und unbeantwortete Briefe stapeln sich. Aber irgendwann einmal, bald. Er schüttelt mir die Hand und geht, ein bißchen verloren, ins Haus zurück.

II
1892–1916
JUGENDJAHRE

1
Bloemfontein

An einem Märztag des Jahres 1891 stach der Dampfer »Roslin Castle« von England in See. Er fuhr zum Kap. Am Heck stand ein schmales, gutaussehendes Mädchen von einundzwanzig Jahren, der Familie zuwinkend, die es lange nicht mehr sehen würde. Mabel Suffield fuhr nach Südafrika, um Arthur Tolkien zu heiraten.

Es war in jeder Hinsicht ein Wendepunkt in ihrem Leben. Hinter ihr lag Birmingham, mit Tagen voller Nebel und Teegesellschaften in der Familie. Vor ihr lagen ein unbekanntes Land, ewiger Sonnenschein und die Ehe mit einem dreizehn Jahre älteren Mann.

Obwohl Mabel noch so jung war, war die Wartezeit lang gewesen, denn Arthur Tolkien hatte schon drei Jahre zuvor, kurz nach ihrem achtzehnten Geburtstag, um sie angehalten, und sie hatte eingewilligt. Ihr Vater jedoch wollte ihrer Jugend wegen noch zwei Jahre lang die ordentliche Verlobung nicht gestatten, und so konnten sie nur heimlich Briefe wechseln und sich bei Abendgesellschaften sehen, wo sie unter den Augen der Familie waren. Die Briefe wurden von Mabel ihrer jüngeren Schwester Jane anvertraut, die sie Arthur auf dem Bahnhof New Street in Birmingham zusteckte, wo sie, wenn sie aus der Schule kam, in den Zug nach dem Vorort stieg, in dem die Suffields wohnten. Die Abendgesellschaften waren im allgemeinen musikalischen Charakters, und Arthur und Mabel konnten hier nur unauffällige Blicke wechseln oder sich allenfalls einmal am Arm berühren, während seine Schwestern auf dem Klavier spielten.

Es war natürlich ein Tolkien-Klavier, ein »Giraffen«-Modell, wie es die Familienfirma herstellte, der die Tolkiens verdankten, was sie an Geld früher besessen hatten. Der Deckel trug die Inschrift: »Unwiderstehliches Pianoforte: eigens für extreme Klimata hergestellt«. Die Klavierfabrik aber war nun in anderen Händen, und Arthurs Vater war bankrott, ohne ein Familienunternehmen, das den Söhnen Stellungen gewährte. Arthur hatte versucht, bei der Lloyds Bank voranzukommen, aber in dem Büro von Birmingham ließen

Beförderungen lange auf sich warten, und er wußte, wenn er eine Frau und Kinder ernähren wollte, dann würde er sich anderswo umsehen müssen. Er richtete sein Augenmerk auf Südafrika, wo die Gold- und Diamantenfunde das Bankgeschäft expandieren ließen, bei guten Aussichten für Angestellte. Kaum ein Jahr, nachdem er um Mabel angehalten hatte, bekam er eine Stellung bei der Bank of Africa und fuhr zum Kap.

Seine Initiative zahlte sich bald aus. Im ersten Jahr hatte er viel reisen müssen, denn er wurde mit befristeten Stellenzuweisungen in viele der wichtigsten Städte zwischen dem Kap und Johannesburg geschickt. Er machte seine Sache gut und wurde Ende 1890 zum Leiter der bedeutenden Filiale in Bloemfontein, der Hauptstadt des Oranje-Freistaats, ernannt. Ein Haus wurde ihm zur Verfügung gestellt, sein Einkommen war angemessen, und so war die Heirat endlich möglich geworden. Mabel feierte Ende Januar 1891 ihren einundzwanzigsten Geburtstag, und schon ein paar Wochen später war sie auf der »Roslin Castle« unterwegs nach Südafrika und zu Arthur. Die Verlobung hatte nun die Billigung ihres Vaters.

Oder vielleicht wäre es besser, von »Duldung« zu sprechen, denn John Suffield hatte seinen Stolz, besonders was Vorfahren anging, denn diese waren in vieler Hinsicht das einzige, worauf er noch stolz sein konnte. Einst hatte er ein gutgehendes Tuchgeschäft in Birmingham besessen, doch jetzt war er ebenso bankrott wie Arthur Tolkiens Vater. Seinen Unterhalt mußte er als Handlungsreisender für Desinfektionsmittel verdienen, doch seinen Stolz auf die alte und ehrenwerte Midland-Familie, aus der er stammte, hatte der Verlust seines Vermögens nur bestärkt. Was waren dagegen die Tolkiens? Deutsche Einwanderer, erst seit ein paar Generationen in England — also kaum der rechte Stammbaum für den Gatten seiner Tochter.

Wenn solche Gedanken Mabel während ihrer dreiwöchigen Reise beschäftigt haben sollten, dann lagen sie ihr doch gewiß fern an jenem Tag zu Anfang April, als das Schiff in den Hafen von Kapstadt einlief und sie endlich auf dem Kai einen weißgekleideten, hübschen Mann mit üppigem Schnurrbart zu Gesicht bekam, dem man seine vierunddreißig Jahre noch kaum anmerkte, und der unruhig durch die Menge nach seiner Liebsten ausspähte.

Arthur Reuel Tolkien und Mabel Suffield wurden am 16. April 1891 in der Kathedrale von Kapstadt getraut und verlebten die Flitterwochen in einem Hotel im nahegelegenen Sea Point. Dann kam eine strapaziöse Eisenbahnfahrt über nahezu siebenhundert Meilen nach der Hauptstadt des Oranje-Freistaats, wo sie in das Haus einzogen, das Mabels erstes und einziges Heim mit Arthur sein sollte.

Bloemfontein war erst fünfundvierzig Jahre vorher als ein kleines Dörfchen ins Leben getreten. Auch 1891 war es noch nicht groß. Mit Sicherheit bot es damals, als Mabel und Arthur Tolkien in dem neuerbauten Bahnhof aus dem Zug stiegen, kein sehr eindrucksvolles Schauspiel. Im Stadtzentrum war der Marktplatz, wo die holländisch sprechenden Farmer aus dem *Veldt* in großen Ochsenwagen angerollt kamen, um die Wollballen abzuladen und zu verkaufen, auf denen die Wirtschaft des Freistaats beruhte. Um den Platz drängten sich die baulichen Wahrzeichen der Zivilisation: das Parlamentsgebäude mit seinen Kolonnaden, die zwei Türme der Holländisch-Reformierten Kirche, das Krankenhaus, die Stadtbibliothek und das Präsidentenhaus. Es gab einen Klub für die europäischen Einwohner (Deutsche, Holländer und Engländer), einen Tennis-Klub, einen Gerichtshof und hinlänglich viele Läden. Die Bäume aber, von den ersten Siedlern angepflanzt, waren noch spärlich, und Mabel fand einen Stadtpark vor, der aus nicht mehr als zehn Weiden und einem Wasserpfützchen bestand. Nur wenige hundert Meter hinter den Häusern begann die offene Steppe, wo Wölfe, wilde Hunde und Schakale umherstreiften und die Herden bedrohten und wo es geschehen konnte, daß ein Postreiter nach Einbruch der Dunkelheit von einem Löwen angefallen wurde. Aus diesen baumlosen Ebenen blies der Wind nach Bloemfontein herein und fegte den Staub über die breiten Straßen aus planiertem Erdreich. In einem Brief an ihre Familie charakterisierte Mabel die Stadt kurzerhand als »heulende Wildnis, gräßliche Einöde!«

Arthur zuliebe mußte sie jedoch lernen, sich dort wohlzufühlen, und mit der Zeit fand sie ihr Leben keineswegs unbehaglich. Zu dem Anwesen der Bank von Afrika in der Maitland Street, dicht beim Marktplatz, gehörte auch ein massiv gebautes Wohnhaus mit einem großen Garten. Im Haus gab es Diener, teils Schwarze oder Farbige, teils weiße Einwanderer, und geselliger Umgang fand sich zur Genüge unter den vielen anderen englischsprechenden Einwohnern, die für ein ziemlich regelmäßiges Reihum von Tanzvergnügen und Abendgesellschaften sorgten. Mabel hatte viel Zeit für sich, denn wenn Arthur nicht in der Bank zu tun hatte, besuchte er Kurse, um Holländisch zu lernen, die Sprache, in der alle amtlichen und juristischen Schriftstücke abgefaßt waren, oder er pflegte nutzbringende Bekanntschaften im Klub. Er konnte es sich nicht leisten, das Leben auf die leichte Schulter zu nehmen, denn zwar gab es nur noch eine weitere Bank in Bloemfontein, doch dies war die Nationalbank, das einheimische Geldinstitut des Oranje-Freistaats; die Bank von Afrika hingegen, deren Filiale Arthur leitete, war eine Außenseiterin, *uitlander*, und wurde nur dank einer besonderen Verfügung des Parlaments geduldet. Zu allem Unglück war auch noch der frühere Leiter der Bank von Afrika zur Nationalbank übergegangen, und Arthur mußte sich doppelt bemühen, um sicherzustellen, daß keine größeren Konten ihm folgten. Dann gab es neue Projekte im Ort, Pläne in bezug auf die Diamanten von Kimberley im Westen oder das Gold von Witwatersrand im Norden. Es war eine entscheidende Phase in Arthurs Karriere, und überdies konnte Mabel sehen, daß er ungemein glücklich war. Bei guter Gesundheit war er seit seiner Ankunft in Südafrika nicht immer gewesen, doch das Klima schien zu seinem Temperament zu passen; es schien ihn sogar, wie Mabel mit leiser Besorgnis feststellte, positiv anzusprechen, während sie selbst es schon nach wenigen Monaten von Herzen satt hatte. Der drückend heiße Sommer und der kalte, trockene und staubige Winter gingen ihr weit mehr auf die Nerven, als sie Arthur eingestehen mochte, und der »Heimaturlaub« schien noch in weiter Ferne zu liegen, denn erst nach weiteren drei Jahren in Bloemfontein hätten sie Anrecht auf einen Besuch in England.

Doch sie hatte Arthur sehr gern und war stets glücklich, wenn sie ihn vom Schreibtisch weglocken konnte, um mit ihm spazierenzugehen oder auszufahren, ein Tennis-Match oder eine Runde Golf zu spielen oder einander laut vorzulesen. Und bald trat etwas anderes ein, was ihren Sinn beschäftigte: sie merkte, daß sie schwanger war.

Am 4. Januar 1892 schrieb Arthur Tolkien an seine Familie in Birmingham:

> Meine liebe Mutter,
> diese Woche habe ich gute Nachricht für Dich. Mabel hat mir gestern abend (3. Januar) einen hübschen kleinen Jungen geschenkt. Das Baby war ein bißchen früh da, aber es ist gesund und kräftig, und Mabel hat alles wunderbar durchgestanden. Das Baby ist (natürlich) allerliebst. Es hat schöne Hände und Ohren (sehr lange Finger), sehr helles Haar, »Tolkien-Augen« und ganz klar den »Suffield-Mund«. Dem allgemeinen Eindruck nach einer sehr schönen Neuausgabe seiner Tante Mabel Mitton sehr ähnlich. Als wir Dr. Stollreither gestern das erste Mal riefen, meinte er, es sei

falscher Alarm, und sagte der Schwester, sie könne noch für vierzehn Tage nachhause gehen, aber er hatte sich geirrt, und gegen acht rief ich ihn von neuem und dann blieb er bis 12 Uhr 40, als wir einen Whisky auf die Zukunft des Jungen tranken. Sein erster Vorname wird »John« sein, nach seinem Großvater, im Verbund wahrscheinlich John Ronald Reuel. Mab will ihn Ronald nennen und ich möchte John und Reuel beibehalten . . .

»Reuel« hieß Arthur selbst mit dem zweiten Vornamen, aber einen Vorgänger für »Ronald« gab es in der Familie nicht. Dies war der Name, mit dem Arthur und Mabel schließlich ihren Sohn anredeten, dessen sich seine Verwandten und später auch seine Frau bedienten. Doch er selbst sagte manchmal, er habe nicht das Gefühl, daß dies sein richtiger Name sei, und auch anderen schien die Frage, wie sie ihn anreden sollten, leichte Verlegenheit zu bereiten. Einige enge Schulfreunde nannten ihn »John Ronald« — klangvoll und ein bißchen großspurig. Als er erwachsen war, redeten ihn gute Freunde (wie damals üblich) beim Nachnamen an oder mit »Tollers«, einem Spitznamen im Stil jener Zeit. Bei Menschen, die ihm nicht so nahestanden, hieß er meist »J. R. R. T.«, besonders in seinen späteren Jahren. Vielleicht war er letzten Endes mit diesen vier Initialen noch am besten benannt.

John Ronald Reuel Tolkien wurde in der Kirche von Bloemfontein am 31. Januar 1892 getauft, und einige Monate später wurde er im Garten des Bankhauses photographiert, in den Armen des zu seiner Pflege angestellten Kindermädchens. Seine Mutter befand sich offenbar bei ausgezeichneter Gesundheit, und Arthur Tolkien, immer ein wenig Stutzer, posierte sehr flott in weißem Tropenanzug und Strohhut. Hinter ihnen stehen zwei schwarze Dienstboten, ein Mädchen und ein Hausdiener namens Isaak, die beide erfreut und etwas überrascht aussehen, daß sie mit aufs Bild kommen. Mabel fand die Haltung der Buren gegen die Eingeborenen bedenklich, und im Bankhaus herrschte Toleranz, besonders gegen das ungewöhnliche Verhalten Isaaks, der sich eines Tages mit dem kleinen John Ronald Reuel davonstahl und ihn in seinen Kral brachte, wo er stolz den ungewöhnlichen Anblick eines weißen Babys vorführte. Um diesen Vorfall gab es viel Wirbel, aber Isaak wurde nicht entlassen, und aus Dankbarkeit gegen seinen Dienstherrn nannte er seinen eigenen Sohn »Isaak Mister Tolkien Victor« — mit dem letzten Namen zu Ehren der Königin Viktoria.

Es gab noch andere Zwischenfälle im Hause Tolkien. Eines Tags kletterte der zahme Affe eines Nachbarn über den Zaun und zerbiß drei Kinderschürzchen. Im Brennholzschuppen lauerten Schlangen, vor denen man sich in acht nehmen mußte. Und viele Monate später, als Ronald schon zu gehen anfing, stolperte er über eine Tarantel. Sie stach ihn, und er rannte voll Entsetzen durch den Garten, bis das Kindermädchen ihn griff und das Gift aussog. Als er erwachsen wurde, konnte er sich nur noch an einen heißen Tag erinnern, wie er voll Furcht durch hohes, trocknes Gras rannte, die Tarantel selbst aber war aus seiner Erinnerung gelöscht, und er sagte, er habe von dem Vorfall keinen besonderen Abscheu vor Spinnen zurückbehalten. In seinen Erzählungen aber kommen mehr als einmal ungeheure Giftspinnen vor.

Zumeist aber nahm das Leben im Bankhaus einen geregelten Gang. Am frühen Morgen und am späten Nachmittag wurde das Kind in den Garten gebracht, wo es zusehen konnte, wie sein Vater die Weinranken beschnitt oder auf einem Stück ummauerten, doch brachliegenden Bodens junge Bäume pflanzte. Im ersten Lebensjahr des Jungen legte Arthur Tolkien einen kleinen Hain von Zypressen, Kiefern und Zedern an. Vielleicht hing damit die tiefe Liebe zu Bäumen zusammen, die später in Ronald aufkam.

Von halb neun bis halb fünf mußte das Kind im Hause bleiben, wegen der grellen Sonne. Auch im Hause konnte es noch heiß genug sein, und er mußte immer ganz in Weiß gekleidet werden. »Der Kleine sieht doch wie ein Elf aus, wenn er *ganz* in weiße Rüschen und Schuhchen gekleidet ist«, schrieb Mabel Tolkien an die Mutter ihres Gatten. »Und wenn er ganz *aus*gezogen ist, dann finde ich, er sieht noch mehr wie ein Elf aus.«

Mabel hatte nun mehr Gesellschaft. Bald nach dem ersten Geburtstag des Kindes kamen ihre Schwester und ihr Schwager May und Walter Incledon aus England. Walter Incledon, ein Birminghamer Kaufmann, Anfang dreißig, hatte geschäftliches Interesse an den südafrikanischen Gold- und Diamantenminen; er ließ May und ihre kleine Tochter Marjorie im Bankhaus zurück und fuhr weiter in die Bergbaugebiete. May Incledon kam zur rechten Zeit, um ihre Schwester einen weiteren harten Winter über bei Laune zu halten, eine Zeit, die um so schwerer zu ertragen war, als auch Arthur für einige Wochen in Geschäften verreist war. Es herrschte heftige Kälte, und die Schwestern drängten sich um den Ofen im Wohnzimmer, während Mabel Babykleider strickte und mit May über die Zeiten in Birmingham plauderte. Mabel machte kein Geheimnis aus ihrem Ärger über das Leben in Bloemfontein, über das Klima, die endlos langweiligen Besuche und Abendgesellschaften. Der Heimaturlaub konnte nun bald angetreten werden, in etwa einem Jahr — nur fand Arthur immer neue Gründe, ihn zu vertagen. »Ich werde nicht zulassen, daß er ihn zu lange hinausschiebt«, schrieb Mabel. »Für meinen Geschmack findet er doch allzuviel Gefallen an diesem Klima. Ich wünschte, mir gefiele es auch besser, denn ich bin sicher, er wird sich nie mehr in England niederlassen.«

Am Ende *mußte* die Reise aufgeschoben werden. Mabel wurde von neuem schwanger und gebar am 17. Februar 1894 einen zweiten Sohn. Er wurde Hilary Arthur Reuel getauft.

Hilary erwies sich als ein gesundes Kind, dem das Klima von Bloemfontein bekam, seinem älteren Bruder aber ging es nicht so gut. Ronald war hübsch und kräftig, mit blondem Haar und blauen Augen — »ganz wie ein kleiner Sachse«, sagte sein Vater. Er sprach inzwischen geläufig und unterhielt die Bankangestellten, wenn er zu seinem täglichen Besuch im Büro des Vaters die Treppe herunterkam, Papier und Bleistift verlangte und unbeholfen vor sich hin malte und kritzelte.Doch das Zahnen machte ihm schwer zu schaffen; er bekam Fieber, so daß der Arzt jeden Tag kommen mußte, und Mabel war bald ganz erschöpft. Das Wetter konnte nicht schlimmer sein: Eine strenge Dürre kam, ruinierte den Handel, verdarb allen die Laune und brachte eine Heuschreckenplage mit sich, die das *Veldt* überzog und eine gute Ernte vernichtete. Trotz allem aber schrieb Arthur seinem Vater, was Mabel zu hören befürchtet hatte: »Ich denke, mir wird es in diesem Lande gutgehen, und ich denke nicht, daß ich mich in England auf die Dauer noch einmal gut zurechtfinden würde.«

Ob sie nun dableiben sollten oder nicht, es war klar, daß die Hitze Ronalds Gesundheit viel schadete. Es mußte etwas geschehen, damit er in kühlere Luft kam. Daher fuhr Mabel im November 1894 mit den beiden Jungen die vielen hundert Meilen bis zur Küste bei Kapstadt. Ronald war nun schon fast drei Jahre, alt genug, um eine blasse Erinnerung an die lange Bahnfahrt zurückzubehalten und daran, wie er vom Meer zurückrannte zu einem Strandkorb auf dem weiten, flachen Sandstrand. Nach diesen Ferien kehrten Mabel und die Kinder nach Bloemfontein zurück, und die Vorbereitungen für ihren Besuch in England wurden getroffen. Arthur hatte die Überfahrt gebucht und ein Kindermädchen engagiert, das mit ihnen fahren sollte. Er hätte sie nur allzu gern selbst begleitet, konnte es sich aber nicht leisten, sein Büro zu verlassen, denn Eisenbahn-Projekte kamen auf ihn zu, welche die Bank angingen, und so schrieb er an seinen Vater: »In dieser Zeit der Konkurrenz mag man sein Geschäft nicht gern in anderen Händen zurücklassen.« Außerdem hätte er für die Zeit seiner Abwesenheit nur das halbe Gehalt bekommen, und zusätzlich zu den Reisekosten konnte er dies nicht ohne weiteres tragen. So beschloß er, zunächst in Bloemfontein zu bleiben und erst etwas später zu Frau und Kindern nach England zu kommen. Ronald sah zu, wie sein Vater *A. A. Tolkien* auf den Deckel eines Familienkoffers malte. Es war die einzige klare Erinnerung an ihn, die der Junge behielt.

Auf dem Dampfer »Guelph« fuhr Mabel Tolkien mit den Jungen Anfang April 1895 von Südafrika ab. In Ronalds Geist blieb nicht mehr zurück als ein paar Worte Afrikaans und die blasse Erinnerung an eine trockene, staubige und kahle Landschaft, während Hilary noch zu jung war, um auch nur dies zu behalten. Drei Wochen später holte Mabels jüngere Schwester Jane, nun eine erwachsene Frau, sie in Southampton ab, und wenige Stunden später waren sie alle in Birmingham und drängten sich in das winzige Haus der Familie in King's Heath. Mabels Vater war vergnügt wie immer, machte Späße und zungenbrecherische Wortspiele, und ihre Mutter war freundlich und verständnisvoll. Sie blieben, und während Frühling und Sommer hingingen, besserte sich Ronalds Gesundheit zusehends. Arthur Tolkien aber, obwohl er schrieb, wie sehr er Frau und Kinder vermisse und sich danach sehne, zu ihnen zu kommen, hatte immer wieder etwas zu tun, das ihn abhielt.

Dann kam im November die Nachricht, daß er sich Rheumafieber zugezogen habe. Er sei schon halb wieder genesen, könne sich aber einem englischen Winter nicht aussetzen und müsse erst wieder ganz gesund werden, ehe er die Reise antrete. Mabel verlebte das Weihnachtsfest in größter Besorgnis, doch Ronald hatte sein Vergnügen und war fasziniert von dem Anblick seines ersten Weihnachtsbaums, der etwas ganz anderes war als der welke Eukalyptus, der im Dezember zuvor das Bankhaus geschmückt hatte.

Als es Januar wurde, kam Nachricht, daß Arthur Tolkien immer noch bei schlechter Gesundheit sei, und Mabel entschied, daß sie nach Bloemfontein zurückkehren müsse, um ihn zu pflegen. Die Vorbereitungen wurden getroffen, und ein aufgeregter Ronald diktierte dem Kindermädchen einen Brief an seinen Vater:

9 Ashfield Road, King's Heath, den 14. Februar 1896
Lieber Vati,
ich bin so froh daß ich wiederkomme und Dich sehe es ist so lange her seit wir von dir weg sind ich hoffe das Schiff bringt uns alle zu Dir zurück Mammi und Baby und mich. Ich weiß Du wirst Dich so freuen über einen Brief von Deinem kleinen Ronald. Es ist schon so lange her seit ich Dir zuletzt geschrieben habe und ich bin so ein großer Mann geworden weil ich einen Männermantel und ein Männerleibchen bekommen habe. Mammi sagt Du wirst Baby und mich gar nicht mehr kennen so große Männer sind wir geworden so viele Weihnachtsgeschenke haben wir bekommen die wollen wir Dir zeigen. Tante Gracie hat uns besucht ich gehe jeden Tag raus und fahre nur ein Stückchen in meinem Postwagen. Hilary sendet Dir viele liebe Grüße und Küsse und so auch Dein Dich liebender
Ronald.

Der Brief wurde nie abgeschickt, denn ein Telegramm kam mit der Nachricht, Arthur Tolkien habe einen schweren Blutsturz erlitten, und Mabel müsse auf das Schlimmste gefaßt sein. Am nächsten Tag, dem 15. Februar 1896, war er tot. Zu dem Zeitpunkt, als die Witwe einen ausführlichen Bericht über seine letzten Stunden erhielt, war sein Leichnam schon auf dem anglikanischen Friedhof in Bloemfontein begraben worden, fünftausend Meilen weit von Birmingham.

2
Birmingham

Als Mabel Tolkien den ersten Schock überwunden hatte, wußte sie, daß sie Entscheidungen zu treffen hatte. Sie konnte mit den beiden Jungen nicht für immer in der engen kleinen Vorort-Villa ihrer Eltern bleiben, doch hatte sie kaum die Mittel, um einen eigenen Haushalt zu begründen. Ungeachtet seines Fleißes und seiner Sparsamkeit hatte Arthur doch nur ein bescheidenes Kapital angehäuft, das hauptsächlich in den Bonanza-Minen angelegt war, und obgleich die Dividende hoch war, würde sie doch nicht mehr als dreißig Shilling die Woche erbringen, ein Einkommen, das auch bei niedrigsten Ansprüchen kaum ausreichte, um Mabel und die zwei Kinder am Leben zu erhalten. Dann war da auch die Frage, wie die Jungen erzogen werden sollten. Wahrscheinlich könnte sie dies einige Jahre lang allein bewerkstelligen, denn sie verstand etwas Latein, Französisch und Deutsch und konnte zeichnen, malen und Klavier spielen. Später, wenn Ronald und Hilary alt genug wären, würden sie die Aufnahmeprüfung für die König-Edwards-Schule ablegen müssen, die auch Arthur besucht hatte und die das beste Gymnasium von Birmingham war. Einstweilen mußte sie eine billige Unterkunft finden, für die sie die Miete bezahlen könnte. In Birmingham gab es Wohnungen in Menge, doch die Jungen sollten an die frische Luft und aufs Land, in eine Heimstatt, wo sie trotz ihrer Armut glücklich sein könnten. Sie begann Anzeigen durchzusehen.

Ronald, nun im fünften Jahr, gewöhnte sich allmählich an das Leben unter dem Dach seiner Großeltern. Er hatte seinen Vater fast vergessen und konnte ihn bald nur noch als eine Person aus einer nahezu legendären Vergangenheit ansehen. Der Wechsel von Bloemfontein nach Birmingham hatte ihn verwirrt, und manchmal erwartete er, die Veranda des Bankhauses aus dem Haus der Großeltern in der Ashfield Road hervorspringen zu sehen; doch als die Wochen hingingen und die Erinnerungen an Südafrika allmählich blasser wurden, achtete er mehr auf die Erwachsenen in seiner Umgebung. Sein Onkel Willie und seine Tante Jane wohnten noch zuhause, und außerdem war da noch ein Untermieter, ein sandblonder Versicherungsangestellter, der auf der Treppe saß und, sich auf einem Banjo begleitend, »Polly-Wolly-Doodle« sang, während er Jane Augen machte. Die Familie fand ihn ordinär, und man war entsetzt, als Jane sich mit ihm verlobte. Ronald verlangte es insgeheim nach einem Banjo.

Abends pflegte der Großvater heimzukommen, nachdem er den Tag über in den Straßen von Birmingham herumgelaufen war, um Ladeninhabern und Fabrikleitern Bestellungen für Jeyes' Desinfektionslösung zu entlocken. John Suffield hatte einen langen Bart und sah sehr alt aus. Er war dreiundsechzig und schwur, er werde noch die hundert erleben. Er war ein sehr heiterer Mensch, dem es nichts auszumachen schien, daß er seinen Unterhalt als Handlungsreisender verdienen mußte, obwohl er doch einst sein eigenes Tuchgeschäft im Stadtzentrum betrieben hatte. Manchmal nahm er ein Stück Papier und eine besonders feine Feder zur Hand. Dann zog er einen Kreis um eine Six-Pence-Münze, und auf diese kleine Fläche schrieb er in feiner, wie gestochener Schrift den Text des ganzen Vaterunser. Seine Vorfahren waren Graveure und Blechschmiede gewesen, und vielleicht hatte er von ihnen diese Kunst ererbt; voller Stolz sprach er davon, wie König William IV. der Familie ein Wappen verliehen habe, weil sie feine Schmiedearbeiten für ihn leisteten, und daß Lord Suffield entfernt mit ihnen verwandt sei (was nicht stimmte).

So kam es, daß Ronald sich allmählich die Familienbräuche der Suffields aneignete. Diesen fühlte er sich schließlich weit näher als der Familie seines verstorbenen Vaters. Sein Großvater Tolkien wohnte nur ein Stückchen weiter in derselben Straße, und Ronald wurde manchmal zu ihm hingebracht; doch John Benjamin Tolkien war neunundachtzig, und der Tod seines Sohnes hatte ihn schwer getroffen. Sechs Monate nach Arthur lag auch der alte Herr im Grab, und wieder war eine Verbindung des Jungen zu den Tolkiens abgerissen.

Er hatte jedoch noch seine Tante Grace, Arthurs jüngere Schwester, die ihm Geschichten von den Vorfahren der Tolkiens erzählte, Geschichten, die unwahrscheinlich klangen, die aber, sagte Tante Grace, fest auf den Tatsachen gründeten. Sie behauptete, der ursprüngliche Name der Familie sei »von Hohenzollern« gewesen, denn sie seien aus dem Gebiet der Hohenzollern im Heiligen Römischen Reich gekommen. Ein gewisser Georg von Hohenzollern habe 1529 während der Belagerung Wiens an der Seite des Erzherzogs Ferdinand von Österreich gekämpft. Er habe als Anführer eines

Überraschungsangriffs auf die Türken große Tapferkeit bewiesen und die Standarte des Sultans erobert. Deshalb (sagte Tante Grace) habe man ihm den Beinamen *Tollkühn* gegeben, und dieser Name habe sich gehalten. Es hieß, die Familie habe auch nach Frankreich Verbindungen geknüpft und sich durch Ehen mit dem Adel jenes Landes vermischt, wobei sie eine französische Version ihres Beinamens angenommen habe, *du Téméraire*. Wann und warum ihre Vorfahren nach England gekommen seien, darüber gingen die Meinungen der Tolkiens auseinander. Die prosaischere besagte, es sei 1756 gewesen, als sie vor dem Einmarsch der Preußen in Sachsen geflüchtet seien, wo sie Ländereien besessen hätten. Tante Grace aber gab der romantischeren (wenn auch weniger plausiblen) Geschichte den Vorzug, wie einer der du Téméraires sich 1794 vor der Guillotine über den Kanal gerettet habe; daraufhin hatte er offenbar wieder eine Form des alten Familiennamens angenommen, »Tolkien«. Von diesem Edelmann hieß es, er sei ein hervorragender Cembalospieler und Uhrmacher gewesen. Jedenfalls gewann diese Geschichte — sie ist typisch für die Art Geschichten, wie sie Mittelstandsfamilien über ihre Herkunft erzählen — der Anwesenheit der Tolkiens in London zu Beginn des neunzehnten Jahrhunderts eine interessante Deutung ab. Sie verdienten dort ihren Unterhalt als Uhrmacher und Klavierbauer, und als Klavierbauer und Musikalienhändler war auch John Benjamin Tolkien, Arthurs Vater, einige Zeit später nach Birmingham gekommen und hatte ein Geschäft eröffnet.

Die Tolkiens erzählten immer gern Geschichten, die ihrer Abstammung eine romantische Färbung gaben; doch was auch Wahres daran gewesen sein mag, zur Zeit von Ronalds Kindheit war die Familie an Charakter und Aussehen ganz und gar englisch, nicht zu unterscheiden von Tausenden anderer aus den mittelständischen Gewerben, welche die Vororte von Birmingham bevölkerten. Jedenfalls nahm Ronald an der Familie seiner Mutter mehr Interesse. Er faßte bald eine lebhafte Zuneigung zu den Suffields und zu allem, was sie darstellten. Er fand heraus, daß die Familie, obwohl nun hauptsächlich in Birmingham ansässig, ursprünglich aus dem stillen Städtchen Evesham in Worcestershire stammte, wo viele Generationen von Suffields gelebt hatten. Er war in gewissem Sinne ein heimatloses Kind — denn die Reise von Südafrika und das Umherziehen, das nun begann, gaben ihm ein Gefühl der Wurzellosigkeit —, und so hing er an der Vorstellung, daß Evesham im besonderen und, im weiteren Umkreis, das ganze Gebiet des westlichen Mittelengland seine wahre

Heimat seien. Einmal schrieb er: »Obgleich dem Namen nach ein Tolkien, bin ich doch nach Neigungen, Talenten und Erziehung ein Suffield.« Und über Worcestershire sagte er: »Jeder Winkel dieser Grafschaft (ob schön oder elend) liegt für mich in unerklärlicher Weise ›auf dem Heimweg‹, wie kein anderes Stück von der Welt.«

Bis zum Sommer 1896 hatte Mabel Tolkien ein Haus gefunden, das billig genug war, daß sie mit den Kindern für sich dort wohnen konnte, und sie zogen aus Birmingham in das Dörfchen Sarehole, etwa eine Meile vom Südrand der Stadt. Auf Ronald hatte dieser Ort eine tiefe und dauernde Wirkung. Genau in dem Alter, in dem seine Phantasie sich zu öffnen begann, sah er sich im ländlichen England.

Sie zogen in das Haus Gracewell 5, eine halb freistehende Backsteinkate am Ende einer Häuserzeile. Mabel Tolkien hatte es von einem der einheimischen Grundbesitzer gemietet. Vor der Tür führte die Straße einen Hügel hinauf in das Nachbardorf Moseley und von da weiter nach Birmingham. In der Gegenrichtung ging es nach Stratford-upon-Avon. Aber Verkehr gab es wenig, nur ab und zu einen Bauern- oder Händlerswagen, und es war leicht, die doch so nahe Großstadt zu vergessen.

Jenseits der Straße kam man über eine Wiese zu dem Flüßchen Cole, das kaum mehr als ein breiter Bach war, und dort am Ufer stand die Mühle von Sarehole, ein alter Backsteinbau mit hohem Schornstein. Drei Jahrhunderte lang war dort Korn gemahlen worden, doch die Zeiten änderten sich. Eine Dampfmaschine war eingebaut worden, um Energie zu liefern, wenn der Fluß zu niedrig stand, und nun mahlte die Mühle hauptsächlich Knochen für die Dünger-Herstellung. Aber das Wasser fiel immer noch über das Wehr und brauste unter dem großen Rad hindurch, und im Innern des Gebäudes war alles mit feinem weißem Staub bedeckt. Hilary Tolkien war erst zweieinhalb, aber bald schon begleitete er den älteren Bruder auf Streifzügen über die Wiese zu der Mühle, wo sie durch den Zaun dem Wasserrad zuschauten, wie es sich in seiner dunklen Höhle drehte, oder zum Hof hinüberliefen, wo die Säcke auf einen Karren verladen wurden. Manchmal wagten sie sich durchs Tor und spähten durch eine offene Tür in das Gebäude hinein, wo sie die großen Treibriemen, Flaschenzüge und Walzen und die Männer bei der Arbeit sahen. Es waren zwei Müller, Vater und Sohn. Der alte Mann hatte einen schwarzen Bart, doch Angst hatten die Jungen vor dem Sohn mit seiner weißbestaubten Kleidung und seinem stechenden Blick. Ronald nannte ihn den »weißen Oger«. Wenn er ihnen zubrüllte, daß sie sich davonmachen sollten, rannten sie weg aus dem Hof zu einer Stelle hinter der Mühle, wo ein stiller Teich war, auf dem Schwäne schwammen. Unterhalb des Teiches stürzten die dunklen Wasser plötzlich über das Wehr auf das große Mühlrad zu — ein gefährlicher und fesselnder Ort.

Unweit der Mühle, ein Stück den Hügel hinauf, nach Moseley zu, lag eine tiefe, von Baumreihen umsäumte Sandgrube, die ein weiterer Anziehungspunkt für die Jungen wurde. Sie konnten in alle Richtungen streifen, doch gab es Gefahren. Ein alter Bauer, der einmal Jagd auf Ronald machte, weil der Pilze gesammelt hatte, erhielt von den Jungen den Spitznamen »der schwarze Oger«. Solcherlei köstliche Schrecknisse waren die Hauptsache an jenen Tagen in Sarehole, wie sich hier Hilary Tolkien (nahezu achtzig Jahre später) an sie erinnert:

»Wir verbrachten mehrere schöne Sommer, pflückten Blumen aus anderer Leute Gärten. Der schwarze Oger nahm einem manchmal die Schuhe und Strümpfe weg, wenn man sie am Ufer gelassen hatte, um zu planschen, und dann lief er damit fort, daß man ihm nachkommen und darum bitten mußte. Und dann verdrosch er einen! Der weiße Oger war nicht ganz so schlimm. Um aber an die Stelle zu kommen, wo wir immer Brombeeren pflückten (»die Schlucht« genannt), mußten wir über das Land des weißen, und der mochte uns nicht besonders gern, weil der Weg durch sein Feld schmal war und wir nach Kornraden und anderen hübschen Dingen herumstapften. Meine Mutter brachte uns das Essen an diese schöne Stelle, aber als sie kam, rief sie mit einer tiefen Stimme, und wir rannten beide davon.«

In Sarehole gab es, abgesehen von der Häuserreihe, wo die Tolkiens wohnten, nur noch wenige andere Häuser, doch das Dorf Hall Green lag nur ein Stückchen entfernt und war über einen Weg und eine Furt zu erreichen. Ronald und Hilary kauften manchmal Süßigkeiten bei einer zahnlosen alten Frau, die dort ein Lädchen hatte. Allmählich freundeten sie sich mit den Dorfkindern an. Das war nicht ganz leicht, denn ihre städtische Ausdrucksweise, ihr langes Haar und ihre Kinderschürzchen gaben Anlaß zum Spott, während sie ihrerseits den Dialekt von Warwickshire und die Rauhbeinigkeit der Dorfjungen nicht gewohnt waren. Doch nach und nach schnappten sie manches von dem örtlichen Vokabular auf und gebrauchten selber manche Dialektwörter: »chawl« für Schweinsrippchen, »miskin« für Mülleimer, »pikelet« für Pfannkuchen und »gamgee« für Baumwolle. Dies letzte Wort kam von einem Doktor Gamgee aus Birmingham, der das »Gamgee-Tuch« erfunden hatte, einen Verbandsstoff aus Baumwolle. Sein Name war in der Gegend zur haushaltsüblichen Bezeichnung geworden.

Mabel fing bald an, ihre Söhne zu unterrichten, und sie hätten keine bessere Lehrerin haben können — auch gab es keinen gelehrigeren Schüler als Ronald, der mit vier Jahren schon lesen und bald auch vorzüglich schreiben konnte. Die Handschrift seiner Mutter war angenehm unkonventionell. Da sie selbst die Kunst des Schreibens von ihrem Vater erlernt hatte, bevorzugte sie aufrechte und schwungvolle Züge und verzierte die Großbuchstaben mit feinen Schnörkeln. Ronald nahm bald eine Schrift an, die, obgleich anders als die seiner Mutter, doch gleichermaßen elegant und eigenwillig wurde. Am liebsten aber war ihm der Unterricht, wenn es um Sprachen ging. Schon früh während seiner Zeit in Sarehole führte seine Mutter ihn in die Anfangsgründe des Lateinischen ein, und dies machte ihm Vergnügen. An den Klängen und Formen der Wörter war er ebenso interessiert wie an der Bedeutung, und Mabel wurde allmählich klar, daß er eine besondere Begabung für Sprachen hatte. Sie begann nun, ihn Französisch zu lehren. Das mochte er weit weniger, nicht aus einem bestimmten Grund, sondern weil ihm der Klang nicht so gefiel wie der des Lateinischen oder Englischen. Sie versuchte auch, ihn für das Klavierspiel zu interessieren, doch ohne Erfolg. Vielmehr schien es, als nähmen bei ihm Wörter die Stelle der Musik ein, und er genoß es, sie zu hören, sie vorzulesen oder zu rezitieren, fast ohne sich darum zu kümmern, was sie bedeuteten.

Auch im Zeichnen stellte er sich gut an, besonders wenn eine Landschaft oder ein Baum der Gegenstand war. Seine Mutter brachte ihm viel Botanik bei, und darauf ging er ein und wurde bald sehr kenntnisreich. Doch auch hier war er wieder mehr an der Form und dem Eindruck einer Pflanze interessiert als an den botanischen Einzelheiten. Dies galt ganz besonders für Bäume. Und wenn er auch gern Bäume zeichnete, so war es ihm doch am liebsten, sich *bei* den Bäumen aufzuhalten. Er kletterte auf sie hinauf, lehnte sich an sie, ja, er sprach sogar zu ihnen. Es betrübte ihn, als er merkte, daß nicht jedermann seine Gefühle für Bäume teilte. Ein Vorfall insbesondere blieb ihm in Erinnerung: »Eine Weide hing über den Mühlteich, und ich lernte hinaufzuklettern. Sie gehörte einem Schlächter in der Stratford Road, glaube ich. Eines Tages wurde sie abgesägt. Man fing nichts mit ihr an: Der Stamm blieb einfach da liegen. Das habe ich nie vergessen.«

Außerhalb der Schulstunden gab ihm seine Mutter viele Geschichten zu lesen. *Alice im Wunderland* amüsierte ihn, doch hatte er nicht den Wunsch, ähnliche Abenteuer zu erleben. *Die Schatzinsel* gefiel ihm nicht, die Märchen von Andersen und *The Pied Piper* auch nicht. Indianergeschichten dagegen mochte er und wollte auch gern mit Pfeil und Bogen schießen. Noch besser gefielen ihm die »Curdie«-Bücher von George MacDonald, in denen mißgestalte und bösartige Trolle unter den Bergen ihr Wesen trieben. Auch die Artus-Sagen fesselten ihn. Doch das größte Entzücken bereiteten ihm die Märchenbücher von Andrew Lang, besonders das *Red Fairy Book,* in dessen Schlußseiten versteckt er die beste Geschichte fand, die er je gelesen hatte. Dies war die Geschichte von Sigurd, der den Drachen Fafnir erschlug: eine merkwürdige und mächtige Erzählung, die in einem namenlosen Norden spielt. Wann immer er sie las, nahm sie ihn gefangen. »Ich verlangte nach Drachen mit einer tiefen Sehnsucht«, sagte er viel später. »Natürlich, ich mit meinem furchtsamen Körper hätte sie nicht in der Nachbarschaft haben wollen. Aber eine Welt, die auch nur die Vorstellung von Fafnir enthielt, war reicher und schöner, so gefahrvoll sie auch sein mochte.«

Auch war er es nicht zufrieden, bloß über Drachen zu *lesen*. Als er etwa sieben war, begann er selbst eine Geschichte über einen Drachen zu erfinden. »Ich weiß nichts mehr davon, außer einer philologischen Einzelheit«, erinnerte er sich. »Meine Mutter sagte nichts über den Drachen, erklärte mir aber, daß man nicht sagen könne, ›ein grüner großer Drache‹, sondern es müsse heißen, ›ein großer grüner Drache‹. Ich fragte mich, warum, und frage mich immer noch. Die Tatsache, daß ich mich an dies erinnern kann, ist vielleicht bedeutsam, denn ich glaube, ich habe viele Jahre lang keine Geschichte mehr zu schreiben versucht und ging ganz auf in Sprachen.«

Die Jahre gingen hin in Sarehole. Das diamantene Jubiläum der Königin Viktoria wurde gefeiert und die Schule auf dem Hügel in Moseley mit bunten Lichtern illuminiert. Irgendwie bekam Mabel es fertig, die Jungen von ihrem mageren Einkommen zu ernähren und zu kleiden, mit gelegentlicher Hilfe ihrer Verwandten, der Tolkiens oder der Suffields. Hilary wurde seinem Vater immer ähnlicher, während Ronald das lange, schmale Gesicht der Suffields bekam. Manchmal verwirrte ihn ein seltsamer Traum: Eine große Welle türmte sich auf und kam unaufhaltsam über die Bäume und grünen Felder, im Begriff, ihn und alle um ihn her zu verschlingen. Der Traum kehrte über viele Jahre hin wieder. Später sprach er davon als von »meinem Atlantis-Komplex«. Gewöhnlich aber blieb sein Schlaf ungestört, und durch die Alltagssorgen ihres ärmlichen Lebens leuchtete seine Liebe zu seiner Mutter und zu der Landschaft um Sarehole, einem Ort des Trostes und der Abenteuer. Er schwelgte in seiner Umgebung mit einer verzweifelten Freude, vielleicht in dem Gefühl, daß dieses Paradies eines Tages verloren sein werde. Und so kam es nur allzubald.

Der Glaube hatte in Mabel Tolkiens Leben seit dem Tode ihres Gatten immer mehr an Bedeutung gewonnen, und jeden Sonntag war sie mit den beiden Jungen den langen Weg zu einer »hoch«-anglikanischen Kirche gegangen. Dann merkten Ronald und Hilary eines Sonntags, daß sie auf fremden Wegen zu einer anderen Andachtsstätte gingen: der Kirche von St. Anne in der Alcester Street, im ärmlichsten Viertel, nahe beim Stadtkern von Birmingham. Es war eine katholische Kirche.

Mabel hatte sich einige Zeit bedacht, ehe sie katholisch wurde, und sie unternahm diesen Schritt auch nicht allein. Ihre Schwester May Incledon war aus Südafrika zurückgekehrt, nun mit zwei Kindern, und ihr Gatte Walter war noch dort geblieben, um seine Geschäfte zu erledigen. Ohne sein Wissen hatte auch sie sich entschieden, katholisch zu werden. Im Frühjahr 1900 erhielten May und Mabel in der Kirche von St. Anne Konvertiten-Unterricht, und im Juni wurden sie in die römische Kirche aufgenommen.

Sofort brach der Zorn der Familie über sie herein. Ihr Vater, John Suffield, war auf einer methodistischen Schule erzogen worden und war jetzt Unitarier. Daß seine Töchter zum Papismus überliefen, war für ihn eine unglaubliche Schmach. Mays Gatte, Walter Incledon, betrachtete sich als einen Pfeiler seiner anglikanischen Ortsgemeinde, und daß May sich mit Rom einließ, kam gar nicht in Frage. Als er nach Birmingham zurückkehrte, verbot er ihr, noch einmal eine katholische Kirche zu betreten, und sie mußte gehorchen; zum Trost aber — oder war es Rache? — wandte sie sich dem Spiritismus zu.

Walter Incledon hatte Mabel Tolkien seit Arthurs Tod finanziell ein wenig geholfen. Aus dieser Quelle war nun kein Geld mehr zu erwarten. Statt dessen würde Mabel der Feindseligkeit Walters und anderer Mitglieder ihrer Familie begegnen müssen, ganz zu schweigen von den Tolkiens, von denen viele Baptisten und stark gegen den Katholizismus waren. Die Belastung, zu der das führte, im Verein mit der zusätzlichen Geldnot, tat ihrer Gesundheit nicht gut; doch nichts machte sie in der Ergebenheit für ihr neues Bekenntnis wanken, und gegen alle Widerstände begann sie Ronald und Hilary im katholischen Glauben zu unterrichten.

Inzwischen war es Zeit, daß Ronald zur Schule kam. Im Herbst 1899 stellte er sich zur Aufnahmeprüfung für die König-Edwards-Schule, die auch sein Vater besucht hatte. Er erhielt keinen Platz, denn vermutlich war seine Mutter in ihrem Unterricht doch zu lässig verfahren. Ein Jahr später jedoch stellte er sich erneut, bestand und kam im September 1900 auf die König-Edwards-Schule. Ein Onkel von der Seite der Tolkiens, der, anders als die übrige Familie, Mabel noch wohlgesonnen war, bezahlte das Schulgeld, das damals zwölf Pfund jährlich betrug. Die Schule lag im Zentrum von Birmingham, vier Meilen von Sarehole, und während der ersten Wochen mußte Ronald ein großes Stück Weges zu Fuß gehen, denn die Eisenbahn konnte seine Mutter nicht bezahlen, und die Trambahn fuhr nicht bis nach Sarehole. Das konnte offenbar nicht so weitergehen, und voll Bedauern entschied Mabel, daß die Tage auf dem Lande ein Ende haben müßten. Sie mietete ein Haus in Moseley, das näher zum Stadtkern und an der Trambahn-Linie lag, und gegen Ende 1900 packten sie und die Jungen ihre Sachen zusammen und verließen das Häuschen, wo sie vier Jahre lang so glücklich gewesen waren. »Vier Jahre«, schrieb Ronald Tolkien, als er im hohen Alter zurückblickte, »doch der Abschnitt meines Lebens, der mir am längsten erscheint und mich am meisten geprägt hat.«

Die König-Edwards-Schule war für einen Reisenden, der mit der Bahnlinie zwischen London und dem Nordwesten in Birmingham ankam, kaum zu übersehen, denn sie erhob sich majestätisch über den Dampf und Rauch des Bahnhofs New Street tief unter ihr. Sie sah aus wie die Speisehalle eines reichen Oxforder Colleges und war ein schwerer, rußgeschwärzter Versuch in viktorianischer Gotik, erbaut von Barry, dem Architekten der umgebauten Parlamentsgebäude.* Die Schule, von Edward IV. gegründet, war großzügig ausgestattet, und ihre Leiter waren in der Lage gewesen, Zweigschulen in vielen der ärmeren Stadtteile zu eröffnen. Doch das Leistungsniveau der König-Edwards-Schule selbst, der »High School«, hatte in Birmingham noch nicht seinesgleichen, und von den Hunderten von Jungen, die auf den abgenutzten Bänken ihren Cäsar übersetzten, während von unten herauf die Lokomotiven

---

* Barrys Bauwerk wurde abgerissen, nachdem die Schule in den dreißiger Jahren in andere Gebäude umgezogen war.

pfiffen, gewannen viele später Stipendien an den großen Universitäten.

Um 1900 war die Schule aus ihren Gebäuden fast herausgewachsen; sie war unbequem, überfüllt und voller Lärm. Einem Jungen, der in der Stille eines Dorfes aufgewachsen war, bot sie einen beängstigenden Anblick, und es überrascht nicht, daß Ronald Tolkien während des ersten Jahres oft wegen Krankheit fehlte. Doch nach und nach gewöhnte er sich an das wilde Durcheinander und den Lärm, und bald mochte er es sogar und fand sich glücklich im Schulalltag zurecht, obgleich er im Unterricht bis jetzt noch keinerlei außerordentliche Fähigkeiten verriet.

Das Leben zuhause aber war nun ganz anders als in Sarehole. Seine Mutter hatte in dem Vorort Moseley ein kleines Haus an der Hauptstraße gemietet, und dem Blick aus dem Fenster bot sich ein trauriger Kontrast zu der Landschaft von Warwickshire: Trambahnen, die sich den Hügel hinaufarbeiteten, die leeren Gesichter der Passanten und in der Ferne die rauchenden Fabrikschornsteine von Sparkbrook und Small Heath. Ronald blieb das Haus in Moseley als »scheußlich« in Erinnerung. Und kaum hatten sie sich dort eingerichtet, da mußten sie wieder ausziehen: Das Haus sollte abgerissen werden, um einer Feuerwehr-Station Platz zu machen. Mabel fand keine Meile weit entfernt ein Häuschen in einer Reihe hinter dem Bahnhof King's Heath. Das war nicht weit von dem Haus ihrer Eltern; was aber ihre Wahl bestimmt hatte, war die Nachbarschaft der neuen katholischen Kirche von St. Dunstan, die in der gleichen Straße stand, außen rauh verputzt und innen aus Pechkiefernholz.

Ronald sah sich nach dem Wegzug aus Sarehole immer noch hoffnungslos verlassen, doch fand er manchen Trost in seiner neuen Umgebung. Hinter dem Haus in King's Heath führte eine Bahnlinie vorbei, und die Zeit gliederte sich nach dem Rattern der Züge und dem Geschiebe der Waggons auf dem nahegelegenen Kohlenplatz. Doch zu den Gleisen hin fiel eine grasbewachsene Böschung ab, und hier fand er Blumen und Pflanzen. Und noch etwas anderes erregte seine Aufmerksamkeit: die merkwürdigen Namen auf den Kohlenwaggons, die unten auf den Abstellgleisen standen, absonderliche Namen, von denen er nicht wußte, wie er sie aussprechen sollte, und die einen fremden Reiz für ihn hatten. So kam es, daß er, staunend über Namen wie *Nantyglo, Senghenydd, Blaen-Rhondda, Penrhiwceiber* und *Tredegar,* die Existenz der walisischen Sprache entdeckte.

Zu einer späteren Zeit seiner Jugend fuhr er mit der Bahn nach

Wales, und als die Namen der Ortschaften an ihm vorüberzogen, da wußte er, dies waren Wörter, die ihn stärker anzogen als alle anderen, die ihm begegnet waren, eine alte und doch lebende Sprache. Er erkundigte sich danach, aber die einzigen walisischen Bücher, die er fand, waren für ihn unverständlich. Doch so kurz und unbefriedigend sein Einblick auch gewesen war, er hatte eine andere Sprachwelt zu Gesicht bekommen.

Währenddessen wurde seine Mutter unruhig. Es gefiel ihr nicht in dem Haus in King's Heath und auch nicht in der Kirche von St. Dunstan. So begann sie umherzusuchen, und wieder legte sie mit den Jungen sonntags weite Wege zurück, um eine Andachtstätte zu finden, die ihr zusagte. Bald stieß sie auf das Birmingham Oratory, eine große Kirche in dem Vorort Edgbaston, die von einer Gemeinschaft von Priestern versehen wurde. Gewiß würde sie unter ihnen einen Freund und verständnisvollen Beichtvater finden. Und, was noch hinzukam, in Verbindung mit dieser Kirche und unter der Leitung ihrer Priesterschaft stand das St.-Philips-Gymnasium, wo das Schulgeld niedriger war als an der König-Edwards-Schule und wo ihre Söhne eine katholische Erziehung genießen konnten. Und (ein entscheidender Umstand) direkt neben der Schule war ein Haus zu vermieten. So zog sie mit den Jungen Anfang 1902 von King's Heath nach Edgbaston um, und Ronald und Hilary, nun zehn und acht Jahre alt, kamen auf die St.-Philips-Schule.

Das Oratorium von Birmingham war 1849 von John Henry Newman gegründet worden, der damals eben erst zum katholischen Glauben übergetreten war. In seinen Mauern hatte Newman die letzten vier Jahrzehnte seines Lebens zugebracht, und dort war er 1890 gestorben. Newmans Geist beherrschte noch immer die hohen Räume des Oratoriums in der Hagley Road, und 1902 gab es unter den Priestern der Gemeinschaft noch viele, die seine Freunde gewesen waren und unter ihm gedient hatten. Einer von diesen war Pater Francis Xavier Morgan, damals dreiundvierzig Jahre alt, der kurz nachdem die Tolkiens in den Bezirk gezogen waren, das Amt des Gemeindepriesters übernahm und ihnen einen Besuch abstattete. In ihm fand Mabel bald nicht nur einen verständnisvollen Geistlichen, sondern auch einen hilfreichen Freund. Er war halb Waliser und halb Anglo-Spanier (die Familie seiner Mutter hatte einen Namen im Sherry-Handel), und kein Mann von großem Intellekt, doch besaß Francis Morgan einen unerschöpflichen Vorrat an Freundlichkeit und Humor und ein feuriges Wesen, das oft auf sein spanisches Erbteil zurückgeführt wurde. Eigentlich war er ein sehr lauter Mann, polternd und herzlich, für Kinder zuerst erschreckend, doch ungeheuer liebenswert, wenn sie ihn näher kannten. Im Hause der Tolkiens wurde er bald unentbehrlich.

Ohne seine Freundschaft hätte das Leben Mabels und ihrer Söhne schwerlich eine Verbesserung erfahren, verglichen mit den beiden letzten Jahren. Sie wohnten in der Oliver Road 26, in einem Haus, das nur eine Idee besser war als die Häuser in einem Slum. Die Nebenstraßen in ihrer Nachbarschaft waren armselig. Das St.-Philips-Gymnasium lag direkt vor ihrer Tür, doch seine kahlen Backsteinmauern waren nur ein karger Ersatz für die gotische Pracht der König-Edwards-Schule, und das schulische Niveau war entsprechend niedriger. Bald hatte Ronald seine Klassenkameraden überflügelt, und Mabel begriff, daß diese Schule ihm die Bildung, deren er bedurfte, nicht verschaffen konnte. Also meldete sie ihn ab und übernahm es noch einmal selbst, ihn zu unterrichten. Der Erfolg war gut, denn einige Monate später gewann er einen Platz an der König-Edwards-Schule und kehrte im Herbst 1903 dorthin zurück. Auch Hilary mußte vom St.-Philips-Gymnasium heruntergenommen werden, doch ihm war es bisher nicht gelungen, die Aufnahmeprüfung für die König-Edwards-Schule zu bestehen. »Nicht meine Schuld«, schrieb seine Mutter an eine Verwandte, »und auch nicht, daß er nicht genug wüßte, aber er ist so verträumt und so langsam im Schreiben.« Einstweilen unterichtete sie den Jüngeren weiter zuhause.

Bei seiner Rückkehr in die König-Edwards-Schule wurde Ronald in die Sechste Klasse eingewiesen, etwa auf halber Strecke der Schullaufbahn. Er lernte nun Griechisch. Über die erste Berührung mit dieser Sprache schrieb er später: »Die von Härten durchsetzte Flüssigkeit des Griechischen und das Glitzern seiner Oberflächen nahmen mich gefangen. Doch zum Teil ging die Anziehung von dem Alter und dem Fremd- und Fernsein (für mich) aus: Es berührte mich nicht nahe.« Leiter der Sechsten Klasse war ein energischer Mann namens George Brewerton, einer der wenigen Lehrer an der Schule, der sich insbesondere des Unterrichts in englischer Literatur annahm. Diese tauchte im Lehrplan kaum auf, und wer sie dennoch behandelte, beschränkte sich im wesentlichen auf Shakespeares Dramen, die Ronald bald, wie er sagte, »von Herzen verabscheute«. In späteren Jahren erinnerte er sich besonders »der bitteren Enttäuschung und des Widerwillens aus Schultagen gegen den kümmerlichen Sinn, in dem bei Shakespeare ›Birnams Wald anrückt auf Dunsinan‹:

Ich hatte Lust, eine Handlung zu erfinden, in der die Bäume wirklich in den Kampf zögen.« Aber wenn Shakespeare ihm auch mißfiel, so bot sich ihm doch noch andere, seinem Geschmack gemäßere Nahrung. Die Neigungen seines Klassenleiters Brewerton gehörten dem Mittelalter. Als Lehrer verlangte er mit grimmiger Entschlossenheit, daß seine Schüler sich der kräftigen alten Wörter des Englischen bedienten. Wenn ein Schüler z. B. den Ausdruck »Unrat« *(manure)* gebrauchte, so schrie Brewerton auf: »Unrat? Mist *(muck)* heißt das! Sag' das dreimal! *Mist, Mist, Mist!*« Er regte die Schüler an, Chaucer zu lesen, und trug ihnen die *Canterbury Tales* im mittelenglischen Originaltext vor. Für Ronald Tolkiens Ohren war dies eine Offenbarung, und er beschloß, mehr über die Geschichte der Sprache in Erfahrung zu bringen.

Zu Weihnachten 1903 schrieb Mabel Tolkien an ihre Schwiegermutter:

> Meine liebe Mrs. Tolkien,
> Sie haben gesagt, eine Zeichnung von den Jungen wäre Ihnen lieber als alles, was sie für Geld kaufen könnten, daher haben sie diese hier für Sie gemacht. Ronald hat die seine dieses Jahr wirklich glänzend gemacht — er hat gerade in Pater Francis' Raum eine richtige kleine Ausstellung gehabt — und schwer gearbeitet seit dem Ferienbeginn am 16. Dezember, und auch ich habe zu tun gehabt, um neue Themen zu finden. Ich bin seit fast einem *Monat* nicht mehr aus dem Haus gewesen, nicht einmal in der Kirche! Doch das nasse, trübe Wetter macht es mir leicht, und seit Ronald Ferien hat, habe ich morgens ruhen können. Ich habe immer noch ganze *Wochen* schierer Schlaflosigkeit, und das zusammen mit der inneren Kälte und Krankheit hat es fast unmöglich gemacht, daß es so weitergeht.
>
> Ich habe eine Postanweisung auf 2/6 gefunden, die Sie den Jungen vor einer ganzen Weile — mindestens einem Jahr — geschickt haben und die verlegt worden war. Sie waren den ganzen Nachmittag in der Stadt, um dies und noch ein bißchen mehr für Dinge auszugeben, die sie verschenken wollen. Sie haben alle Weihnachtseinkäufe für mich gemacht. Ronald kann Seidenbänder annähen und andere Dinge wie eine richtige »Pariser Modistin«. — Ob wohl sein künstlerisches oder tuchmacherisches Erbteil zum Vorschein kommt? In der Schule kommt er sehr schnell voran — er kann schon viel mehr Griechisch als ich Lateinisch — er sagt, in

diesen Ferien wird er Deutsch mit mir machen — obwohl mir im Augenblick mehr nach Bett zumute ist.

Einer von den Geistlichen, ein junger, gutgelaunter, lehrt Ronald Schachspielen — er sagt, er habe schon *zu* viel gelesen, alles, was für einen Jungen unter fünfzehn geeignet sei, und er wisse nicht *eine* klassische Sache, die er ihm noch empfehlen könne. Ronald hat diese Weihnachten Erstkommunion — daher ist es für uns dieses Jahr schon ein sehr großes Fest. Ich sage dies nicht, um Sie zu ärgern — nur weil Sie gesagt haben, Sie möchten gern alles über die Jungen wissen.

In Liebe Ihre
Mab.

Das neue Jahr fing nicht gut an. Ronald und Hilary mußten das Bett hüten, mit Masern, gefolgt von Keuchhusten und bei Hilary Lungenentzündung. Die zusätzliche Belastung, sie pflegen zu müssen, erwies sich als zu viel für ihre Mutter, und wie sie befürchtet hatte, war es »unmöglich, daß es so weitergeht«. Im April 1904 lag sie im Krankenhaus, und die Diagnose lautete Zucker.

Das Haus in der Oliver Road wurde geschlossen, die wenigen Möbel kamen auf den Speicher, und die Jungen wurden bei Verwandten untergebracht, Hilary bei den Großeltern Suffield und Ronald in Hove bei Edvin Neave, dem sandblonden Versicherungsangestellten, der jetzt mit Ronalds Tante Jane verheiratet war. Es gab noch keine Insulin-Behandlung für Zuckerkranke, und Mabels Zustand erregte viel Besorgnis, doch bis zum Sommer war sie soweit genesen, daß sie aus dem Krankenhaus entlassen wurde. Es war klar, daß sie noch lange der Pflege und Schonung bedurfte. Pater Francis Morgan hatte einen Plan. In Rednal, einem Dörfchen in Worcestershire, ein paar Meilen vor der Stadtgrenze von Birmingham, hatte Kardinal Newman ein bescheidenes Landhaus erbaut, das als Erholungsstätte für die Geistlichen des Oratoriums diente. Am Rande des Anwesens stand ein Häuschen, in dem der örtliche Postbeamte wohnte, und dessen Frau würde ihnen ein Schlaf- und ein Wohnzimmer vermieten und für sie kochen. Es wäre die ideale Umgebung für Mabels Erholung, und allen dreien würde die erneuerte Bekanntschaft mit der Landluft guttun. So kamen die Jungen Ende Juni 1904 wieder zu ihrer Mutter zurück, und gemeinsam fuhren sie für die Sommerferien nach Rednal.

Es war, als wären sie nach Sarehole zurückgekehrt. Das Häuschen lag an der Biegung einer ruhigen Landstraße, und dahinter begann das Waldgelände des Oratoriums, mit einem kleinen, an die Kapelle angrenzenden Friedhof, wo die Patres des Oratoriums und Newman selbst begraben lagen. Den Jungen stand das Gelände offen, und im weiteren Umkreis konnten sie die steilen Pfade entlangschweifen, die durch den Wald zu dem hohen Lickey-Hügel hinaufführten. Mrs. Till, die Frau des Briefträgers, sorgte für gute Mahlzeiten, und einen Monat später schrieb Mabel auf einer Postkarte an ihre Schwiegermutter: »Die Jungen sehen *zum Lachen* gut aus im Vergleich zu den beiden schwachen, blassen Gespenstern, die ich vor vier Wochen auf dem Bahnhof antraf!!! Hilary hat heute einen Tweedanzug mit seinen ersten Etons bekommen! und sieht *enorm* aus. — Wir haben wunderbares Wetter gehabt. Die Jungen schreiben, sobald es den ersten Tag regnet, aber jetzt geht es Blaubeeren pflücken — Picknick im Heu — Drachensteigen mit P. Francis — Zeichnen — auf die Bäume klettern — sie haben noch nie so schöne Ferien gehabt.«

Pater Francis kam sie oft besuchen. Er hatte in Rednal einen Hund mit Namen »Lord Roberts« und saß gewöhnlich auf der efeubewachsenen Veranda des Oratoriums-Hauses und rauchte eine große Kirschholzpfeife; »um so bemerkenswerter«, erinnerte sich Ronald, »weil er sonst nie rauchte, nur dort. Womöglich kommt daher meine eigene spätere Leidenschaft für die Pfeife.« Wenn Pater Francis nicht da war und auch kein anderer Geistlicher in Rednal weilte, fuhren Mabel und die Jungen zur Messe nach Bromsgrove, in einer Mietskutsche, in die sie sich mit Mr. und Mrs. Church, dem Gärtner- und Hausmeister-Ehepaar der Geistlichen, teilten. Es war ein idyllisches Leben.

Nur allzubald kam der September mit dem Schulbeginn, und Ronald, nun bei bester Gesundheit, mußte wieder in die Stadt. Seine Mutter aber konnte sich noch nicht dazu verstehen, das Häuschen, wo es ihnen so gut gegangen war, zu verlassen und wieder in den Rauch und Schmutz von Birmingham zurückzukehren. So mußte Ronald fürs erste morgens früh aufstehen und über eine Meile weit zum Bahnhof gehen, um dort den Zug in die Stadt zu nehmen. Wenn er heimkam, wurde es schon dunkel, und Hilary ging ihm manchmal mit einer Lampe entgegen.

Ohne daß die Söhne es bemerkten, begann Mabels Zustand sich wieder zu verschlimmern. Anfang November erlitt sie — völlig überraschend und beängstigend für die Kinder — einen Zusammenbruch. Sie fiel ins diabetische Koma, und sechs Tage später, am 14. November 1904, starb sie im Hause, während Pater Francis und ihre Schwester May Incledon bei ihr saßen.

3
Privatsprachen — und Edith

Meine liebe Mutter war wahrhaftig eine Märtyrerin, und nicht jedem gewährt Gott so leichten Zutritt zu seinen großen Gaben wie Hilary und mir, denn er gab uns eine Mutter, die sich in Mühe und Sorgen umbrachte, um uns im Glauben zu halten.«

Dies schrieb Ronald Tolkien neun Jahre nach dem Tode seiner Mutter. Bezeichnend ist dabei, wie er sie mit seiner Zugehörigkeit zur katholischen Kirche in Zusammenhang brachte. Man könnte geradezu sagen, nachdem sie gestorben war, besetzte die Religion in seinen Neigungen den Platz, den zuvor sie eingenommen hatte. Die Religion gewährte seinem Gefühl ebenso wie seinem Geiste Trost. Vielleicht hatte der Tod seiner Mutter auch einen festigenden Einfluß auf seinen Hang zu Sprachen. Schließlich war sie seine erste Lehrerin gewesen und hatte ihn in seinem Interesse an Wörtern ermuntert. Jetzt, wo sie nicht mehr da war, würde er auf diesem Wege unbeirrbar weitergehen. Und sicherlich hatte der Verlust der Mutter tiefen Einfluß auf seine Persönlichkeit. Er machte aus ihm einen Pessimisten.

Oder genauer, er machte aus ihm zwei Personen. Von Natur aus war er ein heiterer, fast unbändiger Mensch von großem Lebenshunger. Er liebte gute Gespräche und körperliche Bewegung. Er hatte viel Humor und eine große Begabung, Freundschaft zu schließen. Aber von jetzt an sollte es noch eine andere Seite geben, die geheimer war, doch in seinen Briefen und Tagebüchern vorherrscht. Diese Seite seiner Person kannte Augenblicke tiefer Verzweiflung. Genauer gesagt, und in engerem Zusammenhang mit dem Tod seiner Mutter: Wenn er in dieser Verfassung war, hatte er ein starkes Gefühl drohenden Verlustes. Nichts war sicher, nichts war von Dauer, kein Kampf war je für immer gewonnen.

Mabel Tolkien wurde auf dem katholischen Friedhof von Bromsgrove beerdigt. Über ihrem Grab stellte Pater Francis Morgan ein steinernes Kreuz von der gleichen Art auf, wie es jeder der Oratoriums-Geistlichen auf dem Friedhof von Rednal erhielt. Mabel hatte ihn in ihrem Testament zum Vormund für ihre beiden Söhne bestimmt, und dies erwies sich als eine kluge Wahl, denn er gewährte ihnen freigebig und zuverlässig Hilfe und Freundschaft. Seine Hilfe war von der praktischen Art, denn er hatte ein privates Einkommen aus dem Sherry-Handel seiner Familie, und da er als Oratorianer seinen Besitz nicht der Gemeinschaft abtreten mußte, konnte er sein Geld nach eigenem Gutdünken verwenden. Mabel hatte nur achthundert Pfund in Kapitalanlagen für die Jungen hinterlassen, doch Pater Francis tat stillschweigend aus eigener Tasche etwas hinzu und traf Sorge, daß es Ronald und Hilary an nichts fehlte, was für ihr Wohlergehen wichtig war.

Gleich nach dem Tod ihrer Mutter mußte er eine Unterbringung für sie finden, ein heikles Problem, denn zwar wäre es am günstigsten gewesen, wenn sie bei ihren Anverwandten wohnten, doch bestand die Gefahr, daß die Onkel und Tanten Suffield und Tolkien versuchen würden, sie außer Reichweite der katholischen Kirche zu bringen. Schon war davon die Rede gewesen, daß man Mabels Testament anfechten und die Jungen auf ein protestantisches Internat schicken wolle. Doch gab es eine Verwandte, eine angeheiratete Tante, die keine allzu festen religiösen Ansichten hegte und die ein Zimmer zu vermieten hatte. Sie wohnte in Birmingham in der Nähe des Oratoriums, und Pater Francis entschied, daß ihr Haus für den Augenblick die bestmögliche Unterkunft sei. So zogen Ronald und Hilary (nun dreizehn und elf Jahre alt) einige Wochen nach dem Tod ihrer Mutter in das obere Schlafzimmer ihrer Tante.

Die Tante hieß Beatrice Suffield und wohnte in einem dunklen Haus in der Stirling Road, einer langen Nebenstraße im Bezirk Edgbaston. Die Jungen hatten ein großes Zimmer für sich, und Hilary war froh, wenn er sich aus dem Fenster lehnen und nach den Katzen unten Steine werfen konnte, Ronald aber, noch benommen von dem Schock beim Tod seiner Mutter, verabscheute den Anblick der fast ununterbrochenen Dächerreihen mit den Fabrikschornsteinen im Hintergrund. Das grüne Land war eben noch von weitem sichtbar, doch es gehörte nun einer fernen Vergangenheit an, die unwiederbringlich dahin war. Er war in der Stadt wie gefangen. Der Tod seiner Mutter hatte ihm die freie Luft genommen, den Lickey-Hügel, wo er Blaubeeren gepflückt hatte, und das Häuschen in Rednal, wo sie so froh gewesen waren. Und weil ihm all dies mit dem Verlust der Mutter genommen worden war, verknüpfte er es mit ihr. Sein Empfinden für die Landschaft, bereits geschärft durch die frühere Trennung von

Sarehole, belud sich nun mit dem Gefühl persönlicher Trauer. Diese Liebe zu den Erinnerungen an die Landschaft seiner Kindheit wurde später zu einem zentralen Element in seinen Schriften, und sie war eng verbunden mit der liebevollen Erinnerung an seine Mutter.

Tante Beatrice gewährte ihm und seinem Bruder Unterkunft und Verpflegung, doch wenig mehr. Sie war noch nicht lange verwitwet, hatte keine Kinder und war arm dran. Leider ermangelte sie auch der Herzlichkeit, und sie zeigte wenig Verständnis für die geistige Verfassung der Jungen. Eines Tages kam Ronald in die Küche, sah einen großen Haufen Asche und stellte fest, daß sie alle persönlichen Papiere und Briefe seiner Mutter verbrannt hatte. Es war ihr nicht in den Sinn gekommen, daß er sie vielleicht aufzubewahren wünschte.

Zum Glück lag das Oratorium nahebei, und bald wurde es Ronalds und Hilarys echtes Zuhause. Frühmorgens eilten sie dorthin, um Pater Francis an seinem bevorzugten Seitenaltar bei der Messe zu dienen. Darauf frühstückten sie im Refektorium, und wenn sie ihr gewohntes Spiel mit der Küchenkatze getrieben hatten, die sie in der Drehtrommel der Essensausgabe-Luke herumwirbelten, machten sie sich auf den Weg zur Schule. Hilary hatte nun die Aufnahmeprüfung bestanden und ging ebenfalls auf die König-Edwards-Schule, und die beiden Jungen liefen zusammen die New Street hinunter, wenn noch Zeit war, oder nahmen den Pferde-Bus, wenn die Uhr an den Five Ways zeigte, daß es schon spät war.

Ronald fand viele Freunde in der Schule, und besonders mit einem Jungen wurde er bald unzertrennlich. Er hieß Christopher Wiseman, war ein Jahr jünger als Ronald und der Sohn eines methodistischen Geistlichen, der in Edgbaston wohnte. Er hatte blondes Haar, ein breites, gutmütiges Gesicht und ein energisch-kritisches Gebaren. Die beiden Jungen lernten sich im Herbst 1905 in der Fünften Klasse kennen, wo Tolkien den ersten Platz unter den Schülern einnahm — er zeigte nun vielversprechende Fähigkeiten — und Wiseman den zweiten. Aus dieser Rivalität entwickelte sich bald eine Freundschaft, die auf dem gemeinsamen Interesse am Lateinischen und Griechischen, großem Vergnügen am Rugby (Fußball wurde an ihrer Schule nie gespielt) und der Begeisterung für Diskussionen über alles und jedes beruhte. Wiseman war entschiedener Methodist, doch die Jungen stellten fest, daß sie ohne Bitterkeit über die Religion streiten konnten.

Zusammen durchliefen sie die Schule Klasse für Klasse. Ronald Tolkien hatte offenkundig eine Begabung für Sprachen — das hatte seine Mutter gesehen —, und die König-Edwards-Schule stellte die ideale Umgebung dar, wo er diese Begabung entfalten konnte. Rückgrat des Lehrplans waren Latein und Griechisch, und beide Sprachen wurden besonders vortrefflich in der Ersten (obersten) Klasse gelehrt, die Ronald kurz vor seinem sechzehnten Geburtstag erreichte. Die Erste Klasse befand sich unter den scharfen Augen des Schuldirektors Robert Cary Gilson, eines bemerkenswerten Mannes mit einem gepflegten Spitzbart, der nicht nur ein erfahrener Lehrer der Alten Sprachen, sondern auch Amateur-Erfinder und ein ausgezeichneter Philologe war. Zu seinen Erfindungen zählten eine Windmühle, die Batterien auflud, mit denen er sein Haus elektrisch beleuchtete, eine Art Hektograph, mit dem er die Prüfungsarbeiten an der Schule kopierte (doch unleserlich, sagten die Schüler), und eine kleine Kanone, die Golfbälle abfeuern konnte. Im Unterricht regte er die Schüler an, den Seitenstraßen des Wissens nachzugehen und in allem, was ihnen begegnete, Sachverstand zu erwerben: ein Beispiel, das Ronald Tolkien großen Eindruck machte. Doch obwohl er zum Abschweifen neigte, ermunterte Gilson seine Schüler auch zum eingehenden Studium der klassischen Sprachen. Das stimmte ganz mit Tolkiens Neigungen überein, und zum Teil war es Gilsons Unterricht zu verdanken, wenn er sich für die allgemeinen Grundlagen der Sprachwissenschaft zu interessieren begann.

Latein, Griechisch, Französisch und Deutsch zu können war eines; ein anderes aber war, zu verstehen, *warum* diese Sprachen waren, wie sie waren. Tolkien hatte angefangen, nach dem Knochengerüst zu suchen, den Elementen, die ihnen allen gemeinsam waren; er hatte im Grunde schon angefangen, Philologie zu studieren, die Wissenschaft von den Wörtern. Und darin wurde er noch bestärkt, als er das Angelsächsische kennenlernte.

Diese Bekanntschaft verdankte er George Brewerton, jenem Lehrer, der *Mist* dem *Unrat* vorzog. In seinem Unterricht hatte Ronald Tolkien Interesse am Englischen der Zeit Chaucers geäußert. Das freute Brewerton, und er bot dem Jungen an, ihm ein Lehrbuch des Angelsächsischen zu leihen. Das Angebot wurde begierig angenommen.

Als er das Buch aufschlug, sah Tolkien sich der Sprache gegenüber, welche die Engländer sprachen, ehe die ersten Normannen ihr Land betreten hatten. Das Angelsächsische, auch das Altenglische genannt, war ihm vertraut und als frühere Form der eigenen Sprache erkennbar, und doch zugleich ferngerückt und dunkel. Das Lehrbuch erklärte die Sprache in Begriffen, die er gut verstehen konnte, und bald fiel es ihm leicht, die Prosabeispiele im Anhang des Buches zu übersetzen. Er stellte fest, daß ihn das Altenglische reizte, obgleich es nicht den ästhetischen Glanz des Walisischen besaß. Dies war vielmehr ein historischer Reiz, ein Angezogensein von der Vorfahrin der eigenen Sprache. Und echte Erregung begann er zu spüren, als er über die einfachen Abschnitte in dem Lehrbuch hinausging und das große altenglische Gedicht *Beowulf* vornahm. Als er es zuerst in einer Übersetzung und dann im Urtext las, erschien es ihm als eine der ungewöhnlichsten Dichtungen aller Zeiten: die Erzählung von dem Krieger Beowulf, von seinem Kampf mit den zwei Unholden und seinem Tod nach dem Kampf mit dem Drachen.

Nun wandte Tolkien sich wieder dem Mittelenglischen zu und entdeckte *Sir Gawain and the Green Knight.* Auch an diesem Gedicht konnte seine Phantasie sich entzünden: es ist eine mittelalterliche Erzählung von einem Artus-Ritter und seiner Suche nach dem geheimnisvollen Riesen, der ihm dann einen furchtbaren Axthieb versetzt. Tolkien war entzückt von dem Gedicht, und besonders auch von seiner Sprache, denn er begriff, daß sein Dialekt etwa derselbe war, den die Vorfahren seiner Mutter im westlichen Mittelengland gesprochen hatten. Er sah sich weiter im Mittelenglischen um und las die *Pearl*, ein allegorisches Gedicht über ein totes Kind, das von dem Verfasser des *Sir Gawain* geschrieben sein soll. Dann wandte er sich einer anderen Sprache zu und machte einige tastende Schritte im Altnordischen. Zeile für Zeile las er im Urtext die Geschichte von Sigurd und dem Drachen Fafnir, die ihn als kleinen Jungen in Andrew Langs *Red Fairy Book* so fasziniert hatte. Inzwischen besaß er für einen Schüler ein erstaunliches Maß an Sprachkenntnissen.

Seine Suche nach dem »Knochengerüst« unter all diesen Sprachen setzte er fort, die Schulbibliothek und die entlegeneren Regale der Buchhandlung Cornish durchstöbernd. Allmählich fand er etwas und kratzte das nötige Geld zusammen, um es zu kaufen: deutsche Bücher zur Philologie, die »strohtrocken« waren, ihm aber Antworten auf seine Fragen zu geben vermochten. Philologie, die »Liebe zu den Wörtern« — das war es, was ihn bewegte. Es war nicht das frostige Interesse an den wissenschaftlichen Prinzipien der Sprachlehre, es war die tiefe *Liebe* zu dem Klang und der Gestalt der Wörter, und sie rührte aus den Tagen her, als seine Mutter ihm die ersten Lateinstunden gegeben hatte.

Und aus Liebe zu den Wörtern begann er seine eigenen Sprachen zu erfinden.

Die meisten Kinder machen sich ihre eigenen Wörter zurecht. Manche kennen sogar eine rudimentäre Privatsprache, in der sie sich miteinander verständigen. So auch Ronalds kleine Cousinen Mary und Marjorie Incledon. Ihre Sprache hieß »Animalisch« und war in der Hauptsache aus Tiernamen aufgebaut; z.B. *hund nachtigall specht vierzig* hieß »du bist ein Esel«. Die Incledons wohnten jetzt außerhalb von Birmingham in Barnt Green, dem Nachbardorf von Rednal, und Ronald und Hilary verbrachten dort meist einen Teil ihrer Ferien. Ronald lernte »Animalisch«, und es belustigte ihn. Etwas später verlor Marjorie (die ältere Schwester) das Interesse, und nachdem sie ausgeschieden war, fanden sich Mary und Ronald zusammen, um gemeinsam eine neue, verfeinerte Sprache zu erfinden. Diese nannten sie »Nevbosh« oder »New Nonsense«, und sie war bald hinreichend entwickelt, daß die beiden Kinder in ihr Limericks aufsagen konnten:

Dar fys ma vel gom co palt 'Hoc
Pys go iskili far maino woc?
  Pro si go fys do roc de
  Do cat ym maino bocte
De volt fact soc ma taimful gyroc!'

(There was an old man who said 'How
Can I possibly carry my cow?
  For if I were to ask it
  To get in my basket
It would make such a terrible row!')

Derlei rief in Barnt Green einige Belustigung hervor, und als Ronald heranwuchs, brachte es ihn auf eine Idee. Schon als er anfing Griechisch zu lernen, hatte er sich damit amüsiert, griechisch klingende Wörter zu erfinden. Konnte er dies nicht weitertreiben und eine ganze Sprache erfinden, eine ernsthaftere und besser durchgeformte als Nevbosh — das ja zumeist nur verkleidetes Englisch, Französisch oder Latein war? Eine solche Sprache brauchte keinem praktischen Zweck zu dienen — obgleich die künstliche Sprache Esperanto damals sehr im Schwange war —, aber sie würde ihn unterhalten und ihm gestatten, all seine Lieblingslaute zu Papier zu bringen. Ja, es schien einen Versuch wert zu sein. Wäre er an Musik interessiert gewesen, so hätte er sehr wahrscheinlich Melodien komponieren wollen; warum also sollte er nicht ein eigenes System von Wörtern ausdenken, das so etwas wie eine private Sinfonie wäre?

Als Erwachsener kam Tolkien zu der Auffassung, daß sein Drang zur Spracherfindung in ähnlicher Weise von vielen Schulkindern verspürt werde. Er bemerkte einmal, als er über das Erfinden von Sprachen redete: »Sehen Sie, so ungewöhnlich ist das nicht. Eine ungeheuer viel größere Zahl Kinder, als gemeinhin vermutet wird, hat etwas in sich, das man ein schöpferisches Element nennen könnte, und das beschränkt sich nicht notwendig auf bestimmte Dinge: Sie mögen vielleicht nicht malen oder zeichnen oder viel Musik machen, aber dennoch wollen sie etwas schaffen. Und wenn die Hauptmasse der Bildung sprachliche Form hat, dann wird auch das, was sie schaffen, sprachliche Form annehmen. Das ist so außerordentlich häufig, daß ich schon einmal gedacht habe, man sollte es etwas systematischer erforschen.«

Als sich der junge Tolkien zum ersten Mal daranmachte, systematisch eine Sprache zu erfinden, beschloß er, eine existierende Sprache zum Modell oder zumindest zum Ausgangspunkt zu nehmen. Walisisch war ihm nicht in ausreichendem Maße verfügbar, daher wandte er sich einer anderen Lieblingsquelle von Wörtern zu, der Sammlung spanischer Bücher in Pater Francis' Zimmer. Sein Vormund sprach fließend spanisch, und Ronald hatte ihn oft darum gebeten, daß er ihn die Sprache lehre, doch es wurde nichts daraus, nur daß er die Bücher benutzen durfte. Nun sah er von neuem hinein und begann an einer künstlichen Sprache zu arbeiten, die er »Naffarin« nannte. Sie wies viel spanischen Einfluß auf, hatte aber ihre eigene Lautlehre und Grammatik. Er arbeitete hin und wieder daran, und wahrscheinlich hätte er sie noch weiter ausgeformt, hätte er nicht eine Sprache entdeckt, die ihn weit mehr erregte als das Spanische.

Einer seiner Schulfreunde hatte auf einem Missionsbasar ein Buch gekauft, fand aber, daß er nichts damit anfangen könne, und verkaufte es an Tolkien weiter. Es war Joseph Wrights *Primer of the Gothic Language.* Tolkien schlug es auf und erlebte sogleich »einen Eindruck so voller Entzücken zumindest wie beim ersten Blick in Chapmans *Homer*«. Das Gotische wurde seit dem Niedergang der gotischen Völker nicht mehr gesprochen, doch schriftliche Fragmente waren der Nachwelt erhalten geblieben, und Tolkien fand sich von ihnen mächtig angezogen. Er war nicht damit zufrieden, einfach nur die Sprache zu lernen, sondern begann »zusätzliche« gotische Wörter zu erfinden, um Lücken in dem beschränkten Vokabular, das erhalten war, zu füllen; und von da aus ging er weiter zur Konstruktion einer nicht schriftlich überlieferten, doch vermutlich historischen germanischen Frühsprache. Von diesen Leidenschaften sprach er zu Christopher Wiseman, der ein wohlwollender Zuhörer war, weil er selbst sich mit dem Ägyptischen und den Hieroglyphen beschäftigte. Tolkien begann auch seine erfundenen Sprachen *zurück* zu entwickeln, das heißt, die hypothetischen »älteren« Wörter zu postulieren, die ihm zur Ableitung seiner Erfindungen nach einem »historisch«-grammatischen Schema notwendig schienen. Er beschäftigte sich auch mit dem Erfinden von Alphabeten; eines der Notizbücher aus seiner Schulzeit enthält ein System von Verschlüsselungssymbolen für alle Buchstaben des englichen Alphabets. Doch am meisten beschäftigten ihn die Sprachen, und an vielen Tagen zog er sich in sein Zimmer zurück, das er mit Hilary teilte, und, wie er in sein Tagebuch schrieb, »machte eine Menge Privatsprache«.

Pater Francis hatte seit dem Tod ihrer Mutter viel für die Brüder getan. Jeden Sommer fuhr er mit ihnen in die Ferien nach Lyme Regis, wo sie in einem Hotel wohnten und seine Freunde in der Nachbarschaft besuchten. Ronald liebte die Szenerie von Lyme, und an Regentagen zeichnete er sie gern; bei schönem Wetter aber lief er am liebsten am Strand herum oder sah sich an der Stelle auf den Klippen nahe bei der Stadt um, wo sich in letzter Zeit ein mächtiger Erdrutsch ereignet hatte. Einmal fand er dort einen prähistorischen Kieferknochen und nahm an, es sei ein Stück versteinerter Drache. In diesen Ferien sprach Pater Francis viel mit den Jungen, und er bemerkte, daß sie in ihrer trübseligen Unterkunft bei Tante Beatrice nicht glücklich waren. Als sie wieder in Birmingham waren, sah er sich nach einer besseren um. Er dachte an Mrs. Faulkner, die in der Duchess Road hinter dem Oratorium wohnte. Sie veranstaltete musikalische Soiréen, die manche der Patres besuchten, und sie vermietete auch Zimmer. Er befand, daß sie Ronald und Hilary ein freundlicheres Heim bieten könne. Mrs. Faulkner willigte ein, sie aufzunehmen, und Anfang 1908 zogen die Jungen in die Duchess Road 37.

Es war ein düsteres Haus, mit Kletterpflanzen bewachsen und mit schmuddeligen Gardinen an den Fenstern. Ronald und Hilary bekamen ein Zimmer im zweiten Stock. Die anderen Hausbewohner waren Mrs. Faulkners Gatte Louis (ein Weinhändler und gern auch sein eigener Kunde), ihre Tochter Helen, Annie, das Hausmädchen, und ein weiterer Pensionsgast, ein neunzehnjähriges Mädchen, das im ersten Stock unter dem Schlafzimmer der Jungen wohnte und die meiste Zeit an der Nähmaschine zubrachte. Ihr Name war Edith Bratt.

Sie war auffallend hübsch, klein und schlank, mit grauen Augen, festen, klaren Gesichtszügen und kurzem dunklem Haar. Die Jungen erfuhren, daß sie auch eine Waise sei; ihre Mutter sei vor fünf Jahren gestorben und ihr Vater noch früher. Tatsächlich war sie ein uneheliches Kind; ihre Mutter, Frances Bratt, hatte sie am 21. Januar 1889 in Gloucester geboren, wohin sie aber vielleicht nur gekommen war, um einem Skandal auszuweichen, denn zuhause war sie in Wolverhampton, wo ihre Familie eine Schuh- und Stiefelmacherei besaß. Bei Ediths Geburt war Frances Bratt dreißig Jahre alt. Später kehrte sie in die Gegend um Birmingham zurück, dem Gerede der Nachbarn zum Trotz, und zog ihre Tochter in dem Vorort Handsworth auf. Frances Bratt heiratete nie, und der Name des Vaters wurde auf Ediths Geburtsschein nicht genannt, obwohl Frances sein Photo aufbewahrte und die Familie Bratt wußte, wer er war. Doch wenn Edith den Namen ihres Vaters kannte, so hat sie ihn nie an ihre eigenen Kinder weitergegeben.

Edith Bratt hatte eine halbwegs glückliche Kindheit verlebt. In Handsworth wurde sie von ihrer Mutter und ihrer Cousine Jenny Grove großgezogen. Die Verwandtschaft der Groves wurde von den Bratts hochgeschätzt, denn sie verband die Familie mit dem berühmten Sir George Grove, dem Herausgeber eines Musik-Lexikons. Auch Edith bewies musikalisches Talent. Sie spielte vorzüglich Klavier, und als ihre Mutter gestorben war, schickte man sie auf ein Mädchen-Internat, das sich auf Musik spezialisierte. Als sie die Schule verließ, erwartete man, sie werde fähig sein, Klavierlehrerin oder womöglich sogar Konzertpianistin zu werden. Doch ihr Vormund, der Anwalt ihrer Familie, schien nicht zu wissen, was als nächstes zu tun sei. Er besorgte ihr ein Zimmer bei Mrs. Faulkner, in der Annahme, die musikliebende Wirtin werde ihr eine günstige Atmosphäre und ein Klavier zum Üben bieten. Weiter dachte er nicht, und es war auch nicht dringend, denn Edith hatte ein bißchen Land in verschiedenen Gegenden von Birmingham geerbt, und dies warf ebensoviel an Einkommen ab, wie für ihren Unterhalt nötig war. Weiter brauchte einstweilen nichts zu geschehen, und es geschah nichts. Edith blieb bei Mrs. Faulkner, doch bald merkte sie, daß ihre Wirtin zwar froh war über einen Gast, der bei ihren Soiréen spielen und die Solisten begleiten konnte, daß aber die Frage des *Übens* etwas ganz anderes war. »Also, meine liebe Edith«, pflegte Mrs. Faulkner zu sagen, wenn sie, kaum daß die Tonleitern und Arpeggios begonnen hatten, hereinrauschte, »*das* reicht für heute!« Und Edith ging verdrossen wieder in ihr Zimmer und an ihre Nähmaschine.

Dann kamen die Brüder Tolkien ins Haus. Sie gefielen ihr sehr gut; besonders gern mochte sie Ronald, mit seinem ernsten Gesicht und seinen vollendeten Manieren. Ronald, obwohl er nicht viele Mädchen seines Alters kannte, fand, daß mit wachsender Vertrautheit bald jede Nervosität seinerseits schwand. Edith und er schlossen Freundschaft.

Allerdings, er war sechzehn, sie neunzehn. Doch er war reif für sein Alter, und sie sah jünger aus, als sie war: zierlich, klein und außergewöhnlich hübsch. Sein Interesse an Sprachen teilte sie ganz sicher nicht, und sie hatte nur eine recht dürftige Bildung genossen. Doch ihre Art war sehr gewinnend. Sie wurden Verbündete gegen »die alte Dame«, wie sie Mrs. Faulkner nannten. Edith überredete Annie, das Dienstmädchen, Leckerbissen aus der Küche zu den hungrigen Jungen im zweiten Stock zu schmuggeln, und wenn die alte Dame ausgegangen war, kamen die Jungen zum heimlichen Schmausen in Ediths Zimmer.

Edith und Ronald gingen gern zusammen in die Teehäuser von Birmingham, besonders in eines mit einem Balkon, von wo man auf das Pflaster hinabsah. Dort saßen sie und warfen den Passanten Zuckerstückchen auf die Hüte, bis die Zuckerschale leer war und sie zum nächsten Tisch weiterrückten. Später verabredeten sie ein Pfeifsignal. Wenn Ronald es abends oder frühmorgens hörte, ging er ans Fenster und lehnte sich hinaus, so daß er Edith sah, die ihn am Fenster darunter erwartete.

Bei zwei Menschen von ihrer Eigenart und in ihrer Lebenslage war die Romanze unaufhaltsam. Beide waren sie verwaist und liebesbedürftig, und sie merkten, daß sie einander Liebe geben konnten. Im Sommer 1909 stellten sie fest, daß sie verliebt waren.

In einem Brief an Edith, viel später, erinnerte sich Ronald, »wie ich Dich das erste Mal geküßt habe, und wie Du mich das erste Mal geküßt hast (beinah aus Zufall) — und der Gutenachtgruß, wenn Du manchmal das kleine weiße Nachthemd anhattest, und unsere absurden langen Gespräche am Fenster, und wie wir die Sonne durch den Nebel über der Stadt aufsteigen sahen und Big Ben Stunde um Stunde schlug, und wie die Motten Dich beinah vertrieben — und unser Pfeifsignal — und unsere Radtouren — und die Gespräche am Feuer — und die drei großen Küsse.«

Von Ronald wurde nun erwartet, daß er auf ein Oxford-Stipendium hinarbeitete, doch war es schwer, sich auf die klassischen Texte zu konzentrieren, wenn sein Geist halb mit Sprach-Erfinden und halb mit Edith beschäftigt war. Auch in der Schule gab es eine neue Attraktion für ihn: den Debattierklub, der bei den älteren Schülern überaus beliebt war. Ronald war bisher dort noch nicht als Redner hervorgetreten, vielleicht weil er den Stimmbruch noch nicht ganz hinter sich hatte und schon damals im Ruf undeutlicher Aussprache stand. Dieses Jahr aber, angespornt von einem neugewonnenen Selbstvertrauen, hielt er seine Jungfernrede für einen Antrag zugunsten der Ziele und Taktiken der Suffragetten. Sie wurde als achtbare Leistung gewertet, wenn auch die Schulzeitung meinte, daß seine Rednergaben »ein wenig durch mangelhaften Vortrag beeinträchtigt« würden. In einer anderen Rede zu dem (vermutlich von ihm selbst eingebrachten) Antrag, »daß dieses Haus die normannische Eroberung mißbilligt«, attackierte er (nach dem Bericht der Schulzeitung) »das Einströmen vielsilbiger Barbarenwörter, welche die ehrlicheren, doch bescheideneren einheimischen Wörter verdrängten«; und in einer Debatte über die Autorschaft der Shakespeare-Dramen »stieß er plötzlich eine Flut unqualifizierter Beschimpfungen gegen Shakespeare aus, gegen seinen dreckigen Geburtsort, seine elende Umgebung und seinen schmutzigen Charakter«. Auch auf dem Rugby-Feld hatte er viel Erfolg. Er war schlank, fast zu dünn, doch hatte er schon gelernt, seinen Mangel an Gewicht durch besonders ruppiges Spiel gutzumachen. Jetzt strengte er sich zusätzlich an und hatte die Genugtuung, in die Schulmannschaft zu kommen. Nachdem er dort einmal aufgestellt war, spielte er wie nie zuvor. Als er Jahre später darüber nachdachte, schrieb er es direkt einem Impuls der Ritterlichkeit zu: »Da ich mit Romantik aufgewachsen war, nahm ich eine Mädchengeschichte ganz ernst, und sie wurde mir zu einem Grund, mich anzustrengen.«

Dann, eines Tages gegen Ende des Herbsttrimesters 1909, verabredete er heimlich mit Edith eine Radtour aufs Land. »Wir dachten, wir hätten es sehr schlau angefangen«, schrieb er. »Edith war auf ihrem Rad weggefahren, angeblich um ihre Cousine Jenny Grove zu besuchen. Nach einer Weile fuhr auch ich los, ›zum Schul-Sportplatz‹, doch dann trafen wir uns und fuhren in die Lickey-Hügel.« Dort verbrachten sie den Nachmittag, und dann fuhren sie nach Rednal hinein, um Tee zu trinken, den sie in einem Hause bekamen, wo Ronald ein paar Monate zuvor gewohnt hatte, als er für sein Stipendium arbeitete. Darauf fuhren sie heim und kamen getrennt in der Duchess

Road an, um keinen Verdacht zu wecken. Aber sie hatten nicht mit dem Klatsch gerechnet. Die Frau, die ihnen Tee gemacht hatte, erzählte es Mrs. Church, der Hausmeistersfrau im Oratoriums-Heim, daß der junge Herr Ronald dagewesen sei, mit einem unbekannten Mädchen. Mrs. Church erwähnte es beiläufig gegenüber dem Koch des Birminghamer Hauses, und dieser, der stets gern Geschichten weitertrug, erzählte es Pater Francis.

Ronalds Vormund war wie ein Vater zu ihm gewesen, und man kann sich vorstellen, welche Gefühle ihn überkamen, als er erfuhr, daß sein Mündel, dem er so viel Liebe, Fürsorge und Geld zugewandt hatte, seine Kräfte nicht auf die für ihn so wichtigen Prüfungsvorbereitungen konzentrierte, sondern (wie sich bei näherer Untersuchung schnell herausstellte) eine heimliche Liebschaft mit einem Mädchen unterhielt, das drei Jahre älter war als er und im gleichen Hause wohnte. Pater Francis ließ Ronald ins Oratorium kommen, sagte ihm, daß er tief erschüttert sei, und verlangte, daß die Affäre ein Ende haben müsse. Dann traf er Vorkehrungen, um Ronald und Hilary anderswo unterzubringen, damit Ronald von dem Mädchen getrennt würde.

Es mag seltsam scheinen, daß Ronald Pater Francis nicht einfach den Gehorsam verweigerte und das Verhältnis offen fortsetzte. Doch die gesellschaftlichen Konventionen jener Zeit geboten jungen Menschen Gehorsam gegen die Eltern oder den Vormund; außerdem hegte Ronald große Zuneigung zu Pater Francis, und er war auf sein Geld angewiesen. Auch war er kein rebellischer junger Mann. Wenn man all dies bedenkt, ist es kaum verwunderlich, daß er einwilligte, zu tun, wie ihm geheißen wurde.

Als die Aufregung wegen Edith die höchsten Wellen schlug, mußte Ronald nach Oxford, um die Stipendiatenprüfung abzulegen. Wäre er in ruhigerer Verfassung gewesen, so hätte er in diesem ersten Anblick Oxfords geschwelgt. Vom Corpus-Christi-College aus gesehen, wo er blieb, boten ihm die Türme und Mauern ein Bild, gegen das seine Schule nur ein ärmlicher Schatten war. Oxford war ihm in jeder Hinsicht neu, denn auch von seinen Vorfahren hatte nie einer die Universität besucht. Hier war nun seine Gelegenheit, Ehre für die Tolkiens und die Suffields zu erringen, Pater Francis seine Liebe und Großmut zu entgelten und ihm zu beweisen, daß die Liebe zu Edith ihn nicht von der Arbeit abgelenkt hatte. Aber es war nicht so leicht. Als er nach der Prüfung am Anschlagbrett nachsah, stellte er fest, daß er keinen Stipendienplatz erhalten hatte. Niedergeschlagen kehrte er der Merton Street und dem Oriel Square den Rücken und ging zum Bahnhof, ohne zu wissen, ob er je zurückkehren würde.

In Wahrheit war aber sein Mißerfolg weder überraschend noch eine Katastrophe. Die Konkurrenz um die Oxford-Stipendien war immer äußerst scharf, und dies war erst sein erster Versuch gewesen. Er konnte es im nächsten Dezember von neuem versuchen, obgleich er dann fast neunzehn wäre. Erst wenn er dann wiederum scheiterte, bestand keine Aussicht mehr, daß er je nach Oxford käme, denn das Studiengeld zu bezahlen, überschritt die Mittel seines Vormunds. Offenbar mußte er viel mehr arbeiten.

»Niedergedrückt und im Dunkeln wie nur je«, schrieb er am Neujahrstag 1910 in sein Tagebuch. »Gott helfe mir. Fühle mich müd und matt.« (Es war das erste Mal, daß er Tagebuch führte, oder zumindest ist dies das erste Tagebuch, das erhalten blieb. Jetzt wie auch in späterer Zeit diente es ihm hauptsächlich dazu, Kummer und Elend zu verzeichnen, und als im weiteren Verlauf des Jahres seine düstere Laune schwand, machte er keine Eintragungen mehr.) Er stand vor einem Dilemma, denn obwohl er und Hilary in eine neue Unterkunft gezogen waren, waren sie doch nicht fern von Mrs. Faulkners Haus, wo Edith weiterhin wohnte. Pater Francis hatte verlangt, daß die Liebesaffäre beendet werde, aber er hatte Ronald nicht ausdrücklich verboten, Edith zu sehen. Ronald täuschte seinen Vormund ungern, doch beschlossen Edith und er, sich heimlich zu treffen. Sie verbrachten einen Nachmittag zusammen, fuhren mit einem Zug aufs Land und erörterten ihre Pläne. Sie gingen auch in ein Schmuckgeschäft, wo Edith ihm einen Federhalter zu seinem achtzehnten Geburtstag und er ihr eine billige Armbanduhr zu ihrem einundzwanzigsten kaufte, den sie am Tag darauf in einem Teehaus feierten. Edith hatte nun beschlossen, eine Einladung nach Cheltenham anzunehmen und dort bei einem älteren Rechtsanwalt und seiner Frau zu leben, die ihr Freundlichkeiten erwiesen hatten. Als sie das Ronald erzählt hatte, schrieb er »Gott sei Dank« in sein Tagebuch, denn es war die beste Lösung.

Doch wieder waren sie zusammen gesehen worden. Dieses Mal machte Pater Francis seinen Wunsch ganz klar: Ronald durfte Edith nicht treffen und ihr nicht einmal schreiben. Nur einmal durfte er sie noch sehen, um sich am Tag ihrer Abreise nach Cheltenham zu verabschieden. Danach dürften sie keinerlei Verbindung mehr unterhalten, so lange, bis er einundzwanzig und sein Vormund nicht mehr für ihn verantwortlich wäre. Das hieß drei Jahre Warten. Ronald schrieb in sein Tagebuch: »Drei Jahre, das ist furchtbar.«

Ein mehr zur Rebellion aufgelegter junger Mann hätte sich widersetzt; selbst Ronald, so loyal er gegen seinen Vormund war, fiel es schwer, sich zu fügen. Am 16. Februar schrieb er: »Letzte Nacht gebetet, daß ich E. durch Zufall treffe. Gebet erhört. Sah sie 12 Uhr 55 am Prince of Wales. Sagte ihr, ich könne nicht schreiben, und machte aus, daß ich sie Donnerstag in vierzehn Tagen zur Bahn bringe. Zufriedener, sehne mich aber so, sie nur einmal zu sehen, um sie aufzumuntern. Kann an nichts anderes denken.« Dann, am 21. Februar: »Ich sah eine bedrückte kleine Gestalt in Mantel und Tweed-Hut vorübertrotten und konnte nicht anders, als hinüberzugehen und ein Wort der Liebe und Ermunterung zu sagen. Das hat mich für eine Weile ein bißchen aufgeheitert. Gebetet und viel nachgedacht.« Und am 23. Februar: »Ich habe sie getroffen, als sie aus der Kirche kam, wo sie für mich gebetet hat.«

Obwohl diese Begegnungen zufällig waren, hatten sie die schlimmstmöglichen Folgen. Am 26. Februar bekam Ronald »einen gräßlichen Brief von P. F., besagte, ich sei schon wieder mit einem Mädchen gesehen worden, nannte es schlecht und dumm. Drohte meine Universitätslaufbahn zu vereiteln, wenn ich nicht aufhöre. Heißt, ich darf E. nicht mehr sehen. Auch nicht schreiben. Gott helfe mir. E. mittags gesehen, wollte aber nicht mit ihr zusammensein. Ich verdanke P. F. alles, also muß ich gehorchen.« Als Edith erfuhr, was geschehen war, schrieb sie an Ronald: »Unsere allerschwerste Zeit ist gekommen.«

Am Mittwoch, dem 2. März, brach Edith in der Duchess Road auf, um in ihr neues Heim nach Cheltenham zu fahren. Obwohl es sein Vormund verboten hatte, betete Ronald, daß er sie ein letztes Mal zu Gesicht bekommen möge. Als die Zeit ihrer Abfahrt nahte, suchte er sie auf den Straßen, zunächst vergebens. Doch dann: »An der Ecke Francis Road fuhr sie auf dem Rad an mir vorüber, auf dem Weg zum Bahnhof. Vielleicht werde ich sie drei Jahre lang nicht wiedersehen.«

4
Der Club

Pater Francis war kein kluger Mann, und er merkte nicht, daß er, indem er Ronald und Edith zur Trennung zwang, aus einer Jugendliebschaft eine verbotene Romanze machte. Ronald selbst schrieb dreißig Jahre später: »Nichts anderes hätte wohl den Willen hart genug gemacht, um einem solchen Verhältnis (so sehr es auch ein echter Fall von wahrer Liebe war) Dauer zu geben.«

In den Wochen nach Ediths Abreise war Ronald kränklich und niedergeschlagen. Von Pater Francis, der immer noch tief verletzt war, weil er ihn getäuscht hatte, war wenig Hilfe zu erwarten. Zu Ostern erbat Ronald von seinem Vormund die Erlaubnis, Edith zu schreiben, und sie wurde ihm, wenn auch widerstrebend, gewährt. Er schrieb, und sie antwortete, daß sie in ihrem neuen Heim glücklich sei: »Die ganze schreckliche Zeit in der Duchess Road scheint nun nur noch ein Traum zu sein.«

Tatsächlich sagte ihr das Leben in Cheltenham bald im höchsten Maße zu. Sie lebte im Hause von C. H. Jessop und seiner Frau, die sie »Onkel« und »Tantchen« nannte, obwohl sie nicht wirklich mit ihr verwandt waren. Der »Onkel« neigte zur Brummigkeit, doch »Tantchen« machte dies mit Freundlichkeit wett. Gäste kamen wenig ins Haus, außer dem Pfarrer und einigen älteren Freunden der Jessops, doch Edith fand gleichaltrige Gesellschaft bei ihrer Schulfreundin Molly Field, deren Familie ganz in der Nähe wohnte. Sie übte jeden Tag auf dem Klavier, nahm Orgelstunden und spielte bald bei den Gottesdiensten in der anglikanischen Pfarrkirche, die sie regelmäßig besuchte. Sie kümmerte sich um die Kirchenangelegenheiten, um den christlichen Jungen-Klub und die Ausflüge mit dem Kirchenchor. Sie schloß sich dem Primelnbund an und ging zu Versammlungen der Konservativen Partei. Sie hatte ein eigenes Leben, ein besseres, als sie es zuvor gekannt hatte, und als die Zeit herankam, sollte es ihr schwerfallen, es wieder aufzugeben.

Für Ronald wurde nun die Schule zum Mittelpunkt seines Lebens.

Das Verhältnis zu Pater Francis war immer noch gespannt, und das Oratorium behielt nicht ganz den alten Rang unter seinen Sympathien. Doch an der König-Edwards-Schule fand er gute Gefährten und Freunde. Es war eine Tagesschule, und es gab an ihr nicht jene Schuhputzerdienste und sexuellen Nötigungen, die C. S. Lewis in seinem Internat so abgestoßen hatten (wie er später in *Surprised by Joy* beschrieb). Gewiß besaßen die älteren Jungen Prestige in den Augen der jüngeren, aber es war das Prestige des Alters und der Leistung, nicht das einer Kaste, und was die Homosexualität anging, so behauptete Tolkien, daß er mit neunzehn nicht einmal das Wort gekannt habe. Dennoch, es war eine rein männliche Gesellschaft, in die er sich nun stürzte. In einem Alter, wo viele junge Männer die Reize weiblichen Umgangs entdecken, gab er sich Mühe, sie zu vergessen und die Liebe in den Hintergrund seines Geistes zu drängen. All die Vergnügen und Erkenntnisse der nächsten drei Jahre — und dies waren entscheidende Jahre in seiner Entwicklung, ebenso wie die Jahre mit seiner Mutter — sollte er nicht mit Edith teilen, sondern mit anderen seines Geschlechts, und so kam es, daß für ihn schließlich männliche Gesellschaft mit vielem, was am Leben erfreulich war, in Zusammenhang stand.

Eine wichtige Institution an der Schule war die Bibliothek. Unter der nominellen Leitung eines Lehrers stehend, wurde sie in der Praxis hauptsächlich von einer Anzahl älterer Schüler verwaltet, denen man den Titel eines Bibliothekars verlieh. 1911 waren dies Ronald Tolkien, Christopher Wiseman, R. Q. Gilson (der Sohn des Direktors) und noch drei, vier andere. Aus dieser kleinen Clique bildete sich eine inoffizielle Gruppe, der Tee-Club genannt. Hier ist Wisemans Bericht über die Anfänge, wie er es vierundsechzig Jahre später erzählte:

»Es fing im Sommertrimester an, mit größter Verwegenheit. Die Prüfungen zogen sich über sechs Wochen hin, und wenn man gerade keine Prüfung hatte, gab es eigentlich nichts zu tun; so fingen wir an, in der Schulbibliothek Tee zu machen. Die Leute brachten meist ›Subventionen‹ mit. Ich weiß noch, wie einer eine Dose Fisch mitbrachte; wir kümmerten uns nicht darum, und sie fand ihren Platz auf den Büchern in einem der Regale, und da blieb sie lange, bis wir es rochen. Wir hatten einen Kessel und einen Spirituskocher, aber das große Problem war, wohin mit den Teeblättern? Der Tee-Club blieb oft noch nach der Schule da, und dann kamen die

Putzfrauen mit ihren Eimern und Besen und Scheuerlappen, streuten Sägespäne und fegten alles auf, also taten wir ihnen die Teeblätter in ihre Eimer. Diese ersten Tees gab es im Nebenstübchen der Bibliothek. Dann, weil es das Sommertrimester war, gingen wir weg und tranken unseren Tee meist im Kaufhaus Barrow in der Corporation Street. In dem Restaurant dort gab es eine Art Abteil, einen Tisch für sechs Leute zwischen zwei langen Bänken, ziemlich abgeschlossen; es hieß der Eisenbahnwaggon. Dies wurde ein beliebter Aufenthalt für uns, und wir änderten unseren Namen und nannten uns nun die Barrovian Society, nach Barrows Kaufhaus. Später wurde ich Redakteur der Schulzeitung und mußte eine Liste der Schüler abdrucken, die verschiedene Auszeichnungen gewonnen hatten, also versah ich die Namen der Leute auf der Liste, die zu uns gehörten, mit einem Sternchen und machte eine Fußnote, die besagte: ›Zugleich Mitglieder des T. C., der B. S. etc.‹ Es wurde lange gerätselt, was das bedeutete.«

Die Mitgliedschaft dieses merkwürdigen inoffiziellen Gremiums fluktuierte ein wenig, doch bald bildete sich ein fester Kern mit Tolkien, Wiseman und Robert Quilter Gilson heraus. »R. Q.« hatte von seinem Vater das lebhafte Gesicht und den raschen Verstand geerbt, aber, vielleicht in Reaktion gegen den väterlichen Enthusiasmus für wissenschaftliche Erfindungen, widmete er seine persönlichen Energien dem Malen und Zeichnen, worin er Talent bewies. Er sprach bedächtig, doch mit Witz, und er liebte die Malerei der Renaissance und des achtzehnten Jahrhunderts. Hierin standen seine Neigungen und Kenntnisse im Kontrast zu denen der beiden anderen. Wiseman wußte viel über Naturwissenschaften und Musik; er war ein ausgezeichneter Mathematiker und Amateur-Komponist geworden. »John Ronald«, wie sie Tolkien nannten, war in germanischen Sprachen und Philologie beschlagen und ging ganz auf im nordischen Schrifttum. Doch gemeinsam war diesen drei enthusiastischen Schülern die gründliche Kenntnis der griechischen und lateinischen Literatur, und aus diesem Gleichgewicht ähnlicher und unähnlicher Neigungen, gemeinsamen und persönlichen Wissens erwuchs Freundschaft.

Tolkiens Beiträge zum »T. C. B. S.«, wie sie es schließlich nannten, spiegelten den weiten Umfang wider, den seine Belesenheit damals schon hatte. Er entzückte seine Freunde mit Rezitationen aus *Beowulf, Pearl, Sir Gawain and the Green Knight* und erzählte schauerliche Episoden aus der altnordischen *Völsungasaga*, mit beiläufigen Schmähungen gegen Wagner, dessen Interpretation dieser Mythen er verachtete. Seine Freunde fanden an diesen gelehrten Darbietungen überhaupt nichts Absonderliches; vielmehr sahen sie darin, in Wisemans Worten, »nur ein weiteres Beispiel für die Tatsache, daß der T. C. B. S. an und für sich absonderlich war«. Vielleicht, doch waren (und sind) solche Freundeskreise unter den gebildeten Jugendlichen, die ein enthusiastisches Stadium intellektueller Entdeckungen durchmachen, nichts Ungewöhnliches.

Später kam noch ein viertes Mitglied zu der Gruppe hinzu. Dies war Geoffrey Bache Smith, ein Jahr jünger als Gilson und fast drei Jahre jünger als Tolkien. Er war kein Humanist wie die anderen, sondern kam aus dem modernen Zweig der Schule. Er wohnte mit seinem Bruder und ihrer verwitweten Mutter in West Bromwich und besaß einen Witz, der seinen Freunden als typisch für die englischen Midlands erschien. Seine Aufnahme in den T. C. B. S. verdankte er teils dieser Eigenschaft, teils einer anderen, die an der König-Edwards-Schule nur allzu selten war: Er kannte sich aus in der englischen Literatur, insbesondere der Lyrik, und hatte sogar selbst ein gewisses dichterisches Talent. Unter dem Einfluß von »G. B. S.« begann der Club für die Dichtung empfänglich zu werden — wie es ja auch Tolkien schon war.

Nur zwei Lehrer an der Schule versuchten ernsthaft, in englischer Literatur zu unterrichten. Der eine war George Brewerton, der andere war R. W. Reynolds. »Dickie« Reynolds, der früher Literaturkritiker bei einer Londoner Zeitung gewesen war, versuchte in seinen Schülern eine Ahnung von Stil und Geschmack zu wecken. Er hatte nicht besonders viel Erfolg bei Ronald Tolkien, der den lateinischen und griechischen Dichtern vor Milton und Keats den Vorzug gab. Doch Reynolds' Unterricht könnte etwas damit zu tun gehabt haben, daß Tolkien, als er achtzehn war, versuchsweise anfing, Verse zu schreiben. Es waren nicht viele, und sie waren nicht besonders gut, sicherlich nicht besser als die durchschnittliche Jünglingspoesie jener Zeit. Eigentlich gab es nur ein blasses Anzeichen einer gewissen Originalität: Im Juli 1910 entstand die Beschreibung einer Waldszene, der er den Titel »Waldsonnenschein« gab. Darin finden sich die folgenden Zeilen:

Come sing ye light fairy things tripping so gay,
Like visions, like glinting reflections of joy

All fashion'd of radiance, careless of grief,
O'er this green and brown carpet; nor hasten away.
O! come to me! dance for me! Sprites of the wood,
O! come to me! Sing to me once ere ye fade!

(Kommt, singt, ihr lichten Feen, in heiterem Tanz,
Wie Gesichte, wie schimmernde Spiegelbilder der Freude,
Aus reinem Glanz gebildet, unbekümmert durch Leid,
Über diesen grünbraunen Teppich hin; doch eilet nicht davon.
O kommt her zu mir! Tanzt für mich, Waldgeister!
O kommt her zu mir! Singt für mich, einmal, eh' ihr entschwindet!)

Auf einem Waldesteppich tanzende Feen — doch wohl eine merkwürdige Themenwahl für einen Rugby spielenden Achtzehnjährigen mit einer lebhaften Neigung für Grendel und den Drachen Fafnir. Warum sollte Tolkien über sie schreiben?

Es kann sein, daß J. M. Barrie ein wenig damit zu tun gehabt hatte. Im April 1910 sah Tolkien *Peter Pan* in einem Birminghamer Theater und schrieb in sein Tagebuch: »Unbeschreiblich, werde es aber mein Lebtag nicht vergessen. Wollte, E. wäre dabeigewesen.« Vielleicht von noch größerer Bedeutung war aber seine Begeisterung für den mystischen katholischen Dichter Francis Thompson. Bis zum Ende seiner Schulzeit war er mit Thompsons Gedichten vertraut, und später wurde er in dieser Hinsicht so etwas wie ein Experte. In »Wald-Sonnenschein« findet sich ein deutlicher Anklang an eine Episode im ersten Teil von Thompsons *Sister Songs*, wo der Dichter zuerst einen einzelnen Elben und dann einen ganzen Schwarm von Waldgeistern auf einer Lichtung sieht; sobald er sich bewegt, verschwinden sie. Es kann sein, daß dies eine Quelle für Tolkiens Interesse an solchen Dingen war. Woher sie auch gekommen sein mögen, tanzende Elben sollten in seinen frühen Gedichten viele Male auftreten.

Seine Hauptsorge während des Jahres 1910 war die harte Vorbereitungsarbeit für die zweite Bewerbung um das Oxford-Stipendium. Er verwandte so viele Stunden wie möglich darauf, für sich zu arbeiten, doch es gab zahlreiche Ablenkungen, nicht zuletzt das Rugby. Viele Nachmittage verbrachte er auf dem schlammigen Schulsportplatz in der Eastern Road, und von dort hatte er einen langen Heimweg, oft im Dunkeln, mit einem flackernden Öllämpchen hinten an seinem Fahrrad. Beim Rugby gab es manchmal Verletzungen: in einem Spiel brach er sich die Nase, und sie bekam nie wieder ganz ihre ursprüngliche Form; ein andermal biß er sich in die Zunge, und obgleich die Wunde zufriedenstellend verheilte, führte er später seine undeutliche Aussprache großenteils darauf zurück. (In Wirklichkeit war er schon vor dieser Verletzung als undeutlicher Sprecher bekannt, und seine schlechte Artikulation kam weniger von einer körperlichen Schwierigkeit als vielmehr daher, daß er zu viel zu sagen hatte. Wenn er Gedichte vortrug, sprach er mit größter Klarheit.) Auch verbrachte er viel Zeit mit der Arbeit an Sprachen, historischen wie erfundenen. Um die Fastenzeit 1910 hielt er vor der Ersten Klasse der Schule einen Vortrag mit dem gewichtigen Titel: »Die modernen Sprachen Europas — Herleitungen und Möglichkeiten«. Das nahm drei Stunden in Anspruch, und auch da mußte ihm der verantwortliche Lehrer noch ein Ende setzen, ehe er zu den »Möglichkeiten« kam. Viel Zeit verwandte er auch auf den Debattierklub. In der Schule bestand der Brauch, einzelne Debatten ganz auf lateinisch zu führen, doch das war Tolkien fast zu leicht, und bei einer Gelegenheit, wo er die Rolle eines griechischen Botschafters vor dem Senat übernahm, sprach er ausschließlich griechisch. Ein andermal verblüffte er seine Mitschüler, als er in der Rolle eines barbarischen Gesandten plötzlich in fließendes Gotisch ausbrach, und ein drittes Mal sprach er angelsächsisch. Diese Betätigungen nahmen viele Stunden in Anspruch, und er konnte nicht behaupten, daß er wirklich lange genug an der Prüfungsvorbereitung gearbeitet habe. Dennoch, als er sich im Dezember 1910 nach Oxford aufmachte, sah er seine Aussichten eher zuversichtlich.

Und dieses Mal hatte er Erfolg. Am 17. Dezember 1910 erfuhr er, daß er eine »Open Classical Exhibition« für das Exeter College erlangt hatte. Das Ergebnis war nicht ganz so erfreulich, wie es hätte sein können, denn seinen Kenntnissen nach hätte er ein wertvolleres Stipendium erringen können, und diese »Exhibition« (eine etwas geringere Auszeichnung) trug ihm nur sechzig Pfund jährlich ein. Immerhin, es war keine schlechte Leistung, und mit Hilfe eines Schulabgänger-Zuschusses von der König-Edwards-Schule und weiterer Unterstützung durch Pater Francis würde es ihm möglich sein, nach Oxford zu gehen.

Nun, wo seine unmittelbare Zukunft gesichert war, stand er in der schulischen Arbeit nicht länger unter Druck. Doch immer noch gab es vieles, was ihn in seinen letzten Monaten an der König-Edwards-Schule beschäftigte. Er wurde Schulpräfekt, Sekretär des Debattierklubs und Sekretär für Rugby. Er verlas vor der Literarischen

Gesellschaft der Schule einen Aufsatz über die nordischen Sagas, den er mit Beispielen aus den Originaltexten illustrierte. Und etwa um diese Zeit entdeckte er das finnische *Kalevala* oder »Land der Helden«, eine Sammlung von Gedichten, welche die wichtigste Quelle für die Mythologie Finnlands ist.

Nicht viel später schrieb er anerkennend über »diese sonderbaren Menschen und diese neuen Götter, dieses Geschlecht skandalöser Helden ohne Berechnung und ohne Heuchelei« und fügte hinzu: »Je mehr ich davon las, desto mehr fühlte ich mich zuhause und freute mich.« Er war auf das *Kalevala* in W. H. Kirbys populärer Übersetzung gestoßen und beschloß, sich so bald wie möglich eine Ausgabe des finnischen Originaltextes zu besorgen.

Das Sommertrimester 1911 war sein letztes an der König-Edwards-Schule. Es endete, wie es Brauch war, mit der Aufführung eines griechischen Dramas, bei welcher die Chöre nach Schlager-Melodien gesungen wurden. Die Wahl war dieses Mal auf Aristophanes' *Frieden* gefallen, worin Tolkien den Hermes spielte. Nachher — ein weiterer Brauch an der Schule — wurde die englische Nationalhymne auf griechisch gesungen, und dann fiel der Vorhang über seine Schulzeit. »Der Schulpförtner wurde von meinen wartenden Verwandten ausgeschickt, mich zu suchen«, erinnerte er sich Jahre später. »Er meldete, daß mein Erscheinen sich noch etwas verzögern könne. ›Gerade jetzt‹, sagte er, ›ist er die Seele des Ganzen.‹ Taktvoll gesagt. Tatsächlich war ich, weil ich eben in einem griechischen Stück gespielt hatte, mit Himation und Sandalen bekleidet und führte eine, wie ich glaubte, getreue Nachahmung eines wilden bacchischen Tanzes vor.« Doch plötzlich war alles vorbei. Er hatte seine Schule geliebt, und nun verließ er sie ungern. »Ich fühlte mich«, sagte er, »wie ein junger Spatz, der aus dem Nest gestoßen wird.«

In den folgenden Sommerferien machte er eine Reise in die Schweiz. Er und sein Bruder Hilary hatten sich einer Reisegesellschaft angeschlossen, die eine Familie mit Namen Brookes-Smith arrangiert hatte, auf deren Farm in Sussex Hilary arbeitete, denn er war von der Schule frühzeitig abgegangen, um Landwirt zu werden. Es waren etwa ein Dutzend Reisende: das Ehepaar Brookes-Smith mit seinen Kindern, Ronald und Hilary Tolkien und ihre Tante Jane (die inzwischen Witwe war) und ein oder zwei alleinstehende Lehrerinnen, die mit Mrs. Brookes-Smith befreundet waren. Sie kamen nach Interlaken und brachen von dort auf, zu Fuß. Sechsundfünfzig Jahre später erinnerte sich Ronald an ihre Abenteuer:

»Wir gingen zu Fuß, mit großen Bündeln, die wir praktisch den ganzen Weg von Interlaken an trugen, meist über Gebirgspfade nach Lauterbrunnen, dann nach Mürren und schließlich bis ans Ende des Lauterbrunnen-Tals, in einer Wildnis von Moränen. Wir schliefen, wo es ging, die Männer oft in Scheunen oder Ställen, denn wir gingen nach der Karte, vermieden die Straßen und meldeten uns nirgends vorher an, und nach einem mageren Frühstück aßen wir im Freien. Wir müssen dann nach Osten über die zwei Scheidegge nach Grindelwald gegangen sein, mit Eiger und Mönch rechts von uns, und kamen schließlich nach Meiringen. Von dem Blick auf die Jungfrau trennte ich mich mit tiefem Bedauern, und das Silberhorn stand scharf gegen den dunkelblauen Himmel.

Wir kamen zu Fuß nach Brig. Ich weiß nur noch, daß es laut war: da war damals ein Netz von Trambahnen, die mindestens zwanzig Stunden am Tag in ihren Gleisen quietschten. Nachdem wir das eine Nacht mitgemacht hatten, stiegen wir einige Tausend Fuß zu einem ›Dorf‹ am Fuß des Aletsch-Gletschers hinauf, und dort verbrachten wir ein paar Nächte in einem Gasthaus, mit einem Dach überm Kopf und in Betten (oder vielmehr unter ihnen: ein *Bett* ist ein formloser Sack, unter den man sich kuschelt).

Eines Tages gingen wir zu einer langen Wanderung mit Führern den Aletsch-Gletscher hinauf — und dort wäre ich beinah umgekommen. Wir hatten zwar Führer, aber entweder wußten sie auch nichts von den Auswirkungen der Sommerhitze, oder sie nahmen es nicht allzu wichtig, oder wir waren zu spät aufgebrochen. Jedenfalls gingen wir mittags einer hinter dem anderen einen schmalen Pfad entlang, zur Rechten einen schneebedeckten Hang, der sich bis zum Horizont hinaufzog, und eine steile Schlucht zur Linken. Der Sommer hatte in diesem Jahr viel Schnee weggeschmolzen, und Steine und Felsblöcke lagen bloß, die (nehme ich an) normalerweise bedeckt waren. In der Hitze des Tages schmolz der Schnee weiter, und wir waren besorgt, als wir sahen, daß viele Steine sich lösten und den Hang hinabrollten, mit wachsender Geschwindigkeit, manche so groß wie eine Orange, manche wie ein Fußball und einige noch viel größer. Sie sausten über unseren Pfad und stürzten in die Schlucht hinab. Sie kullerten langsam los und kamen meist auf einer geraden Bahn herunter, aber der Weg war uneben, und man mußte auch den Boden im Auge behalten. Ich erinnere mich, wie die Frau vor mir (eine ältere Lehrerin) plötzlich aufkreischte und vorwärtssprang, als ein großer Felsklumpen zwischen uns hindurchschoß, höchstens einen Fuß vor meinen unmännlich zitternden Knien.

Danach gingen wir weiter, ins Wallis hinein, und daran erinnere ich mich nicht mehr so klar; aber ich weiß noch, wie wir eines Abends voller Schmutz in Zermatt ankamen und wie uns die französischen *bourgeoises dames* durch ihre Lorgnetten anstarrten. Mit Führern stiegen wir zu einer hochgelegenen Hütte des Alpenvereins hinauf, angeseilt (sonst wäre ich in eine Gletscherspalte gefallen), und ich erinnere mich an das blendende Weiß der wirren Schneewüste zwischen uns und der schwarzen Spitze des Matterhorns in einigen Meilen Entfernung.

Bevor sie sich auf die Rückreise nach England machten, kaufte Tolkien ein paar Ansichtskarten. Darunter war die Reproduktion eines Bildes von einem deutschen Maler, J. Madelener. Das Bild heißt *Der Berggeist* und zeigt einen alten Mann, der auf einem Felsbrocken unter einer Fichte sitzt. Er hat einen weißen Bart und trägt einen runden, breitkrempigen Hut und einen langen Mantel. Er spricht mit einem weißen Reh, das ihm die nach oben gekehrten Hände leckt. Aus seinem Gesicht sprechen Humor und Mitgefühl; im Hintergrund sieht man ein Stück Felsengebirge. Tolkien bewahrte diese Karte sorgfältig auf, und viel später schrieb er auf den Umschlag, in dem sie lag: »Gandalfs Ursprung«.

Die Reisegesellschaft kehrte Anfang September nach England zurück. In Birmingham packte Tolkien seine Sachen. Dann, gegen Ende der zweiten Oktoberwoche, nahm er ein großzügiges Angebot seines alten Lehrers »Dickie« Reynolds an, der ein Automobil besaß, und ließ sich zum Beginn seines ersten Semesters nach Oxford fahren.

5
Oxford

Schon als der Wagen nach Oxford hineinrollte, hatte er beschlossen, daß er hier glücklich sein wollte. Nach dem Schmutz und der Öde von Birmingham war dies eine Stadt, die er lieben und genießen konnte. Zugegeben, das Exeter College, zu dem er gehörte, wäre einem unbefangenen Beobachter nicht eben als das schönste der Universität erschienen. Seine langweilige Frontseite von George Gilbert Scott und seine Kapelle, eine geschmacklose Kopie der Sainte Chapelle, waren in Wirklichkeit nicht bemerkenswerter als Barrys pseudogotische Schule in Birmingham. Doch wenige Schritte entfernt begann der Fellow's Garden, wo sich die großen Weißbirken über die Dächer erhoben und Platanen und Roßkastanien ihre Äste über die Mauern in die Brasenose Lane und den Radcliffe Square hineinstreckten. Und Ronald Tolkien betrachtete es als *sein* College, als sein Heim, sein erstes richtiges Zuhause seit dem Tod seiner Mutter. Am Fuß einer Treppe war sein Name auf ein Schild gemalt, und oberhalb der unebenen Stufen mit dem breiten schwarzen Geländer lagen seine Zimmer, ein Schlafzimmer und ein leeres, doch hübsches Wohnzimmer mit dem Blick auf die enge Turl Street hinaus. Es war vollkommen.

Die jüngeren Studenten in Oxford 1911 stammten meist aus wohlhabenden Familien der Oberschicht. Viele gehörten dem Adel an. Hauptsächlich dieser Klasse junger Männer nahm sich die Universität (zu jener Zeit) an; daher der vergleichsweise luxuriöse Lebensstil, mit »Scouts« (Kollegdienern), die den Studenten in deren Zimmern aufwarteten. Doch außer den Reichen und den Adligen gab es noch eine ganz andere Gruppe von Studenten: die »armen Stipendiaten«, die, wenn auch nicht wirklich arm, doch nicht aus reichen Familien kamen und die Universität nur dank der finanziellen Hilfe durch das Stipendium besuchen konnten. Die erste Gruppe machte der zweiten das Leben nicht immer leicht, und wäre Tolkien (als Stipendiat aus einer Mittelschicht-Familie) an eines der eleganteren Colleges gekommen, so hätte er vermutlich einiges an Unverschämtheiten erdulden müssen. Im Gegensatz dazu und zum Glück für ihn hatte dieses Standesbewußtsein am Exeter College keine Tradition.

Und doch war es gut für Tolkien, daß unter den zweitjährigen Studenten an seinem College ein paar Katholiken waren, die ihn aufsuchten und dafür sorgten, daß er gut zurechtkam. Danach fand er schnell Freunde, obgleich er mit Geld behutsam umgehen mußte, denn er hatte nur ein winziges Einkommen, und es war nicht leicht, in einer Gesellschaft sparsam zu leben, die ganz nach dem Geschmack der Reichen eingerichtet war. Sein »Scout« brachte ihm jeden Morgen das Frühstück aufs Zimmer, und dieses ließ sich auf ein bescheidenes Mahl mit Brot und Kaffee beschränken; aber es war Brauch, zum Frühstück seine Freunde einzuladen, und dann mußte man auf eigene Kosten etwas Solideres herbeischaffen. Das Mittagessen, ein bloßer Imbiß mit Brot, Käse und Bier, wurde ebenfalls von dem Diener aufs Zimmer gebracht; das Abendessen hingegen wurde ordnungsgemäß im Speisesaal eingenommen, und wenn dies auch nicht teuer war, so war es doch umgänglicher, wenn man sich dabei von seinen Freunden zum Bier oder Wein einladen ließ, und natürlich mußte diese Geste erwidert werden. Die College-Abrechnung, die jeden Samstagmorgen zur Bezahlung vorgelegt wurde, konnte unangenehm hoch sein. Dann mußte er Kleidung kaufen und ein paar Möbel für seine Zimmer, denn die waren vom College nur mit dem Allernötigsten ausgestattet. Die Ausgaben wuchsen schnell an, und wenn auch die Händler in Oxford gewohnt waren, nahezu unbegrenzten Kredit zu gewähren, am Ende mußte man doch bezahlen. Nach einem Jahr schrieb Tolkien, daß er einen »ganz schönen Haufen unbezahlter Rechnungen« habe, und, fügte er hinzu, »mit dem Geld steht es nicht erfreulich«.

Er hatte sich bald mit Leib und Seele ins Universitätsleben gestürzt. Er spielte Rugby, wenn er auch kein herausragender Mitspieler in der Mannschaft des Colleges wurde. Am Rudern beteiligte er sich nicht, denn dieser in Oxford am höchsten geschätzte Sport war die Domäne der Jungen von den großen Internatsschulen, doch er schloß sich dem Essay-Club und der Dialektischen Gesellschaft an seinem College an, und nicht lange, so gründete er auch seinen eigenen Club. Er hieß »The Apolausticks« (»die es sich wohlsein lassen«) und bestand hauptsächlich aus Neulingen wie ihm selbst. Es wurden Aufsätze vorgelesen, Diskussionen und Debatten gehalten, und es gab große, extravagante Abendessen. Der Club war um eine Stufe kultivierter als die Teegesellschaften in der Schulbibliothek, doch er war ein Ausdruck desselben Instinkts, der auch geholfen hatte, den T.C.B.S. ins Leben zu rufen. Tolkien war am glücklichsten in einem Klüngel von Freunden, wo man gut miteinander reden konnte, viel Tabak rauchte (er rauchte nun regelmäßig Pfeife, mit gelegentlicher Abwechslung durch teure Zigaretten) und unter Männern war.

In Oxford konnte man nur unter Männern sein. Gewiß, es gab auch schon eine Anzahl weiblicher Studenten, die Vorlesungen besuchten, doch die wohnten in Damen-Colleges, finsteren Enklaven am Stadtrand, und sie mußten unbedingt in Begleitung sein, wenn sie mit einem jungen Mann sprachen. Jedenfalls zogen die Männer im Grunde männlichen Umgang vor. Die meisten von ihnen kamen eben erst aus der Männerwelt der Internatsschulen und nahmen den maskulinen Umgangston von Oxford mit Freuden auf.

Untereinander bedienten sie sich eines eigentümlichen Jargons mit Wörtern wie *brekker* für »breakfast« (Frühstück), *lekker* für »lecture« (Vorlesung) oder *sigger-sogger* für »sing-song« (Gesangsrunde). Tolkien übernahm diese Ausdrucksweise und beteiligte sich voller Begeisterung auch an den damals beliebten »rags«, heiteren Tumulten zwischen den Studenten und der Stadtbevölkerung. Hier ist sein Bericht über eine solche, nicht untypische Abendunterhaltung:

»Zehn vor neun hörten wir in der Ferne Geschrei und merkten, daß etwas im Gange war, also rannten wir aus dem College und blieben zwei Stunden lang mitten im Getümmel. Etwa eine Stunde lang hielten wir die Stadt und die Polizei und die Ordner alle zusammen in Atem. Geoffrey und ich ›eroberten‹ einen Bus und fuhren damit zum Cornmarket, einen unmenschlichen Lärm verbreitend und gefolgt von einer wilden Menge, teils aus Studenten, teils Städtern. Wir waren zum Bersten voll, ehe wir am Carfax anlangten. Dort richtete ich einige anfeuernde Worte an eine riesige Menge, bevor ich ausstieg und mich zum Märtyrerdenkmal zurückzog, wo ich noch einmal zu der Menge sprach. All dies hatte keine disziplinarischen Folgen.«

Lärmende Rüpeleien und Possen dieser Art waren unter den wohlhabenden Studenten häufiger als unter »armen Stipendiaten« wie Tolkien, von denen die meisten sich um ihr Studium kümmerten und sich von derlei Unfug fernhielten; Tolkien aber war viel zu gesellig, um bei irgendwelchen lebhaften Geschehnissen nicht dabeisein zu wollen. Zum Teil deshalb kam er nicht viel zum Arbeiten.

Er studierte klassische Philologie und mußte bestimmte Pflichtvorlesungen und Tutoren-Kurse besuchen, doch während seiner ersten zwei Semester hatte das Exeter-College keinen Tutor für dieses Fach, und bis der Posten besetzt war (mit E. A. Barber, einem fähigen Gelehrten, doch ermüdenden Lehrer), hatte Tolkien die Lust verloren. Ihn langweilten nun die lateinischen und griechischen Autoren, und die germanische Literatur fesselte ihn weit mehr. Vorlesungen über Cicero und Demosthenes interessierten ihn nicht, und er war froh, wenn er sich auf seine Zimmer zurückziehen und an seinen erfundenen Sprachen weiterarbeiten konnte. Doch ein Gebiet gab es im Lehrplan, das ihn interessierte. Er hatte Vergleichende Philologie als Spezialfach gewählt, und das bedeutete, daß er Vorlesungen und Seminare bei dem außergewöhnlichen Joseph Wright besuchte.

Joe Wright war ein »Yorkshireman«, der sich allein aus eigener Kraft aus den bescheidensten Verhältnissen emporgearbeitet hatte. Vom siebenten Lebensjahr an hatte er in einer Wollspinnerei gearbeitet und dabei zunächst keine Gelegenheit gehabt, auch nur Lesen und Schreiben zu lernen. Erst als er fünfzehn war, wurde er neidisch auf seine Arbeitskollegen, welche die Zeitung lesen konnten, und so brachte er sich selbst das Alphabet bei. Das dauerte nicht sehr lange und steigerte nur seine Wißbegier; deshalb besuchte er Abendkurse und lernte Französisch und Deutsch. Latein und Mathematik brachte er sich selbst bei, bis zwei Uhr morgens über seinen Büchern sitzend und um fünf wieder aufstehend, um zur Arbeit zu gehen. Als er achtzehn war, hielt er es für seine Pflicht, sein Wissen an andere weiterzugeben, und er fing an, selbst Abendkurse für seine Kollegen zu geben, im Schlafzimmer des Häuschens seiner verwitweten Mutter, gegen Entrichtung von zwei Pence die Woche. Als er einundzwanzig war, beschloß er, sich mit seinen Ersparnissen ein Semester an einer deutschen Universität zu leisten. Er nahm ein Schiff nach Antwerpen, und von dort ging er, Etappe für Etappe, zu Fuß nach Heidelberg, wo er sich für Philologie zu interessieren begann. So studierte dieser ehemalige Spinnerei-Arbeiter nun Sanskrit, Gotisch, Altbulgarisch, Litauisch, Russisch, Altnordisch, Altsächsisch, Alt- und Mittelhochdeutsch und Altenglisch und erwarb schließlich den Doktorgrad. Als er nach England zurückgekehrt war, ließ er sich in Oxford nieder, wo er bald zum Außerordentlichen Professor für Vergleichende Philologie ernannt wurde. Er konnte sich die Pacht für ein kleines Haus in der Norham Road leisten und nahm sich eine Haushälterin. Er lebte mit der herkömmlichen Sparsamkeit der Leute aus Yorkshire: Das Bier, das er trank, pflegte er in einem kleinen Fäßchen zu kaufen, als er aber fand, daß es zu schnell leer wurde, machte er mit Sarah, seiner Haushälterin, aus, daß sie es kaufte und er ihr jedes Glas, das er trank, bezahlte. Er arbeitete unablässig und begann eine Reihe Sprachlehrbücher zu schreiben, darunter auch jenes über das Gotische, das für Tolkien eine solche Offenbarung gewesen war. Das Wichtigste jedoch, was er in Angriff nahm, war sein englisches Dialekt-Wörterbuch, das schließlich in sechs dicken Bänden erschien. Er selbst hatte seinen Yorkshire-Akzent nie verloren und konnte geläufig in dem Dialekt seines Heimatdorfes sprechen. Jede Nacht saß er lange auf und arbeitete. Sein Haus grenzte mit einer Wand an ein anderes, in dem Dr. Neubauer wohnte, der Lektor für rabbinische Literatur. Neubauer hatte schlechte Augen und konnte bei künstlichem Licht nicht arbeiten. Wenn Joe Wright gegen Morgen zu Bett ging, klopfte er an die Wand, um seinen Nachbarn zu wecken. »Guten Morgen«, rief er, und Neubauer antwortete: »Gute Nacht.«

Wright heiratete eine seiner ehemaligen Schülerinnen. Zwei Kinder wurden ihnen geboren, die beide schon im frühesten Alter starben. Dennoch führten die Wrights ein stoisch-heiteres Leben in einem Haus in der Banbury Road, das nach Joes Entwurf gebaut worden war. Tolkien kam 1912 als Schüler zu Wright, und später erinnerte er sich immer »an Joe Wrights gewaltigen Eßzimmer-Tisch, wenn ich allein am einen Ende saß und die Grundlagen der griechischen Philologie vor den funkelnden Brillengläsern in der Dunkelheit mir gegenüber lernte«. Auch vergaß er wohl nie die großen Teegesellschaften der Wrights an den Sonntagnachmittagen, wo Joe riesige Stücke von einem mächtigen Pflaumenkuchen abschnitt und Jack, der schottische Terrier, sein Paradestück vorführte und sich geräuschvoll die Lippen leckte, wenn sein Herr das gotische Wort für Feigenbaum, *smakka-bagms*, aussprach.

Als Lehrer übertrug Wright auf Tolkien seine Leidenschaft für die Philologie, jenes Wissensgebiet, das ihm aus Armut und Namenlosigkeit herausgeholfen hatte. Wright verlangte viel von seinen Schülern, und das war genau das Richtige für Tolkien. Er hatte eben angefangen, sich den anderen Altphilologen durch den weiten Umfang seiner Sprachkenntnisse ein wenig überlegen zu fühlen; hier aber war jemand, der ihm sagen konnte, daß er noch ein weites Stück Weges vor sich hatte. Zur gleichen Zeit ermutigte Wright ihn zu Initiativen. Als er hörte, daß Tolkien ein erstes Interesse am Walisischen gefaßt hatte, riet er ihm, dem nachzugehen — doch gab er diesen Rat in echter Yorkshire-Manier: »Steigen Sie nur ein ins Keltische, mein Junge, da ist Geld drin.«

Tolkien befolgte den Rat, wenn auch nicht genau in dem Sinne, wie

Joe Wright ihn gemeint hatte. Es gelang ihm, Bücher mit walisischen Texten des Mittelalters aufzutreiben, und er begann in der Sprache zu lesen, die ihn seit der Bekanntschaft mit ihren ersten Wörtern auf den Kohlenwaggons fasziniert hatte. Er wurde nicht enttäuscht; ja, in all seinen Erwartungen von Schönheit sah er sich bestätigt. *Schönheit* — das war es, was ihn am Walisischen fesselte, Gestalt und Klang der Wörter, fast ohne Rücksicht auf ihre Bedeutung. Er sagte einmal: »Die meisten Menschen, die englisch sprechen, werden zum Beispiel zugeben, daß *cellar door* ›schön‹ ist, besonders wenn man den Sinn (und die Schreibweise) außer acht läßt. Schöner jedenfalls als z. B. *sky* und viel schöner als *beautiful*. Für mich nun sind im Walisischen die *cellar doors* außerordentlich häufig.« Tolkien war vom Walisischen so begeistert, daß man sich wundern kann, warum er in seiner Studentenzeit keine Reise nach Wales unternahm. Doch in gewisser Weise war dies für sein Leben bezeichnend. Obwohl er die alte Literatur vieler Länder studierte, besuchte er diese Länder kaum, oft weil äußere Umstände ihn abhielten, zum Teil aber wohl auch aufgrund mangelnder Neigung. Und in der Tat kann eine Seite aus einem mittelalterlichen Text mehr besagen als die moderne Realität des Landes, das diesen Text hervorgebracht hat.

Während der ersten Jahre seiner Studentenzeit pflegte Tolkien das Interesse aus seiner Kindheit am Malen und Zeichnen weiter und begann ein gewisses Geschick darin zu verraten, besonders in Landschaftsskizzen. Auch der Handschrift und Kalligraphie widmete er große Aufmerksamkeit, und viele Schreibstile wurden ihm geläufig. Dieses Interesse war eine Vereinigung seiner Leidenschaft für Wörter mit seinem künstlerischen Blick, doch kam auch die Vielschichtigkeit seiner Persönlichkeit darin zum Ausdruck, denn, wie jemand, der ihn in diesen Jahren kannte, (mit nur gelinder Übertreibung) bemerkte: »Er schrieb jedem seiner Freunde in einer anderen Handschrift.«

Die ersten Universitätsferien brachte er Weihnachten 1911 damit zu, alte Freundschaften zu erneuern. Der T. C. B. S. hatte Tolkiens Schulabgang überdauert, und nun bereitete sich der Club auf das größte Ereignis in seiner kurzen Geschichte vor, eine Aufführung der *Nebenbuhler* von Sheridan. R. Q. Gilson, der für das achtzehnte Jahrhundert begeistert war, hatte die Idee gehabt, und da sein Vater der Direktor war, gab es keine Schwierigkeit, die Erlaubnis zu bekommen, obwohl an der Schule noch nie ein Stück von einem englischen Dramatiker aufgeführt worden war. Gilson und Christopher Wiseman, beide noch an der Schule, teilten die Rollen ihren Freunden zu. Unbedingt beteiligt werden mußte G. B. Smith, der von den anderen zwar noch nicht ganz als Mitglied des Clubs anerkannt wurde, aber doch bei ihnen schon sehr beliebt war. Und wer sollte die komische Hauptrolle der Mrs. Malaprop spielen, wenn nicht ihr alter John Ronald? So fuhr Tolkien am Ende seines ersten Semesters von Oxford nach Birmingham und nahm an den letzten Proben teil.

Es sollte nur eine Aufführung geben. Wie es sich traf, war die Kostümprobe beendet, lange bevor der Vorhang hochgehen sollte, und statt zu warten, beschloß der Club, zum Tee zu Barrows zu gehen (dem Kaufhaus, welches das »B.« zum »T. C. B. S.« beitrug), mit den Kostümen unter den Mänteln. Das »Eisenbahnabteil« war leer, als sie kamen, daher zogen sie die Mäntel aus. Das Staunen der Kellnerin und der Verkäufer blieb ihnen ihr Lebtag im Gedächtnis.

Dann kam die Aufführung. Die Schulzeitung berichtete: »J. R. R. Tolkiens *Mrs. Malaprop* war eine echte Gestaltung, vortrefflich in jeder Hinsicht, nicht zuletzt in der Maske. R. Q. Gilson als *Captain Absolute* war ein höchst sympathischer Held und trug die Bürde dieser sehr schweren Rolle mit bewundernswertem Schwung und Geschick; und als der cholerische alte *Sir Anthony* war C. L. Wiseman sehr überzeugend. Unter den Nebendarstellern verdient G. B. Smith hohes Lob für seine Darstellung der schwierigen und undankbaren Rolle des Faulkland.« Der Anlaß festigte Tolkiens Freundschaft mit G. B. Smith, eine Freundschaft, die sich als dauerhaft und folgenreich erweisen sollte, und Smith wurde von nun an als Vollmitglied des T. C. B. S. angesehen.

In den Sommerferien 1912 ging Tolkien für vierzehn Tage in das Lager des King Edward's Horse, eines regionalen Kavallerie-Regiments, zu dem er sich kurz zuvor gemeldet hatte. Er hatte Freude an dem Erlebnis, über die Ebenen von Kent zu galoppieren — das Lager war in der Nähe von Folkestone —, doch es stürmte und regnete, und die Zelte wurden nachts oft umgeworfen. Diese Probe vom Leben zu Pferde und unter der Zeltplane genügte ihm, und nach ein paar Monaten meldete er sich von dem Regiment wieder ab. Nach dem Ende seines Lager-Aufenthalts machte er eine Fußwanderung durch Berkshire, zeichnete die Dörfer und stieg die Hügel hinauf. Und dann, nur allzu bald, war sein erstes Studienjahr vorüber.

Er hatte sehr wenig gearbeitet und gewöhnte sich langsam ein faules Leben an. In Birmingham war er mehrere Male die Woche zur

Messe gegangen, doch wo nun Pater Francis nicht über ihn wachte, fand er es nur allzu bequem, morgens im Bett zu bleiben, besonders wenn er lange aufgeblieben war und am Kamin mit Freunden geraucht und geredet hatte. Betrübt hielt er fest, daß ihm die ersten Semester in Oxford »mit so gut wie gar keiner oder nur sehr seltener Religionsausübung« vergangen waren. Er versuchte sich zu bessern und führte ein Tagebuch für Edith, in dem er all seine Vergehen und Versäumnisse aufschrieb. Aber wenn Edith auch ein leuchtendes Idealbild für ihn war — hatten sie einander nicht Liebe gelobt, und waren sie damit nicht aneinander gebunden? —, so war ihm doch immer noch verboten, ihr zu schreiben oder sie zu sehen, solange er noch nicht einundzwanzig war, und bis dahin waren es noch viele Monate. In der Zwischenzeit war es angenehm, sich die Semester mit kostspieligen Diners, Gesprächen bis tief in die Nacht und Stunden des Brütens über mittelalterlichem Walisisch und erfundenen Sprachen zu vertreiben.

Etwa um diese Zeit entdeckte er das Finnische. Schon immer, seit er das *Kalevala* in einer englischen Übersetzung gelassen hatte, hatte er gehofft, diese Sprache kennenzulernen, und in der Bibliothek des Exeter College fand er nun eine finnische Grammatik. Mit ihrer Hilfe begann er den Originaltext der Gedichte in Angriff zu nehmen. Später sagte er: »Es war, wie wenn man einen Keller voll Flaschen eines sonderbaren Weines findet, von einer Sorte und einem Aroma, wie man sie nie zuvor gekostet hat. Ich war ganz berauscht davon.«

Er lernte nie gut genug Finnisch, um den Originaltext des *Kalevala* mehr als ein Stück weit durchzuarbeiten, doch die Folgen für seine Spracherfindungen waren tiefgreifend und auffällig. Er gab das Neugotische auf und begann eine private Sprache zu schaffen, die stark vom Finnischen beeinflußt war. Dies war die Sprache, die in seinen Geschichten später als »Quenya« oder »Hochelbisch« auftreten sollte. Bis dahin vergingen noch viele Jahre, doch ein Same dessen, was noch kommen sollte, keimte schon in seinem Geiste. Er hielt vor einem Verein an seinem College einen Vortrag über das *Kalevala*, und darin begann er über die Bedeutung jener Art von Mythologie zu sprechen, die sich in den finnischen Heldenliedern findet. »Diese mythologischen Balladen«, sagte er, »sind voll von jenem höchst ursprünglichen Unterholz, das in der europäischen Literatur insgesamt über viele Jahrhunderte hin immer mehr beschnitten und verdrängt wurde, in den einzelnen Völkern jeweils etwas früher oder später und mehr oder weniger vollständig.« Und er fügte hinzu: »Ich wünschte, wir hätten noch mehr davon — etwas von der gleichen Art, das uns Engländern angehörte.« Ein erregender Gedanke, und vielleicht dachte er auch schon daran, diese Mythologie für England selber zu schaffen.

Weihnachten 1912 verbrachte er bei seinen Verwandten, den Incledons in Barnt Green bei Birmingham. Wie in der Familie üblich, unterhielt man sich in dieser Jahreszeit mit Theaterspielen, und diesmal schrieb Ronald selbst das Stück, das sie spielten. Es hieß »Der Detektiv, der Chef und die Suffragette«. Im späteren Leben bekannte er, daß er das Theater verabscheue, doch bei dieser Gelegenheit war er nicht nur der Autor, sondern auch der Hauptdarsteller; er spielte einen »Professor Joseph Quilter, M. A., B. A., A. B. C., alias Sexton Q. Blake-Holmes, internationaler Detektiv«, der nach einer verschwundenen Erbin namens Gwendoline Goodchild fahndet. Sie hat sich in der Zwischenzeit in einen armen Studenten verliebt, den sie in der Pension kennengelernt hat, wo sie beide wohnen, und sie muß sich noch zwei Tage, bis zu ihrem einundzwanzigsten Geburtstag, vor ihrem Vater verborgen halten, ehe sie heiraten kann.

Dieses Stück Familienunterhaltung war viel inhaltsschwerer, als die Incledons wußten. Nicht nur hatte Ronald selbst wenige Tage nach der Aufführung seinen einundzwanzigsten Geburtstag, sondern er war auch gewillt, sich aufs neue mit Edith Bratt zu vereinen, auf die er nun drei Jahre lang gewartet hatte und die, wie er ganz sicher war, auch auf ihn gewartet hatte. Als daher die Uhr Mitternacht schlug und der 3. Januar 1913 anbrach, der Tag, an dem er volljährig wurde, setzte er sich im Bett auf und schrieb ihr einen Brief, in dem er seine Liebeserklärung erneuerte und sie fragte: »Wie lange wird es noch dauern, bis wir vor Gott und den Menschen vereint sein können?«

Doch als Edith ihm antwortete, da schrieb sie, daß sie verlobt sei mit George Field, dem Bruder ihrer Schulfreundin Molly.

6
Wiedersehen

Er hätte beschließen können, sie zu vergessen. Seine Freunde wußten nicht, daß es sie gab, und auch seine Onkel, Tanten und Cousinen hatten nie von ihr gehört. Nur Pater Francis wußte Bescheid, und dem, auch wenn er nicht mehr Ronalds gesetzlicher Vormund war, lag nichts daran, daß die Affäre mit Edith wieder von vorn anfing. So hätte Ronald Ediths Brief zerreißen können und sie George Field heiraten lassen.

Doch während der Zeit in der Duchess Road waren Erklärungen und Versprechen ausgetauscht worden, von denen Ronald meinte, daß sie nicht leichthin gebrochen werden dürften. Auch war Edith in den letzten drei Jahren sein Idealbild gewesen, seine Erleuchtung und Zukunftshoffnung. Er hatte seine Liebe genährt und gehegt, so daß sie im geheimen wuchs, obwohl sie allein von seinen Erinnerungen an ihre Jugendliebschaft und ein paar Photographien leben mußte, die Edith als Kind zeigten. Jetzt gab es für ihn nur eines zu tun: Er mußte nach Cheltenham fahren und sie dringend bitten, ihn zu heiraten und George Field aufzugeben.

In Wirklichkeit wußte er, daß sie ja sagen würde. Sie hatte es fast schon in ihrem Brief angedeutet, indem sie erklärte, mit George habe sie sich nur deshalb verlobt, weil er freundlich zu ihr gewesen sei, weil sie das Gefühl gehabt habe, »sitzenzubleiben«, und weil sie keinen anderen jungen Mann kenne; und sie habe aufgehört zu glauben, daß Ronald sie nach Ablauf der drei Jahre werde wiedersehen wollen. »Ich begann an Dir zu zweifeln, Ronald«, schrieb sie in ihrem Brief, »und zu denken, Du würdest Dir nichts mehr aus mir machen.« Jetzt aber, wo er geschrieben und sein Liebesversprechen erneuert hatte, so gab sie zu verstehen, sah alles wieder anders aus.

Am Mittwoch, dem 8. Januar, fuhr er mit der Bahn nach Cheltenham und wurde von Edith auf dem Bahnhof abgeholt. Sie gingen aufs Land hinaus und setzten sich unter eine Bahnbrücke, wo sie miteinander sprachen. Am Ende des Tages hatte Edith erklärt, daß sie George Field aufgeben und Ronald Tolkien heiraten werde.

Sie schrieb an George und sandte ihm seinen Ring zurück. Der arme junge Mann war zuerst furchtbar aufgebracht, seine Familie beleidigt und erzürnt. Doch am Ende sprach man nicht mehr von der Sache, und alle wurden wieder gut Freund. Edith und Ronald gaben ihre Verlobung nicht bekannt, aus Besorgnis, wie diese im Familienkreise aufgenommen werden würde, und weil sie lieber warten wollten, bis Ronalds Zukunftsaussichten klarer wären. Doch kehrte Ronald »berstend vor Freude« zum nächsten Semester nach Oxford zurück.

Einer seiner ersten Schritte nach der Ruckkehr war, daß er Pater Francis schrieb und ihm erklärte, daß er und Edith zu heiraten gedächten. Er war sehr beunruhigt, doch als Pater Francis' Antwort kam, war sie ruhig und gefaßt, wenn auch alles andere als begeistert. Und das war gut so, denn obwohl der Pater nicht mehr Ronalds Vormund war, gewährte er ihm dennoch eine höchst notwendige finanzielle Hilfe; daher war es wichtig, daß er die Verlobung duldete.

Nun, wo Ronald sich wieder mit Edith vereint hatte, mußte er seine ganze Aufmerksamkeit den Honour Moderations* zuwenden, der ersten von den beiden Prüfungen, mit denen er den Abschluß in klassischer Philologie erlangen konnte. Er versuchte, in sechs Wochen Arbeit hineinzupressen, was er in den vergangenen vier Semestern getan haben sollte, aber es war nicht leicht, die Gewohnheit des langen Aufbleibens im Gespräch mit Freunden zu durchbrechen; auch morgens früh aufzustehen, fiel ihm schwer — doch wie so viele andere vor ihm gab er dem feuchten Klima von Oxford und nicht dem späten Zubettgehen die Schuld. Als die Prüfungen Ende Februar begannen, war er für viele der Arbeiten noch schlecht vorbereitet. Alles in allem war er erleichtert zu erfahren, daß er wenigstens den zweiten Rang erreicht hatte.

Aber er wußte, er hätte besser abschneiden sollen. Der erste Rang in dieser Prüfung ist nicht leicht zu erzielen, aber durchaus in Reichweite eines begabten Studenten, der seine Zeit nutzt. Mit Sicherheit aber wird er von jemandem erwartet, der eine Universitätslaufbahn einzuschlagen gedenkt, und eine solche hatte Tolkien schon im Sinn. Doch war ihm ein »reines Alpha«, eine praktisch fehlerlose Arbeit, in seinem Spezialfach Vergleichende Philologie gelungen. Dies sprach

* Die Honour Moderations umfassen wie die meisten Prüfungen in Oxford eine Anzahl schriftlicher Arbeiten zu verschiedenen Gebieten aus dem Fach des Kandidaten. Sie werden (in absteigender Ordnung) mit »Rängen« von eins bis vier bewertet.

teils für den vortrefflichen Unterricht Joe Wrights, teils auch dafür, daß Tolkiens größte Talente auf diesem Gebiet lagen; und am College wurde dies vermerkt. Man war enttäuscht, daß er als einer der Stipendiaten des Colleges den ersten Rang verfehlt hatte, schlug aber vor, da er ein Alpha ein Vergleichender Philologie errungen habe, solle er sich doch diesem Gebiet zuwenden. Dr. Farnell, der Rektor von Exeter (Leiter des Colleges), wußte, daß Tolkien sich für Alt- und Mittelenglisch und andere germanische Sprachen interessierte — wäre es da nicht vernünftig, wenn er auf die English School überwechselte? Tolkien stimmte zu, und mit dem Beginn des Sommersemesters 1913 gab er die klassische Philologie auf und begann Anglistik zu studieren.

Die »Honour School of English Language and Literature« war nach Oxforder Maßstäben noch jung, und sie war in zwei Lager gespalten. Auf der einen Seite standen die Philologen und Mediävisten, die meinten, daß alle Literatur nach Chaucer nicht schwierig genug sei, um einem zu akademischen Graden führenden Studiengang als Grundlage zu dienen. Auf der Gegenseite hielten die Verfechter der »modernen« Literatur (worunter sie die Literatur von Chaucer bis ins neunzehnte Jahrhundert verstanden) nichts von dem Studium der Philologie und des Alt- und Mittelenglischen, sondern bezeichneten dies als »Wortklauberei und Pedanterie«. In mancher Hinsicht war es ein Fehler, daß man versuchte, beide Parteien in ein und derselben Fakultät zusammenzuhalten. Das Ergebnis war, daß die Studenten, die sich auf »Sprache« (d. h. Philologie, Alt- und Mittelenglisch) spezialisieren wollten, dennoch genötigt wurden, ziemlich viel über moderne Literatur zu hören, während die anderen, die »Literatur« studieren wollten (das »moderne« Fach), sich auch mit den Texten in Sweets *Anglo-Saxon Reader* beschäftigen und sich in gewissem Umfang mit der Philologie vertraut machen mußten. Beide Studiengänge waren so Kompromisse, und keine Partei war voll zufrieden.

Darüber, welchem Zweig der Schule Tolkien angehören würde, gab es keinen Zweifel. Er wollte sich auf Sprachwissenschaft spezialisieren, und es wurde verabredet, daß Kenneth Sisam sein Tutor sein werde, ein junger Neuseeländer, der bei A. S. Napier Assistent war, dem Professor für englische Sprache und Literatur. Nachdem Tolkien mit Sisam gesprochen und den Lehrplan durchgesehen hatte, war er »von Panik ergriffen, denn ich sehe nicht, wie es mir ein anständiges Pensum Arbeit für zwei Jahre und ein Semester bieten soll«. Alles schien viel zu leicht und geläufig zu sein: Viele der Texte, die er würde lesen müssen, kannte er schon gut, und in gewissem Umfang konnte er auch schon Altnordisch, das er als Spezialfach nehmen würde (bei einem Spezialisten für Isländisch, W. A. Craigie). Auch schien Sisam zuerst kein sehr anregender Tutor zu sein. Er war ein bedächtiger Mann, nur vier Jahre älter als Tolkien und gewiß keine gebieterische Erscheinung wie Joe Wright. Doch war er ein gewissenhafter und penibler Gelehrter, und Tolkien lernte ihn bald schätzen. Was die Arbeit anging, so verbrachte Tolkien nun mehr Zeit am Schreibtisch als während seines altsprachlichen Studiums. Es war nicht so leicht, wie er erwartet hatte, denn die Maßstäbe der Oxforder Fakultät für Englisch waren sehr hoch. Bald aber beherrschte er den Lehrstoff gründlich und schrieb lange und verwickelte Aufsätze über »Probleme der Ausbreitung von Lautwandlungen«, »Die Längung der Vokale in alt- und mittelenglischer Zeit« und »Das anglo-normannische Element im Englischen«. Besonders war es ihm darum zu tun, seine Kenntnis des Dialekts der westlichen Midlands im Mittelenglischen zu erweitern, wegen der Verknüpfung mit seiner Kindheit und seinen Vorfahren; und er las eine Reihe altenglischer Werke, die er noch nicht kannte.

Unter diesen war der *Crist* des Cynewulf, eine Gruppe religiöser angelsächsischer Dichtungen. Zwei Zeilen daraus drangen mächtig in ihn ein:

Eala Earendel engla beorhtast
ofer middangeard monnum sended.

(Heil Earendel, strahlendster der Engel,
über der mittleren Erde den Menschen gesandt.)

Earendel wird vom Angelsächsischen Wörterbuch mit »Lichtschein, Strahl« erklärt, doch hier muß es offenbar eine besondere Bedeutung haben. Tolkien selbst nahm an, daß Johannes der Täufer gemeint sei, glaubte aber, daß »Earendel« ursprünglich der Name des Sterns gewesen sei, der den Tag ankündigt, also Venus. Daß der Name in den Cynewulf-Versen erschien, berührte ihn seltsam. »Ich spürte einen merkwürdigen Schauder«, schrieb er viel später, »als hätte sich etwas in mir geregt und wäre halb aus dem Schlaf erwacht. Etwas sehr Fernes, Fremdes und Schönes lag hinter diesen Worten, wenn ich es nur greifen konnte, weit hinter dem Altenglischen.«

Noch mehr, das seine Phantasie anstachelte, fand er, als er sich mit seinem Spezialgebiet beschäftigte. Das Altnordische (oder Altisländische — die Bezeichnungen sind austauschbar) ist die Sprache, welche die Norweger, die im neunten Jahrhundert aus ihrem Heimatland flohen, nach Island brachten. Tolkien war mit dem Nordischen bereits ein wenig vertraut, und nun machte er sich an ein gründliches Studium seiner Literatur. Er las die Sagas und die Jüngere Edda oder Prosa-Edda. Er las auch die Ältere oder Lieder-Edda, und so geriet er an die alte Schatzkammer der isländischen Mythen und Sagen.

»Die Ältere Edda« nennt man eine Sammlung von Gedichten, von denen manche unvollständig oder mit entstelltem Text erhalten sind; die wichtigste Handschrift stammt aus dem dreizehnten Jahrhundert. Doch viele der Gedichte selbst sind älter und stammen vielleicht aus einer Zeit noch vor der Besiedlung Islands. Manche davon sind Heldendichtungen und beschreiben die Welt der Menschen, während andere mythologischen Charakters sind und von den Werken der Götter handeln. Von den mythologischen Liedern in der Älteren Edda ist keines bemerkenswerter als das *Völuspa* oder »Der Seherin Gesicht«, worin die Geschichte des Weltalls von seiner Erschaffung an berichtet und sein Schicksal vorhergesagt wird. Dieses erstaunlichste von allen mythologischen Gedichten der Germanen stammt gerade aus der Endzeit des nordischen Heidentums, als das Christentum die alten Götter verdrängte; doch gibt es in seiner Darstellung des heidnischen Kosmos einen Eindruck vom lebendigen Mythos, ein Gefühl der Ehrfurcht vor dem Geheimnisvollen. Tolkiens Phantasie wurde von diesem Gedicht stark angezogen.

In den Monaten nach ihrem Wiedersehen bereitete Ediths Religion ihr selbst und Ronald einige Sorgen. Sollte ihre Ehe den Segen seiner Kirche haben, so würde Edith katholisch werden müssen. Theoretisch war sie damit ganz einverstanden — sie glaubte sogar, ihre Familie sei früher katholisch gewesen. Doch es war nicht so einfach. Sie war Mitglied der Kirche von England, und zwar ein sehr aktives Mitglied. Während ihrer Trennung von Ronald hatte sich ihr Leben zum großen Teil um die Gemeinde in Cheltenham gedreht, und sie hatte sich in kirchlichen Belangen nützlich gemacht. Infolgedessen hatte sie ein gewisses Ansehen in der Gemeinde erworben, und es war eine interessante Gemeinde, typisch für jene feine Stadt. Nun verlangte Ronald, daß sie auf dies alles verzichtete und in eine Kirche ging, wo niemand sie kannte, und diese Aussichten waren nicht nach ihrem Geschmack. Auch befürchtete sie, daß ihr »Onkel« Jessop, in dessen Haus sie lebte, sehr böse sein werde, denn wie viele seines Alters und seiner Schicht war er heftig anti-katholisch. Würde er, wenn sie »papistisch« würde, zulassen, daß sie bis zur Heirat weiter unter seinem Dach wohnte? Es war eine peinliche Situation, und sie schlug Ronald vor, die Sache zu vertagen, bis sie offiziell verlobt waren oder die Heirat bevorstand. Aber davon wollte er nichts hören. Er wünschte, daß sie schnell das Nötige tat. Die Kirche von England verachtete er und nannte sie »ein mitleiderregendes, trübes Gemisch von halb erinnerter Tradition und verstümmeltem Glauben«. Und wenn Edith wegen ihrer Entscheidung, katholisch zu werden, verfolgt würde, nun, so war es seiner teuren Mutter doch ebenso ergangen, und die hatte es ertragen. »Ich glaube innigst«, schrieb er an Edith, »daß keine Halbherzigkeit und keine irdische Furcht uns davon abbringen darf, unbeirrbar dem Lichte zu folgen.« (Er selber ging nun wieder regelmäßig zur Messe und hatte es wohl vorgezogen, seine Versäumnisse aus dem Vorjahr zu vergessen.) Daß Edith katholisch wurde, war offenbar eine Sache von hoher Gefühlsbedeutung für ihn; und vielleicht war es zum Teil auch, obgleich er das nicht zugegeben hätte, eine Liebesprobe, nachdem sie so untreu gewesen war, sich mit George Field zu verloben.

Also tat sie, was er verlangte. Sie sagte den Jessops, daß sie katholisch zu werden gedenke, und der »Onkel« nahm es genauso auf, wie sie befürchtet hatte, denn er gebot ihr, sein Haus zu verlassen, sobald sie eine andere Unterkunft finden könne. Angesichts dieser Krise beschloß Edith, mit ihrer Cousine Jenny Grove zusammenzuziehen, einer kleinen, energischen Frau mittleren Alters und mit verwachsenem Rücken. Gemeinsam begannen sie sich nach einer Wohnung umzusehen. Es scheint, es wurde zur Sprache gebracht, daß sie nach Oxford kommen sollten, damit Edith in Ronalds Nähe wäre, doch offenbar wollte sie dies nicht. Vielleicht nahm sie ihm übel, daß er sie wegen des Katholizismus unter Druck gesetzt hatte; jedenfalls wollte sie bis zu ihrer Ehe ein selbständiges Leben führen. Edith und Jenny entschieden sich für Warwick, das nicht weit von ihrem heimischen Birmingham lag, aber viel reizvoller war als dieses. Nach einigem Suchen fanden sie eine vorläufige Wohnung, und dort besuchte sie Ronald im Juni 1913.

Warwick mit seinen Bäumen, dem Berg und dem Schloß erschien ihm als ein Ort von erstaunlicher Schönheit. Es waren heiße Tage, und er fuhr mit Edith in einem Stechkahn auf dem Avon. Zusammen gingen sie zum Danksagungs-Gottesdienst in die katholische Kirche, »von wo wir [schrieb er] in heiterer Seligkeit zurückkehrten, denn es war das erste Mal, daß wir in Ruhe Seite an Seite hatten zur Kirche gehen können«. Doch mußten sie auch einige Zeit mit der Suche nach einem Haus für Edith und Jenny verbringen, und als sie ein geeignetes gefunden hatten, gab es unzählige Vorkehrungen zu treffen. Ronald fand die Stunden, die mit häuslichen Belangen hingingen, recht ärgerlich. Er und Edith waren keineswegs immer glücklich, wenn sie zusammenwaren. Sie kannten sich nicht mehr sehr gut, denn sie hatten die drei Jahre ihrer Trennung in zwei völlig verschiedenen Gesellschaftskreisen zugebracht: der eine davon rein männlich, lärmend und akademisch, der andere gemischt, gesittet und häuslich. Als sie erwachsen wurden, waren sie zugleich auseinandergewachsen. Von nun an würden sie jeder dem anderen Konzessionen machen müssen, wenn sie zu einem Einverständnis finden wollten. Ronald würde sich damit abfinden müssen, daß Edith in den täglichen Belangen des Lebens aufging, so trivial ihm diese auch vorkamen. Sie würde sich anstrengen müssen, seinem Vertieftsein in Bücher und Sprachen Verständnis entgegenzubringen, so egoistisch er ihr darin auch erschien. Beiden gelang dies nicht ganz und gar. Ihre Briefe waren voller Zuneigung, doch manchmal auch voll wechselseitiger Verärgerung. Ronald mochte Edith wohl als die »Kleine« anreden und liebevoll von ihrem »kleinen Haus« sprechen, doch an Persönlichkeit war sie alles andere als klein, und wenn sie zusammen waren, brach aus beiden oft die üble Laune hervor. Ein Teil der Schwierigkeiten lag in Ronalds selbstgewählter Rolle als empfindsamer Geliebter, mit der er ihr ein ganz anderes Gesicht zeigte als seinen männlichen Freunden. Zwischen Edith und ihm gab es tatsächlich Liebe und Einverständnis, doch oft kleidete er dies ins erotische Klischee; hätte er ihr dagegen mehr von seinem »Bücher-Leben« gezeigt und sie in die Gesellschaft seiner männlichen Freunde mitgenommen, so hätte es sie vielleicht nicht so sehr gestört, als diese Züge in ihrer Ehe hervortraten. Er jedoch hielt die beiden Seiten seines Lebens streng auseinander.

Nach dem Besuch in Warwick brach Ronald nach Paris auf, mit zwei mexikanischen Jungen, denen er als Mentor und Reisebegleiter dienen sollte. In Paris trafen sie sich mit einem dritten Jungen und zwei Tanten, die so gut wie kein Englisch sprachen. Ronald war beschämt, daß sein Spanisch so unzulänglich war, und er merkte, daß ihn auch sein Französisch im Stich ließ, wenn er vor der Notwendigkeit stand, es zu gebrauchen. Vieles an Paris gefiel ihm, und es machte ihm Vergnügen, allein durch die Stadt zu streifen, aber die Franzosen, die er auf den Straßen sah, mochte er nicht, und er schrieb Edith von ihrer »Vulgarität und dem Geplapper, dem Ausspucken und der Unanständigkeit«. Schon lange vor dieser Reise hatte er eine Abneigung gegen Frankreich und die Franzosen gefaßt, und was er nun sah, heilte ihn nicht von dieser Gallophobie. Und sicherlich erhielt sein Abscheu eine gewisse Rechtfertigung durch das, was als nächstes geschah. Die Tanten und die Jungen beschlossen, die Bretagne zu besuchen, und dieses Vorhaben reizte ihn, denn die echten Bretonen sind von keltischem Stamm, und ihre Sprache ist in vieler Hinsicht dem Walisischen ähnlich. In diesem Falle aber stellte sich Dinard als das Ende der Reise heraus, ein Seebad wie hundert andere. »Bretagne!« schrieb Ronald an Edith. »Und nichts zu sehen als Touristen, dreckiges Papier und Badeanlagen.« Es sollte noch schlimmer kommen. Einige Tage nach ihrer Ankunft ging er mit einem der Jungen und der älteren Tante die Straße entlang. Ein Wagen kam aufs Trottoir gefahren, erfaßte die Tante, überfuhr sie und brachte ihr schwere innere Verletzungen bei. Ronald half, sie ins Hotel zurückzubringen, aber wenige Stunden später starb sie. Die Reise endete in Bestürzung und Vorkehrungen für den Leichentransport nach Mexiko. Ronald brachte die Jungen wieder nach England und schrieb an Edith: »Nie wieder, es sei denn in der schlimmsten Armut, übernehme ich solch eine Arbeit.«

Im Herbst 1913 kam sein Freund G. B. Smith nach Oxford, mit einem Stipendium für das Corpus-Christi-College, wo er Englisch studieren sollte. Der T. C. B. S. war nun in Oxford und Cambridge gleich stark vertreten, denn R. Q. Gilson und Christopher Wiseman studierten bereits an der letztgenannten Universität. Die vier Freunde trafen sich gelegentlich, doch hatte Tolkien ihnen nie etwas von Edith Bratt gesagt. Als nun die Zeit naherückte, wo Edith in die katholische Kirche aufgenommen werden würde, hatten sie beschlossen, sich offiziell zu verloben, und er würde es seinen Freunden mitteilen müssen. Er schrieb an Gilson und Wiseman, höchst unsicher, was er sagen sollte, und nannte nicht einmal den Namen seiner Verlobten; offenbar hatte er das Gefühl, daß dies alles mit der Männergemeinschaft des Clubs nicht viel zu tun habe. Die anderen gratulierten ihm, doch Gilson fügte mit einer gewissen Hellsicht hinzu: »Ich mache mir überhaupt keine Sorgen, daß ein so getreuer T.C.B.S.-ler wie Du jemals etwas anderes sein kann.«

Edith wurde im katholischen Glauben von Pater Murphy unterwiesen, dem Gemeindegeistlichen in Warwick, der in dieser Sache nicht mehr als das Nötigste tat. Ronald gab später an vielen Dingen dem schlechten Unterricht die Schuld, den sie zu dieser Zeit erhalten hatte. Doch er selbst half ihr auch nicht. Es fiel ihm schwer, ihr etwas von der Tiefe und Leidenschaftlichkeit des eigenen Glaubens mitzuteilen, denn der war eng verwoben mit der Erinnerung an seine verstorbene Mutter.

Am 8. Januar 1914 wurde Edith in die katholische Kirche aufgenommen. Das Datum hatte sie mit Ronald so gewählt, denn es war der erste Jahrestag ihres Wiedersehens. Bald darauf fand ihre kirchliche Verlobung durch Pater Murphy statt. Edith ging zu ihrer ersten Beichte und zur ersten Kommunion, die ihr als »ein großes und wundervolles Glück erschienen«, und zuerst blieb sie bei dieser Gesinnung, besuchte regelmäßig die Beichte und oft die Kommunion. Doch die katholische Kirche von Warwick war eine armselige Angelegenheit im Vergleich zu der Pracht von Cheltenham (selbst Ronald nannte sie »schmutzig«), und obgleich Edith sich in einem Kirchenverein zugunsten arbeitender Mädchen betätigte, gewann sie in der Gemeinde nicht viele Freundinnen. Sie begann auch die Beichte unangenehm zu finden. Es war daher nur allzu leicht, wenn ihre Gesundheit ihr zu schaffen machte (was oft der Fall war), den Besuch der Messe ausfallen zu lassen. Sie berichtete Ronald, daß das frühe Aufstehen zum morgendlichen Kirchgang und das Fasten vor der Kommunion ihr nicht bekämen. »Ich will schon hingehen«, schrieb sie Ronald, »und ich wünschte, ich könnte oft hin, aber es ist ganz unmöglich: Meine Gesundheit hält es nicht aus.«

Sie führte ein sehr trübseliges Leben. Es war gut, daß sie ihr eigenes Haus und ihre Cousine Jenny um sich hatte, doch die beiden gingen sich oft auf die Nerven, und wenn Ronald nicht zu Besuch da war, hatte sie niemanden sonst, mit dem sie reden konnte, und es gab nichts zu tun außer Hausarbeiten. Sie hatte ihr eigenes Klavier und konnte stundenlang üben, aber sie wußte nun, sie würde nie Musikerin werden — die Ehe und die Sorge für die Familie würden es verhindern —, und so hatte sie keinen Anreiz, viel zu spielen. Als Organistin in der katholischen Kirche wurde sie nicht gebraucht. Ihr fehlte der gesellige Verkehr von Cheltenham, und sie hatte nicht genug Geld, um oft ins Konzert oder Theater zu gehen. Um so mehr ärgerte es sie, wenn Ronald ihr in seinen Briefen aus Oxford ein Leben voller Abendgesellschaften, Straßentumulte und Kinobesuche schilderte.

Ronald wurde auffallend großspurig. Er kaufte Möbel und japanische Drucke für seine Zimmer. Er bestellte sich zwei Maßanzüge, von denen er fand, daß sie ihm gut standen. Mit seinem Freund Colin Cullis gründete er einen neuen Klub, der Chequers genannt, der sich an jedem Samstagabend bei ihm oder bei Cullis zum Essen traf. Er wurde zum Präsidenten des Debattierklubs gewählt (eines einflußreichen Verbands am Exeter College), nach einem Fraktionskampf, der ihm eine erste Kostprobe der College-Politik gab, an der er viel Geschmack fand. Er fuhr mit dem Stechkahn, spielte Tennis, und ab und zu arbeitete er auch ein wenig, und es reichte, um den Skeat-Preis für Englisch zu gewinnen, den ihm sein College im Frühjahr 1914 verlieh. Die fünf Pfund Prämie gab er für Bücher aus, walisische Texte des Mittelalters und mehrere Werke von William Morris: *The Life and Death of Jason,* Morris' Übersetzung der *Völsungasaga* und seine Vers- und Prosa-Romanze *The House of the Wolfings.*

Morris war selbst Student am Exeter College gewesen, und diese Gemeinsamkeit hatte vermutlich Tolkiens Interesse geweckt. Doch offenbar hatte er bislang Morris' phantastische Erzählungen noch nicht kennengelernt. Von der modernen Literatur wußte er ja allgemein nicht viel, denn der Lehrplan der Fakultät machte es nicht erforderlich, daß er als Linguist die Schriftsteller nach Chaucer mehr als oberflächlich kennenlernte. Während dieser Zeit machte er sich ein paar flüchtige Notizen über Johnson, Dryden und das Drama der Restauration, doch gibt es keinen Hinweis, daß er daran ein mehr als beiläufiges Interesse genommen hätte. Was die zeitgenössische Literatur anging, so schrieb er an Edith: »Ich lese so selten einen Roman, wie Du weißt.« Für ihn war die englische Literatur mit Chaucer zu Ende, oder, anders ausgedrückt, alle Freude und alle Anregungen, die er nur aufnehmen konnte, empfing er aus den großen Liedern der alt- und mittelenglischen Periode und aus der frühen Literatur Islands.

Doch ebendies war der Grund, warum ihn nun *The House of the Wolfings* so fesselte. Morris' Verständnis der Literatur deckte sich mit seinem eigenen. In diesem Buch hatte Morris versucht, die Erregung nachzuschaffen, die er selbst beim Lesen der frühen englischen und isländischen Literatur gespürt hatte. *The House of the Wolfings* spielt in einem Land, dem die Invasion eines römischen Heeres droht. In der Erzählung, die teils in Prosa, teils in Versen geschrieben ist, geht es um ein »Haus« oder einen Familienstamm, der an einem großen Fluß auf einer Lichtung eines Waldes namens Mirkwood (»Düsterwald«) lebt — ein Name, der aus der altgermanischen Geographie und Legende übernommen ist. Viele Elemente in dieser Geschichte scheinen Tolkien beeindruckt zu haben. Der Stil ist höchst eigenartig, schwer befrachtet mit Archaismen und poetischen Wort-Umstellungen, in dem Bestreben, die Aura einer alten Legende nachzuschaffen. Offenbar hat Tolkien sich dies gemerkt, und es scheint, daß er noch einen anderen Aspekt des Buches zu schätzen wußte: die Geschicklichkeit, mit der Morris, trotz aller Unbestimmtheit hinsichtlich Ort und Zeit der Handlung, die Einzelheiten seiner vorgestellten Landschaft genauestens beschreibt. Tolkien sollte diesem Beispiel in späteren Jahren folgen.

Sein eigener Blick für Landschaften erhielt einen mächtigen Anreiz im Sommer 1914, als er, nach einem Besuch bei Edith, in Cornwall Ferien machte, auf der Lizard-Halbinsel, zusammen mit Pater Vincent Reade vom Birminghamer Oratorium. Er fand Cornwall erfrischend. Mit Pater Vincent machte er jeden Tag einen langen Fußmarsch. Er beschrieb es Edith: »Wir gingen über das Heideland auf den Klippen nach Kynance Cove. Nichts, was sich in einem öden, alten Brief sagen ließe, könnte es Dir beschreiben. Die Sonne knallt auf Dich herunter, und eine mächtige Atlantikdünung tobt und schäumt über die Zacken und Riffe. Das Meer hat unheimliche Windlöcher und Röhren in die Klippen gefressen, die Töne wie von Trompeten ausstoßen oder Schaum speien wie ein Wal, und überall siehst Du schwarze und rote Felsen und weiße Gischt gegen Violett und durchsichtiges Meergrün.« Diesen Anblick des Meeres und der Küste von Cornwall vergaß er nie, und das Ganze wurde in seinem Geiste zu einer idealen Landschaft.

Eines Tages besuchte er mit Pater Vincent die Dörfer, die ein Stückchen landeinwärts von der Lizard-Halbinsel liegen. Von diesem Ausflug berichtete er: »Nach dem Tee führte unser Heimweg zuerst durch eine rauhe ›Warwickshire‹-Szenerie, fiel dann zum Ufer des Helford-Flusses hin ab (fast wie ein Fjord) und stieg dann über ›Devonshire‹-Wege das andere Ufer hinauf; dann ging es durch offeneres Gelände, wo der Weg sich hin und her drehte und schlängelte, bergauf, bergab, bis die Dämmerung nahte und die rote Sonne schon herunterkam. Dann, nach allerlei Abenteuern und Umwegen, kamen wir auf die kahlen, öden ›Goonhilly‹-Hügel und hatten ein vier Meilen weites gerades Stück mit Rasen unter unseren müden Füßen. Dann holte uns in der Gegend um Ruan Minor die Nacht ein, und das Auf und Ab und das Herumstolpern fing wieder an. Das Licht wurde sehr ›gruselig‹. Manchmal gerieten wir in einen Streifen Wald, und die Eulen und Fledermäuse ließen einen den Kopf einziehen. Manchmal jagte einem ein alter asthmatischer Gaul hinter einer

Hecke einen Schreck ein oder ein von Schlaflosigkeit geplagtes Schwein; und wenn man unversehens mal in einen Bach hineinlief, war das auch nicht weiter schlimm. Schließlich gingen die vierzehn Meilen doch zu Ende, und auf den letzten beiden wurden wir von dem kreisenden Schein des Leuchtturms und dem näher kommenden Rauschen des Meeres ermuntert.«

Am Ende der langen Ferien fuhr er nach Nottinghamshire, um für ein paar Tage auf der Farm zu bleiben, die seine Tante Jane dort mit den Brookes-Smiths und seinem Bruder Hilary betrieb. Während dieses Aufenthalts schrieb er ein Gedicht. Es trug als Motto die Zeile aus dem *Crist* des Cynewulf, die ihn so fasziniert hatte: *Eala Earendel engla beorhtast!* Der Titel lautete »The Voyage of Earendel the Evening Star« (Die Fahrt Earendels des Abendsterns), und es begann wie folgt:

Earendel sprang up from the Ocean's cup
 In the gloom of the mid-world's rim;
From the door of Night as a ray of light
 Leapt over the twilight brim,
And launching his bark like a silver spark
 From the golden-fading sand
Down the sunlit breath of Day's fiery death
 He sped from Westerland.

(Earendel sprang empor aus der Schale des Ozeans
 in der Finsternis am Ende der Mittelwelt;
aus dem Tor der Nacht, wie ein Lichtstrahl,
 setzte er über den Rand des Zwielichts,
und mit der Barke abstoßend, wie ein Silberfunke
 aus dem golden-blassen Sand,
dem sonnenhellen Atemzug nach, mit dem der Tag stirbt,
 eilte er fort von Westerland.)

Die nachfolgenden Verse beschreiben die Fahrt des Sternenschiffs über das Firmament, die so lange weitergeht, bis das Morgenlicht das Bild auslöscht.

Diese Vorstellung von dem Sternenschiffer, der mit seinem Schiff in den Himmel aufsteigt, war aus der Erwähnung »Earendels« in den Cynewulf-Versen erwachsen. Das Gedicht aber, das daraus entstand, war schon ganz und gar Tolkiens eigenes. Es war im Grunde der Anfang von Tolkiens Mythologie.

7
Der Krieg

Als Tolkien im Spätsommer 1914 »The Voyage of Earendel« schrieb, hatte England inzwischen Deutschland den Krieg erklärt. Schon meldeten sich die jungen Männer zu Tausenden zu den Waffen, Kitcheners Aufruf folgend. Doch Tolkiens Gedanken gingen in ganz andere Richtung: Er wollte in Oxford bleiben, bis er sein Examen abgeschlossen hätte, denn er hoffte auf einen ersten Rang. Obwohl seine Onkel und Tanten auch von ihm erwarteten, daß er Soldat werde (sein Bruder Hilary hatte sich bereits als Hornist gemeldet), kehrte er zum Herbstsemester an die Universität zurück.

Zuerst berichtete er: »Das ist gräßlich. Ich glaube, ich kann wirklich nicht weitermachen: Zu arbeiten, scheint unmöglich. Nicht einer ist da, den ich kenne, außer Cullis.« Doch er wurde zuversichtlicher, als er von einer Einrichtung erfuhr, wo er sich für das Heer ausbilden lassen und gleichzeitig an der Universität bleiben konnte, während die Einberufung bis nach dem Examen verschoben wurde. Er meldete sich dort an.

Sobald er einmal entschieden hatte, was zu tun sei, wurde das Leben erfreulicher. Er war nun aus seinen Räumen im College in eine »Bude« in der St. John's Street gezogen, in die er sich mit Colin Cullis teilte. Cullis war wegen schlechter Gesundheit nicht Soldat geworden. Tolkien empfand die Wohnung als »ein köstliches Vergnügen im Vergleich zu dem primitiven Leben im College«. Ebenso erfreut war er, als er feststellte, daß auch sein Freund G. B. Smith vom T. C. B. S noch in Oxford war und auf einen Gestellungsbefehl wartete. Smith sollte zu den Lancashire Fusiliers gehen, und Tolkien beschloß, sich um Einberufung in dasselbe Regiment, wenn möglich dasselbe Bataillon, zu bemühen.

Wenige Tage nach Semesterbeginn fing in den Universitätsparks der Drill für die Offiziersausbildung an. Dies mußte er mit seiner normalen Tätigkeit an der Universität vereinbaren, doch er fand, daß ihm das Doppelleben bekam. »Der Drill ist eine Gottesgabe«, schrieb er an Edith. »Fast vierzehn Tage lang bin ich jetzt früh aufgewesen und habe nicht mehr eine Spur von der alten Oxforder Schlafkrankheit.« Er versuchte sich auch im Schreiben. Seine Begeisterung für William Morris hatte ihn auf den Gedanken gebracht, eine der Geschichten aus dem finnischen *Kalevala* zu einer Vers- und Prosa-Romanze im Stil von Morris zu verarbeiten. Er wählte die Geschichte von Kullervo, einem vom Unglück verfolgten jungen Mann, der unwissentlich Inzest begeht und sich, als er es erfährt, in sein Schwert stürzt. Tolkien begann an der »Geschichte von Kullervo«, wie er sie nannte, zu arbeiten, und obgleich wenig mehr als eine Morris-Imitation, war es doch sein erster Versuch, eine Legende in Vers und Prosa zu schreiben. Er ließ sie unbeendet.

Zu Anfang der Weihnachtsferien 1914 fuhr er nach London zu einer Zusammenkunft des T. C. B. S. Christopher Wisemans Familie war nach Süden gezogen, und in ihrem Haus in Wandsworth versammelten sich nun alle vier Mitglieder des »Clubs«: Tolkien, Wiseman, R. Q. Gilson und G. B. Smith. Sie verbrachten das Wochenende hauptsächlich um das Gasfeuer sitzend, in einem kleinen Zimmer im Obergeschoß, redend und Pfeife rauchend. Wie Wiseman sagte, fühlten sie sich »geistig viermal so groß«, wenn sie zusammen waren.

Es war seltsam, wie beharrlich sie sich weiterhin getroffen und geschrieben hatte, diese kleine Gruppe von Schulfreunden. Doch sie hatten nun die Hoffnung geschöpft, daß sie zusammen etwas zu leisten vermöchten, das von Wert war. Tolkien verglich sie einmal mit der präraffaelitischen Bruderschaft, doch die anderen spotteten darüber. Aber sie hatten doch das Gefühl, daß sie irgendwie ausersehen seien, ein neues Licht zu entzünden. Vielleicht war dies nur ein letzter Funke jugendlichen Ehrgeizes, den die Lebenserfahrung bald erstikken würde, doch zumindest für Tolkien hatte es wichtige und praktische Folgen. Er entschied, daß er ein Dichter sei.

Später erklärte er, diese Versammlung des Clubs Ende 1914 habe ihm geholfen, »allerlei angestauten Dingen Stimme zu verleihen«, und er fügte hinzu: »Ich habe das immer der Inspiration zugute gehalten, die schon ein paar Stunden unter uns Vieren uns brachten.«

Sogleich nach dem Wochenende in London fing er an, Gedichte zu schreiben. Sie waren im allgemeinen nicht sehr bemerkenswert, und sicherlich ging er nicht immer ökonomisch mit Worten um. Hier sind einige Zeilen aus dem »Sea Chant of an Elder Day« (Meeresgesang aus alter Zeit), der am 4. Dezember 1914 geschrieben wurde und auf den Erinnerungen an seine Ferien in Cornwall vor ein paar Monaten beruhte:

In a dim and perilous region, down whose great tempestuous ways
I heard no sound of men's voices; in those eldest of the days,
I sat on the ruined margin of the deep voiced echoing sea
Whose roaring foaming music crashed in endless cadency
On the land besieged for ever in an aeon of assaults
And torn in towers and pinnacles and caverned in great vaults.

(In einer düstern, gefahrvollen Gegend, wo ich am stürmischen Gestade
keines Menschen Stimme hörte — an jenem ältesten Tag
saß ich dort am verwüsteten Rand der tieftönenden, echowerfenden See,
deren dröhnende, schäumende Musik in endlosem Takt
ans Land schlug, das seit einem Äon belagerte und bestürmte,
zerklüftet zu Türmen und Zinnen, unterhöhlt von großen Verliesen.)

Als Tolkien dieses und andere Gedichte Wiseman zeigte, bemerkte sein Freund, daß sie ihn an Symons Kritik an Meredith erinnerten, »als er M. mit einer Dame verglich, die all ihren Schmuck gern schon nach dem Frühstück anlegte«. Und er gab den Rat: »Übertreib's nicht!«

Tolkien war zurückhaltender in einem Gedicht, in dem er seine und Ediths Liebe beschrieb und sich eines seiner Lieblingsbilder bediente:

Lo! young we are and yet have stood
like planted hearts in the great Sun
of Love so long (as two fair trees
in woodland or in open dale
stand utterly entwined, and breathe
the airs, and suck the very light
together) that we have become
as one, deep-rooted in the soil
of Life, and tangled in sweet growth.

(Sieh, wir sind jung und stehen doch
wie eingepflanzte Herzen in der hellen Sonne
der Liebe, so lange schon (wie zwei junge Bäume
im Walde oder im offenen Tal
verschlungen wachsen
und die Lüfte und selbst das Licht
zusammen atmen), daß wir
wie eins geworden sind, tiefverwurzelt im Boden
des Lebens, verflochten in mildem Wachstum.)

Unter den anderen Gedichten, die Tolkien zu dieser Zeit schrieb, war auch »The Man in the Moon Came Down Too Soon« (Der Mann im Mond kam zu früh herunter), das später in den *Adventures of Tom Bombadil* erschien. Einen ähnlich »märchenhaften« Gegenstand wählte er in »Goblin Feet« (Koboldsfüße), ein Gedicht, das er Edith zuliebe schrieb, die gesagt hatte, daß sie »den Frühling und die Blumen und Bäume (liebte) und das kleine Elfenvolk«. »Goblin Feet« steht für alles von dieser Art, das Tolkien bald von Herzen verabscheute; es ist daher ein wenig unbillig, wenn wir es zitieren, doch es hat eine unbestreitbare Sicherheit des Rhythmus, und weil es damals in mehreren Anthologien zum Abdruck kam, kann man sagen, daß es sein erstes veröffentlichtes Werk von irgendwelcher Bedeutung ist:

I am off down the road
Where the fairy lanterns glowed
And the little pretty flittermice are flying:
A slender band of grey
It runs creepily away
And the hedges and the grasses are a-sighing.

The air is full of wings
Of the blundering beetle-things
That go droning by a-whirring and a-humming.
O! I hear the tiny horns
Of enchanted leprechauns
And the padding feet of many gnomes a-coming.

O! the lights! O! the gleams: O! the little tinkling sounds:
O! the rustle of their noiseless little robes:
O! the echo of their feet, of their little happy feet:
O! their swinging lamps in little star-lit globes.

(Ich bin unterwegs,
wo die Lämpchen der Feen glimmen
und die zarten kleinen Fledermäuse flattern.
Eine schmale graue Welle
läuft bebend vorüber,
und die Hecken und Gräser seufzen.

Die Luft ist voll von Flügeln
wimmelnder Käfer,
sie summen und surren und schwirren vorüber.
Oh, ich höre die winzigen Hörner
verzauberter Wichtel
und das Trippeln vieler Zwergenfüße, die sich nahen.

O was für Lichter, o welch ein Schimmer, o was für leise Schellentöne,
o wie lautlos rascheln ihre kleinen Gewänder,
o welch ein Echo von ihren Füßen, ihren kleinen frohen Füßen,
o wie ihre Laternen schwanken in kleinen sternerhellten Schalen.)

G. B. Smith las alle Verse Tolkiens und sandte ihm kritische Anmerkungen. Sie waren ermutigend, doch meinte er, Tolkien könne seine Verse noch verbessern, wenn er sich ausführlicher in der englischen Literatur umsehe. Smith regte an, er solle es einmal mit Browne, Sidney und Bacon versuchen, und später empfahl er Tolkien, sich die neuen Gedichte von Rupert Brooke anzusehen. Doch Tolkien schenkte dem wenig Aufmerksamkeit. Er hatte inzwischen selbst seinen poetischen Kurs bestimmt und brauchte niemanden, um sich steuern zu lassen.

Er gewann bald das Gefühl, daß gelegentliches Schreiben von Gedichten ohne ein verbindendes Thema nicht das war, was er wollte. Anfang 1915 nahm er sich von neuem seine ersten Earendel-Verse vor und begann ihr Thema zu einer längeren Geschichte auszuarbeiten. Er hatte diese Verse G. B. Smith gezeigt, und der sagte, daß sie ihm gefielen, fragte aber, um was es darin eigentlich gehe. Tolkien hatte geantwortet: »Ich weiß nicht, will sehen, daß ich es herausfinde.« Also nicht, daß er sich etwas dazu ausdenken wolle, sondern: *sehen, daß ich es herausfinde*. Er verstand sich nicht als Erfinder einer Geschichte, sondern als Entdecker einer Legende. Und dies kam ganz und gar von seinen Privatsprachen.

Er hatte einige Zeit an der Sprache gearbeitet, die vom Finnischen beeinflußt war, und bis 1915 war sie zu einem gewissen Maß an Komplexität gediehen. Er wußte selbst, daß dies »ein verrücktes Steckenpferd« war, und erwartete kaum, ein Publikum dafür interessieren zu können. Doch manchmal schrieb er in dieser Sprache Gedichte, und je mehr er an ihr arbeitete, desto mehr hatte er das Gefühl, daß die Sprache eine »Geschichte« brauchte, die sie trug. Mit anderen Worten, wenn man einmal eine Sprache hat, braucht man auch ein Volk, das sie spricht. Er war im Begriff, die Sprache zu vervollkommen, und nun mußte er entscheiden, wessen Sprache es war.

Wenn er mit Edith darüber sprach, nannte er es »mein Unfug mit der Feensprache«. Hier ist ein Teil aus einem Gedicht, das in dieser Sprache geschrieben und mit »November 1915, März 1916« datiert ist. Eine Übersetzung ist nicht erhalten, doch kommen die Wörter *Lasselanta* (»Blätterfall«, d. h. Herbst) und *Eldamar* (das »Elbenheim« im Westen) bei Tolkien auch in vielen anderen Zusammenhängen vor:

Ai lintulinda Lasselanta
Pilingeve suyer nalla ganta
Kuluvi ya karnevalinar
V'ematte singi Eldamar.

Im Laufe des Jahres 1915 klärte sich das Bild in Tolkiens Geist. Dies, so beschloß er, war die Sprache der Feen oder Elben, denen Earendel auf seiner merkwürdigen Fahrt begegnete. Er begann an einem »Lay of Earendel« zu arbeiten, welcher die Reisen des Seefahrers durch die Welt schilderte, ehe sein Schiff zu einem Stern wurde. Der Lay (oder das Lied) sollte in mehrere Gesänge gegliedert sein, und der erste, »The Shores of Faery« (Die Feenküste), berichtet von dem geheimnisvollen Lande Valinor, wo die Zwei Bäume wachsen, deren einer goldene Sonnen-Äpfel, der andere silberne Mond-Äpfel trägt. Zu diesem Lande kommt Earendel.

Mit Tolkiens späteren mythologischen Gedanken hat das Gedicht verhältnismäßig wenig zu tun, doch schließt es Elemente ein, die später im *Silmarillion* auftreten sollten, und es verdient, hier zitiert zu werden als Hinweis auf das, was sich zu jener Zeit in seinen Vorstellungen abspielte. Dies ist die früheste Fassung:

West of the Moon, East of the Sun
There stands a lonely Hill
Its feet are in the pale green Sea;
Its towers are white and still:
Beyond Taníquetil
In Valinor.
No stars come there but one alone
That hunted with the Moon,
For there the Two Trees naked grow
That bear Night's silver bloom.
That bear the globéd fruit of Noon
In Valinor.
There are the shores of Faery
With their moonlit pebbled strand
Whose foam is silver music
On the opalescent floor
Beyond the great sea-shadows
On the margent of the sand
That stretches on for ever
From the golden feet of Kôr —
Beyond Taníquetil
In Valinor.

O! West of the Moon, East of the Sun
Lies the Haven of the Star;
The white town of the Wanderer
And the rocks of Eglamar:
There Wingelot is harboured
While Earendel looks afar
On the magic and the wonder
'Tween here and Eglamar —
Out, out beyond Taníquetil
In Valinor — afar.

(Westlich des Mondes, östlich der Sonne
steht ein einsamer Berg.
Seine Füße reichen ins blaßgrüne Meer,
seine Türme sind weiß und still:
jenseits des Taníquetil
in Valinor.

Keine Sterne kommen dorthin, nur der eine,
der mit dem Monde gejagt hat,
denn dort wachsen nackt die Zwei Bäume,
sie tragen die Silberblüte der Nacht,
sie tragen die gewölbte Frucht des Mittags
in Valinor.
Dort ist die Feenküste
mit ihrem mondhellen Kieselstrand,
wo die Gischt silberne Musik ist
auf dem schillernden Grund
hinter den großen Meeresschatten
auf dem Sandstreifen,
der sich endlos erstreckt
von den goldenen Füßen von Kôr —
jenseits des Taníquetil
in Valinor.

Oh, westlich des Mondes, östlich der Sonne
liegt der Hafen des Sterns,
der weiße Turm des Wanderers
und die Felsen von Eglamar:
Dort liegt Wingelot im Hafen,
während Earendel in die Ferne blickt
auf den Zauber und die Wunder
von hier bis Eglamar —
Weit von hier, jenseits des Taníquetil
in Valinor — in der Ferne.)

Während in Tolkiens Geist die Keime seiner Mythologie aufgingen, bereitete er sich auf seine Abschlußprüfung in englischer Sprache und Literatur vor. Sie begann in der zweiten Juniwoche 1915, und Tolkien bestand im Triumph; er erreichte den ersten Rang mit Auszeichnung.

Infolgedessen konnte er einigermaßen sicher sein, nach dem Krieg eine Stellung an einer Universität zu finden; zunächst einmal mußte er nun aber seinen Dienst als Leutnant bei den Lancashire Fusiliers antreten. Er wurde nicht, wie er gehofft hatte, dem 19. Bataillon zugeteilt, in dem G. B. Smith diente, sondern dem 13. Seine Ausbildung begann im Juli in Bedford, wo er zusammen mit einem halben Dutzend anderer Offiziere in einem Haus in der Stadt einquartiert war. Er lernte, wie man einen Zug Rekruten drillt, und besuchte militärische Vorträge. Gemeinsam mit einem anderen Offizier kaufte er sich ein Motorrad, und wenn er Wochenend-Urlaub bekam, fuhr er damit zu Edith nach Warwick. Er ließ sich einen Schnurrbart wachsen. Die meiste Zeit über sah er aus und benahm er sich wie ein beliebiger junger Offizier.

Im August wurde er nach Staffordshire verlegt, und in den folgenden Wochen schob man ihn mit seinem Bataillon von einem Lager ins andere, anscheinend planlos, wie es für Truppenbewegungen zu Kriegszeiten bezeichnend ist. Die Bedingungen waren überall gleich unangenehm, und in den Pausen zwischen ungenießbaren Mahlzeiten, Kampfübungen und Vorträgen über Maschinengewehre konnte man wenig anderes tun als Bridge spielen (was er gern tat) und Ragtime-Musik vom Grammophon hören (was er nicht gern tat). Auch kümmerte er sich nicht um die meisten seiner Offizierskollegen. »Gentlemen gibt es keine unter den Vorgesetzten«, berichtete er Edith, »und sogar menschliche Wesen sind ganz selten.« Einen Teil seiner Zeit verbrachte er damit, Isländisch zu lesen, entschlossen, sich auch während des Krieges an seine akademischen Interessen zu halten. »Diese grauen Tage«, schrieb er, »die man damit vergeudet, immer wieder diese faden Themen durchzugehen, noch einmal und noch einmal die stumpfsinnige Kunst des Tötens, das ist kein Vergnügen.«

Bis Anfang 1916 hatte er sich für eine Spezialausbildung in Nachrichtenübermittlung entschieden, denn der Umgang mit Wörtern, Botschaften und Kodes reizte ihn mehr als die Plackerei und Verantwortung eines Zugführers. So lernte er das Morse-Alphabet, Flaggen- und Scheibensignale, Nachrichtenübermittlung durch Heliographen und Lampen, den Gebrauch von Signal-Raketen und Feldtelefonen, sogar den Umgang mit Brieftauben (die manchmal auf den Schlachtfeldern eingesetzt wurden). Schließlich wurde er zum Nachrichtenoffizier seines Bataillons ernannt.

Seine Einschiffung nach Frankreich rückte nun näher, und er und Edith beschlossen, vorher zu heiraten, denn die erschreckend langen Gefallenen-Listen des britischen Heeres ließen klarwerden, daß er möglicherweise nie zurückkehren würde. Ohnehin hatten sie schon allzu lange gewartet, denn er war vierundzwanzig, sie siebenundzwanzig. Sie hatten nicht viel Geld, doch immerhin bekam er beim Heer regelmäßig seinen Sold, und er beschloß, Pater Francis Morgan zu bitten, daß er all sein bescheidenes Aktienkapital auf seinen Namen übertrug. Er hoffte auch auf Einkünfte aus seinen Gedichten. »Goblin Feet« war von Blackwell für den Jahresband der *Oxford Poetry* angenommen worden, und dadurch ermutigt schickte er eine Auswahl seiner Gedichte an den Verlag Sidgwick & Jackson. Um sein Kapital zu vermehren, verkaufte er auch seinen Anteil an dem Motorrad.

Er fuhr nach Birmingham, um mit Pater Francis wegen des Geldes zu sprechen und ihn von der bevorstehenden Heirat mit Edith zu unterrichten. Es gelang ihm, die Geldangelegenheiten zu regeln, doch als es soweit war, konnte er sich nicht dazu überwinden, seinem alten Vormund etwas von der Heirat zu sagen, und er verließ das Oratorium, ohne sie erwähnt zu haben; Pater Francis' Widerstand gegen ihr Verhältnis sechs Jahre zuvor konnte er nicht vergessen. Erst vierzehn Tage vor der Hochzeit schrieb er ihm endlich und erklärte, was er vorhatte. Der Antwortbrief war freundlich; Pater Francis wünschte ihnen beiden »alles Glück und allen Segen« und erklärte sogar, er selbst wolle in der Oratoriumskirche die Trauungszeremonie leiten. Leider war es zu spät. Sie hatten bereits Vorkehrungen getroffen, daß die Trauung in der katholischen Kirche von Warwick stattfand.

Ronald Tolkien und Edith Bratt wurden am Mittwoch, dem 22. März 1916, nach der Frühmesse von Pater Murphy getraut. Einen Mittwoch hatten sie gewählt, weil dies der Wochentag war, an dem sie sich 1913 wiedergesehen hatten. Es gab einen unglücklichen Zwischenfall: Edith war nicht klargewesen, daß sie bei der Eintragung ins Register den Namen ihres Vaters angeben mußte, und von ihrer unehelichen Geburt hatte sie Ronald nie etwas gesagt. Als das Register vor ihr lag, geriet sie in Panik und schrieb den Namen eines Onkels hin, Frederick Bratt; doch fiel ihr nichts ein, was sie in die Spalte »Stand oder Beruf des Vaters« hätte eintragen können, also ließ sie diese leer. Nachher sagte sie Ronald die Wahrheit. »Ich denke, ich liebe Dich um alles dessen willen nur um so inniger, meine Frau«, schrieb er ihr, »doch müssen wir es so weit wie möglich vergessen und es Gott anheimstellen.« Nach der Hochzeit stiegen sie in den Zug nach Clevedon in Somerset, wo sie eine Woche bleiben wollten, und im Abteil kritzelten sie beide (auf die Rückseite eines Glückwunsch-Telegramms) verschiedene Versionen für Ediths neue Unterschrift: *Edith Mary Tolkien ... Edith Tolkien ... Mrs. Tolkien ... Mrs. J. R. R. Tolkien*. Es sah prachtvoll aus.

8
Der Zerfall des Bundes

Als er aus den Flitterwochen zurückkehrte, fand Tolkien einen Brief von Sidgwick & Jackson vor, in dem seine Gedichte abgelehnt wurden. Halb hatte er das erwartet, aber es war doch eine Enttäuschung. Edith fuhr nach Warwick zurück, doch nur, um ihre Angelegenheiten in dieser Stadt zu bereinigen. Sie hatten beschlossen, daß Edith für die Dauer des Krieges keine feste Wohnung nehmen, sondern in möblierten Zimmern jeweils so nahe wie möglich bei Ronald wohnen sollte. Mit ihrer Cousine Jenny (die immer noch mit ihr zusammenlebte) kam Edith nach Great Haywood, einem Dorf in Staffordshire, nahe bei Ronalds Lager. Das Dorf hatte eine katholische Kirche mit einem freundlichen Pfarrer, und Ronald hatte für gute Unterbringung gesorgt. Doch kaum hatte Edith sich eingerichtet, als er den Befehl zur Einschiffung erhielt, und an einem Sonntagabend, am 4. Juni 1916, fuhr er ab nach London und von dort weiter nach Frankreich.

In England wußte jedermann schon seit einiger Zeit, daß der »große Stoß« bevorstand. 1915 war die Westfront nahezu zum Stillstand gekommen, und weder das Giftgas bei Ypern noch das Massengemetzel bei Verdun hatten die Front um mehr als ein paar Meilen verschieben können. Nun aber, wo Hunderttausende neuer Rekruten durch die Ausbildungslager geschleust worden waren und sich zu einer neuen Armee formiert hatten, war klar, daß etwas Außergewöhnliches bevorstand.

Tolkien kam am Dienstag, dem 6. Juni, in Calais an und wurde ins Ausgangslager Étaples gebracht. Irgendwie war auf der Reise sein ganzes Gepäck abhanden gekommen: Feldbett, Schlafsack, Matratze, das zweite Paar Stiefel, der Waschständer — all die Dinge, die er sorgfältig ausgesucht und für teures Geld gekauft hatte, waren spurlos in den Fugen des Heerestransportsystems verschwunden, und ihm blieb nichts weiter übrig, als sich Ersatz zu erbetteln, zu borgen und zu kaufen.

Die Tage in Étaples gingen hin, und nichts geschah. Die nervöse Erregung der Überfahrt machte wieder einer müden Langeweile Platz, die noch verschlimmert wurde durch gänzliches Unwissen um das Kriegsgeschehen. Tolkien schrieb ein Gedicht über England, nahm an Übungen teil und hörte den Möwen zu, die über dem Lager kreisten. Zusammen mit vielen seiner Offizierskollegen wurde er zum 11. Bataillon überstellt, wo er wenig Gesellschaft fand, die ihm zusagte. Die jüngeren Offiziere waren alle Rekruten wie er selbst, manche davon noch keine einundzwanzig Jahre alt; die älteren Truppenkommandeure und Adjutanten dagegen waren in vielen Fällen aus dem Ruhestand hervorgeholte Berufssoldaten, Männer von engem Horizont und mit endlosen Geschichten über Indien oder den Burenkrieg. Diese Altgedienten waren nur allzu bereit, sich jeden Irrtum eines Neulings zunutze zu machen, und Tolkien berichtete, daß sie ihn wie einen Schulknaben behandelten. Mehr Respekt brachte er den »Leuten« entgegen, den Unteroffizieren und Gemeinen, welche die rund achthundert anderen Mitglieder des Bataillons ausmachten. Einige waren aus Süd-Wales, die meisten aber aus Lancashire. Freundschaft mit ihnen konnte ein Offizier nicht schließen, denn dies ließ das System nicht zu; doch hatte jeder Offizier einen Burschen, der dazu abgestellt war, seine Sachen in Ordnung zu halten und ihn zu versorgen, ähnlich wie ein Oxforder College-Diener. Auf diese Weise lernte Tolkien mehrere Leute sehr gut kennen. Mit Bezug auf eine der Hauptfiguren im *Herrn der Ringe* schrieb er viele Jahre später: »Mein ›Sam Gamdschie‹ ist in der Tat ein Bild des englischen Soldaten, der Gemeinen und Burschen, wie ich sie im Krieg von 1914 kennengelernt und als mir selbst so hoch überlegen erkannt habe.«

Nach drei Wochen in Étaples brach das Bataillon auf zur Front. Die Bahnfahrt war unglaublich langsam, von vielen Aufenthalten unterbrochen, und es dauerte über vierundzwanzig Stunden, bis die flache, gesichtslose Landschaft des Pas de Calais in hügeligeres Gelände überging, wo ein kanalisierter Fluß mit Pappelreihen an den Ufern neben dem Bahngleis dahinfloß. Dies war die Somme. Und schon hörten sie Geschütze.

Tolkiens Bataillon stieg in Amiens aus, wurde auf dem Marktplatz aus Kesseln verpflegt und marschierte dann aus der Stadt hinaus, schwer beladen mit der Ausrüstung, anhaltend oder beiseite tretend, wenn Pferde mit Munitionswagen oder riesigen Geschützen vorüberkamen. Bald waren sie in der offenen Landschaft der Picardie. Zu beiden Seiten der geraden Straße wichen die Häuser Feldern mit rotem Klatschmohn oder gelben Senfblüten. Es begann in Strömen zu regnen, und binnen kurzem hatte sich die staubige Straßendecke in weißen, kreidigen Schlamm verwandelt. Das Bataillon marschierte weiter, durchnäßt und fluchend, bis zu einem Dorf namens Rubempré, zehn Meilen hinter Amiens. Hier wurden sie für die Nacht unter Bedingungen einquartiert, an die sie sich bald gewöhnen sollten: Strohbetten in Schuppen und Scheunen für die Leute, ein bißchen Platz in den Bauernhäusern für die Feldbetten der Offiziere. Die Häuser waren alt und solide, mit verzogenen Dachbalken und Lehmmauern. Draußen, hinter der Wegkreuzung und den niedrigen Häusern erstreckten sich die regennassen Kornblumenfelder bis zum Horizont. Der Krieg war nicht zu übersehen: Es gab zerschossene Dächer und zerstörte Häuser, und aus naher Entfernung hörten sie jetzt den Lärm, auf den sie den ganzen Tag zumarschiert waren, das Jaulen, Dröhnen und Krachen der Granaten, mit denen die Alliierten die deutschen Linien beschossen.

Sie blieben auch den nächsten Tag in Rubempré und machten Körperertüchtigung und Bajonett-Übungen. Am Freitag, dem 30. Juni, zogen sie in ein anderes Dorf näher an der Front. Früh am nächsten Morgen begann der Angriff. Sie sollten nicht daran teilnehmen, sondern in Reserve bleiben und erst mehrere Tage später ins Gefecht gehen, wenn die deutschen Linien, wie der Oberstkommandierende, Sir Douglas Haig, annahm, aufgebrochen sein würden und die alliierten Truppen tief ins feindliche Gebiet hinein vordringen könnten. Doch es kam anders.

Am Samstag, dem 1. Juli, morgens um 7 Uhr 30, traten die Truppen in den britischen Frontlinien zum Angriff an. Robert Gilson vom T. C. B. S., der im Suffolk-Regiment diente, war dabei. Sie kletterten aus ihren Gräben die Leitern hinauf ins Freie, wo sie sich weisungsgemäß in geraden Linien aufstellten und ihren langsamen Vormarsch begannen — langsam, weil jeder Mann mindestens fünfundsechzig Pfund Ausrüstung zu tragen hatte. Man hatte ihnen gesagt, daß die deutsche Verteidigung schon durch das Feuer der Alliierten so gut wie vernichtet und daß die Stacheldrahtverhaue zerschnitten seien. Doch konnten sie sehen, die Drähte waren *nicht* zerschnitten, und als sie ihnen näher kamen, nahmen die deutschen Maschinengewehre sie unter Feuer.

Tolkiens Bataillon blieb in der Reserve und zog in ein Dorf namens Bouzincourt, wo die meisten auf freiem Feld biwakierten, während die wenigen Glücklichen (darunter Tolkien) in Hütten schliefen. Es gab klare Anzeichen dafür, daß auf dem Schlachtfeld die Dinge nicht nach Plan verlaufen waren: Sie sahen Verwundete zu Hunderten, viele davon gräßlich verstümmelt, Trupps wurden zum Gräberausheben abkommandiert, und ein unheilvoller Verwesungsgeruch lag in der Luft. Die Wahrheit lautete, daß am ersten Tag der Schlacht zwanzigtausend alliierte Soldaten umgekommen waren. Die deutsche Abwehr war nicht vernichtet gewesen, die Drähte kaum irgendwo zerschnitten, und die feindlichen Schützen hatten die Briten und Franzosen, die in langsamem Tempo vorgingen und ein kaum zu verfehlendes Ziel boten, Reihe für Reihe niedergeschossen.

Am Donnerstag, dem 6. Juli, kam das 11. Bataillon ins Gefecht, doch nur eine Kompanie wurde in die Gräben geschickt, und Tolkien blieb mit dem Rest in Bouzincourt. Er las zum zweiten Mal Ediths Briefe mit den Neuigkeiten von zuhause und sah noch einmal die Karten durch, die ihm die anderen T. C. B. S.-Mitglieder geschrieben hatten. Er machte sich Sorgen um Gilson und Smith, die beide mitten in der Schlacht gewesen waren, und er war sehr froh, als G. B. Smith im Laufe des Tages selbst in Bouzincourt auftauchte, lebendig und unverletzt. Smith blieb, um sich ein paar Tage auszuruhen, ehe er wieder zu seiner Einheit zurückkehrte. Er und Tolkien trafen sich so oft es ging; sie sprachen über Dichtung, den Krieg und die Zukunft. Einmal gingen sie über ein Feld, auf dem immer noch der Klatschmohn im Winde schwankte, ungeachtet der Schlacht, die das Land in eine gesichtslose Dreckwüste verwandelte. Besorgt warteten sie auf Nachricht von Robert Gilson. Am Sonntagabend kam die »A«-Kompanie aus den Gräben zurück; ein Dutzend der Männer waren gefallen und mehr als hundert verwundet worden. Sie erzählten Entsetzliches. Dann schließlich, am Freitag, dem 14. Juli, kam Tolkiens »B«-Kompanie an die Reihe.

Tolkien erlebte nun, was schon Tausende von anderen Soldaten mitgemacht hatten: den langen Nachtmarsch vom Quartier zu den Gräben, das Gestolper durch die Verbindungsgänge, über eine Meile weit bis zur vordersten Frontlinie, und die Stunden voller Ärger und Durcheinander, bis die Ablösung der vorigen Kompanie vollzogen war. Für Nachrichten-Offiziere wie Tolkien war es eine bittere Enttäuschung, denn anstatt der klar geordneten Bedingungen, unter denen man sie ausgebildet hatte. fanden sie nun ein Gewirr von Drähten, kaputten und verdreckten Feldtelefonen und, was das Schlimmste war, ein Verbot der Drahtübermittlung außer bei den unwichtigsten Mitteilungen (die Deutschen hatten die Telefondrähte angezapft und wichtige Befehle vor dem Angriff abgefangen). Sogar die Morsezeichen-Summer waren verboten, und statt dessen mußte man mit Flaggen- und Lichtsignalen auskommen oder, als letztes Mittel, Boten oder gar Brieftauben entsenden. Am schlimmsten waren die Leichen, die in allen Ecken lagen, von den Granaten furchtbar zerfetzt. Diejenigen, die noch Gesichter hatten, starrten mit entsetzlichen Augen vor sich hin. Das Niemandsland vor den Gräben war übersät mit aufgedunsenen, verwesenden Leibern. Ringsum war alles verwüstet. Gras und Getreide waren in einem Meer von Dreck verschwunden. Bäume waren ohne Blatt und Zweig als schwarze, entstellte Stümpfe stehengeblieben. Tolkien vergaß nie, was er das »tierische Grauen« des Grabenkrieges nannte.

Sein erster Tag im Gefecht war von den alliierten Kommandanten für eine größere Offensive ausersehen worden, und seine Kompanie wurde mit der 7. Infanterie-Brigade zu einem Angriff auf das zerstörte Dörfchen Ovilliers zusammengeschlossen, das noch in deutscher Hand war. Der Angriff war erfolglos, denn wieder waren die feindlichen Drahtverhaue nicht richtig durchschnitten worden, und viele aus Tolkiens Bataillon wurden vom Maschinengewehrfeuer getötet. Er selbst aber blieb unverletzt, und nach achtundvierzig Stunden ohne Ruhe durfte er ein Weilchen in einem Unterstand schlafen. Nach weiteren vierundzwanzig Stunden wurde seine Kompanie abgelöst. Als er zu den Hütten von Bouzincourt zurückkam, fand er einen Brief von G. B. Smith vor:

15. Juli 1916
Mein lieber John Ronald,

ich las es diesen Morgen in der Zeitung, daß Rob gefallen ist. Ich bin in Sicherheit, doch was liegt daran?

Bleibt Ihr bitte bei mir, Du und Christopher. Ich bin ganz fertig und deprimiert von dieser schlimmsten aller Nachrichten.

In der Verzweiflung merkt man jetzt erst, was der T. C. B. S. doch war.

O mein lieber John Ronald, was machen wir nun?

Dein
G. B. S.

Robert Gilson war bei La Boisselle gefallen, als er seine Männer ins Gefecht führte, am ersten Tag der Schlacht, dem 1. Juli.

Tolkien schrieb an Smith: »Ich fühle mich jetzt nicht mehr als Glied eines vollständigen Körpers. Ich glaube ehrlich, daß der T. C. B. S. vorbei ist.« Aber Smith antwortete: »Der T. C. B. S. ist nicht vorbei und wird nie vorbei sein.«

Nun vergingen die Tage nach dem gleichen Schema: Eine Ruheperiode, zurück in die Gräben, weitere Angriffe (gewöhnlich fruchtlose) und wieder eine Ruhepause. Tolkien war unter der Bereitschaftsreserve bei der Erstürmung der Schwabenschanze, einer massiven Befestigung der deutschen Gräben. Es wurden Gefangene gemacht, darunter Männer aus einem sächsischen Regiment, das 1759 bei Minden Seite an Seite mit den Lancashire Fusiliers gegen die Franzosen gekämpft hatte. Tolkien sprach mit einem gefangenen Offizier, der verwundet war, und bot ihm einen Schluck Wasser an; der Offizier korrigierte seine deutsche Aussprache. Manchmal traten kurze Ruheperioden ein, wenn die Geschütze still wurden. In einem solchen Augenblick (erinnerte Tolkien sich später), als er die Hand auf dem Hörer eines Grabentelefons hatte, kam eine Feldmaus aus ihrem Versteck hervor und lief ihm über die Finger.

Am Samstag, dem 19. August, kamen Tolkien und G. B. Smith wieder zusammen, in Acheux; sie redeten und trafen sich auch an den folgenden Tagen. Am letzten Tag kamen sie unter Beschuß, während sie in Bouzincourt zusammen aßen, blieben aber unverletzt. Dann ging Tolkien wieder in die Gräben.

Obwohl nun nicht mehr mit der gleichen Heftigkeit gekämpft wurde wie in den ersten Tagen der Somme-Schlacht, blieben die Verluste der Briten weiterhin hoch, und viele aus Tolkiens Bataillon kamen um. Er selbst blieb völlig unverletzt, doch je länger er in den Gräben blieb, desto größer wurden seine Aussichten, auf die Verlustliste zu kommen. Urlaub stand immer bevor, wurde aber nie gewährt.

Seine Rettung war eine »Pyrexie mit unbekannter Ursache«, wie die Sanitätsoffiziere es nannten. Bei den Soldaten hieß das schlicht »Grabenfieber«. Von Läusen verbreitet, rief es hohe Temperatur und andere Fiebersymptome hervor, und schon Tausende von Männern hatten sich damit krankgemeldet. Am Freitag, dem 27. Oktober, wurde Tolkien befallen. Er war zu der Zeit in Beauval einquartiert, zwölf Meilen hinter der Front. Nachdem er erkrankt war, brachte man ihn in ein Lazarett in der Nähe. Einen Tag später war er in einem Lazarett-Zug zur Küste unterwegs, und bis Sonntagnacht hatte er ein Bett im Hospital von Le Touquet bekommen, wo er eine Woche lang blieb.

Doch das Fieber ging nicht zurück, und am 8. November kam er an Bord eines Schiffes nach England. Dort brachte ihn ein Zug nach Birmingham, wo er ins Krankenhaus kam. So fand er sich binnen weniger Tage zwischen weißen Laken wieder, fern dem Grauen der Schützengräben und in der Stadt, die er so gut kannte.

Er sah Edith wieder, und bis zur dritten Dezemberwoche war er soweit gesund, daß er das Krankenhaus verlassen und nach Great Haywood fahren konnte, um Weihnachten mit ihr zu verleben. Dort bekam er einen Brief von Christopher Wiseman, der in der Marine diente:

> Kriegsschiff *Superb*, 16. Dezember 1916
> Mein lieber J. R.,
> soeben bekam ich von zuhause Nachricht über G. B. S., der am 3. Dezember seinen Verletzungen durch eine explodierende Granate erlegen ist. Ich kann jetzt nicht viel dazu sagen. Ich bete demütig zu Gott dem Allmächtigen, daß ich seiner würdig erachtet werden möge.
> Chris

Smith war hinter der Front eine Dorfstraße entlanggegangen, als nahe bei ihm eine Granate explodierte; er wurde am rechten Arm und Schenkel verwundet. Man versuchte ihn zu operieren, aber der Wundbrand hatte schon eingesetzt. Er wurde auf dem Britischen Friedhof in Warlencourt begraben.

Nicht lange zuvor hatte er an Tolkien geschrieben:

> Mein größter Trost ist, wenn ich heute nacht draufgehen sollte — ich muß in ein paar Minuten zum Dienst —, dann wird immer noch ein Mitglied des großen T. C. B. S. übrig sein, um auszusprechen, was ich erträumt habe und worüber wir alle einig waren. Denn ich bin ganz sicher, der Tod eines seiner Mitglieder kann den T. C. B. S. nicht auflösen. Als Einzelne kann der Tod uns zunichte und hilflos machen, aber den unsterblichen Vier kann er kein Ende setzen. Eine Entdeckung, die ich noch Rob mitteilen will, ehe ich heute abend losgehe. Und schreib Du das auch Christopher. Gott segne Dich, mein lieber John Ronald, und sage Du, was ich

sagen wollte, lange nachdem ich nicht mehr da bin, um es zu sagen, wenn das mein Los sein sollte.

Dein

G. B. S.

III
SCHAFFUNG EINER MYTHOLOGIE

1
Die verschollenen Geschichten

Sage du, was ich sagen wollte, lange nachdem ich nicht mehr da bin . . . G. B. Smith's Worte waren ein deutlicher Aufruf für Ronald Tolkien, das große Werk zu beginnen, über das er seit einiger Zeit nachgedacht hatte, ein gewaltiges, erstaunliches Vorhaben mit wenig Parallelen in der Geschichte der Literatur. Er stand im Begriff, eine ganze Mythologie zu schaffen.

Der Ursprung der Idee lag in seinem Hang, Sprachen zu erfinden. Um solche Erfindungen bis zu einer gewissen Differenziertheit auszuführen, mußte er — das hatte er gemerkt — den Sprachen eine »Geschichte« geben, in der sie sich entwickeln könnten. Schon in seinen ersten Earendel-Gedichten hatte er ein Stück von dieser Geschichte umrissen; nun wollte er sie vollständig aufschreiben.

Noch eine andere Kraft war am Werk: der Wunsch, seine innersten Gefühle dichterisch auszudrücken, ein Wunsch, der seine Quelle in der Inspiration durch den T. C. B. S. hatte. Seine ersten Verse waren unbeachtlich gewesen, so unreif wie der ganze naive Idealismus der vier jungen Männer; doch sie waren die ersten Schritte in Richtung auf das große Prosagedicht (denn es ist ein poetisches Werk, wenngleich in Prosa), das er nun zu schreiben begann.

Und noch ein Drittes spielte eine Rolle: der Wunsch, eine Mythologie *für England* zu schaffen. Er hatte dies schon in seiner Studentenzeit angedeutet, als er über das finnische *Kalevala* schrieb: »Ich wünschte, wir hätten noch mehr davon — etwas von der gleichen Art, das uns Engländern angehörte.« Dieser Gedanke wuchs in ihm, bis er gewaltige Ausmaße annahm. So formulierte es Tolkien, als er viele Jahre später darauf zurückblickte: »Lachen Sie nicht! Es gab aber eine Zeit (seither bin ich längst kleinlauter geworden), da hatte ich im Sinn, eine Sammlung von mehr oder weniger zusammenhängenden Legenden zu schaffen, die von den großen, kosmogonischen bis hin zum romantischen Märchen reichen sollten — die größeren auf den kleineren gründend, in Berührung mit der Erde, die kleineren um den Glanz des weiten Hintergrundes bereichert — ein Werk, das ich einfach England widmen könnte, meinem Lande. Es sollte den Ton und Charakter besitzen, den ich wünschte, ein wenig kühl und klar, an unsere ›Luft‹ erinnernd (Klima und Boden des Nordwestens, das heißt Englands und der hiesigen Teile Europas, nicht Italiens oder der Ägäis, noch weniger des Ostens), und indem es (wenn ich das zu leisten vermochte) die helle, entrückte Schönheit besitzen sollte, die manche ›keltisch‹ nennen (obwohl sie sich in echten altkeltischen Dingen nur selten findet), sollte es ›erhaben‹ sein, vom Niedrigen gereinigt und dem erwachseneren Geist eines lange in Poesie gewiegten Landes gemäß. Ich wollte manche der großen Erzählungen ganz ausführen, für viele andere dagegen nur ihren Ort im Zusammenhang bestimmen und es bei Skizzen belassen. Die Zyklen sollten zu einem majestätischen Ganzen verbunden sein und doch für andere Geister und Hände Raum lassen, die Farbe, Musik und Drama hinzutun könnten. Absurd!«

Absurd großspurig mag der Gedanke erschienen sein, doch nach seiner Rückkehr aus Frankreich beschloß Tolkien, ihn zu verwirklichen. Dies nun waren Zeit und Ort: Er war wieder bei Edith und in Great Haywood, inmitten der englischen Landschaft, die ihm so teuer war. Sogar Christopher Wiseman, der weit weg und auf See war, spürte, daß etwas bevorstand. Er schrieb Tolkien: »Du solltest mit dem Epos anfangen.« Und Tolkien fing an. Auf den Deckel eines billigen Notizbuchs schrieb er dick mit blauer Tinte den Titel, den er für seinen mythologischen Zyklus gewählt hatte: »The Book of Lost Tales« (Das Buch der verschollenen Geschichten). In diesem Notizbuch begann er niederzuschreiben, woraus schließlich *Das Silmarillion* werden sollte.

Kein Bericht über die äußeren Ereignisse in Tolkiens Leben kann für die Ursprünge seiner Mythologie mehr als eine oberflächliche Erklärung geben. Sicherlich erinnert der Rahmen, der die Geschichten im ersten Entwurf des Buches zusammenhielt (er wurde später aufgegeben), ein wenig an William Morris' *The Earthly Paradise* (Das irdische Paradies), denn wie bei Morris kommt ein Seefahrer in ein unbekanntes Land, wo er eine Folge von Erzählungen hören soll. Tolkiens Seefahrer hieß Eriol, ein Name, dessen Bedeutung mit »einer, der allein träumt« erklärt wird. Die Geschichten aber, die Eriol hört erhabene, tragische und heroische Geschichten, lassen sich nicht als bloßes Ergebnis literarischer Einflüsse und persönlichen Erlebens erklären. Als Tolkien zu schreiben begann, förderte er Stoffe aus einer tieferen, reicheren Schicht seiner Phantasie zutage, als er bis dahin erkundet hatte; und es war eine Schicht, die sein weiteres Leben über fündig blieb.

Die ersten der Legenden, aus denen *Das Silmarillion* besteht, erzählen von der Erschaffung des Universums und der Einrichtung der bekannten Welt, die Tolkien, in Erinnerung an das nordische *Midgard* und die gleichbedeutenden Wörter im Frühenglischen, »Middle-earth«, Mittelerde, nennt. Manche Leser haben dies so verstanden, als sei ein anderer Planet gemeint, doch dies war nicht Tolkiens Absicht. »Mittelerde ist *unsere* Welt«, schrieb er, mit dem Zusatz: »Ich habe (natürlich) die Handlung in eine rein imaginäre (wenn auch nicht ganz unmögliche) Periode des Altertums gerückt, in der die Kontinente eine andere Form hatten.«

Die späteren Erzählungen des Zyklus handeln hauptsächlich von der Verfertigung der »Silmarilli« (der drei großen Edelsteine der Elben, von denen das Buch seinen Titel hat), von ihrem Raub aus dem Segensreich Valinor durch die böse Macht Morgoth und den darauf folgenden Kriegen, in denen die Elben sie zurückzugewinnen versuchen.

Manche haben sich über das Verhältnis zwischen Tolkiens Geschichten und seinem Christentum den Kopf zerbrochen und es schwer begreiflich gefunden, wie ein frommer Katholik mit soviel Überzeugung über eine Welt schreiben konnte, in der Gott nicht verehrt wird. Doch hat dies nichts Geheimnisvolles. *Das Silmarillion* ist das Werk eines tief religiösen Menschen. Es widerspricht nicht dem Christentum, sondern ergänzt es. In den Legenden wird Gott nicht angebetet, und doch ist er da, und im *Silmarillion* wird er ausdrücklicher genannt als in dem Werk, das daraus hervorwuchs, dem *Herrn der Ringe*. Tolkiens Universum wird von Gott, »dem Einen«, regiert. Unter Ihm in der Hierarchie stehen die »Valar«, die Hüter der Welt, die keine Götter, sondern engelhafte Mächte sind, ihrerseits heilig und Gott untertan; und in einem furchtbaren Augenblick der Geschichte legen sie ihre Macht in seine Hand.

Tolkien gab seiner Mythologie diese Form, weil er wünschte, daß sie fern und fremd, zugleich aber *keine Lüge* sei. Er wollte, daß die mythologischen und legendären Erzählungen seine eigene moralische Sicht der Welt aussprechen sollten, und als Christ konnte er sie dann nicht in einen Kosmos ohne den Gott stellen, den er verehrte. Zugleich aber wäre die Farbe der Legende verlorengegangen, hätte er seine Geschichten »realistisch« in der bekannten Welt unterbringen wollen, mit explizit christlichen Glaubenshaltungen. So ist Gott in Tolkiens Universum zwar gegenwärtig, bleibt aber unsichtbar.

Als er das *Silmarillion* schrieb, glaubte Tolkien in gewissem Sinne die Wahrheit zu schreiben. Er nahm nicht an, daß genau die Völker, die er beschrieb, die Elben, Zwerge und bösartigen Orks, auf Erden gelebt und getan hätten, wovon er berichtete. Doch fühlte oder hoffte er, daß seine Geschichten in gewisser Hinsicht eine starke Wahrheit verkörperten. Das soll nicht heißen, er habe eine Allegorie geschrieben — weit entfernt. Immer wieder äußerte er seine Abneigung gegen diese Form der Literatur. »Ich verabscheue die Allegorie, wo immer ich nur etwas davon rieche«, sagte er einmal, und ähnliche Sätze finden sich in seinen Briefen an Leser seiner Bücher. In welchem Sinne also hielt er das *Silmarillion* für »wahr«?

Eine Art Antwort findet sich in seinem Essay *On Fairy-Stories* und in der Erzählung *Leaf by Niggle*, die beide zu verstehen geben, daß ein Mensch »von Gott die Gabe erhalten kann, einen kurzen Einblick in die verborgene Wirklichkeit oder Wahrheit« festzuhalten. Mit Sicherheit glaubte Tolkien, während er das *Silmarillion* schrieb, daß er mehr tat, als sich eine Geschichte auszudenken. Er schrieb über die Erzählungen dieses Buches: »Sie traten mir als ›gegebene‹ Dinge in den Sinn, und während sie kamen, getrennt voneinander, wuchsen auch die Verbindungen. Eine verzehrende, obgleich immer wieder unterbrochene Arbeit (nicht nur wegen der Erfordernisse des Lebens, sondern auch deshalb, weil mein Sinn immer wieder zum anderen Pol davonflog und sich über die linguistischen Dinge verbreitete): doch immer hatte ich das Gefühl, etwas aufzuzeichnen, das schon ›da‹ war, irgendwo, und nicht, etwas zu ›erfinden‹.«

Die erste Geschichte, die zu Papier kam — sie wurde während Tolkiens Genesungsurlaub in Great Haywood Anfang 1917 niedergeschrieben —, hat ihren Platz eigentlich gegen Ende des Zyklus. Dies ist »The Fall of Gondolin«, worin von dem Angriff Morgoths, der Großmacht des Bösen, auf die letzte Festung der Elben erzählt wird. Nach furchtbarem Kampf gelingt einer Gruppe der Bewohner von Gondolin die Flucht, unter ihnen Earendel*, der Enkel des Königs; dies also ist das Bindeglied zu den früheren Earendel-Gedichten, den ersten Skizzen zu der Mythologie. Der Stil dieser Erzählung spricht dafür, daß Tolkien von William Morris beeinflußt war, und es ist nicht

* Die Schreibung »Earendil« (oder »Eärendil«) erhielt der Name erst einige Jahre später.

abwegig, wenn man annimmt, daß die große Schlacht, die das Mittelstück der Geschichte bildet, ein wenig von Tolkiens Erlebnissen an der Somme inspiriert ist — oder vielmehr von seiner Reaktion auf diese Erlebnisse, denn die Kämpfe in Gondolin sind von einer heroischen Erhabenheit, die dem modernen Krieg ganz und gar abgeht. Doch auf jeden Fall waren dies nur oberflächliche »Einflüsse«: Tolkiens seltsame und erregende Erzählung bediente sich keiner Vorbilder oder Quellen. Ihre zwei auffälligsten Züge sind im Grunde ganz und gar Tolkiens Werk: die erfundenen Namen und der Umstand, daß die meisten der Protagonisten Elben sind.

Genaugenommen könnte man sagen, daß die Elben des *Silmarillion* aus dem »Feenvolk« (fairy folk) in Tolkiens frühen Gedichten erwachsen sind, doch in Wahrheit besteht zwischen beidem wenig Zusammenhang. Es kann sein, daß die Elben ihm infolge seiner Begeisterung für Francis Thompsons »Sister Songs« und Ediths Gefallen an dem »kleinen Elfenvolk« in den Sinn kamen, doch haben die Elben des *Silmarillion* überhaupt nichts mit den »Wichteln« des Gedichts »Goblin Feet« zu tun. Sie sind vielmehr im Grunde *Menschen,* genauer, Menschen vor dem Sündenfall, der sie ihrer schöpferischen Kräfte beraubt hat. Tolkien glaubte fest daran, daß es einmal ein Eden auf Erden gegeben habe und daß die Ursünde des Menschen und seine Verstoßung aus dem Paradies an den Übeln der Welt schuld seien. Tolkiens Elben jedoch, obwohl der Sünde und des Irrtums fähig, sind nicht in diesem theologischen Sinne »gefallen«, und daher können sie vieles schaffen, was menschliche Kraft übersteigt. Sie sind Handwerker, Dichter, Schriftkundige und Schöpfer von Kunstwerken, die alles von Menschenhand Gefertigte weit übertreffen. Vor allem aber sind sie unsterblich, es sei denn, sie werden im Kampf erschlagen. Alter, Krankheit und Tod setzen ihrem Werk kein Ende, solange es noch unfertig oder unvollkommen ist. Sie sind daher das Ideal jedes Künstlers.

Dies also sind die Elben des *Silmarillion* und des *Herrn der Ringe*. Tolkien selbst faßte zusammen, welches ihre Natur ist, als er schrieb: »Sie sind vom Menschen nach seinem Bilde und ihm ähnlich geschaffen, doch frei von jenen Beschränkungen, von denen er selbst sich am stärksten bedrückt fühlt. Sie sind unsterblich, und ihr Wille bewirkt direkt, daß Vorstellungen und Wünsche sich erfüllen.«

Was die Namen der Personen und Orte im »Fall von Gondolin« und den anderen Geschichten des *Silmarillion* angeht, so wurden sie aus Tolkiens erfundenen Sprachen konstruiert. Da die Existenz dieser Sprachen eine *raison d'être* für die ganze Mythologie war, überrascht es nicht, daß er dem Geschäft der Namensschöpfung sehr viel Gewicht beimaß. Die Namensschöpfung und die damit verbundene linguistische Arbeit nahmen schließlich (wie er selbst in der oben zitierten Passage sagte) seine Aufmerksamkeit ebenso, wenn nicht noch mehr, in Anspruch wie das Schreiben der Geschichten selbst. Es ist daher von Interesse zu sehen, wie er an diesen Teil seiner Arbeit heranging.

Tolkien hatte schon in seiner Schulzeit eine Anzahl erfundener Sprachen entworfen und mehrere von ihnen bis zu einer gewissen Komplexität ausgeformt. Zuletzt aber gefiel ihm von diesen frühen Versuchen nur noch einer, in dem sich sein persönlicher Sprachgeschmack ausdrückte. Dies war diejenige erfundene Sprache, die stark vom Finnischen beeinflußt war. Er nannte sie »Quenya«, und bis 1917 war sie sehr fein durchgeformt und besaß ein Vokabular von vielen hundert Wörtern (die jedoch auf einer recht geringen Zahl von Wortstämmen beruhten). Wie jede »wirkliche« Sprache leitete sich auch Quenya von einer ursprünglicheren, vermutlich in einem früheren Zeitalter gesprochenen Sprache her, und aus diesem »Ur-Eldarin« nun schuf Tolkien noch eine zweite Elbensprache, die gleichen Alters wie Quenya ist, aber von anderen Elbenvölkern gesprochen wird. Diese Sprache nannte er zuletzt »Sindarin«, und für ihre Lautlehre nahm er das Walisische zum Vorbild, das, nach dem Finnischen, seiner persönlichen Neigung am nächsten kam.

Außer Quenya und Sindarin erfand Tolkien noch eine Reihe anderer Elbensprachen. Obwohl diese nur in Umrissen ausgeformt waren, nahmen ihre komplizierten Wechselbeziehungen und die Aufstellung eines »Familienstammbaums« der Sprachen seinen Geist stark in Anspruch. Die Elbennamen im *Silmarillion* wurden jedoch fast ausschließlich aus Quenya und Sindarin aufgebaut.

Es ist unmöglich, in wenigen Sätzen hinlänglich zu beschreiben, wie Tolkien mit seinen Elbensprachen verfuhr, um den Charakteren und Orten in seinen Geschichten Namen zu geben. Doch kurz gesagt ging es so zu: Wenn er nach Plan arbeitete, bildete er all diese Namen mit großer Sorgfalt, indem er zuerst die Bedeutung festlegte und dann die entsprechenden Formen in beiden Sprachen ableitete; gebraucht wurde am Ende zumeist die Sindarin-Form. In der Praxis jedoch verfuhr er oft willkürlicher. Angesichts seiner tiefen Neigung zum sorgfältigen Konstruieren erscheint das seltsam, doch oft erfand er im Eifer des Schreibens einen Namen, der dem betreffenden Charakter angemessen klang, ohne daß er der sprachlichen Herkunft mehr als flüchtige Beachtung zollte. Später dann verwarf er viele der so gebildeten Namen als »sinnlos«, andere unterzog er einer strengen philologischen Prüfung, um festzustellen, *wie* sie diese merkwürdige und scheinbar unerklärliche Form erlangt haben konnten. Auch dies ist ein Aspekt seiner Phantasie, den jedermann erfassen muß, der verstehen will, wie er arbeitete. Im Lauf der Jahre betrachtete er die von ihm erfundenen Sprachen und Geschichten mehr und mehr als »wirkliche« Sprachen und historische Chroniken, welche der Aufklärung bedurften. Mit anderen Worten, wenn er in dieser Laune war, sagte er zu einer anscheinend widersprüchlichen Stelle in der Erzählung oder zu einem unbefriedigenden Namen nicht: »Dies ist nicht so, wie es sein soll; ich muß es ändern«, sondern er ging an das Problem in einer anderen Haltung heran: »Was hat dies zu bedeuten? Ich muß es *herausfinden*.«

Das hieß nicht, daß er den Verstand oder den Sinn für Proportionen verloren hätte. Zum Teil war es ein intellektuelles Patience-Spiel (er liebte die Patience-Karten sehr), zum Teil erwuchs es aus seinem Glauben, daß seine Mythologie letzten Endes *wahr* sei. Zu anderen Zeiten aber erwog er auch drastische Änderungen mancher wichtigen Aspekte im Gesamtaufbau der Geschichte, genau wie jeder andere Autor auch verfahren würde. Dies waren natürlich gegensätzliche Haltungen, doch hier wie in so vielen anderen Zügen seiner Persönlichkeit war Tolkien ein Mann der Antithesen.

Dies also war das erstaunlichste Werk, das er begann, als er Anfang 1917 auf Krankenurlaub in Great Haywood war. Edith half ihm mit Freuden und machte eine Reinschrift des »Fall of Gondolin« in einem großen Heft. Es war eine Zwischenzeit von seltener Zufriedenheit. Abends spielte sie Klavier, und er trug seine Gedichte vor oder machte Zeichnungen von ihr. Zu dieser Zeit wurde sie schwanger. Aber das Idyll konnte nicht fortdauern. »Grabenfieber» bedeutete nicht viel mehr als erhöhte Temperatur und allgemeines Unwohlsein, und anscheinend hatte der Monat im Krankenhaus von Birmingham Tolkien geheilt. Nun erwartete sein Bataillon, daß er sich zum Dienst in Frankreich zurückmeldete. Er wollte nicht gehen, natürlich nicht, und es wäre tragisch gewesen, wenn eine deutsche Kugel sein Leben ausgelöscht hätte, als er eben sein großes Werk begann. Doch was konnte er tun?

Sein Körper sorgte für die Antwort. Gegen Ende des Urlaubs

in Great Haywood wurde er von neuem krank. Nach ein paar Wochen ging es ihm wieder besser, und er wurde vorübergehend nach Yorkshire abkommandiert. Edith und ihre Cousine Jenny packten ihre Sachen und folgten ihm nach Norden. In Hornsea, wenige Meilen entfernt von seinem Lager, bezogen sie eine möblierte Wohnung. Doch kaum hatte er wieder den Dienst angetreten, da wurde er noch einmal krank, und man wies ihn in ein Sanatorium in Harrogate ein.

Er simulierte nicht etwa. Es besteht kein Zweifel, er hatte echte Krankheitssymptome. Doch, wie Edith ihm schrieb, »jeder Tag im Bett ist ein Tag mehr in England«, und er wußte, daß die Genesung fast unvermeidlich seine Rückkehr in die Schützengräben nach sich ziehen würde. Und wie bei vielen Soldaten stellte sein Körper sich darauf ein und hielt die Temperatur über dem Normalen, wobei die Tatsache, daß er Tag für Tag im Bett blieb und Aspirin bekam, nicht eben zu seiner Stärkung beitrug. Im April wurde er wieder gesundgeschrieben und zur weiteren Ausbildung in eine Nachrichten-Schule des Heeres im Nordosten geschickt. Er hatte gute Aussichten, wenn er eine Prüfung bestand, zum Nachrichten-Offizier des Lagers in Yorkshire ernannt zu werden, ein Posten, der ihn vermutlich aus dem Schützengraben heraushalten würde. Er machte die Prüfung im Juli, bestand aber nicht. Ein paar Tage später wurde er wieder krank, und in der zweiten Augustwoche kam er von neuem ins Krankenhaus.

Dieses Mal war er in ganz und gar freundlicher Umgebung, in einem Offizierskrankenhaus in Hull. Eine angenehme Gruppe von Mitpatienten sorgte für gute Gesellschaft, in der sich auch ein Freund von den Lancashire Fusiliers befand. Tolkien bekam Besuch von den Nonnen aus einem benachbarten Kloster, und mit einer von ihnen schloß er eine Freundschaft, die bis ans Ende ihres Lebens dauern sollte. Auch mit dem Schreiben konnte er fortfahren. Inzwischen lebte Edith, die nun hochschwanger war, in einer erbärmlichen Wohnung an der See. Sie bedauerte längst, daß sie ihr Haus in Warwick aufgegeben hatte. Great Haywood war nicht schlecht gewesen, doch nun wurde ihr Leben fast unerträglich. In ihrer Pension gab es kein Klavier, Lebensmittel waren knapp, weil britische Schiffe von U-Booten versenkt worden waren, und von Ronald sah sie nicht viel — von Hornsea bis zu seinem Krankenhaus war es eine lange, ermüdende Reise. Die katholische Kirche am Ort war ein armseliger Notbehelf in einem Kino, so daß sie fast Lust hatte, mit Jenny, die zur Kirche von England gehörte, in die anglikanische Pfarrkirche zu gehen; und die Schwangerschaft strengte sie sehr an. Sie beschloß, nach

Cheltenham zurückzukehren, wo sie drei Jahre gelebt hatte, in die einzige Stadt, wo sie wirklich gern war. Dort könnte sie eine bequeme Klinik für die Entbindung finden, und bis es soweit war, könnten sie und Jenny in möblierten Zimmern wohnen. Also fuhren sie nach Cheltenham.

Etwa um diese Zeit, vielleicht während des Krankenhausaufenthalts in Hull, schrieb Tolkien eine andere lange Geschichte für das »Book of Lost Tales«. Es war die Geschichte von dem unglücklichen Túrin, die zuletzt den Titel »The Children of Húrin« erhielt. Auch hier kann man wieder bestimmte literarische Einflüsse entdecken: Der Kampf des Helden mit einem großen Drachen fordert unvermeidlich den Vergleich mit den Taten Sigurds und Beowulfs heraus, während Túrins unwissentlicher Inzest mit seiner Schwester und sein anschließender Selbstmord ganz bewußt der Geschichte von Kullervo im *Kalevala* entlehnt sind. Doch auch diese »Einflüsse« sind nur oberflächlich. »The Children of Húrin« ist eine kraftvolle Verschmelzung isländischer und finnischer Überlieferungen, geht aber darüber hinaus bis zu einer dramatischen Vielschichtigkeit und einer Feinheit der Charakterzeichnung, wie man sie in alten Legenden nicht oft findet.

Am 16. November 1917 wurden Ronald und Edith Tolkien Eltern eines Sohnes. Das Kind kam zur Welt in einer Geburtshilfe-Klinik in Cheltenham. Die Entbindung war schwierig, und Ediths Leben war in Gefahr. Ronald war inzwischen zwar aus dem Krankenhaus entlassen, mußte aber im Lager Dienst tun, und es bedrückte ihn sehr, daß er erst fast eine Woche nach der Geburt Urlaub nehmen und nach Süden fahren konnte. Inzwischen ging es Edith allmählich wieder besser. Sie beschlossen, das Kind John Francis Reuel zu nennen — Francis zu Ehren von Pater Francis Morgan, der aus Birmingham kam, um das Kind zu taufen. Nach der Taufe fuhr Ronald wieder zum Dienst, und Edith kam mit dem Kind zurück nach Yorkshire; sie bezog eine möblierte Wohnung in Roos, einem Dorf nördlich der Humber-Mündung, nicht weit von dem Lager, wo Ronald (der nun zum vollen Leutnantsrang befördert worden war) stationiert war. Inzwischen schien es unwahrscheinlich zu sein, daß man ihn noch einmal auf den Kontinent beordern würde.

An den Tagen, wo er Urlaub bekam, ging er mit Edith auf dem Lande spazieren. Nahe bei Roos fanden sie ein Wäldchen mit Hemlocktannen, und dort wanderten sie umher. Ronald erinnerte sich an Edith, wie sie zu jener Zeit war: »Ihr Haar war rabenschwarz, ihre

Haut rein, ihre Augen hell, und sie konnte singen — und *tanzen*.« In dem Wäldchen sang und tanzte sie für ihn, und daraus wurde die Geschichte, die im Mittelpunkt des *Silmarillion* stehen sollte: die Geschichte von dem sterblichen Menschen Beren, der das unsterbliche Elbenmädchen Lúthien Tinúviel liebt, die er zum ersten Male sieht, wie sie zwischen Schierlingsbüschen in einem Walde tanzt.

Diese zutiefst romantische Geschichte durchläuft eine weitere Skala von Gefühlen als alles, was Tolkien zuvor geschrieben hatte, und erreicht bisweilen eine wagnersche Intensität der Leidenschaften. Zugleich ist es Tolkiens erste Geschichte von einer »Fahrt« oder »quest«, und die Reise der beiden Liebenden zu Morgoths furchtbarer Festung, wo sie einen Silmaril aus seiner Eisenkrone schneiden wollen, scheint ebenso zum Scheitern verurteilt wie Frodos Bemühen, den Ring an seinen Bestimmungsort zu tragen.

Von all seinen Legenden liebte Tolkien die Erzählung von Beren und Lúthien am meisten, nicht zuletzt deshalb, weil er in gewisser Hinsicht die Gestalt der Lúthien mit seiner Frau identifizierte. Nach Ediths Tod, über fünfzig Jahre später, schrieb er seinem Sohn Christopher, warum er den Namen »Lúthien« mit auf ihren Grabstein setzen ließ: »Sie war meine Lúthien (und sie wußte es). Mehr will ich jetzt nicht sagen. Aber ich möchte bald einmal lange mit Dir sprechen. Denn da ich wahrscheinlich nie eine zusammenhängende Biographie schreiben werde — das ist gegen meine Natur, die sich über das am tiefsten Empfundene in Erzählungen und Mythen ausspricht —, sollte jemand, der meinem Herzen nahesteht, etwas über die Dinge wissen, die sich nicht aufzeichnen lassen: die furchtbaren Leiden unserer Kindheit, aus denen wir einer den andern retteten, ohne doch die Wunden, die sich später als so hinderlich erwiesen, ganz heilen zu können; die Leiden, die wir ertragen mußten, nachdem unsere Liebe angefangen hatte — all dies (ganz abgesehen von persönlichen Schwächen) könnte die Fehler und dunklen Punkte verzeihlich oder verständlich machen helfen, die bisweilen unser Leben verdarben, und erklären, wie diese nie unser Innerstes berührten oder die Erinnerungen an unsere Jugendliebe trübten. Denn immer noch (besonders wenn wir allein waren) trafen wir uns auf den Waldlichtungen und gingen Hand in Hand, um dem Schatten des nahen Todes vor unserer letzten Trennung zu entkommen.«

Tolkiens Zeit in Roos ging im Frühjahr 1918 zu Ende, als er nach Penkridge abkommandiert wurde, eines der Lager in Staffordshire, wo er ausgebildet worden war, ehe er nach Frankreich kam. Etwa zu dieser Zeit wurden all diejenigen aus seinem Bataillon, die noch in Frankreich dienten, bei Chemin des Dames getötet oder gefangengenommen.

Edith kam mit dem Baby und mit Jenny Grove nach Süden, um bei ihm zu sein. Edith beklagte sich über das »elende, heimatlose Wanderleben«, und kaum waren sie in Penkridge untergekommen, da wurde er wieder nach Hull zurückverlegt. Dieses Mal lehnte Edith es ab, nachzukommen. Das Kind zu pflegen, strengte sie an, und oft hatte sie Schmerzen — die Schwierigkeiten bei der Geburt wirkten lange nach —, und erbittert schrieb sie an Ronald: »Ich zieh' nicht mehr mit Dir herum.« Währenddessen wurde er nach der Rückkehr in die Humber-Garnison von neuem krank und kam wieder ins Offizierskrankenhaus in Hull. »Man sollte meinen, Du dürftest nie wieder müde sein«, schrieb Edith, »denn seit Du vor fast zwei Jahren aus Frankreich zurückgekommen bist, hast Du ganz enorm viel Bettruhe gehabt.« Im Krankenhaus arbeitete er an seiner Mythologie und an den Elbensprachen; außerdem brachte er sich ein bißchen Russisch bei und verbesserte sein Spanisch und Italienisch.

Bis Oktober hatte man ihn aus dem Krankenhaus entlassen. Der Friede schien ein wenig nähergerückt, und er fuhr nach Oxford, um zu sehen, ob es irgendeine Möglichkeit gab, dort eine Stellung zu finden. Die Aussichten waren schlecht: Die Universität war kaum mehr in Betrieb, und niemand wußte, was geschehen würde, wenn der Friede kam. Doch als er William Craigie besuchte, der ihn Isländisch gelehrt hatte, erfuhr er bessere Nachricht. Craigie gehörte zum Mitarbeiterstab des *New English Dictionary*, dessen letzte Teile damals in Oxford zusammengetragen wurden, und er sagte Tolkien, er könne ihm eine Stellung als Mitarbeiter verschaffen. Als am 11. November der Krieg zu Ende war, trat Tolkien mit den Heeresbehörden in Kontakt und erhielt die Erlaubnis, sich »zur Vervollständigung seiner Ausbildung« bis zur endgültigen Entlassung in Oxford aufzuhalten. Er fand eine Wohnung in der Nähe seiner alten Bude in der St. John's Street, und Ende 1918 ließ er sich mit Edith, dem Kind und Jenny Grove in Oxford nieder.

2
Zwischenspiel in Oxford

Tolkien hatte lange davon geträumt, nach Oxford zurückzukehren. Während der ganzen Dienstzeit im Kriege hatte er unter dem Heimweh nach seinem College gelitten, nach seinen Freunden und dem Leben, das er dort vier Jahre lang geführt hatte. Auch die vergeudete Zeit stimmte ihn unbehaglich, denn er war nun schon siebenundzwanzig und Edith dreißig. Nun aber hatten sie endlich das gemeinsame Heim, auf das sie so lange gehofft hatten.

In der Erkenntnis, daß er in eine neue Phase seines Lebens eingetreten war, begann Tolkien (am Neujahrstag 1919) ein Tagebuch zu führen, in dem er wichtige Ereignisse und seine Gedanken über sie festhielt. Nachdem er es in normalen Buchstaben begonnen hatte, ging er dazu über, diese durch ein erstaunliches Alphabet zu ersetzen, das er soeben erfunden hatte und das wie eine Mischung von Hebräisch, Griechisch und Stenografie aussah. Er beschloß bald, es mit seiner Mythologie zu verbinden, und bezeichnete es als »Rúmils Alphabet«, nach einem gelehrten Elben in seinen Geschichten. Alle Eintragungen waren in Englisch, wurden aber nun in diesem Alphabet geschrieben. Die Schwierigkeit war nur, daß er sich zu keiner endgültigen Form entschließen konnte; dauernd änderte er etwas an den Buchstaben oder ihrer Bedeutung, so daß ein Zeichen, das in der einen Woche für »r« stand, in der nächsten Woche »l« bedeuten konnte. Auch dachte er nicht immer daran, sich diese Änderungen zu notieren, und nach einiger Zeit fiel es ihm schwer, seine früheren Tagebucheintragungen zu lesen. Es half nichts, wenn er beschloß, mit den Änderungen aufzuhören und das Alphabet so zu lassen, wie es war. Ein rastloser Perfektionsdrang, in diesen wie in so vielen anderen Belangen, ließ ihn dauernd neue Verfeinerungen und Umstellungen vornehmen.

Mit einiger Geduld läßt sich dieses Tagebuch dennoch entziffern, und es gibt ein detailliertes Bild von Tolkiens neuer Lebensweise. Nach dem Frühstück machte er sich von seiner Wohnung in der

St. John's Street No. 50 zur Redaktion des *New English Dictionary* auf, die sich im Old Ashmolean-Haus in der nahen Broad Street befand. Dort, in einem Raum, den er »jene große, staubige Werkstatt, das braunste aller braunen Arbeitszimmer« nannte, arbeitete eine kleine Gruppe von Experten vor sich hin, um das umfassendste Wörterbuch der englischen Sprache fertigzustellen, das je erschienen ist. Ihre Arbeit hatte 1878 begonnen, und bis 1900 lagen die Bände zu den Buchstaben A bis H vor; achtzehn Jahre später aber waren U bis Z noch nicht fertig, denn der Krieg hatte Verzögerungen mit sich gebracht. Der erste Herausgeber, Sir James Murray, war 1915 gestorben, und die Arbeiten wurden nun von Henry Bradley geleitet, einem ungewöhnlichen Mann, der zwanzig Jahre lang Angestellter in einem Stahlwarenladen in Sheffield gewesen war, ehe er seine ganze Zeit dem Studium widmete und ein anerkannter Philologe wurde.*

Tolkien gefiel die Arbeit an dem Wörterbuch, und er schätzte seine Kollegen, besonders den vortrefflichen Gelehrten C. T. Onions. Für die ersten Wochen hatte er die Aufgabe, die Etymologien von *wasp, water, wick* (Lampe) und *winter* zu untersuchen. Einen gewissen Eindruck von den Kenntnissen, die dies erforderte, erhält man, wenn man sich ansieht, was schließlich zum Stichwort *wasp* (Wespe) gedruckt wurde. Dies ist kein besonders schwieriges Wort, doch der ihm gewidmete Abschnitt nennt vergleichbare Formen im Altsächsischen, Mittelholländischen, modernen Holländisch, Althochdeutsch, Mittelniederdeutsch, Mittelhochdeutsch, Neuhochdeutsch, Ur- und Frühgermanisch, Litauisch, Altslawisch, Russisch und Lateinisch. Es überrascht nicht, daß Tolkien bei dieser Arbeit viel über Sprachen lernte, und er sagte einmal über diese Zeit von 1919 bis 1920, in der er an dem Wörterbuch mitarbeitete: »In diesen zwei Jahren habe ich mehr gelernt als in jeder anderen gleich langen Periode meines Lebens.« Er machte seine Sache erstaunlich gut, selbst nach den Maßstäben der Redaktion, und Dr. Bradley urteilte über ihn: »Seine Arbeit verrät eine ungewöhnlich gründliche Beherrschung des Angelsächsischen sowie der Fakten und Grundlagen einer vergleichenden Grammatik der germanischen Sprachen. Ja, ich habe keine Bedenken zu sagen, daß ich noch nie einen Mann seines Alters gesehen habe, der ihm in diesen Belangen gleichgekommen wäre.«

* Als Kind hatte Bradley zuerst verkehrt herum lesen gelernt, indem er in die Bibel sah, die sein Vater bei den Familiengebeten auf den Knien hatte.

Von der Redaktion hatte er nur einen kurzen Heimweg zum Mittagessen und, nicht viel später, zum Tee. Dr. Bradley war, was die Arbeitsstunden anging, kein sehr anspruchsvoller Vorgesetzter, und in jedem Fall war diese Arbeit nicht als ganztägige Beschäftigung gedacht. Es wurde erwartet, daß Tolkien wie viele andere, die am Wörterbuch mitarbeiteten, im übrigen seine Zeit und sein Einkommen durch eine Lehrtätigkeit an der Universität ergänzte. Er machte bekannt, daß er bereit sei, Privatunterricht zu erteilen, und eines nach dem andern begannen die Colleges, ihm Schüler zu schicken — besonders die Colleges für Frauen, Lady Margaret Hall und St. Hugh, die unbedingt jemanden brauchten, der ihre jungen Damen im Angelsächsischen unterrichtete. Tolkien kam dabei zugute, daß er verheiratet war — so konnten die jungen Damen ohne Begleitung zu ihm ins Haus kommen.

Bald entschied er mit Edith, daß sie die Miete für ein kleines Haus aufbringen könnten, und sie fanden ein geeignetes gleich um die Ecke, in der Alfred Street No. 1 (heute Pusey Street). Dort zogen sie im Spätsommer 1919 ein und nahmen ein Haus- und Küchenmädchen. Es war eine große Freude, wieder ein Haus für sich zu haben. Ediths Klavier wurde aus dem Lager herbeigeschafft, und zum ersten Mal seit Jahren konnte sie wieder regelmäßig spielen. Sie war von neuem schwanger, doch konnte sie nun wenigstens im eigenen Haus entbinden und das Baby in einem richtigen Heim großziehen. Im Frühling 1920 verdiente Ronald mit dem Unterricht schon genug, um die Mitarbeit an dem Wörterbuch einstellen zu können.

Inzwischen schrieb er weiter an dem »Book of Lost Tales«, und eines Abends las er im Essay-Club am Exeter College »The Fall of Gondolin« vor. Die Geschichte kam gut an bei einem Studenten-Publikum, in dem sich auch zwei junge Männer namens Nevill Coghill und Hugo Dyson befanden.

Plötzlich änderte die Familie ihre Pläne. Tolkien bewarb sich um die Stellung eines Dozenten für englische Sprachwissenschaft an der Universität Leeds. Er rechnete kaum damit, daß man ihn berücksichtigen würde, doch im Sommer 1920 wurde er aufgefordert, sich vorzustellen. Am Bahnhof in Leeds holte ihn George Gordon ab, der Professor für Englisch an dieser Universität. Gordon war vor dem Kriege ein prominentes Mitglied der English School in Oxford gewesen, doch Tolkien kannte ihn nicht, und während sie mit der Straßenbahn durch die Stadt zur Universität fuhren, war ihr Gespräch ein wenig steif. Sie kamen auf Sir Walter Raleigh zu sprechen, einen Professor für englische Literatur in Oxford. Tolkien erinnerte sich: »Ich hatte in Wahrheit keine hohe Meinung von Raleigh — er hielt natürlich keine guten Vorlesungen; doch irgendein wohlwollender Geist flüsterte mir ein, zu sagen, er sei ›olympisch‹. Das ging gut; dabei hatte ich eigentlich nur sagen wollen, daß er würdevoll auf einem hohen Sockel oberhalb meiner Kritik stehe. Bevor ich aus Leeds abreiste, erfuhr ich privat, daß ich die Stelle bekommen hatte.«

3
Leeds

Rauchgeschwärzt und mit einem dichten Schleier von Industriedünsten verhangen, voller Fabriken und Mietshäuser, bot Leeds wenig Aussicht auf ein gutes Leben. Die spätviktorianischen Universitätsgebäude, aus verschiedenfarbigem Backstein in pseudogotischem Stil erbaut, bildeten einen traurigen Kontrast zu dem, was Tolkien gewohnt war. Er hatte ernste Bedenken, ob er die Stelle annehmen und ins nördliche England ziehen sollte.

Zuerst ließ sich alles schwierig an. Kurz nach Beginn seines ersten Semesters im Oktober 1920 schenkte Edith in Oxford einem zweiten Sohn das Leben, der auf die Namen Michael Hilary Reuel getauft wurde; währenddessen wohnte Tolkien in Leeds in einem möblierten Zimmer und mußte an den Wochenenden nach Oxford fahren, um seine Familie zu sehen. Erst Anfang 1921 waren Edith und das Kind soweit, daß sie nach Norden ziehen konnten, und auch dann konnte Tolkien sie nur vorläufig in einer möblierten Wohnung unterbringen. Ende des Jahres jedoch mieteten sie St. Mark's Terrace No. 11, ein kleines dunkles Haus in einer Seitenstraße nahe bei der Universität, und dort richteten sie ihr neues Heim ein.

Die Abteilung Englisch an der Universität Leeds war noch klein, aber George Gordon baute sie auf. Gordon war mehr Organisator als Gelehrter, doch Tolkien rühmte seine meisterhafte Menschenbehandlung. Auch erwies Gordon seinem neuen Assistenten viel Freundlichkeit; er machte ihm Platz in seinem eigenen Büro, einem kahlen, gekachelten Raum mit Heißwasser-Rohren, den er bereits mit dem Professor für Französisch teilte, und er zeigte Verständnis für seine Wohnungsprobleme. Was aber am wichtigsten war: er übertrug Tolkien praktisch die Verantwortung für den gesamten sprachwissenschaftlichen Unterricht in seiner Abteilung.

Gordon hatte beschlossen, Oxford zum Muster zu nehmen und das Englischstudium in Leeds in zwei Richtungen aufzuteilen, die eine für Studenten, die sich auf die Literatur nach Chaucer, und die andere für solche, die sich auf das Alt- und Mittelenglische konzentrieren wollten. Der letztere Studiengang war soeben erst eingeführt worden, und Gordon wollte, daß Tolkien einen Lehrplan aufstellte, der für die Studenten attraktiv sein und ihnen eine solide philologische Schulung vermitteln sollte. Tolkien stürzte sich sogleich in die Arbeit. Zuerst war er ein bißchen verdrossen, als er die biederen und ernsthaften Studenten aus Yorkshire zu Gesicht bekam, doch bald war er für viele unter ihnen voller Bewunderung. Er schrieb gelegentlich: »Ich bin ganz und gar für diese ›sturen Böcke‹ eingenommen. Ein überraschend großer Teil von ihnen erweist sich als ›erziehbar‹: eine wichtige Voraussetzung dafür ist die Bereitschaft, *etwas zu arbeiten.*« Viele seiner Studenten in Leeds arbeiteten sogar sehr viel und kamen bald zu ausgezeichneten Ergebnissen.

Doch beinahe wäre Tolkien nicht in Leeds geblieben. Während seines ersten Semesters dort wurde er aufgefordert, seine Kandidatur für zwei Professuren der englischen Sprache anzumelden, für den Baines-Lehrstuhl in Liverpool und für den neueingerichteten De Beers-Lehrstuhl in Kapstadt. Er schickte seine Bewerbungen. In Liverpool lehnte man ihn ab, doch die Stelle in Kapstadt wurde ihm Ende Januar 1921 angeboten. Aus vielen Gründen hätte er gern angenommen. Es hätte die Rückkehr in sein Geburtsland bedeutet, und er hatte sich immer gewünscht, Südafrika wiederzusehen. Doch er lehnte ab. Edith und ihr Jüngstes waren in keiner guten Verfassung für die Reise, und er mochte nicht von ihr getrennt werden. Doch schrieb er zwölf Monate später in sein Tagebuch: »Ich habe mich oft gefragt, ob das nicht damals unsere Chance war, und wir hatten nicht den Mut, sie zu nutzen.« Die Ereignisse sollten diese Befürchtung als unbegründet erweisen.

Anfang 1922 bekam der sprachwissenschaftliche Zweig der Englisch-Abteilung von Leeds einen neuen Lektor, einen jungen Mann namens E. V. Gordon. Dieser kleine dunkelhaarige Kanadier (er war mit George Gordon nicht verwandt) war als Rhodes-Stipendiat in Oxford gewesen, und Tolkien hatte ihn 1920 unterrichtet. Nun hieß er ihn in Leeds lebhaft willkommen. »Eric Valentine Gordon ist gekommen, hat sich fest hier niedergelassen und ist mein treuer Freund und Kumpan«, schrieb er in sein Tagebuch.

Bald nach Gordons Ankunft begannen die beiden gemeinsam eine größere philologische Arbeit. Tolkien hatte seit einiger Zeit an einem Glossar zu einem Band mit mittelenglischen Textauszügen gearbeitet, den sein früherer Tutor Kenneth Sisam herausgegeben hatte. Das hieß praktisch ein kleines mittelenglisches Wörterbuch zusammenstellen, eine Aufgabe, deren er sich mit unendlicher Genauigkeit und viel Phantasie annahm. Es dauerte lange, bis das Glossar fertig war, doch schließlich kam es Anfang 1922 zum Druck. Inzwischen wollte Tolkien sich an einer Aufgabe versuchen, die seinen Fähigkeiten ein größeres Betätigungsfeld bot. Mit E. V. Gordon beschloß er, eine neue Ausgabe des mittelenglischen Gedichts *Sir Gawain and the Green Knight* zusammenzustellen, von dem keine für Studenten geeignete Ausgabe erhältlich war. Tolkien sollte für den Text und das Glossar, Gordon für den größten Teil der Anmerkungen verantwortlich sein.

Tolkien stellte fest, daß sein Mitarbeiter »ein rühriger kleiner Teufel« war und daß er sich beeilen mußte, um mit ihm Schritt zu halten. Sie stellten das Manuskript rechtzeitig fertig, so daß es die Clarendon Press Anfang 1925 veröffentlichen konnte. Es war ein bedeutender Beitrag zum Studium der mittelalterlichen Literatur — Tolkien selbst aber unterhielt oft in späteren Jahren die Hörer bei seinen Vorlesungen mit geringschätzigen Bemerkungen über die eine oder andere Interpretation in dieser Ausgabe, so als hätte er selbst gar nichts damit zu tun: »Da haben Tolkien und Gordon sich geirrt, als sie das sagten, völlig falsch! Möchte wissen, was sie sich dabei gedacht haben!«

E. V. Gordon teilte Tolkiens Sinn für Humor. Zusammen sorgten sie dafür, daß unter den Studenten ein Wikinger-Club gegründet wurde, der zusammenkam, um große Mengen Bier zu trinken, Sagas zu lesen und heitere Lieder zu singen. Die letzteren wurden meist von Tolkien und Gordon geschrieben, die rüde Verse über ihre Studenten machten, Kinderreime ins Angelsächsische übersetzten und Trinklieder auf Altnordisch sangen. Manche ihrer Verse ließen sie später privat als *Songs for the Philologists* drucken. Kein Wunder, daß der Wikinger-Club Tolkien und Gordon als Lehrer populär machen half, und zusammen mit ihrem ausgezeichneten Unterricht sorgte dies dafür, daß der sprachwissenschaftliche Zweig der Englisch-Abteilung immer mehr Studenten anzog. Bis 1925 hatten sich zwanzig Studenten auf Sprachwissenschaft spezialisiert, mehr als ein Drittel aller Studenten in der Abteilung und ein weit höherer Anteil, als sich gewöhnlich in Oxford für den entsprechenden Studiengang einschrieb.

Mit ihrem häuslichen Leben waren die Tolkiens im großen und ganzen zufrieden. Edith fand die Atmosphäre in der Universität erfrischend ungezwungen und freundete sich mit anderen Frauen an. Geld hatten sie nicht viel, und Tolkien sparte, um ein Haus kaufen zu können, daher fuhren sie nur selten in die Ferien, doch im Sommer

1922 verbrachten sie ein paar Wochen in Filey an der Küste von Yorkshire. Tolkien mochte den Ort nicht und nannte ihn einen »höchst ärgerlichen kleinen Vorstadt-Badeort«. Während dieses Aufenthalts mußte er viel Zeit auf das Lesen von Schulprüfungsarbeiten verwenden, eine Mühe, die er nun jedes Jahr auf sich nahm, um etwas dazuzuverdienen. Aber er schrieb auch mehrere Gedichte.

Er hatte im Lauf der letzten Jahre eine Menge Verse geschrieben, viele davon im Zusammenhang mit seiner Mythologie. Manche kamen in der Zeitschrift der Universität Leeds, *The Gryphon*, zum Abdruck, in einer Folge einheimischer Gedichte unter dem Titel *Yorkshire Poetry*, manche in einer Gedichtsammlung der Mitglieder der Abteilung Englisch mit dem Titel *Northern Venture*. Nun begann Tolkien mit einer Reihe von Gedichten, die er »Tales and Songs of Bimble Bay« nannte. Eines, das von seinen Gefühlen gegen seinen Ferienort Filey inspiriert ist, beklagt den Schmutz und Lärm des modernen Stadtlebens. Ein anderes, »The Dragon's Visit«, beschreibt die Verheerungen, die ein Drache anrichtet, der in der Bimble-Bucht erscheint und dort einer »Miss Biggins« begegnet. Ein drittes, »Glip«, erzählt von einem seltsamen, schleimigen Geschöpf, das unter dem Fußboden eines Kellers lebt und blasse, im Dunkeln leuchtende Augen hat. All dies sind erste Blicke auf große Dinge, die noch kommen sollten.

Im Mai 1923 holte sich Tolkien eine schwere Erkältung, die sich hinschleppte und zu einer Lungenentzündung wurde. Sein Großvater John Suffield, damals neunzig Jahre alt, war zu der Zeit bei der Familie zu Besuch, und Tolkien erinnerte sich an seine Erscheinung, wie er »an meinem Bett stand, eine große, hagere Gestalt, in Schwarz gekleidet, wie er mich ansah und voll Geringschatzung zu mir sprach — in dem Sinne, daß ich und meine Generation entartete Schwächlinge seien. Da lag ich und schnappte nach Luft, doch er mußte sich nun verabschieden, weil er das Schiff nehmen wollte, zu einer Rundreise um die britischen Inseln!« Der alte Mann lebte noch sieben Jahre; die meiste Zeit verbrachte er bei seiner Tochter, Tolkiens Tante Jane. Sie war aus Nottinghamshire weggezogen und hatte eine Farm in Dormston in Worcestershire übernommen. Diese lag am Ende eines Weges, der nicht weiterführte, und die Leute im Ort nannten sie manchmal »Bag End« (»Beutelsend«).

Als Tolkien von der Lungenentzündung genesen war, fuhr er mit Edith und den Kindern zu seinem Bruder Hilary auf Besuch, der sich nach dem Krieg eine kleine Obstgärtnerei bei Evesham gekauft hatte, der Stadt, aus der die Vorfahren der Suffields kamen. Die Familie wurde genötigt, bei den Arbeiten auf dem Land zu helfen, doch gab es auch ausgelassene Spiele mit riesigen Drachen, welche die Brüder zum Vergnügen der Kinder auf dem Feld vor dem Hause steigen ließen. Tolkien fand auch etwas Zeit zu arbeiten und sich wieder an seine Mythologie zu machen.

Das »Book of Lost Tales« war fast fertig. In Oxford und Leeds hatte Tolkien die Geschichten geschrieben, die von der Erschaffung des Weltalls erzählen, von der Verfertigung der Silmaril und ihrem Raub aus dem Segensreich Valinor durch Morgoth. Was dem Zyklus noch fehlte, war ein klarer Schluß — er sollte mit der Fahrt von Earendels Sternenschiff enden, dem ersten Element der Mythologie, das Tolkien in den Sinn gekommen war —, und manche der Geschichten lagen nur in Handlungsskizzen vor; aber mit noch ein wenig Mühe hätte er das Werk zum Abschluß gebracht. Doch Tolkien arbeitete nicht weiter auf dieses Ziel hin, sondern begann stattdessen die Geschichten umzuschreiben. Es war fast so, als wollte er es nicht abschließen. Vielleicht hatte er Zweifel, ob er jemals einen Verleger dafür finden könnte. Gewiß war es ein höchst ungewöhnliches Werk, aber auch nicht ausgefallener als die Bücher von Lord Dunsany, die beim Publikum sehr beliebt waren. Was also hielt ihn zurück? Im wesentlichen sein Perfektionsdrang, doch vielleicht war es auch etwas, das Christopher Wiseman einmal über die Elben in seinen ersten Gedichten gesagt hatte: »Diese Geschöpfe sind deshalb für Dich lebendig, weil Du noch dabei bist, sie zu schaffen. Sobald Du damit fertig bist, werden sie so tot für Dich sein wie die Atome, aus denen unsere Lebensnahrung besteht.« Mit anderen Worten, Tolkien wollte nicht fertig werden, weil er den Gedanken nicht ertragen konnte, in seiner erfundenen Welt nichts mehr zu schaffen haben. »Subcreation« — »Nachschaffen« oder »Nebenschöpfertum« nannte er dies später.

So vollendete er *Das Silmarillion* (wie er das Buch schließlich nannte) nicht, sondern fing wieder von vorn an, änderte, glättete und schrieb um. Er begann auch zwei der wichtigsten Geschichten in Gedichtform zu bringen, ein Anzeichen dafür, daß er immer noch ebenso zum Vers wie zur Prosa neigte. Für die Geschichte von Túrin wählte er eine moderne Entsprechung zu der Art von Stabreimversen, in denen *Beowulf* geschrieben ist, und für die Geschichte von Beren und Lúthien wählte er Reimpaare. Das letztere Gedicht nannte er zuerst »The Gest of Beren and Lúthien«, später nannte er es »The Lay of Leithian«.

Inzwischen kam seine Karriere in Leeds einen wichtigen Schritt voran. 1922 ging George Gordon als Professor für englische Literatur nach Oxford zurück, und Tolkien war ein Kandidat für den Lehrstuhl in Leeds, den Gordon innegehabt hatte. Zwar erhielt die Stelle am Ende ein anderer, Lascelles Abercrombie, doch Michael Sadler, der Vizekanzler der Universität, versprach Tolkien, man werde bald in der Lage sein, eine neue Professur für die englische Sprache eigens für ihn zu schaffen. Sadler hielt Wort, und 1924 wurde Tolkien Professor, im Alter von 32 Jahren, erstaunlich früh nach den Maßstäben der britischen Universitäten. Im gleichen Jahr kauften die Tolkiens ein Haus am Stadtrand von Leeds, in der Darnley Road No. 2, West Park. Es war viel besser als das Haus in der St. Mark's Terrace, denn es war recht groß und von freien Feldern umgeben, wo Tolkien mit den Kindern spazierengehen konnte.

Anfang 1924 stellte Edith verärgert fest, daß sie abermals schwanger war. Sie hoffte, dieses Mal würde es eine Tochter sein, doch als das Kind im November zur Welt kam, war es ein Junge. Er wurde Christopher Reuel getauft — der erste Vorname zu Ehren von Christopher Wiseman. Das Kind gedieh und wurde eine besondere Freude seines Vaters, der in sein Tagebuch schrieb: »Nun würde ich nicht hingehen ohne das, was Gott gesandt hat.«

Zu Anfang 1925 kam die Nachricht, daß die Professur für Angelsächsisch in Oxford in Kürze frei werde; Craigie, der Inhaber, ging nach Amerika. Die Stelle wurde ausgeschrieben, und Tolkien bewarb sich. Theoretisch waren seine Chancen nicht groß, denn es gab drei weitere Kandidaten, die vorzüglich ausgewiesen waren: Allen Mawer aus Liverpool, R. W. Chambers aus London und Kenneth Sisam. Doch Mawer beschloß, sich nicht zu bewerben, und Chambers lehnte die Stelle ab, und so lief es auf eine Konkurrenz zwischen Tolkien und seinem ehemaligen Tutor Sisam hinaus.

Kenneth Sisam hatte nun eine leitende Stellung bei der Clarendon Press inne, und obwohl er nicht mehr ganzzeitig an der Universität arbeitete, genoß er in Oxford einen guten Ruf und hatte eine Anzahl Fürsprecher. Tolkien wurde von vielen Leuten unterstützt, darunter George Gordon, ein Meister der Intrige. Doch bei der Wahl ergab sich Stimmengleichheit, und daher mußte Joseph Wells, der Vizekanzler, mit seiner Sonderstimme die Entscheidung fällen. Er stimmte für Tolkien.

IV
1925–1949(a)
„IN EINEM LOCH IM BODEN, DA LEBTE EIN HOBBIT”

Und dann, so könnte man sagen, geschah eigentlich nichts mehr. Tolkien kam wieder nach Oxford, war dort zwanzig Jahre lang Rawlinson- und Bosworth-Professor für Angelsächsisch, wurde dann zum Merton-Professor für englische Sprache und Literatur gewählt, ließ sich in irgendeinem Oxforder Vorort nieder, wo er die ersten Jahre nach seiner Pensionierung lebte, zog dann in ein Seebad, über das auch nichts zu sagen ist, kehrte nach dem Tod seiner Frau nach Oxford zurück und starb dort im Alter von 81 Jahren eines friedlichen Todes. Es war ein normales, belangloses Leben, gleich dem zahlloser anderer Gelehrter, gewiß mit akademischen Ehren, doch nur in einem sehr engen Fachgebiet, das für den Laien eigentlich kaum von Interesse ist. Und das wäre alles — wäre nicht die seltsame Tatsache, daß er in diesen Jahren, als »nichts geschah«, zwei Bücher geschrieben hat, die in aller Welt Bestseller wurden, Bücher, welche die Phantasie und das Denken mehrerer Millionen Leser beschäftigten. Es ist ein seltsames Paradox, daß der *Hobbit* und der *Herr der Ringe* das Werk eines unbekannten Oxford-Professors sind, dessen Spezialgebiet der Dialekt der westlichen Midlands im Mittelenglischen war, der ein gutbürgerliches Leben führte, seine Kinder aufzog und seinen Garten pflegte.

Oder ist das gar nicht so seltsam? Ist nicht das Gegenteil richtig? Müssen wir uns nicht vielmehr wundern, daß ein Geist von solcher Schärfe und Phantasie damit zufrieden gewesen sein soll, sich in der engen Routine des akademischen und häuslichen Lebens zu bewegen, daß ein Mann, dessen Seele es nach dem Tosen der Wellen an der Küste von Cornwall verlangte, sich damit abgefunden haben soll, in einem mittelständischen Badeort mit alten Damen im Hotelfoyer zu plaudern, daß ein Dichter, dem beim Anblick und Geruch knisternder Holzscheite im Kamin eines Dorf-Gasthauses das Herz höher schlug, bereit war, sich am eigenen Herd von einem Elektroofen mit künstlicher Kohlenglut wärmen zu lassen? Was sollen wir davon halten?

In seinen mittleren Lebensjahren und in seinem Alter können wir ihm wohl nur noch zusehen und uns wundern; oder vielleicht sehen wir auch, wie sich allmählich ein Bild abzeichnet.

1
Leben eines Oxforder Professors

Bis ins späte neunzehnte Jahrhundert mußten die meisten Universitätslehrer in Oxford in den geistlichen Stand treten und durften, solange sie im Amt blieben, nicht heiraten. Die Reformer jener Zeit führten nicht-geistliche Professuren ein und ließen das Erfordernis des Zölibats fallen. Damit gaben sie Oxford ein anderes Gepräge, und zwar sichtbar, denn in den folgenden Jahren ergoß sich eine Backsteinflut nordwärts über die alte Stadtgrenze hinaus und deckte die Felder entlang der Banbury- und der Woodstock Road zu, wo die Spekulanten Hunderte von Häusern für die neuverheirateten »Dons« errichteten. Zu Anfang des zwanzigsten Jahrhunderts war Nord-Oxford eine dichte Kolonie der Akademiker, mit ihren Frauen, Kindern und Dienstboten. Sie bewohnten die unterschiedlichsten Häuser, von gotisch-palastartigen (mitsamt Türmchen und bunten Glasfenstern) bis hin zur schlichten Vorstadt-Villa. Kirchen, Schulen und Ladenzentren wurden errichtet, um die Bedürfnisse dieser seltsamen Gemeinde zu befriedigen, und bald waren nur noch wenige Morgen Land unbebaut. In kleinem Umfang ging die Bautätigkeit jedoch auch noch in den zwanziger Jahren weiter, und in einer der Straßen von Nord-Oxford fand und kaufte Tolkien ein bescheidenes neues Haus, L-förmig und aus blassem Backstein, das sich mit einem Flügel zur Straße hinzog. Anfang 1926 kam Tolkiens Familie aus Leeds und zog ein.

Hier, in der Northmoor Road, blieben sie einundzwanzig Jahre lang. Später, 1929, wurde ein größeres Nachbarhaus frei, in dem bis dahin der Verleger und Buchhändler Basil Blackwell gewohnt hatte, und die Tolkiens beschlossen, es zu kaufen. Anfang des nächsten Jahres zogen sie von Nummer 22 nach Nummer 20 um. Dieses zweite Haus war breit und grau, von imposanterem Aussehen als das erste, mit bleigefaßten Fenstern und einem hohen Schieferdach. Kurz vor dem Umzug wurde den Tolkiens noch ein viertes und letztes Kind geboren, die Tochter, auf die Edith so lange gehofft hatte. Sie wurde Priscilla Mary Reuel getauft.

Abgesehen von diesen beiden Vorfällen, der Geburt Priscillas und dem Umzug, verlief das Leben in der Northmoor Road ohne besondere Ereignisse. Es war ein geordnetes, fast eintöniges Leben, mit kleinen Unterbrechungen, doch ohne wesentliche Änderungen. Wir beschreiben es vielleicht am besten, indem wir Tolkien durch einen typischen (wenn auch gänzlich imaginären) Tagesablauf zu Anfang der dreißiger Jahre begleiten.

Es ist der Tag eines Heiligen, daher fängt er früh an. Der Wecker in Tolkiens Schlafzimmer klingelt um sieben. Sein Zimmer geht nach hinten hinaus, mit dem Blick nach Osten über den Garten. Eigentlich ist es ein Bade- und Ankleidezimmer, und in der einen Ecke steht eine Badewanne, doch er schläft dort, weil Edith sich über sein Schnarchen ärgert und weil er spät zu Bett geht, was sich mit ihren Gewohnheiten nicht verträgt. So haben sie beide ihr eigenes Zimmer und stören einander nicht.

Er steht widerstrebend auf (von Natur ist er nie ein Frühaufsteher gewesen), beschließt, sich erst nach der Messe zu rasieren, und geht im Morgenmantel über den Flur zu den Schlafzimmern der Jungen, um Michael und Christopher zu wecken. John, der Älteste, ist nun vierzehn Jahre alt und in einem katholischen Internat in Berkshire, doch die zwei Jüngeren, elf und sieben Jahre alt, sind noch zuhause.

Als er in Michaels Schlafzimmer tritt, stolpert Tolkien fast über die Lokomotive der Modelleisenbahn, die mitten auf dem Fußboden zurückgeblieben ist. Er flucht leise vor sich hin. Michael und Christopher haben im Augenblick eine Leidenschaft für Eisenbahnen, und sie haben ein ganzes Zimmer im Obergeschoß mit Gleisen vollgestopft. Sie gehen sich auch Lokomotiven ansehen und zeichnen sie (mit beachtlicher Genauigkeit). Tolkien versteht und billigt ihren »Eisenbahn-Fimmel«, wie er es nennt, im Grunde nicht; ihm selbst bedeuten Eisenbahnen nur Lärm und Schmutz und Verwüstung der Landschaft. Aber er toleriert ihr Hobby und läßt sich sogar hin und wieder überreden, mit ihnen einen Ausflug zu einem entfernten Bahnhof zu machen, wo sie den D-Zug nach Cheltenham vorbeifahren sehen.

Nachdem er die Jungen geweckt hat, zieht er seine gewohnte Alltagskleidung an, Flanellhosen und Tweedjacke. Dann holt er mit den Jungen, die die blauen Jacken ihrer Schule und kurze Hosen tragen, die Räder aus der Garage. Sie fahren die stille Northmoor Road entlang, wo die Schlafzimmerfenster anderer Häuser noch verhangen sind, über die Linton Road und in die breite Banbury Road hinein, wo sie ab und zu ein Wagen oder ein Bus auf dem Weg zur Stadt überholt. Es ist ein Frühlingsmorgen, und die Kirschbäume, die aus den Vorgärten über das Pflaster hängen, tragen Blüten.

Sie radeln etwas über einen Kilometer weit in die Stadt hinein, zur katholischen St.-Aloysius-Kirche, ein unfreundliches Gebäude neben dem Krankenhaus in der Woodstock Road. Die Messe ist um sieben Uhr dreißig, so daß sie nur wenige Minuten zu spät zum Frühstück wieder nachhause kommen. Das Frühstück gibt es immer Punkt acht – genau gesagt sieben Uhr fünfundfünfzig, denn Edith läßt die Uhren im Haus gern fünf Minuten vorgehen. Phoebe Coles, das Dienstmädchen, ist gerade in die Küche gekommen und klappert mit den Tellern. Sie trägt eine Haube und arbeitet den ganzen Tag im Haus. Sie ist schon seit einigen Jahren bei der Familie, und alles spricht dafür, daß sie noch viele weitere Jahre bleiben wird – was ein großer Segen ist, denn bevor sie kam, gab es endlose Schwierigkeiten mit den Dienstboten.

Beim Frühstück wirft Tolkien einen Blick in die Zeitung, doch nur einen äußerst flüchtigen. Wie sein Freund C. S. Lewis hält er die »Nachrichten« alles in allem für trivial und nicht wissenswert, und beide behaupten sie (zum Ärger vieler ihrer Freunde), die einzige »Wahrheit« finde sich in der Literatur. Beide schätzen sie jedoch das Kreuzworträtsel.

Nach dem Frühstück geht Tolkien in sein Arbeitszimmer, um den Ofen anzuzünden. Es ist kein warmer Tag, und das Haus hat (wie die meisten englischen Mittelschicht-Häuser zu jener Zeit) keine Zentralheizung; er muß also ein tüchtiges Feuer machen, damit das Zimmer bewohnbar wird. Er muß sich beeilen, denn um neun kommt eine Schülerin, und er will auch noch die Notizen für die Vormittagsvorlesung durchsehen, daher leert er die Asche von der letzten Nacht ziemlich hastig aus; sie ist noch warm, denn er ist bis nach zwei aufgeblieben und hat gearbeitet. Als das Feuer brennt, schüttet er tüchtig Kohle drauf, macht die Ofentür zu und dreht den Abzugsregulator voll auf. Dann eilt er die Treppe hinauf, um sich zu rasieren. Die Jungen machen sich auf den Weg zur Schule.

Er ist mit dem Rasieren noch nicht fertig, als es an der Tür klingelt. Edith macht auf, doch sie ruft ihn, und er kommt die Treppe herunter, das halbe Gesicht noch voller Rasierschaum. Es ist nur der Briefträger, aber er sagt, da komme so viel Rauch aus dem Schornstein, und ob Mr. Tolkien nicht lieber mal sehen wolle, ob alles in Ordnung sei. Er rennt hinauf und stellt fest, daß das Feuer, wie es so oft passiert, den

Ofen hinaufgeschlagen ist und daß der Schornstein zu glühen anfängt. Er drosselt das Feuer, bedankt sich bei dem Briefträger und redet mit ihm ein paar Worte über den Anbau von Frühjahrsgemüse. Dann beginnt er die Briefe zu öffnen, das Rasieren fällt ihm wieder ein, und er wird eben noch rechtzeitig fertig, ehe seine Schülerin kommt.

Dies ist eine graduierte Studentin des Mittelenglischen. Zehn nach neun ist er mit ihr in die Arbeit vertieft; sie sprechen über die Bedeutung eines schwierigen Wortes in der *Ancrene Wisse*. Wenn man den Kopf zur Tür hereinsteckte, könnte man die beiden nicht sehen, denn hinter der Tür ist ein Gang zwischen zwei Reihen Bücherschränken, und erst wenn man diesen durchschritten hat, wird der übrige Raum sichtbar. Die Fenster gehen nach zwei Seiten hinaus, nach Süden auf einen Nachbargarten und nach Westen zur Straße. Tolkiens Schreibtisch steht an dem Südfenster, doch sitzt er jetzt nicht dort, sondern steht am Ofen und schwenkt die Pfeife in der Luft, während er redet. Die Studentin runzelt ein wenig die Stirn, weil es so kompliziert ist, was er sagt, und nicht immer gut zu verstehen, denn er spricht sehr schnell und manchmal undeutlich. Doch nun beginnt sie zu sehen, was er meint und worauf er hinaus will, und sie macht sich eifrig Notizen. Als ihre »Stunde« vorüber ist, und es wird spät, zwanzig vor elf, hat sie das Gefühl, einen neuen Einblick darein bekommen zu haben, wie ein mittelalterlicher Autor seine Worte gewählt hat. Sie fährt auf ihrem Rad davon und denkt bei sich, daß es an der Englisch-Fakultät lebhafter zugehen würde, wenn alle Oxforder Philologen so unterrichten könnten.

Nachdem er sie zur Tür gebracht hat, eilt Tolkien in sein Zimmer zurück und sucht seine Vorlesungsnotizen zusammen. Er hat nun doch keine Zeit mehr gehabt, sie durchzusehen, und kann nur hoffen, daß alles darin steht, was er braucht. Er nimmt auch eine Ausgabe des Textes mit, über den er sprechen wird, das altenglische Gedicht *Exodus*; er weiß, im schlimmsten Falle, wenn seine Notizen ihn im Stich lassen, kann er immer noch aus dem Stegreif etwas daran erläutern. Dann tut er die Aktentasche und seinen Talar in den Gepäckkorb seines Rades und fährt in die Stadt.

Manchmal hält er seine Vorlesungen im Pembroke College, zu dem er selbst gehört, doch an diesem Morgen (wie auch an den meisten anderen) muß er zu den Examination Schools, einem bedrückend großspurigen spätviktorianischen Bau in der High Street. Für die Vorlesungen über allgemein interessierende Themen gibt es große Hallen wie die East School, wo C. S. Lewis heute eine große Hörerschaft anzieht, der über die Literatur des Mittelalters liest. Auch Tolkiens allgemeinere Vorlesung über *Beowulf* ist gut besucht, denn sie ist für die nicht-spezialisierten Studenten gedacht; heute dagegen spricht er über einen Text, der nur für die wenigen Studenten an der Fakultät, die sich für den philologischen Studiengang entschieden haben, zur Pflichtlektüre gehört, und daher geht er nun über den Flur zu einem kleinen dunklen Raum im Erdgeschoß, wo ganze acht bis zehn Studenten, die seine Pünktlichkeit kennen, in ihren Roben schon auf ihn warten. Er zieht den Talar über und fängt genau in dem Augenblick an, als die tiefe Glocke vom Merton College, eine Viertelmeile entfernt, elf schlägt.

Er spricht flüssig, meist nach seinen Notizen, aber auch mit gelegentlichen Ergänzungen aus dem Stegreif. Er geht den Text Zeile für Zeile durch, spricht über die Bedeutung mancher Wörter und Ausdrücke und über Probleme, die sich dabei stellen. Die Studenten im Raum kennen ihn gut und sind getreue Hörer seiner Vorlesungen, nicht nur, weil er aufschlußreiche Interpretationen zu den Texten gibt, sondern auch, weil sie ihn *mögen*: Sie lachen über seine Späße, haben sich an das Schnellfeuer seiner Sprechweise gewöhnt und finden ihn ganz und gar menschlich, jedenfalls menschlicher als manche seiner Kollegen, die bei ihren Vorlesungen die Hörer überhaupt nicht beachten.

Er hätte sich keine Sorgen zu machen brauchen, daß ihm die Notizen ausgehen. Um zwölf lassen ihn die Glocke und der Lärm auf dem Flur einhalten, ehe er mit dem vorbereiteten Stoff fertig ist. Auch hat er sich während der letzten zehn Minuten völlig von seinen Notizen gelöst und über einen besonderen Aspekt des Verhältnisses zwischen dem Gotischen und dem Altenglischen gesprochen, wozu ein Wort im Text den Anlaß gab. Nun legt er seine Papiere zusammen, unterhält sich kurz mit einem der Studenten und geht dann, um dem nächsten Dozenten Platz zu machen.

Auf dem Flur holt er C. S. Lewis ein und hat ein kurzes Gespräch mit ihm. Er wünschte, es wäre Montag, denn an diesem Tag geht er immer mit Lewis ein Bier trinken und ein Stündchen reden, doch heute haben sie beide keine Zeit. Tolkien muß noch ein paar Sachen einkaufen, ehe er zum Essen nach Hause fährt. Er trennt sich von Lewis und radelt die High Street hinauf, bis zu der belebten Arkade, die man den »überdachten Markt« nennt. Dort muß er beim Schlächter Lindsey Wurst holen; Edith hat sie in ihrer wöchentlichen Bestellung, die gestern geliefert worden ist, vergessen. Er scherzt ein bißchen mit der Schlächtersfrau und schaut dann auch noch beim Schreibwarenhändler an der Ecke Market Street hinein, um ein paar Federn zu kaufen. Dann fährt er über die Banbury Road nach Hause, und dort hat er noch fünfzehn Minuten Zeit für einen längst fälligen Brief an E. V. Gordon, über ihren Plan, zusammen eine Ausgabe der *Pearl* zu machen. Er fängt an, den Brief auf seiner Hammond-Maschine zu tippen, einem großen Gerät mit austauschbaren Typen auf einer Drehscheibe; sein Modell hat Kursivschrift und die angelsächsischen Buchstaben þ, ð und æ. Ehe er fertig ist, läutet Edith mit der Handglocke zum Essen.

Beim Mittagessen ist die ganze Familie versammelt. Gesprochen wird hauptsächlich über Michaels Abneigung gegen den Schwimmunterricht in der Schule und über die Frage, ob ein entzündeter Zeh ein hinreichender Grund ist, daß der Junge nicht teilnimmt. Nach dem Essen geht Tolkien in den Garten, um zu sehen, wie die Pferdebohnen gedeihen. Edith bringt Priscilla zum Spielen auf den Rasen und bespricht mit ihm, ob sie den Rest des alten Tennisplatzes umgraben sollen, um mehr Platz für den Gemüsegarten zu haben. Dann, während Edith die Kanarienvögel und Wellensittiche in dem Vogelhäuschen an der Seite des Hauses füttert, steigt er wieder aufs Rad und fährt in die Stadt hinein, dieses Mal zu einer Sitzung der Englisch-Fakultät.

Die Sitzung ist im Merton College, denn die Fakultät hat keine eigenen Räume, abgesehen von einer engen Bibliothek im Dachgeschoß der Examination School, und das Merton College ist am engsten mit ihr verbunden. Tolkien gehört zu Pembroke, doch hat er mit seinem College nicht viel zu tun, und wie alle Professoren ist er in erster Linie seiner Fakultät verantwortlich. Die Sitzung beginnt um halb drei. Außer den anderen Professoren — Wyld, der den Lehrstuhl für englische Sprache und Literatur innehat, und Nichol Smith, dem Professor für englische Literatur – sind etwa ein Dutzend Dozenten anwesend, darunter auch mehrere Frauen. Bei diesen Sitzungen kann es manchmal erbittert zugehen, und Tolkien hat es selbst oftmals erlebt, als er Reformen des Lehrplans vorschlug, daß er zur Zielscheibe heftiger Angriffe von seiten der »Literatur-Partei« wurde. Doch die Zeit ist nun vorüber, und seine Reformvorschläge sind angenommen und in die Praxis umgesetzt worden. Heute geht es hauptsächlich um Routine-Angelegenheiten wie die Festlegung der Prüfungstage, spezielle Fragen des Lehrplans und Geldmittel für die Fakultätsbibliothek. Alles dauert seine Zeit, und die Sitzung ist erst kurz vor vier Uhr zu Ende, so daß Tolkien gerade noch ein paar Minuten Zeit hat, in die Bibliothek zu gehen und etwas in einem Buch nachzuschlagen, das er am Tag zuvor aus dem Magazin bestellt hat. Dann fährt er wieder nach Hause und kommt gerade zurecht zum Tee für die Kinder um halb fünf.

Danach kann er sich für anderthalb Stunden an seinen Schreibtisch zurückziehen, wo er den Brief an E. V. Gordon beendet und seine Vorlesungsnotizen für den nächsten Tag zu ordnen anfängt. Wenn alles nach Plan geht, kann er eine ganze Vorlesungsreihe vor Beginn des Semesters vorbereiten, doch allzu oft kommt er unter Zeitdruck und muß die Arbeit bis zur letzten Minute verschieben. Auch jetzt kommt er nicht weit, denn Michael braucht Hilfe bei seiner Hausarbeit in lateinischer Prosa, und das kostet zwanzig Minuten. Nur allzu schnell ist es halb sieben, und er muß den Smoking anziehen. Er geht nur ein- oder zweimal die Woche zum Abendessen aus, doch heute ist ein Gästeabend am Pembroke College, und er hat versprochen zu kommen, um den Gast eines Freundes kennenzulernen. Er bindet sich hastig die schwarze Krawatte um und steigt wieder aufs Rad, während Edith ihr frühes Abendessen zu Hause einnimmt.

Er kommt rechtzeitig zum Sherry in den Gesellschaftsraum der Dozenten. Wegen der wirren Verwaltungsregeln in Oxford ist seine Position am Pembroke College ein wenig anomal. Fast könnte man sagen, daß die Colleges die Universität *sind*, denn die meisten Dozenten sind »Fellows« der Colleges, und ihre Hauptaufgabe ist, die Studenten des eigenen College zu unterrichten. Die Professoren aber sind in einer anderen Position. Sie stehen im wesentlichen außerhalb des College-Systems, denn sie unterrichten im Rahmen ihrer Fakultät, gleichgültig, welchem College die Studenten angehören. Damit aber auch der Professor nicht auf das gesellige Leben und die anderen Annehmlichkeiten eines College verzichten muß, wird er einem College zugeteilt und erhält darin die Mitgliedschaft *ex officio*. Dies führt manchmal zur Verstimmung, denn in allen anderen Fällen wählen die Colleges ihre Fellows selbst, während »Professoren-Fellows« wie Tolkien ihnen in gewissem Maße aufgenötigt werden. Tolkien glaubt, daß Pembroke über ihn ein bißchen verärgert ist; jedenfalls ist die Atmosphäre im Gesellschaftsraum unfreundlich und steif. Zum Glück ist ein Lektor da, R. B. McCallum, ein lebhafter Mann, etliche Jahre jünger als Tolkien, der zu ihm hält; und dieser wartet nun darauf, seinen Gast vorzustellen. Die Mahlzeit erweist sich als erfreulich — und als eßbar, denn sie ist solide und ohne jede Andeutung jener unangenehmen französischen Kochkunst, die (zum Abscheu Tolkiens) an mehreren Colleges die Tafel zu erobern beginnt.

Nach dem Essen entschuldigt er sich und geht früh weg. Er fährt quer durch die Stadt zum Balliol College, wo eine Sitzung der »Coalbiters« in John Brysons Räumen stattfinden soll. Die *Kolbítar*, wie sie mit ihrem isländischen Namen heißen (jene, die sich im Winter so nahe ans Feuer drängen, daß sie die »Kohlen schlucken«), sind ein informeller Leseklub, den Tolkien gegründet hat, etwa nach dem Vorbild des Wikinger-Clubs in Leeds, nur daß die Mitglieder allesamt Dozenten sind. Sie treffen sich jedes Semester an mehreren Abenden, um isländische Sagas zu lesen. Heute abend ist die Versammlung gut besucht: George Gordon, der nun Präsident des Magdalen College ist, Nevill Coghill von Exeter, C. T. Onions vom *Dictionary*, Dawkins, der Professor für Byzantinisch und Neugriechisch, Bryson selbst und — wie Tolkien mit Freude bemerkt — C. S. Lewis, der ihn laut beschimpft, weil er zu spät kommt. Sie lesen gerade die *Grettis Saga*, und Tolkien selbst macht den Anfang, wie üblich, denn er ist unter den Anwesenden bei weitem der beste Kenner des Nordischen. Er fängt da an, wo sie das letzte Mal aufgehört haben, und improvisiert fließend eine Übersetzung des Textes, den er vor sich auf den Knien liegen hat. Nach einigen Seiten löst ihn Dawkins ab. Auch er kann Altnordisch, wenn auch nicht so geläufig wie Tolkien, doch wenn die anderen an der Reihe sind, kommen sie sehr viel langsamer voran, jeder nur eine halbe Seite, denn keiner von ihnen beansprucht, mehr als ein Anfänger in dieser Sprache zu sein. Doch dies ist der ganze Sinn der »Coalbiters«, denn Tolkien hat den Klub nur gegründet, um seine Freunde zu überzeugen, daß es sich lohne, die isländische Literatur im Urtext zu lesen; er ermutigt sie bei ihren etwas tastenden Versuchen und spendet ihrem Bemühen Beifall.

Nach etwa einer Stunde hören sie an einer geeigneten Stelle auf, und während sie über die Saga sprechen, wird eine Whiskyflasche aufgemacht. Dann hören sie sich ein skurriles und sehr komisches Gedicht an, das Tolkien gerade über ein anderes Mitglied der Englisch-Fakultät geschrieben hat. Es ist elf Uhr durch, als sie aufbrechen. Tolkien geht mit Lewis bis zum Ende der Broad Street, und dann trennen sie sich. Lewis geht die Holywell Street entlang zum Magdalen College (denn er ist Junggeselle und schläft während des Semesters meist im College), und Tolkien fährt auf seinem Rad zurück in die Northmoor Road.

Edith ist schon schlafen gegangen, und das Haus ist dunkel, als er heimkommt. Er heizt den Ofen in seinem Arbeitszimmer nach und stopft sich die Pfeife. Er weiß, er sollte jetzt noch etwas an seinen Notizen für die Vorlesung morgen vormittag tun, aber er kann nicht widerstehen und zieht aus einem Schubfach das halbfertige Manuskript einer Geschichte, mit der er sich selbst und seine Kinder belustigt. Es ist wohl Zeitverschwendung, befürchtet er; wenn er sich schon mit solchen Dingen abgibt, dann sollte es jedenfalls das *Silmarillion* sein. Aber irgend etwas lockt ihn Nacht für Nacht wieder an diese amüsante kleine Erzählung zurück — zumindest scheint sie die Jungen zu amüsieren. Er setzt sich an den Tisch, steckt eine neue Feder in den Halter (damit schreibt er lieber als mit einem Füller), schraubt das Tintenfaß auf, nimmt ein Blatt altes Prüfungspapier (auf der Rückseite steht noch der Aufsatz eines Kandidaten über die Schlacht von Maldon) und fängt an zu schreiben: »Als Bilbo seine Augen öffnete, fragte er sich, ob er sie wirklich offen hatte, denn es war genauso dunkel, als hätte er sie noch geschlossen gehalten. Niemand war bei ihm. Stellt euch seine Angst vor! . . .«

Hier wollen wir ihn verlassen. Er wird noch bis um halb zwei oder zwei am Schreibtisch sitzen, vielleicht auch länger, und nur das Kratzen seiner Feder unterbricht die Stille, während um ihn her die Northmoor Road schläft.

2
Photographien

Dies also waren einige von seinen äußeren Lebensumständen: häuslicher Alltag, Unterricht, Vorlesungen, Briefwechsel, dann und wann ein Abend unter Freunden — und in Wahrheit dürften die Abende selten gewesen sein, wo er sowohl zu einem Essen ins College als auch noch zu einer Sitzung der »Coalbiters« ging; diese und andere seltene Vorkommnisse wie die Fakultätssitzung haben wir nur einfach in ein und demselben imaginären Tageslauf untergebracht, um ein Bild von dem Umkreis seiner Beschäftigungen zu geben. Ein wirklich durchschnittlicher Tag wäre langweiliger.

Oder vielleicht *sind* für den Leser alle diese Ereignisse langweilig, ohne einen Funken Interesse, triviale Beschäftigungen eines Mannes in einem engen Lebensumkreis und für keinen Außenstehenden wissenswert. All dies, sagt vielleicht der Leser, wie er den Ofen anmacht und zu den Vorlesungen radelt und sich in einem College unerwünscht fühlt, all dies sagt nichts über den Mann, der das *Silmarillion,* den *Hobbit* und den *Herrn der Ringe* geschrieben hat, hilft nicht erklären, welchen Geistes er war und wie seine Phantasie auf seine Umgebung geantwortet hat. Und sicherlich hätte Tolkien selbst dem zugestimmt. Es war eine seiner festesten Überzeugungen, daß das Leben eines Autors sehr wenig über die Regungen seines Geistes verrät. Vielleicht ist das so. Ehe wir aber unser Vorhaben als ganz und gar hoffnungslos aufgeben, könnten wir vielleicht noch etwas näher treten als bei der Betrachtung seines typischen Tagesablaufs, näher treten und näher hinsehen, zumindest aber ein paar Vermutungen zu manchen offenkundigen Aspekten seiner Persönlichkeit riskieren. Und wenn wir nachher vielleicht auch nicht besser wissen, *warum* er seine Bücher schrieb, so könnten wir doch wenigstens etwas mehr über den Menschen erfahren, der sie schrieb.

Vielleicht können wir mit den Photographien anfangen. Es gibt mehr als genug davon, denn die Tolkiens knipsten sich unzählige Male und bewahrten die Bilder auf. Zuerst führt das nirgendshin. Die

Fotos von Tolkien in seinen mittleren Jahren sagen nahezu nichts. In die Kamera blickt ein normaler Engländer aus der Mittelschicht, von leichtem Körperbau und mäßiger Größe. Er sieht halbwegs gut aus, mit einem langen Gesicht, und das ist schon so gut wie alles, was man sagen kann. Gewiß, die Augen haben eine Lebhaftigkeit, die auf einen beweglichen Geist hindeutet, aber sonst fällt nichts auf — nichts außer seiner Kleidung, die ganz *außerordentlich gewöhnlich* ist.

Seine Art sich zu kleiden war natürlich zum Teil durch die Umstände bedingt, durch die Notwendigkeit, eine große Familie von einem relativ kleinen Einkommen zu ernähren, wobei für persönliche Extravaganzen nichts übrig blieb. Als er später wohlhabend wurde, fand er immerhin Gefallen an farbigen Westen. Doch ist die Wahl seiner Kleidung im mittleren Alter zugleich das Zeichen einer Abneigung gegen das Dandytum. Diese hatte er mit C. S. Lewis gemeinsam. Beide konnten sie jede Spur von Gesuchtheit in der Kleidung nicht ausstehen; sie witterten darin etwas Unmännliches und daher Anstößiges. Lewis trieb dies ins Extrem; er kaufte sich nicht nur völlig achtlos seine Kleidung, sondern trug sie auch so, während Tolkien, immer ein bißchen gepflegter, wenigstens noch auf gebügelte Hosen Wert legte. Doch im Grunde hatten beide die gleiche Einstellung zu ihrem Äußeren, eine Einstellung, die von vielen ihrer Zeitgenossen geteilt wurde. Diese Bevorzugung schlichter, männlicher Kleidung war zum Teil vielleicht eine Reaktion auf das ausschweifende Dandytum und die unterschwellige Homosexualität der »Ästheten«, die erstmals zur Zeit Oscar Wildes Oxford ihren Stempel aufgedrückt hatten und deren Nachfolger man noch bis in die zwanziger und frühen dreißiger Jahre antreffen konnte, mit ausgesucht zarten Farbtönen in der Kleidung und mehrdeutigen, nuancenreichen Umgangsformen. Dies war ein Lebensstil, von dem Tolkien und die meisten seiner Freunde nichts wissen wollten; daher ihre fast übertriebene Vorliebe für Tweedjacken, Flanellhosen, unauffällige Krawatten, feste, braune Schuhe, mit denen man über Land gehen konnte, trübfarbene Regenmäntel und Hüte und kurzen Haarschnitt. Tolkiens Art sich zu kleiden brachte auch manche seiner positiven Werthaltungen zum Ausdruck, seine Liebe zu allem, was maßvoll, vernünftig, unexotisch und englisch war. Doch davon abgesehen gab seine Kleidung kein Bild von dem schwierigen und vielschichtigen Inneren des Mannes, der sie trug.

Was können wir sonst noch an seinen Photographien feststellen? Eines wird in den meisten so offenkundig, daß wir leicht darüber hinwegsehen: die fast immer gleichbleibende Gewöhnlichkeit der Hintergründe. Auf einem Bild sieht man ihn, wie er in seinem Garten sitzt und Tee trinkt, auf einem anderen steht er im Sonnenschein vor seinem Haus, auf einem dritten gräbt er mit seinen Kindern in irgendeinem Badeort im Sand. Man kommt auf die Idee, daß er die Orte, wo er lebte, und selbst die, die er besuchte, ganz vom Herkommen bestimmen ließ.

Und das ist richtig. Er bewohnte ein Haus in Nord-Oxford, das innen wie außen von vielen hundert anderen in diesem Bezirk fast nicht zu unterscheiden war — allenfalls insofern es noch weniger pompös war als viele der Nachbarhäuser. Er machte mit seiner Familie an herkömmlichen Orten Ferien. Während seiner mittleren Jahre, seiner reichsten Schaffenszeit, unternahm er keine Reise in ein Land außerhalb der britischen Inseln. Auch dies war zum Teil wieder durch die Umstände bedingt, durch seine geringen Geldmittel, und der Wunsch zu reisen, war ihm auch nicht völlig fremd: Zum Beispiel wäre er gern E. V. Gordons Beispiel gefolgt und hätte Island besucht. Später, als er mehr Geld und weniger Familienbindungen hatte, machte er immerhin ein paar Auslandsreisen. Doch eine große Rolle spielten Reisen in seinem Leben nie — einfach weil seine Phantasie der Reizung durch ungewohnte Landschaften und Kulturen nicht bedurfte. Überraschender ist aber, daß er sich auch den Reiz vieler vertrauter und geliebter Stätten, die näher lagen, versagte. Zwar durchstreifte er in den Jahren, als er ein Auto besaß und fuhr (von 1932 bis zum Beginn des Zweiten Weltkriegs), gern die Dörfer von Oxfordshire, besonders die im Osten des Gebiets; lange Fußmärsche aber war er nicht gewohnt, und nur ein oder zwei Mal schloß er sich C. S. Lewis zu einer der Wanderungen an, die im Leben seines Freundes so wichtig waren. Er kannte die Berge von Wales, besuchte sie aber selten; er liebte das Meer, wenn er aber hinfuhr, dann nur, um die üblichen englischen Familienferien in einem der herkömmlichen Badeorte zu verbringen. Auch hier wieder ist der Druck der häuslichen Pflichten eine Erklärung, und auch hier ist dies nicht die ganze Antwort. Nach und nach kommt man auf den Gedanken, daß es ihn überhaupt nicht allzu viel kümmerte, wo er sich befand.

In einer Hinsicht ist das falsch, in einer anderen richtig. Gewiß war ihm seine Umgebung nicht gleichgültig, denn die Zerstörung der Landschaft durch den Menschen rührte tiefen Zorn in ihm auf. Die folgende Stelle aus seinem Tagebuch ist die schmerzliche Beschreibung einer Rückkehr in die Landschaft seiner Kindheit um die Mühle von Sarehole, als er 1933 mit seiner Familie im Wagen nach Birmingham fuhr, um Verwandte zu besuchen:

»Ich rede gar nicht davon, was es mir für einen Stich gab, als wir durch Hall Green kamen — es ist nun ein großer, nichtssagender Vorort mit Straßenbahnen, wo ich mich richtig verfuhr — und schließlich über die freundlichen Wege meiner Kindheit, soweit sie noch da sind, direkt an der Tür unseres Häuschens vorbei, das nun von einem Meer roter Backsteingebäude umgeben ist. Die alte Mühle steht noch, und Mrs. Hunts Lädchen tritt immer noch zur Straße hin vor, wo es den Berg hinauf geht; aber die Wegkreuzung hinter dem nun eingezäunten Teich, wo der Glockenblumenweg in den Mühlenweg einmündet, ist jetzt eine gefährliche Kreuzung, mit Ampel und schwarz von Autos. Das Haus des weißen Ogers (auf das die Kinder gespannt waren) ist jetzt eine Tankstelle, und der größte Teil der Short Avenue, mit den Ulmen zwischen ihr und der Kreuzung, ist fort. Wie beneide ich jeden, dessen kostbare Kindheitsszenerie keine so gewaltsamen und besonders abscheulichen Wandlungen durchgemacht hat!«

Ähnlich empfindlich war er gegen die Schäden, die der Landschaft von Oxfordshire im Krieg durch den Bau von Flugplätzen und die »Verbesserung« der Straßen zugefügt wurden. In seinen späteren Jahren, als seine festesten Überzeugungen allmählich zu Zwangsvorstellungen wurden, konnte er beim Anblick einer neuen Straße, die über ein Stück Ackerland geführt worden war, ausrufen: »Das wird aus Englands letztem Boden!« Zu dieser Zeit pflegte er zu behaupten, daß es kein Stückchen unverdorbenen Walds oder Hügels in England mehr gebe, und sollte es doch eines geben, so wolle er es nicht besuchen, aus Furcht, es voller Abfälle zu finden. Eigenartig ist nur, daß er sich dafür entschied, in einer fast übermäßig künstlichen Umgebung zu leben, in den Vororten von Oxford und später Bournemouth, die ihrerseits fast ebenso »nichtssagend« sind wie die Backsteinwüste, die früher einmal Sarehole gewesen war. Wie läßt sich das vereinbaren?

Wieder findet sich die Antwort zum Teil in seinen Lebensumständen. Die Orte, wo er wohnte, hatte er sich nicht wirklich selbst ausgesucht; er befand sich einfach dort, aus einer Reihe von Gründen. Vielleicht, aber warum schrie dann sein Herz nicht auf gegen diese Orte? Die Antwort ist: Manchmal schrie es, laut, wenn er mit ein paar guten Freunden sprach, leise, wenn er in sein Tagebuch schrieb. Zumeist aber beklagte er sich nicht, und die Erklärung dürfte in seinem Glauben zu suchen sein, daß wir in einer gefallenen Welt leben. Wäre die Welt nicht gefallen und der Mensch nicht sündig geworden, so hätte er mit seiner Mutter eine ungestörte Kindheit in einem Paradies verlebt, zu dem Sarehole in seiner Erinnerung geworden war. Doch seine Mutter war ihm durch die bösartige Welt entrissen worden (denn er glaubte letztlich, daß sie an der Grausamkeit und Achtlosigkeit ihrer Familie gestorben sei), und nun war auch noch die Landschaft von Sarehole mutwillig zerstört worden. In einer solchen Welt, wo Vollkommenheit und wahres Glück unmöglich waren, kam es da überhaupt darauf an, in was für einer Umgebung man lebte? Ebensowenig, wie es darauf ankam, was für Kleidung man trug oder was für Kost man aß (vorausgesetzt, sie war gutbürgerlich). Dies alles waren zeitweilige Unvollkommenheiten, zwar mangelhaft, doch vergänglich. In diesem Sinne war seine Lebenshaltung von Grund auf christlich und asketisch.

Es gibt noch eine andere Erklärung für seine offenbare Gleichgültigkeit gegen die Äußerlichkeiten des Lebens. Als er das mittlere Lebensalter erreicht hatte, bedurfte seine Phantasie nicht mehr der Reizung durch Erfahrungen, oder vielmehr, sie hatte alle Anreize, die nötig waren, schon in den frühen Jahren seines Lebens erhalten, den Jahren voller Ereignisse und wechselnder Landschaften; jetzt konnte sie ganz von diesen angehäuften Erinnerungen zehren. Er selbst erklärte diesen Vorgang, als er beschrieb, wie er den *Herrn der Ringe* schuf:

»Man macht eine solche Geschichte nicht aus den Blättern an den Bäumen, die man erst noch beobachten müßte, auch nicht mit Hilfe der Botanik oder der Bodenkunde; sondern sie wächst wie ein Same im Dunkeln aus dem Blätter-Humus des Geistes: aus all dem, was man gesehen, gedacht oder gelesen hat, aus längst Vergessenem, das man aus den Tiefen heraufholt. Ohne Zweifel ist viel Auswahl mit im Spiel, wie bei einem Gärtner, je nachdem, was man auf seinen persönlichen Komposthaufen wirft; und mein Humus besteht augenscheinlich zum großen Teil aus sprachlichen Stoffen.«

Pflanzliche Stoffe müssen sich erst über eine lange Zeit hin zersetzen, ehe sie soweit aufgelöst sind, daß sie den Boden düngen können, und Tolkien sagt hier, daß es fast ausschließlich *frühe*, von der Zeit hinlänglich aufgelöste Erfahrungen waren, von denen die Keime seiner Phantasie sich nährten. Weitere Erfahrungen waren nicht nötig und wurden nicht gesucht.

Im Ergebnis unserer Betrachtung alter Photographien scheinen wir doch ein wenig über ihn herausgefunden zu haben, und so lohnt es vielleicht die Mühe, wenn wir von seinem Äußeren und seiner Umgebung zur Betrachtung eines anderen äußeren Merkmals übergehen, seiner Stimme und seiner Sprechweise. Von Jugend an und bis ans Ende seines Lebens war er bekannt, fast schon berüchtigt, für die Geschwindigkeit und Undeutlichkeit seiner Rede. Übertreibt man ein bißchen, so läßt sich sogar leicht die Karikatur eines unverständlich vor sich hin brummelnden Professors zeichnen. In Wirklichkeit war es so schlimm nicht. Er sprach in der Tat schnell und nicht sehr deutlich, doch sobald sich der Zuhörer an diese Eigenart einmal gewöhnt hatte, hatte er kaum mehr Schwierigkeiten, das meiste, was Tolkien sagte, zu verstehen. Oder vielmehr war die Schwierigkeit nicht akustischer, sondern intellektueller Art. Er ging so schnell von einem Gedanken zum andern über und sprach mit so vielen Andeutungen, gleiches Wissen beim Zuhörer voraussetzend, daß niemand außer denen mit ähnlichem Bildungsumkreis ihm folgen konnte. Nicht daß nun allzu gelehrtes Sprechen leichter entschuldbar wäre als allzu schnelles, und man kann Tolkien mit Recht vorwerfen, daß er die Geisteskräfte seiner Zuhörer überschätzte. Anders gesehen, kann man aber auch sagen, er gab sich keine Mühe, sich verständlich zu machen, weil er im Grunde mit sich selbst sprach, seine eigenen Gedanken herausließ, ohne jeden Versuch, ein echtes Gespräch zu beginnen. Sicherlich traf dies oft in seinen späteren Jahren zu, als er zumeist ein Leben ohne Geistesgefährten führte; die Folge war, daß er des Gespräches einfach entwöhnt war und dazu neigte, Monologe zu halten. Aber auch in dieser Zeit kam es noch sehr darauf an, wie man ihn ansprach und herausforderte; es war möglich, ihn in ein echtes Zwiegespräch zu verwickeln, und er hörte begeistert zu und gab Antwort.

Im Grunde trug er nie das Kennzeichen des echten Egoisten, desjenigen, der keinem anderen zuhört. Tolkien hörte stets zu, nahm stets tiefen Anteil an den Freuden und Nöten anderer. Die Folge war, daß er, obwohl in vieler Hinsicht ein schüchterner Mensch, leicht Freundschaft schloß. Er fing gern Gespräche an, mit einem Flüchtling aus Mitteleuropa im Zug, mit einem Kellner in einem seiner Lieblingsrestaurants oder mit dem Pförtner eines Hotels. In solcher Gesellschaft war er immer ganz glücklich. Über eine Bahnfahrt im Jahre 1953, als er von einem Vortrag über *Sir Gawain*, den er in Glasgow gehalten hatte, heimkam, berichtete er: »Ich fuhr den ganzen Weg von Motherwell bis Wolverhampton mit einer schottischen Mutter und ihrem kleinen Mädchen, die ich davor bewahrt hatte, auf dem Gang des überfüllten Zuges stehen zu müssen; sie durften ohne zu bezahlen erster Klasse fahren, weil ich dem Schaffner sagte, daß mir ihre Gesellschaft willkommen sei. Zur Belohnung erfuhr ich, ehe wir uns trennten, daß die Kleine (während ich beim Essen war) gesagt hatte: ›Ich mag ihn, versteh' aber kein Wort, was er sagt.‹ Worauf ich nur die schwache Erwiderung hatte, daß das letztere wohl allgemein so sei, das erstere aber nicht so häufig.«

In seinen späteren Jahren freundete er sich mit den Taxi-Fahrern an, deren Wagen er zu nehmen pflegte, mit dem Polizisten, der auf den Straßen um seinen Bungalow in Bournemouth Streife ging, und mit dem College-Diener und seiner Frau, die sich in der letzten Zeit seines Lebens um ihn kümmerten. In diesen Freundschaften war von seiner Seite nichts Herablassendes; er war einfach gern unter Menschen, und dies war die Gesellschaft, die sich unmittelbar anbot. Auch war er nicht etwa frei von Klassenbewußtsein, im Gegenteil. Doch gerade weil er der eigenen Stellung im Leben sicher war, war an ihm nichts von intellektuellem oder sozialem Dünkel. Sein Weltbild, in dem jeder Mensch zu einem bestimmten »Stand« gehörte oder gehören sollte, ob hoch oder niedrig, bedeutete, daß er in einer Hinsicht ein unzeitgemäßer Konservativer war. In anderer Hinsicht aber ließ es ihn seinen Mitmenschen mit Wohlwollen begegnen, denn die wahrhaft Rücksichtslosen sind ja jene, die ihrer Stellung in der Welt unsicher sind, die glauben, ihren Wert beweisen und, wenn nötig, andere herabsetzen zu müssen. Tolkien war, im modernen Jargon gesprochen, ein »Rechter«, insofern er seinen Monarchen und sein Land in Ehren hielt und an die Herrschaft des Volkes nicht glaubte; doch war er gegen die Demokratie einfach deshalb, weil er meinte, daß seine Mitmenschen am Ende keinen Gewinn davon hätten. Er schrieb einmal: »Ich bin kein ›Demokrat‹, schon deshalb nicht, weil Bescheidenheit und Gleichheit als geistige Prinzipien durch den Versuch, sie zu mechanisieren und zu formalisieren, korrumpiert werden, mit dem Ergebnis, daß wir nicht allgemeine Kleinheit und Bescheidenheit bekommen, sondern allgemeine Großartigkeit und Stolz, so lange, bis irgendein Ork einen Ring der Macht an sich bringt — und dann bekommen und haben wir die Sklaverei.« Und was die unzeitgemäßen Tugenden einer Feudalgesellschaft angeht, so schrieb er einmal über Achtungserweise gegen Vorgesetzte: »Vor dem Friedensrichter die Hand an die Mütze zu legen, kann verflucht schlecht sein für den Friedensrichter, aber es ist verflucht gut für einen selbst.«

Was sehen wir noch? Vielleicht sagt uns der imaginäre Bericht über einen typischen Tagesablauf insofern etwas, als er mit einer Fahrt zur

Messe in der St. Aloysius-Kirche beginnt; und jede eingehende Betrachtung seines Lebens muß berücksichtigen, wieviel seine Religion ihm bedeutete. Dem Christentum und besonders der katholischen Kirche war er ganz und gar verhaftet. Das soll nicht heißen, daß die Ausübung des Glaubens immer eine Quelle des Trostes für ihn gewesen wäre. Er setzte sich strenge Verhaltensnormen, besonders darin, daß er die Beichte ablegen mußte, ehe er die Kommunion empfing, und wenn er sich (was oft vorkam) nicht dazu bringen konnte, zur Beichte zu gehen, dann versagte er sich auch die Kommunion und lebte in einem Leidenszustand geistiger Niedergeschlagenheit. Eine weitere Quelle des Unglücks war in seinen letzten Jahren die Einführung der volkssprachlichen Messe, denn der Gebrauch des Englischen in der Liturgie anstelle des Lateinischen, wie er es von Kindheit an gekannt und geliebt hatte, schmerzte ihn tief. Doch selbst bei einer englischen Messe in der kahlen modernen Kirche in Headington, die er nach seiner Pensionierung besuchte und wo ihn manchmal der Gesang des Kinderchors und das Geschrei der Babys störten, erlebte er, wenn er die Kommunion empfing, eine starke innere Freude, einen Zustand der Zufriedenheit, den er auf keinem anderen Wege erlangen konnte. Religiosität war also einer der tiefsten und stärksten Züge seiner Persönlichkeit.

In einer Hinsicht ist seine Ergebenheit gegen den Katholizismus etwas rein Geistliches, in anderer Hinsicht aber hing sie sehr eng mit der Liebe zu seiner Mutter zusammen, die einen Katholiken aus ihm gemacht hatte und die (so glaubte er) für ihren Glauben gestorben war. Man kann geradezu verfolgen, wie sich die Liebe zu ihrem Andenken als ein Leitmotiv durch sein Leben und seine Schriften hindurchzieht. Ihr Tod machte aus ihm einen Pessimisten, oder, genauer, machte ihn zu heftigen Gefühlsumschwüngen fähig. Nachdem er sie verloren hatte, gab es keine Sicherheit mehr, und eine tiefe Ungewißheit hielt seinem natürlichen Optimismus die Waage. Vielleicht kam es daher, daß er nie in gemäßigter Stimmung war: Liebe, intellektuelle Begeisterung, Abscheu, Zorn, Selbstzweifel, Schuldgefühl, Ausgelassenheit — alle beherrschten sie seinen Geist ausschließlich und in voller Stärke, wenn er sie erlebte, und in diesem Augenblick durfte kein zweites Gefühl hinzukommen und das erste abwandeln. So war er ein Mann extremer Kontraste. War er in finsterer Stimmung, so hatte er das Gefühl, es gebe keine Hoffnung, weder für ihn noch für die Welt; und da oft gerade diese Stimmung ihn dazu trieb, seine Gefühle auf Papier festzuhalten, zeigen seine Tagebücher meist nur diese dunkle Seite seines Charakters. Doch fünf Minuten später, in Gesellschaft eines Freundes, vergaß er sein finsteres Brüten und war bester Laune.

Wer so stark von seinen Gefühlen geleitet wird, ist wahrscheinlich kein Zyniker. Tolkien war niemals zynisch, denn er nahm an allem zu tiefen Anteil, um eine Haltung intellektuellen Distanziertseins einzunehmen. Er konnte eigentlich keine Meinung mit halbem Herzen vertreten, konnte bei keinem Thema unbeteiligt bleiben, das ihn interessierte. Dies führte manchmal zu sonderbaren Haltungen. Seine Gallophobie zum Beispiel (die ihrerseits fast unerklärlich ist) ließ ihn sich nicht nur über den, wie er meinte, unheilvollen Einfluß der französischen Küche in England aufregen, sondern auch über die normannische Eroberung, die ihn so schmerzte, als wäre sie zu seinen Lebzeiten geschehen. Diese Stärke seiner Gefühle kam auch in seinem leidenschaftlichen Perfektionsdrang in allen schriftlichen Arbeiten zum Ausdruck und ebenso in seiner Unfähigkeit, über irgendeine häusliche Katastrophe philosophisch die Achseln zu zucken. Auch hier nahm er viel zu viel Anteil.

Wäre er stolz gewesen, hätten seine starken Gefühle ihn vermutlich unausstehlich gemacht. Tatsächlich war er aber sehr bescheiden. Das soll nicht heißen, er habe die eigenen Talente nicht zu schätzen gewußt, denn ihm war genauestens klar, was er leisten konnte, und er glaubte fest an seine Fähigkeiten als Gelehrter wie auch als Schriftsteller. Doch glaubte er nicht, daß diese Talente besonders wichtig seien (was dazu führte, daß der Ruhm in seinen späteren Jahren ihn mächtig irritierte), und mit Sicherheit hatte er keinen persönlichen Stolz auf den eigenen Charakter. Weit entfernt – er verstand sich nahezu tragisch als einen schwachen Menschen, und dies war ein anderer Grund für die tiefen Wellentäler seines Pessimismus. Aber seine Bescheidenheit führte noch zu etwas anderem: zu einem tiefen Gefühl für Komik, das aus seinem Selbstbild als einem beliebigen schwachen Mitglied der menschlichen Gattung entsprang.

Er konnte über jedermann lachen, am meisten aber lachte er über sich selbst, und bei seinem völlig fehlenden Gefühl für Würde konnte er sich oft wie ein randalierender Schuljunge benehmen. Bei einer Silvesterfeier in den dreißiger Jahren legte er ein isländisches Schafsfell um, das als Kaminvorleger diente, und bemalte sich das Gesicht mit weißer Farbe, um einen Eisbären darzustellen, oder er kostümierte sich als angelsächsischer Krieger mit Streitaxt und jagte einen erstaunten Nachbarn die Straße entlang. Später belustigte er sich damit, unachtsamen Kassierern im Laden mit einer Handvoll Kleingeld seine künstlichen Zähne hinzureichen. »Ich habe«, schrieb er einmal, »einen sehr einfachen Sinn für Humor, den selbst meine wohlwollendsten Kritiker störend finden.«

Ein sonderbarer und vielschichtiger Mensch; und dieser Versuch, seine Persönlichkeit zu studieren, hat uns nicht sehr viel gesagt. Doch, wie C. S. Lewis eine Gestalt in einem seiner Romane sagen läßt: »Ich glaub' nun einmal nicht, daß man Menschen studieren kann, man kann sie nur kennenlernen, und das ist etwas ganz anderes.«

3
»Er war im Innern der Sprache gewesen.«

Wenn Tolkien Sie in erster Linie als der Autor des *Herrn der Ringe* interessiert, dann wird es Sie vielleicht erschrecken, ein Kapitel in Aussicht gestellt zu bekommen, das sich mit »Tolkien als Philologe und Gelehrter« beschäftigt. Und so ausgedrückt klingt das gewiß fad. Das erste, was wir daher sagen müssen, ist, daß es *nicht* fad ist. Es gab nicht zwei Tolkiens, der eine Gelehrter, der andere Schriftsteller. Beides war ein und derselbe Mensch, und beide Seiten seiner Person waren ununterscheidbar überlagert — oder, genauer, es waren überhaupt nicht zwei Seiten, sondern verschiedene Äußerungen desselben Geistes, derselben Vorstellungswelt. Wenn wir also von seinem literarischen Schaffen irgend etwas begreifen wollen, so dürfen wir nicht versäumen, uns für kurze Zeit auch seine philologische Arbeit anzusehen.

Das erste, was es zu verstehen gilt, ist warum er Sprachen liebte. Wir wissen darüber einiges aus der Darstellung seiner Kindheit. Die Tatsache, daß er *erregt* wurde durch die walisischen Namen auf den Kohlenwaggons, durch das »Oberflächen-Glitzern« des Griechischen, durch die seltsamen Formen der gotischen Wörter in dem Buch, das er durch einen Zufall erworben hatte, und durch das Finnische des *Kalevala*, zeigt schon, daß er in höchst ungewöhnlichem Maße empfänglich war für den Klang und das Äußere der Wörter. Sie füllten für ihn die Stelle aus, die im Leben vieler anderer Menschen die Musik einnimmt. Im Grunde waren die Regungen, welche die Wörter in ihm weckten, fast ganz und gar emotional.

Warum aber mußte er sich ausgerechnet auf altes Englisch spezialisieren? Bei einer solchen Neigung zu seltsamen Wörtern wäre die Beschäftigung mit fremden Sprachen wahrscheinlicher gewesen. Die Antwort findet sich wiederum in seiner Begabung, sich faszinieren zu lassen. Wir wissen bereits, wie sein Gefühl auf das Finnische, Walisische und Gotische ansprach, und wir sollten verstehen können, daß etwas gleichermaßen Erregendes geschah, als ihm erstmals klar wurde, daß ein großer Teil der Dichtung und Prosa des Angelsächsischen und des frühmittelalterlichen England in dem Dialekt geschrieben war, den die Vorfahren seiner Mutter gesprochen hatten. Mit anderen Worten, diese Sprache war ihm fern, ging ihn aber zugleich ganz persönlich an.

Wir wissen bereits, daß er sich dem westlichen Mittelengland tief verbunden fühlte, wegen der Herkunft seiner Mutter. Ihre Familie stammte aus Evesham, und er glaubte, daß diese Stadt und die Grafschaft Worcestershire in ihrer Umgebung über ungezählte Generationen hin die Heimat dieser Familie, der Suffields, gewesen sei. Auch er selbst hatte einen großen Teil seiner Kindheit in Sarehole verbracht, einem Dorf, das ebenfalls im westlichen Mittelengland lag. Dieser Teil der englischen Landschaft übte daher eine starke Anziehung auf sein Gefühl aus, und das gleiche galt folglich auch für ihre Sprache.

An W. H. Auden schrieb er einmal: »Ich bin ein West-Midlander von Abkunft, und das frühe Mittelenglisch der West-Midlands erschien mir wie eine bekannte Sprache, sobald ich es zu Gesicht bekommen hatte.« *Eine bekannte Sprache:* eine, die ihm bereits vertraut vorkam. Man könnte dies als scherzhafte Übertreibung abtun, denn woher hätte er eine Sprache »kennen« sollen, die siebenhundertundfünfzig Jahre alt war? Und doch glaubte er wirklich, daß er von seinen Vorfahren eine blasse Erinnerung an die Sprache geerbt habe, die ferne Generationen von Suffields gesprochen hatten. Und sobald ihm dieser Gedanke einmal gekommen war, wurde es unvermeidlich, daß er die Sprache genau studierte und sie in den Mittelpunkt seines Lebenswerkes als Gelehrter rückte.

Das soll nicht heißen, er habe nur das frühe Englisch der West-Midlands studiert. Er wurde ein Kenner aller Dialekte des Angelsächsischen und Mittelenglischen und war (wie wir gesehen haben) auch im Isländischen sehr belesen. Überdies hatte er sich 1919 und 1920, als er am *Oxford Dictionary* mitarbeitete, mit einer Anzahl anderer alter germanischer Sprachen vertraut gemacht. Infolgedessen besaß er, als er 1920 seine Stellung an der Universität Leeds antrat, ein beachtliches Maß an linguistischen Kenntnissen.

In Leeds und später in Oxford erwies er sich als ein guter Lehrer. Er zeigte sich nicht von seiner besten Seite im Hörsaal, wo seine schnelle Sprechweise und undeutliche Artikulation die Studenten zwangen, sich scharf zu konzentrieren, wenn sie ihn hören wollten. Auch war er nicht immer sehr stark darin, sich klar verständlich zu machen, denn es fiel ihm schwer, das eigene Wissen von dem Gegenstand so aufzubereiten, daß die Studenten alles begreifen konnten, was er sagte. Doch jederzeit machte er seinen Gegenstand lebendig und zeigte, daß er ihm etwas bedeutete.

Ein berühmtes Beispiel hierfür, an das sich alle erinnern, die bei ihm Vorlesungen hörten, war die Einleitung zu seiner Vorlesungsreihe über *Beowulf*. Er kam schweigend in den Raum, blickte die Hörer lange an und begann dann plötzlich, mit tönender Stimme, die Anfangszeilen des Gedichts im angelsächsischen Urtext zu deklamieren — beginnend mit dem lauten Ausruf »*Hwæt!*« (das erste Wort dieses und mehrerer anderer englischer Gedichte), das manche Studenten als »Quiet!« (Ruhe!) verstanden. Es war weniger ein Gedichtvortrag als vielmehr eine dramatische Aufführung, die Darstellung eines angelsächsischen Barden in einer Methalle, die Generationen von Studenten beeindruckte, weil sie ihnen klarmachte, daß *Beowulf* nicht bloß eine Pflichtlektüre für Prüfungen ist, sondern ein machtvolles und dramatisches Stück Dichtung. Wie einer seiner ehemaligen Studenten, der Schriftsteller J. I. M. Stewart, es ausgedrückt hat: »Er konnte den Hörsaal in eine Methalle verwandeln, in der er der Barde war und wir die schmausenden, zuhörenden Gäste.« Ein anderer Hörer, der diesen Vorlesungen beigewohnt hat, war W. H. Auden, der Tolkien viele Jahre später schrieb: »Ich glaube nicht, daß ich Ihnen je gesagt habe, was für ein unvergeßliches Erlebnis es für mich als Studenten war, als ich Sie *Beowulf* rezitieren hörte. Die Stimme war die Stimme Gandalfs.«

Ein Grund, warum Tolkien ein eindrucksvoller Lehrer war, lag darin, daß er nicht nur Philologe, sondern zugleich auch Dichter und Schriftsteller war, jemand, der Wörter nicht nur studierte, sondern sie auch selbst zu poetischen Zwecken gebrauchte. Er wußte die Poesie im Klang der Wörter selber zu finden, wie er es seit seiner Kindheit getan hatte; zugleich aber besaß er auch das Verständnis eines Dichters für den Gebrauch der Sprache. Zum Ausdruck kam dies in einem erinnernswerten Satz in dem Nachruf, den ihm die *Times* widmete (und der ohne Zweifel lange vor Tolkiens Tod von C. S. Lewis geschrieben worden war). Dort ist die Rede von seiner »einzigartigen Einsicht, zugleich in die Sprache der Poesie und in die Poesie der Sprache«. Praktisch hieß das, er konnte einem Studenten nicht bloß zeigen, was die Worte bedeuteten, sondern auch, warum der Autor diese bestimmte Ausdrucksweise gewählt hatte und wie sie in seine Vorstellungswelt paßte. Er regte so die Studenten an, die alten Texte nicht als bloße Beispiele aus einer Sprachentwicklung zu behandeln, sondern als Literatur, die ernsthafte Interpretation und Kritik verdient.

Auch wenn er nur fachlich-sprachwissenschaftliche Themen behandelte, war Tolkien ein erfrischender Lehrer. Lewis meint in seinem Nachruf, dies sei zum Teil das Ergebnis seiner langen Beschäftigung mit den Privatsprachen gewesen, des Umstandes, daß er Sprachen nicht nur erforscht, sondern auch erfunden hatte: »So seltsam es scheinen mag, es war unzweifelhaft die Quelle jenes unvergleichlichen Reichtums und jener Bestimmtheit, die ihn unter allen Philologen auszeichneten. Er war im Innern der Sprache gewesen.«

»Unter allen Philologen auszeichneten« — das klingt allzu schwungvoll, doch ist es völlig richtig. Die vergleichende Sprachwissenschaft entstand im Deutschland des neunzehnten Jahrhunderts, und ihre Vertreter waren zwar von penibler Genauigkeit, doch ihre Schriften waren fast hoffnungslos fad. Tolkiens Mentor Joseph Wright war in Deutschland ausgebildet, und seine Bücher sind zwar ein unschätzbarer Beitrag zur Sprachwissenschaft, doch kommt darin fast nichts von Wrights lebhafter Persönlichkeit zum Vorschein. So sehr er seinen alten Lehrer schätzte, dachte Tolkien doch vielleicht zum Teil an Wright, als er über den »bebrillten Philologen« schrieb, »Engländer, doch in Deutschland geschult, wo er seine literarische Seele verloren hat«.

Tolkien hat seine literarische Seele niemals verloren. Seine philologischen Arbeiten spiegeln unveränderlich den Reichtum seines Geistes. Selbst die verwickeltsten Aspekte seines Themas behandelte er in einer lebhaften Sprache und mit Sinn für ihre weitere Bedeutung. Nirgends kommt dies vorteilhafter zur Geltung als in seinem (1929 veröffentlichten) Aufsatz über die *Ancrene Wisse*, ein mittelalterliches Lehrbuch für eine Gruppe von Anachoreten, das wahrscheinlich in den West Midlands entstanden ist. In einer scharfsinnigen philologischen Untersuchung zeigte Tolkien, daß die Sprache der zwei wichtigsten Manuskripte des Textes (das eine in einem College von Cambridge, das andere in der Bodleian Library in Oxford) nicht nur ungehobelter Dialekt, sondern eine Literatursprache war, mit einer ungebrochenen literarischen Tradition, die bis in die Zeit vor der normannischen Eroberung zurückreichte. Dieser Schlußfolgerung gab er in lebhaften Worten Ausdruck — und man muß daran denken, daß er hier eigentlich über seinen geliebten West-Midlands-Dialekt insgesamt spricht:

»Es ist dies nicht eine Sprache, die, längst in die ›Wälder‹ verbannt, erneut in beflissener Nachahmung des Höheren oder aus Mitleid für das Niedere um Ausdruck ringt, sondern eine Sprache, die niemals ins ›Niedere‹ verfallen ist und die es fertiggebracht hat, in schwierigen Zeiten den Anstand eines Edelmanns zu bewahren, wenn auch nur eines Landedelmanns. Sie hat ihre Traditionen und hat auch mit Büchern und mit der Feder Bekanntschaft gemacht, doch ist sie zugleich in enger Berührung mit guter, lebendiger Rede — auf einem Boden irgendwo in England.«

Diese kräftige, bildhafte Schreibweise kennzeichnet alle seine Aufsätze und Vorträge, wie entlegen und wenig verheißungsvoll das Thema auch scheinen mag. In dieser Hinsicht ist er fast so etwas wie der Gründer einer neuen Schule der Philologie; jedenfalls hatte vor ihm noch nie jemand soviel Humanität, man könnte sagen, soviel Emotion, an diese Themen herangetragen, und es war dies eine Haltung, die viele seiner begabtesten Schüler beeinflußte, die selbst ausgezeichnete Philologen wurden.

Man muß auch sagen, daß er ungemein gründlich zuwege ging. Bildhafte und verallgemeinernde Formulierungen, wie im soeben zitierten Falle, mögen seine Schriften kennzeichnen, doch waren dies keine bloßen Behauptungen, sondern Ergebnis ungezählter Stunden, in denen er die Einzelheiten seines Gegenstandes untersucht hatte. Selbst nach den herkömmlichen strengen Maßstäben der vergleichenden Philologie war Tolkien in dieser Hinsicht außergewöhnlich. Doppelt wertvoll war sein Bemühen um Genauigkeit, weil es mit einem Spürsinn für verborgene Strukturen und Beziehungen gepaart war. »Spürsinn« ist ein passendes Wort, denn es ist kein allzu abwegiges Bild, wenn man ihn als eine Art sprachwissenschaftlichen Sherlock Holmes darstellt, der aus einer Reihe scheinbar zusammenhangloser Fakten die Wahrheit über eine wichtige Angelegenheit folgert. Diesen »Spürsinn« bewies er auch in einfacheren Dingen, denn wenn er mit einem Studenten über ein Wort oder einen Satz sprach, so pflegte er eine Vielzahl ähnlicher Formen und Ausdrücke aus anderen Sprachen zu nennen. Ähnlich gab er in harmlosen Gesprächen gern überraschende Erklärungen über Namen ab; so bemerkte er einmal, daß der Name »Waugh« historisch der Singular von »Wales« sei.

Doch all dies klingt wohl nach einem Gelehrtenleben im Elfenbeinturm. Was tat er genaugenommen? Was bedeutete das praktisch, Professor für Angelsächsisch in Oxford zu sein? Die einfachste

Antwort besagt, daß es eine Menge harter Arbeit bedeutete. Den Vorschriften nach mußte Tolkien mindestens sechsunddreißig Vorlesungs- oder Seminarstunden pro Jahr leisten, doch erschien ihm dies nicht als ausreichend, um dem Fach Genüge zu tun, und im zweiten Jahr seiner Professur hielt er einhundertundsechsunddreißig Stunden. Der Grund war zum Teil der, daß es nur wenige andere Dozenten für Angelsächsisch und Mittelenglisch gab. Später erreichte er, daß ein weiterer Philologe hinzukam, um ihn zu unterstützen, ein ausgezeichneter, wenngleich einschüchternder Lehrer namens Charles Wrenn, und dann konnte er sich ein etwas weniger beschwerliches Programm machen. Doch leistete er die ganzen dreißiger Jahre über immer mindestens doppelt so viele Stunden, wie die Vorschriften erforderten, wesentlich mehr als die meisten seiner Kollegen.

Die Vorlesungen und ihre Vorbereitung kosteten ihn also einen sehr großen Teil seiner Zeit. Tatsächlich lud er sich manchmal mehr auf, als er sinnvoll bewältigen konnte, und es kam gelegentlich vor, daß er eine Vorlesungsreihe abbrach, weil er nicht genug Zeit hatte, um sie vorzubereiten. Oxford weidete sich genüßlich an solchen Sünden, und er kam in den Ruf, seine Vorlesungen nicht ordentlich vorzubereiten; doch in Wahrheit bereitete er sie allzu gründlich vor. Seine tiefe Hingabe an den Gegenstand hielt ihn davon ab, ihn anders als erschöpfend zu behandeln, mit dem Ergebnis, daß er sich oft in nebensächliche Einzelheiten verrannte und mit seinem Hauptthema nicht fertig wurde.

Seine Stellung erforderte auch, daß er graduierte Studenten in ihren Arbeiten anleitete und daß er in der Universität Prüfungen vornahm. Zusätzlich übte er oft die »freiberufliche« Tätigkeit eines externen Prüfers an anderen Universitäten aus, denn da er vier Kinder zu ernähren hatte, mußte er seine Einkünfte aufbessern. Während der zwanziger und dreißiger Jahre besuchte er in dieser Eigenschaft oft die anderen britischen Universitäten und verbrachte ungezählte Stunden mit dem Lesen von Prüfungsarbeiten. Nach dem Zweiten Weltkrieg beschränkte er diese Tätigkeit auf regelmäßige Prüfungsbesuche an verschiedenen Colleges in Irland, wobei er Eire bereiste und mit der Zeit dort viele Freunde gewann. Dies war ganz nach seinem Geschmack. Als eine undankbare Plackerei empfand er dagegen das Zensieren von Arbeiten für die Abschlußprüfung der englischen Oberschulen, das er in der Vorkriegszeit jedes Jahr auf sich nahm, um zusätzlich etwas Geld zu verdienen. Diese Zeit hätte er besser der Forschung oder dem Schreiben widmen können, doch im Interesse des Familien-Einkommens verbrachte er jeden Sommer viele Stunden über dieser lästigen Arbeit.

Auch die Verwaltung nahm ein Gutteil seiner Aufmerksamkeit in Anspruch. Man muß wissen, daß ein Professor in Oxford, anders als an vielen anderen Universitäten, nicht schon kraft seines Amtes eine Machtposition in seiner Fakultät innehat. Er ist nicht der Vorgesetzte der College-Tutoren, die in den meisten Fällen die Mehrheit der Lehrkräfte in der Fakultät ausmachen, denn diese werden von ihren Colleges ernannt und sind ihm nicht verantwortlich. Wenn er also größere Veränderungen im Lehrbetrieb durchzuführen wünscht, so muß er eher überredend als autoritär zu Werke gehen. Und als Tolkien 1925 nach Oxford kam, da wünschte er eine solche Änderung. Er wollte manches im Lehrbetrieb für die oberen Semester an der Fakultät für englische Sprache und Literatur reformieren.

In den Jahren seit dem Ersten Weltkrieg hatte sich die alte Kluft zwischen Sprach- und Literaturwissenschaftlern vertieft, und jede der beiden Parteien — und es waren echte Parteien, mit persönlichen wie auch akademischen Gehässigkeiten — mischte sich mit dem größten Vergnügen in den Lehrplan der anderen ein. Die »Ling.«-Partei sorgte dafür, daß die »Lit.«-Studenten ein Gutteil ihrer Zeit auf das Studium obskurer Nebengebiete der englischen Philologie verwenden mußten, während die »Lit.«-Partei darauf bestand, daß sich die »Ling.«-Studenten viele Stunden lang statt mit ihrem Spezialgebiet (Angelsächsisch und Mittelenglisch) mit den Werken Miltons und Shakespeares beschäftigten. Tolkien glaubte, daß dem abzuhelfen sei. Als noch bedauerlicher erschien ihm, daß der linguistische Studiengang einen starken Akzent auf theoretische Philologie setzte, ohne von den Studenten allzuviel Lektüre der frühenglischen und mittelalterlichen Literatur zu verlangen. Sein eigenes philologisches Interesse war immer fest in Literaturkenntnis gegründet gewesen, und er beschloß daher, den Stand der Dinge zu ändern. Er schlug außerdem vor, dem Isländischen im Lehrplan mehr Gewicht zu geben, und dieser Wunsch war einer seiner Gedanken bei der Gründung der Coalbiters.

Seine Vorschläge mußten die Zustimmung der ganzen Fakultät finden, und zuerst stieß er auf einigen Widerstand. Sogar C. S. Lewis, zu der Zeit noch nicht sein persönlicher Freund, war zuerst unter denen, die gegen ihn stimmten. Im Lauf der Semester aber gingen Lewis und viele andere zu Tolkien über und leisteten ihm tätige Unterstützung. Bis 1931 gelang es ihm, die allgemeine Billigung für die

Mehrzahl seiner Vorschläge zu finden (»besser als in meinen kühnsten Hoffnungen«, schrieb er in sein Tagebuch). Der veränderte Lehrplan trat in Geltung, und zum ersten Mal in der Geschichte der Oxforder English School gab es so etwas wie eine echte Aussöhnung zwischen »Ling.« und »Lit.«.

Wie anderswo auch, wird von einem Professor in Oxford erwartet, daß er, abgesehen von seinen Lehr- und Verwaltungsaufgaben, einen großen Teil seiner Zeit der Forschung widmet. In Tolkien setzte man in dieser Hinsicht große Hoffnungen, denn sein Glossar zu Sisams Buch, seine (mit E.V. Gordon erarbeitete) Ausgabe des *Sir Gawain* und sein Aufsatz über die *Ancrene Wisse*-Manuskripte hatten ihn als einen unvergleichlichen Kenner des frühen Mittelenglisch der West Midlands ausgewiesen, und man erwartete von ihm weitere bedeutende Arbeiten auf diesem Gebiet. Er selbst hatte unbedingt vor, solche Beiträge zu leisten: Der Gesellschaft für altenglische Textausgaben versprach er eine Edition des Cambridger Manuskripts der *Ancrene Wisse*, und er tat einiges, um diesen Dialekt des frühmittelalterlichen Englisch zu erforschen, diese Sprache mit »dem Anstand eines Edelmanns, wenn auch nur eines Landedelmanns«, die er so sehr liebte. Aber die Ausgabe wurde noch viele Jahre lang nicht fertig, und der größte Teil seiner Forschungsarbeiten kam nie zum Druck.

Ein Grund war der Zeitmangel. Er hatte sich dafür entschieden, den größeren Teil seiner Arbeitszeit in Oxford der Lehre zu widmen, und dies schränkte an sich schon ein, was er für die Forschung noch tun konnte. Auch das Lesen der Prüfungsarbeiten, womit er sein Gehalt aufbessern mußte, kostete Zeit. Aber außerdem war sein Perfektionismus mit im Spiel.

Tolkien hatte eine Leidenschaft für das Vollkommene in schriftlichen Arbeiten jeder Art, ob in philologischen Untersuchungen oder in Geschichten. Diese erwuchs aus einer Gefühlsbindung an sein Werk, die es ihm nicht gestattete, es anders als mit tiefer Ernsthaftigkeit zu behandeln. Nichts kam zum Setzer, ehe er es nicht überarbeitet, durchgesehen und daran gefeilt hatte. Insofern war er das Gegenteil von C. S. Lewis, der kaum einen zweiten Blick in seine Manuskripte warf, ehe er sie an den Verlag schickte. Lewis, dem dieser Unterschied klar war, schrieb über Tolkien: »Der Maßstab seiner Selbstkritik war sehr streng, und der bloße Vorschlag einer Veröffentlichung bewog ihn gewöhnlich zum Überarbeiten, wobei ihm so viele neue Gedanken kamen, daß seine Freunde, die auf den endgültigen Text einer alten Arbeit gehofft hatten, schließlich die erste Fassung einer neuen bekamen.«

Dies ist der wichtigste Grund, warum Tolkien nur einen kleinen Teil seiner Arbeiten zum Druck gelangen ließ. Was er aber dennoch in den dreißiger Jahren veröffentlichte, war ein wichtiger Beitrag zur Philologie. Sein Aufsatz über die Dialekte in Chaucers *Reeve's Tale* ist Pflichtlektüre für jeden, der die regionalen Verschiedenheiten im Englisch des vierzehnten Jahrhunderts verstehen will. (Er wurde 1931 vor der Philologischen Gesellschaft verlesen, aber erst 1934 veröffentlicht, und dann mit einer echt Tolkienschen Entschuldigung wegen Mangels der dem Verfasser notwendig erscheinenden Überarbeitung und Verbesserung.) Und sein Vortrag *Beowulf: the Monsters and the Critics,* den er am 25. November 1936 vor der Britischen Akademie hielt und im Jahr darauf veröffentlichte, ist ein Markstein in der Geschichte der Kritik dieses großen westlich-angelsächsischen Gedichts.

Beowulf, sagte Tolkien in diesem Vortrag, ist eine Dichtung und nicht (wie andere Kommentatoren oft angedeutet hatten) bloß ein wirres Gemenge literarischer Traditionen oder ein Text für Universitätsprüfungen. Und er beschrieb mit der für ihn so bezeichnenden Bildhaftigkeit, wie frühere Kritiker das Werk des *Beowulf*-Dichters behandelt hatten: »Ein Mann erbte ein Feld, auf dem ein Haufen alter Steine lag, Reste eines älteren Gebäudes. Von den alten Steinen waren manche schon zum Bau des Hauses, in dem er jetzt wohnte, verwendet worden, nicht weit von dem alten Haus seiner Väter. Von den übrigen nahm er einige und baute einen Turm. Als aber seine Freunde kamen, sahen sie gleich (ohne daß sie sich erst die Treppe hinaufbemüht hätten), daß diese Steine ehemals zu einem älteren Bauwerk gehört hatten. So rissen sie den Turm nieder, was sie nicht wenig Mühe kostete, um nach versteckten Meißelwerken und Inschriften zu suchen oder um herauszufinden, woher die fernen Vorfahren des Mannes ihre Baustoffe genommen hatten. Manche vermuteten ein Kohlenlager unter dem Boden, begannen danach zu graben und vergaßen die Steine ganz. Alle sagten sie: ›Dieser Turm ist äußerst interessant.‹ Aber sie sagten auch (nachdem sie ihn umgestoßen hatten): ›In was für einem Zustand er ist!‹ Und sogar die Nachkommen des Mannes, von denen man hätte erwarten sollen, daß sie sich überlegten, was er bezweckt haben mochte, hörte man murmeln: ›So ein verrückter Kauz! Stellt euch vor, da nimmt er diese alten Steine, um diesen unsinnigen Turm zu bauen! Warum hat er nicht das alte

Haus wiederaufgebaut? Er hatte keinen Sinn für Maß.‹ Doch von der Spitze dieses Turmes hatte der Mann aufs Meer hinaussehen können.«

In seinem Vortrag plädierte Tolkien für den Wiederaufbau des Turmes. Er erklärte, daß *Beowulf*, obwohl es darin um Unholde und einen Drachen gehe, damit als Heldendichtung nicht belanglos werde. »Ein Drache ist kein eitler Wahn«, versicherte er den Zuhörern. »Auch heute noch (trotz der Kritiker) gibt es Menschen, die, der tragischen Legende und Geschichte nicht unkundig, von Helden gehört und sie sogar gesehen haben und die dennoch von der Faszination des Wurms gepackt worden sind.«

Hier sprach Tolkien nicht in erster Linie als der Philologe oder der Literaturwissenschaftler, sondern als der Erzähler. So wie Lewis von ihm als Philologen gesagt hatte, er sei im Innern der Sprache gewesen, so könnte man anmerken, daß er, wenn er von dem Drachen des *Beowulf* sprach, als der Autor des *Silmarillion* und — zu jener Zeit — des *Hobbit* sprach. Er war in der Höhle des Drachen gewesen.

Seit der ersten Veröffentlichung dieses Vortrags haben viele Leser des *Beowulf* Tolkiens Auffassung von der Struktur des Gedichtes widersprochen. Doch selbst einer seiner strengsten Kritiker, sein alter Tutor Kenneth Sisam, räumte ein, daß der Vortrag von einer Schärfe des Blicks und einer Eleganz des Ausdrucks sei, die ihn von so vielen anderen Arbeiten auf diesem Gebiet unterschieden.

Der *Beowulf*-Vortrag und der Aufsatz über die *Reeve's Tale* waren die einzigen größeren philologischen Arbeiten, die Tolkien in den dreißiger Jahren veröffentlichte. Was er vorhatte, war sehr viel mehr: Abgesehen von seiner Arbeit an der *Ancrene Wisse* bereitete er auch eine Ausgabe des angelsächsischen *Exodus*-Gedichts vor, und er war damit nahezu fertig, brachte sie aber nie zu einem ihn befriedigenden Abschluß. Weitere Editionen plante er in Zusammenarbeit mit E. V. Gordon, insbesondere der *Pearl* (ein natürliches Begleitstück zu ihrem *Sir Gawain*) und der angelsächsischen Elegien *The Wanderer* und *The Seafarer*. Aber Gordon und Tolkien waren einander nun geographisch allzu fern. 1931 hatte Gordon, der Tolkiens Nachfolger als Professor in Leeds geworden war, einen Lehrstuhl an der Universität Manchester übernommen, und obgleich die beiden Männer sich oft trafen und miteinander korrespondierten, erwies sich doch die Zusammenarbeit als technisch weniger einfach denn zu der Zeit, als sie am gleichen Ort waren. Gordon leistete ein Gutteil der Arbeit an allen drei Vorhaben und zog Tolkien eher als Berater denn als Mitarbeiter heran, doch bis 1938 war noch nichts zum Druck gelangt.

Im Sommer dieses Jahres ging Gordon zu einer Gallenstein-Operation ins Krankenhaus. Der Eingriff schien erfolgreich, doch plötzlich verschlimmerte sich sein Zustand, und er starb an einer zuvor unerkannten Leberstörung, im Alter von zweiundvierzig Jahren.

Gordons Tod beraubte Tolkien nicht nur eines guten Freundes, sondern auch des idealen Mitarbeiters*, und inzwischen war klar, daß er einen Mitarbeiter *brauchte*, und sei es nur, damit er überhaupt etwas in Druck gab. Es traf sich nun, daß er eine Philologin kennenlernte, die sich als gute Arbeitspartnerin erwies. Dies war Simonne d'Ardenne, eine graduierte Studentin aus Belgien, die Anfang der dreißiger Jahre bei ihm Mittelenglisch hörte, um den Bachelor-Grad in Literatur zu erwerben. Tolkien trug viel zu ihrer Ausgabe von *The Life and Passion of St. Juliene* bei, eines religiösen mittelalterlichen Werkes, das im Dialekt der *Ancrene Wisse* geschrieben ist. Paradoxerweise enthält der *Juliene* Simonne d'Ardennes mehr von seiner eigenen Auffassung des frühen Mittelenglisch als alles, was er je unter eigenem Namen veröffentlicht hat. Mlle d'Ardenne wurde Professorin in Lüttich, und sie und Tolkien gedachten an einer Edition der *Katerine*, eines anderen west-mittelenglischen Textes aus der gleichen Gruppe, zusammenzuarbeiten. Doch der Krieg kam dazwischen und machte den Austausch zwischen ihnen für etliche Jahre unmöglich; und nach 1945 brachten sie nichts mehr zustande als ein paar kurze Artikel zu Themen, die mit dem Manuskript des Textes zusammenhingen. Obwohl Tolkien mit Mlle d'Ardenne arbeiten konnte, als er 1951 zu einem Philologen-Kongreß in Belgien war, sah sie betrübt ein, daß die weitere Kooperation mit ihm unmöglich war, denn er hatte jetzt nur noch seine Geschichten im Sinn.

Doch wenn auch die geringe Zahl seiner Fachveröffentlichungen zu bedauern ist, so dürfen wir doch nicht versäumen, den weitreichenden Einfluß zu berücksichtigen, den er ausgeübt hat, denn seine Theorien und Forschungsergebnisse werden zitiert (mit oder ohne Quellenangabe), wo immer englische Philologie studiert wird.

---

* Tolkien beabsichtigte, die *Pearl*-Edition selbst fertigzustellen, kam aber nicht dazu (inzwischen ging er ganz in der Arbeit am *Herrn der Ringe* auf). Sie wurde schließlich von Ida Gordon, der Witwe des Verstorbenen, die selbst Philologin war, für die Veröffentlichung überarbeitet und vervollständigt.

Familien-Aufnahme, Bloemfontein, November 1892.
Von links nach rechts: Arthur Tolkien,
ein Dienstmädchen, Mabel Tolkien (sitzend),
der Hausdiener Isaak, Kindermädchen mit dem zehn
Monate alten Ronald Tolkien auf dem Arm. Die
Handschrift um das Foto ist von Mabel Tolkien.

Die Maitland Street in Bloemfontein
während der neunziger Jahre.
Das Bank-Haus, in dem Tolkien geboren wurde,
ist das zweite Haus von links,
hinter den beiden Läden.
Gegenüber:
Die Mühle von Sarehole

Ronald (links) und Hilary Tolkien
im Mai 1905, dreizehn und elf Jahre alt.
Gegenüber:
Pater Francis Morgan
(mit Genehmigung des Birmingham Oratory)

Edith Bratt 1906, siebzehn Jahre alt.
Gegenüber:
Ronald Tolkien 1911, neunzehn Jahre alt.

Oben: Die erste Rugby-Fünfzehn der König-Edwards-Schule, 1909–1910. Vierter von links in der hinteren Reihe ist Christopher Wisemann, fünfter von links Ronald Tolkien. Die Handschrift ist von Tolkien. *Unten:* Exeter College, Oxford: Bibliothek und Kapelle, vom Fellow's Garden aus gesehen. *Gegenüber:* Joseph Wright (Foto: Bradford Telegraph und Argus).

Edith und Ronald Tolkien 1916

Gegenüber, oben:
Die Apolausticks, Mai 1912. Tolkien war Mitbegründer dieses Studenten-Klubs. Er sitzt als zweiter von rechts in der mittleren Reihe, neben ihm Colin Cullis in der Mitte (Foto: Hills & Saunders)

Gegenüber, unten: Die Englisch-Fakultät an der Universität Leeds. In der Mitte der vorderen Reihe links Tolkien, rechts George Gordon.

Familien-Aufnahme im Garten in der Northmoor Road, etwa 1936. Von links nach rechts: Priscilla, Michael, John, J. R. R. T., Christopher.
Gegenüber:
E. V. Gordon (mit Genehmigung von Mrs. I. L. Gordon)

Das Haus Northmoor Road 20.
Gegenüber:
C. S. Lewis (Foto: John S. Murray)

Familien-Aufnahme in der Northmoor Road, August 1942. Stehend, von links nach rechts: Christopher, John; sitzend: Edith, Priscilla, J. R. R. T.
Gegenüber, oben: Landschaft bei Oxford: Die Berkshire-Höhen, vom Ridgeway, nahe am White-Horse-Hügel, gesehen.
Unten: Great Tew, ein unverschandeltes Dorf in Oxfordshire.

The Falkland Arms

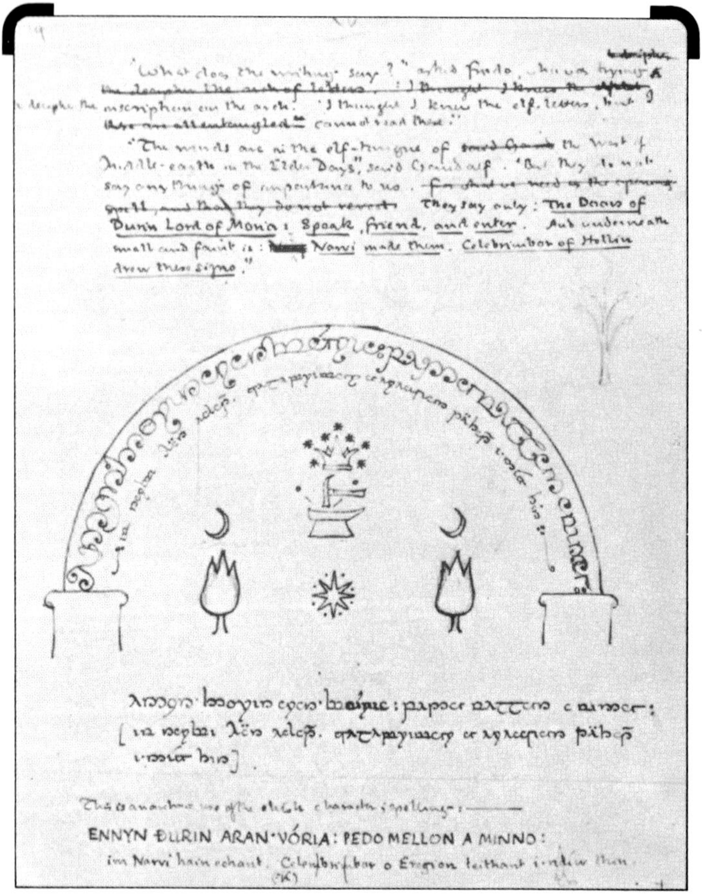

Eine Seite aus dem Manuskript
des „Lord of the Rings“, mit einer frühen
Zeichnung Tolkiens, die das Tor zu den Minen
von Moria darstellt (mit Genehmigung
der Marquette University, Milwaukee).

Edith und Ronald Tolkien,
an der Pforte des Hauses Sandfield Road 76
(Foto: Pamela Chandler).

Tolkien auf der Terrasse
des Hotels Miramar, Bournemouth 1961.

Das letzte Foto von Tolkien,
aufgenommen vor einem seiner
Lieblingsbäume (Schwarzkiefer)
im botanischen Garten von Oxford,
am 9. August 1973
(Foto: M. G. R. Tolkien).

In seinem Arbeitszimmer
in der Merton Street, 1972
(Fotos: Billett Potter)
Auf der folgenden Seite:
Bei der Verleihung des Ehrendoktors
der Literaturwissenschaft durch die
Universität Oxford,
am 4. Juni 1972
(Foto: Billett Potter).

Auch dürfen wir nicht seine Übersetzungen der *Pearl*, des *Sir Gawain* und des *Sir Orfeo* vergessen. Die Übersetzung der *Pearl* wurde in Leeds in den zwanziger Jahren begonnen; Tolkien reizten an dieser Aufgabe die komplizierte Metrik und Wortstellung dieses Gedichts. 1926 war er damit fertig, unternahm aber keine Schritte zur Veröffentlichung, bis ihm Basil Blackwell für die Rechte eine Summe anbot, die auf Tolkiens mächtig überzogenes Konto in Blackwells Oxforder Buchhandlung gutgeschrieben werden sollte. Die Übersetzung ging in Satz, doch Blackwell wartete vergebens, daß Tolkien die Einleitung zu dem Bande schrieb, und am Ende wurde das Projekt fallengelassen. Die Übersetzung des *Gawain*, wahrscheinlich in den dreißiger oder vierziger Jahren begonnen, wurde rechtzeitig für eine Hörspielsendung des BBC im Jahre 1953 fertiggestellt, bei der Tolkien selbst eine kurze Einleitung und ein längeres Schlußwort sprach. Nach dem Erfolg des *Herrn der Ringe* beschloß sein Verlag Allen & Unwin, die Übersetzungen der *Pearl* und des *Gawain* in einem Bande herauszugeben. Dazu unternahm Tolkien eine ausgiebige Überarbeitung der beiden Übersetzungen, doch abermals wurde eine Einleitung notwendig, und eine solche zu schreiben, fiel ihm äußerst schwer, denn ihm war nicht klar, was er dem nicht fachkundigen Leser, für den der Band bestimmt war, erklären sollte. Wieder scheiterte das Projekt, und erst nach seinem Tode wurden die beiden Übersetzungen veröffentlicht, zusammen mit einem in modernem Englisch wiedergegebenen dritten Gedicht aus derselben Zeit, dem *Sir Orfeo*, das Tolkien zuerst im Kriege für einen Offiziersanwärter-Kurs in Oxford übersetzt hatte. Die Einleitung zu dem Band wurde von Christopher Tolkien aus den Papieren seines Vaters zusammengestellt.

Diese Übersetzungen waren eigentlich Tolkiens letzte philologische Veröffentlichungen, denn obwohl sie keine Anmerkungen oder Kommentare enthalten, sind sie doch das Ergebnis eines sechzigjährigen eingehenden Studiums der Gedichte und geben an vielen Stellen eine informierte und erhellende Interpretation schwieriger und mehrdeutiger Passagen in den Originaltexten. Am wichtigsten aber, sie bringen diese Gedichte einem Publikum nahe, das sie auf Mittelenglisch nicht hätte lesen können. Aus diesem Grund sind sie der passende Abschluß zum Werk eines Mannes, der es für die erste Pflicht eines Sprachwissenschaftlers hielt, die Literatur zu interpretieren, und für die erste Pflicht der Literatur, zu gefallen.

4
Jack

Als Tolkien 1925 wieder nach Oxford kam, fehlte ein bestimmtes Element in seinem Leben. Es war verschwunden mit dem Auseinanderbrechen des T. C. B. S. in der Somme-Schlacht, denn seit jenen Tagen hatte Tolkien keine Freunde mehr gehabt, die seinem Gefühl und Geist gleich nahestanden. Zwar hatte er ab und zu das andere noch lebende Mitglied des Clubs, Christopher Wiseman, gesehen, doch Wiseman ging nun ganz auf in seinen Pflichten als Direktor eines methodistischen Internats, und wenn die beiden sich trafen, hatten sie nicht mehr viel gemeinsam.

Am 11. Mai 1926 ging Tolkien zu einer Versammlung der Englisch-Fakultät im Merton College. Unter den vertrauten Gesichtern stach ein Neuankömmling hervor, ein stämmiger, siebenundzwanzigjähriger Mann in ausgebeulter Kleidung, der vor kurzem zum Fellow und Tutor für englische Sprache und Literatur am Magdalen College gewählt worden war. Dies war Clive Staples Lewis, von seinen Freunden »Jack« genannt.

Zuerst gingen sich die beiden vorsichtig aus dem Wege. Tolkien wußte, daß Lewis, obwohl Mediävist, der »Lit.«-Fraktion nahestand und somit ein potentieller Gegner war, während Lewis in sein Tagebuch schrieb, Tolkien sei »ein hübscher, blasser, gesprächiger kleiner Kerl«, und hinzufügte: »Ist nicht schlimm: braucht nur ab und zu einen Klaps«. Doch bald faßte Lewis eine feste Zuneigung zu diesem langgesichtigen Mann mit den lebhaften Augen, der gute Gespräche, Gelächter und Bier schätzte, während Tolkien sich für Lewis' raschen Verstand und sein großmütiges Herz erwärmt hatte, das so weit war wie seine unförmigen Flanellhosen. Bis März 1927 hatte Tolkien Lewis schon für die Coalbiters angeworben, wo sie zusammen isländische Sagas lasen, und eine lange und komplizierte Freundschaft hatte begonnen.

Wer etwas darüber erfahren will, was Tolkien und Lewis jeweils zum Leben des anderen beisteuerten, sollte Lewis' Essay über die Freundschaft in seinem Buch *Vier Arten der Liebe* lesen. Dort steht alles beschrieben: wie zwei Gefährten zu Freunden werden, wenn sie eine gemeinsame Entdeckung machen, wie sie in ihrer Freundschaft ohne Eifersucht die Gesellschaft Dritter suchen, wie solche Freundschaften fast mit Notwendigkeit Freundschaften zwischen Männern sind, wie es das größte aller Vergnügen ist, nach einem schweren Tagesmarsch mit einer Gruppe von Freunden zu einem Gasthaus zu kommen: »Das sind die köstlichsten Zusammenkünfte«, schreibt Lewis, »wenn wir, Pantoffeln an den Füßen und Tranksame in Reichweite, die Beine den Flammen entgegenstrecken — wenn sich uns im Gespräch die ganze Welt und etwas darüber hinaus auftut —, und keiner hat irgendeinen Anspruch an einen anderen oder irgendeine Verantwortung für ihn, sondern alle sind wir frei und gleichgestellt, als seien wir uns erst vor einer Stunde begegnet, während uns gleichzeitig eine in Jahren gereifte Zuneigung umfängt. Das Leben — das natürliche Leben — hat nichts Besseres zu bieten.«*

Darum handelte es sich in diesen Jahren der Freundschaft, um die Fußmärsche, die Versammlungen der Freunde in Lewis' Wohnung am Dienstagabend. Zum Teil war es der Geist jener Zeit — etwas von dem gleichen männlichen Gemeinschaftsgefühl findet man in den Schriften Chestertons — und es war ein Gefühl, das, wenn auch weniger bewußt, von vielen Männern jener Zeit geteilt wurde. Ähnliche Gefühle hatten die Zivilisationen des Altertums gekannt, und in der unmittelbaren Vergangenheit war es zum Teil durch den Krieg bedingt, in dem so viele Freunde gefallen waren, daß die Überlebenden das Bedürfnis hatten, dicht beisammen zu bleiben Freundschaft dieser Art war auffällig, und doch zugleich ganz natürlich und unvermeidlich. Sie war nicht homosexuell (Lewis gibt diese Idee der wohlverdienten Lächerlichkeit preis), doch schloß sie Frauen aus. Dies ist das große Geheimnis von Tolkiens Leben, und wir werden wenig davon verstehen, wenn wir versuchen, es zu analysieren. Wenn wir aber selbst eine Freundschaft von dieser Art erlebt haben, so werden wir genau wissen, worum es geht. Und selbst wenn wir das nicht kennen, werden wir manches davon im *Herrn der Ringe* mitgeteilt finden.

Wie fing diese Freundschaft an? Vielleicht war das »Nordische« das erste gemeinsame Interesse. Von seiner frühen Jugend an hatte die nordische Mythologie Lewis gefesselt, und als er nun in Tolkien einen Menschen fand, der ebenso in den Geheimnissen der Edda und den Verzweigungen der Völsungen-Sage aufging, da war klar, daß sie

* C. S. Lewis, *Vier Arten der Liebe.* Einsiedeln, Benziger Verlag, 1961, S. 110.

einander nicht wenig zu sagen hatten. Sie begannen sich regelmäßig in Lewis' Räumen im Magdalen College zu treffen, wo sie manchmal bis tief in die Nacht über die Götter und Riesen von Asgard sprachen oder über die Belange ihrer Fakultät diskutierten. Sie gaben auch jeder Kommentare zu den Dichtungen des anderen ab. Tolkien lieh Lewis das Typoskript seines langen Gedichts »The Gest of Beren and Lúthien«, und Lewis, nachdem er es gelesen hatte, schrieb ihm: »Ich kann ganz ehrlich sagen, es ist eine Ewigkeit her, daß ich einen Abend solchen Glücks erlebt habe — und das persönliche Interesse an der Arbeit eines Freundes hatte damit sehr wenig zu tun. Es hätte mir ebenso gefallen, wenn ich es aus einem Buchladen mitgebracht hätte, etwas von einem unbekannten Autor.« Er schickte Tolkien detaillierte kritische Anmerkungen zu dem Gedicht, die er scherzhaft als philologische Textkritik aufzäumte, mitsamt den Namen der fiktiven Gelehrten (»Pumpernickel«, »Peabody« und »Schick«), die meinten, daß die schwachen Zeilen des Gedichts einfach auf ungenaue Manuskript-Abschriften zurückzuführen und keine authentischen Verse des Dichters seien. Tolkien war amüsiert, übernahm aber keine der von Lewis vorgeschlagenen Verbesserungen. Dafür schrieb er fast jede Passage um, die Lewis kritisiert hatte, und zwar so ausgiebig, daß die überarbeitete »Gest of Beren and Lúthien« kaum mehr dasselbe Gedicht war. Lewis merkte bald, daß dies für seinen Freund charakteristisch war. »Er kennt nur zwei Reaktionen auf Kritik«, schrieb er: »Entweder er fängt die ganze Arbeit noch einmal von vorn an, oder er kümmert sich überhaupt nicht darum.«

Zu dieser Zeit — Ende 1929 — unterstützte Lewis schon Tolkiens Änderungsvorhaben in der English School. Die beiden intrigierten und diskutierten. Verschwörerisch schrieb Lewis an Tolkien: »Entschuldige, wenn ich Dich daran erinnere, daß verkleidete Orks hinter jedem Baum lauern.« Gemeinsam überzogen sie die Kollegen mit einer geschickten Überredungskampagne, und es war zum Teil Lewis' Fürsprache vor dem Fakultätsausschuß zu verdanken, daß Tolkiens Lehrplan-Reform 1931 angenommen wurde.

In *Surprised by Joy* schrieb Lewis, seine Freundschaft mit Tolkien bezeichne »die Auflösung zweier alter Vorurteile. Als ich auf die Welt kam, hatte man mich (stillschweigend) gewarnt, niemals einem Papisten zu trauen, und als ich in die Englisch-Fakultät kam, warnte man mich (sehr ausdrücklich), niemals einem Philologen zu trauen. Tolkien war beides.« Bald nachdem das zweite Vorurteil überwunden war, griff ihre Freundschaft auch auf das erste über.

Lewis, Sohn eines Rechtsanwalts aus Belfast, war als Ulster-Protestant aufgewachsen. Während seiner Jugend hatte er sich zum Agnostizismus bekannt, oder vielmehr, er hatte entdeckt, daß für ihn das höchste Glück nicht im Christentum, sondern in heidnischen Mythologien lag. Doch war er von diesem Standpunkt schon ein wenig abgewichen. Mitte der zwanziger Jahre, als er mit Auszeichnung die Examen an der English School und zuvor in klassischer Philologie bestanden hatte und mühsam seinen Unterhalt als Tutor verdiente, war er zu einer neuen Auffassung gelangt, dem Glauben, daß der christliche »Mythos« soviel Wahrheit berge, wie die meisten Menschen nur aufnehmen können. 1926 war er noch weiter gegangen und zu dem Schluß gekommen, daß seine Suche nach der Quelle dessen, was er die »Freude« nannte, eigentlich eine Suche nach Gott sei. Bald wurde ihm klar, daß er Gott entweder anerkennen oder ablehnen müßte. Dies beschäftigte ihn, als er sich mit Tolkien anfreundete.

In Tolkien lernte er einen Menschen von Witz und lebhaftem Intellekt kennen, der nichtsdestoweniger gläubiger Christ war. In den ersten Jahren ihrer Freundschaft gab es viele Stunden, wo sich Tolkien in einem Lehnstuhl in Lewis' großem Wohnzimmer räkelte, während Lewis, mit seiner großen Hand den Pfeifenkopf umklammernd und hinter einer Rauchwolke die Augenbrauen hochziehend, auf und ab ging, sprach oder zuhörte oder, plötzlich herumfahrend, ausrief: *Distinguo,* Tollers, *distinguo!*«, wenn der andere, ebenso in Pfeifenrauch gehüllt, eine allzu pauschale Behauptung aufgestellt hatte. Lewis stritt und widersprach, doch in Glaubensdingen gab er mehr und mehr zu, daß Tolkien recht habe. Bis zum Sommer 1929 war er soweit, daß er sich zum Theismus bekannte, zu einem grundsätzlichen Glauben an Gott. Doch Christ war er noch nicht.

Meist hatten sie ihre Gespräche an den Montagvormittagen. Sie redeten ein, zwei Stunden und gingen zum Schluß in eine benachbarte Kneipe, das Eastgate, Bier trinken. Am Samstag, dem 19. September 1931, trafen sie sich jedoch abends. Lewis hatte Tolkien zum Essen in sein College eingeladen, und er hatte noch einen zweiten Gast, Hugo Dyson, den Tolkien 1919 am Exeter College kennengelernt hatte. Dyson war nun Lektor für englische Literatur an der Universität Reading und kam häufig zu Besuch nach Oxford. Er war Christ und von beweglichem Geist. Nach dem Essen gingen Lewis, Tolkien und Dyson Luft schöpfen. Es war eine stürmische Nacht, doch sie spazierten den Addison's Walk entlang und sprachen über den Sinn des Mythos. Lewis, obwohl nun gottgläubig, konnte nicht verstehen, was

Christus für das Christentum bedeute, welchen Sinn Kreuzigung und Auferstehung hätten. Er erklärte, er müsse erst noch den Zweck dieser Ereignisse begreifen, erst verstehen — so schrieb er später an einen Freund, »wie Jemand Anders (wer auch immer) vor zweitausend Jahren durch sein Leben und Sterben uns hier und jetzt sollte helfen können — außer insofern sein *Beispiel* uns helfen könnte.«

Später am Abend erklärten ihm Tolkien und Dyson, daß er hier eine völlig unnötige Forderung stelle. Wenn ihm der Gedanke des Opfertodes in der Mythologie einer heidnischen Religion begegnete, so war er berührt und beeindruckt; auch der Gedanke der sterbenden und wiederauflebenden Gottheit hatte schon immer seine Phantasie bewegt, seit er die Geschichte von dem nordischen Gott Baldur gelesen hatte. Von den Evangelien aber (so sagten sie) verlange er noch etwas anderes, eine klare Aussage, über den Mythos hinaus. Könne er denn nicht seine vergleichsweise vorbehaltlose Anerkennung des Opfertodes im Mythos auf die wahre Geschichte übertragen?

Aber, sagte Lewis, *Mythen sind Lügen, wenn auch durch Silber geblasen.**

Nein, sagte Tolkien, *es sind keine Lügen.*

Und, auf die großen Bäume des Magdalen-Parks weisend, deren Äste sich im Winde bogen, nahm er eine andere Argumentation auf.

Du nennst einen Baum Baum, sagte er, und denkst dir nichts weiter bei dem Wort. Aber er war kein »Baum«, solange ihm nicht jemand diesen Namen gegeben hatte. Du nennst einen Stern Stern und sagst, das ist einfach eine Kugel aus Materie, die sich auf einer berechenbaren Bahn bewegt. Doch das ist nur, wie *du* es siehst. Indem du die Dinge so benennst und sie beschreibst, erfindest du nur deine eigenen Ausdrücke für sie. Und so wie das Sprechen ein Erfinden in bezug auf Objekte und Ideen ist, so ist der Mythos ein Erfinden in bezug auf die Wahrheit.

Wir kommen von Gott (fuhr Tolkien fort), und unvermeidlich werden die Mythen, die wir ersinnen, obwohl sie den Irrtum enthalten, zugleich auch einen Funken des wahren Lichtes spiegeln, der ewigen Wahrheit, die bei Gott ist. Ja, nur indem er Mythen schafft, indem er »nach-schöpferisch« wird und Geschichten erfindet, kann der Mensch sich dem Stand der Vollkommenheit nähern, den er vor

* Dieser Bericht über ihr Gespräch beruht auf Tolkiens Gedicht »Mythopoeia«, dem er auch die Titel »Misomythos« und »Philomyth to Misomyth« gab. Eines der Manuskripte trägt den Vermerk »für C. S. L.«.

dem Sündenfall gekannt hat. Unsere Mythen mögen irregeleitet sein, aber sie steuern, wenn auch noch so unsicher, auf den rechten Hafen zu, während der materialistische »Fortschritt« nur in den gähnenden Abgrund und zur Eisenkrone des Bösen führt.

Indem er so seinen Glauben an die *Wahrheit* in der Mythologie erklärte, sprach Tolkien schon seine Grundüberzeugung als Schriftsteller aus, das Bekenntnis, das sich im Herzen des *Silmarillion* findet.

Lewis hörte zu, wie Dyson auf seine Weise bekräftigte, was Tolkien gesagt hatte. Ihr meint, fragte Lewis, daß die Geschichte Christi einfach ein wahrer Mythos ist, ein Mythos, der auf uns ebenso wirkt wie die anderen Mythen, der aber *wirklich geschehen* ist? In dem Falle, sagte er, fange ich an zu verstehen.

Zuletzt trieb der Sturm sie wieder ins Haus, und sie sprachen in Lewis' Wohnung weiter bis drei Uhr morgens; dann ging Tolkien heim. Lewis und Dyson brachten ihn bis zur High Street und gingen dann vor dem College auf und ab, immer noch redend, bis der Himmel hell wurde.

Zwölf Tage später schrieb Lewis an seinen Freund Arthur Greeves: »Ich bin soeben vom Glauben an Gott zum entschiedenen Glauben an Christus übergegangen. Ich will ein andermal versuchen, das zu erklären. Mein langes nächtliches Gespräch mit Dyson und Tolkien hatte einiges damit zu tun.«

Unterdessen schrieb Tolkien, während er bei Prüfungen Aufsicht führte, ein langes Gedicht, in dem er wiedergab, was er zu Lewis gesagt hatte. Er nannte es »Mythopoeia«, das Machen von Mythen. Und in sein Tagebuch schrieb er: »Freundschaft mit Lewis entschädigt für vieles, und abgesehen von dem ständigen Trost und Vergnügen hat mir der Kontakt mit einem Mann sehr gutgetan, der zugleich ehrlich, mutig und klug ist — Gelehrter, Dichter und Philosoph — und der nun zumindest, nach langer Pilgerschaft, auch zur Liebe Unseres Herrn gefunden hat.«

Lewis und Tolkien sahen sich weiterhin oft. Tolkien las Lewis aus dem *Silmarillion* vor, und Lewis drängte ihn, bei der Sache zu bleiben und damit fertig zu werden. Tolkien sagte später darüber: »Die Schuld, die ich ihm nie vergelten kann, war nicht ›Einfluß‹, wie man das gewöhnlich versteht, sondern schiere Ermutigung. Er war lange Zeit mein einziges Publikum. Nur durch ihn kam ich überhaupt auf die Idee, daß mein ›Zeugs‹ mehr sein könnte als bloß ein privates Steckenpferd.«

Lewis' Bekehrung zum Christentum bezeichnete den Anfang eines neuen Stadiums in seiner Freundschaft mit Tolkien. Von den frühen dreißiger Jahren an beschränkten beide sich weniger auf den ausschließlichen Umgang miteinander und suchten mehr auch die Gesellschaft anderer Männer. In den *Vier Arten der Liebe* sagt Lewis, daß »die Zwei für Freundschaft keineswegs eine notwendige Zahl, ja, nicht einmal die beste« sei. Er meint, jeder Freund, der zu einer Gruppe neu hinzukomme, bringe etwas Besonderes an den anderen zum Vorschein. Dies hatte Tolkien im T. C. B. S. erlebt, und die Clique von Freunden, die sich nun allmählich zusammenfand, war der letzte Ausdruck desselben Prinzips, jenes »Klubgeistes«, den Tolkien seit seiner Jugendzeit immer verspürt hatte. Diese Gruppe nannte man die Inklings (etwa: Tintenkleckser).

Die Gruppe begann sich Anfang der dreißiger Jahre zu bilden, etwa um die Zeit, als die Coalbiters aufhörten sich zu treffen, nachdem sie ihren Zweck erfüllt hatten, alle wichtigeren isländischen Sagas und zuletzt auch die ältere Edda zu lesen. »The Inklings« war ursprünglich der Name einer literarischen Vereinigung, die um 1931 von einem Studenten namens Tangye Lean gegründet worden war. Lewis wie auch Tolkien hatten ihre Zusammenkünfte besucht, bei denen unveröffentlichte Arbeiten gelesen und kritisiert wurden. Nachdem Lean Oxford verlassen hatte, bestand der Klub weiter, oder, richtiger gesagt, der Name wurde halb im Scherz auf den Freundeskreis übertragen, der sich in regelmäßigen Abständen um Lewis versammelte.

Die Inklings sind inzwischen in die Literaturgeschichte eingegangen, und so manches ist über sie geschrieben worden, nicht weniges davon übertrieben feierlich. Sie waren nicht mehr (und nicht weniger) als eine Anzahl Freunde, allesamt männlichen Geschlechts und christlich, von denen die meisten an der Literatur Interesse nahmen. Von vielen Leuten ist behauptet worden, sie seien zu dieser oder jener Zeit »Mitglieder« gewesen, während es in Wahrheit eine förmliche Mitgliedschaft bei ihnen nicht gab. Manche Männer kamen in verschiedenen Zeiträumen mehr oder weniger regelmäßig, andere dagegen waren nur gelegentliche Besucher. Die Kernfigur war immer Lewis, ohne den jede Zusammenkunft undenkbar gewesen wäre. Eine Liste anderer Namen gibt kaum eine Vorstellung davon, was die Inklings eigentlich waren; doch wenn man Namen nennen will, dann gehörten außer Lewis und Tolkien (der fast immer da war) zu denen, die in den Jahren vor dem Krieg und während des Kriegs zu kommen pflegten, der Major Warren Lewis (C. S. Lewis' Bruder, »Warnie« genannt), R. E. Harvard (Lewis' und Tolkiens Hausarzt), Lewis' alter Freund Owen Barfield (obwohl er als Londoner Anwalt nur selten kommen konnte) und Hugo Dyson.

Es war eine ganz und gar zwanglose Angelegenheit. Man darf sich nicht vorstellen, es wären Woche für Woche dieselben Leute gekommen oder hätten sich, wenn sie verhindert waren, auch nur entschuldigen lassen. Dennoch gab es bestimmte unveränderliche Elemente. Die Gruppe oder einige, die zu ihr gehörten, trafen sich gewöhnlich an einem Wochentag vormittags in einer Kneipe, meist dienstags im »Adler mit dem Kind«; während des Kriegs jedoch, als Bierknappheit herrschte und die Kneipen voller Soldaten waren, hatten sie flexiblere Gewohnheiten. Sie pflegten dann am Dienstagabend, etwas nach neun Uhr, in Lewis' großem Wohnzimmer im Magdalen College zusammenzutreffen; es wurde Tee gekocht, die Pfeifen wurden angezündet, und dann polterte Lewis los: »Na, hat uns denn keiner was vorzulesen?« Nun zog meist jemand ein Manuskript aus der Tasche und las es vor — ein Gedicht, eine Geschichte oder ein Kapitel. Dann kam die Kritik, bald Lob, bald Tadel, denn man war kein Verein für gegenseitige Bewunderung. Es konnte sein, daß anschließend noch mehr vorgelesen wurde, aber bald pflegte sich die Diskussion auf Themen jeder Art zu verlagern, manchmal mit hitzigen Debatten, und erst zu später Stunde kam man zum Schluß.

Ende der dreißiger Jahre waren die Inklings für Tolkien zu einem wichtigen Teil seines Lebens geworden, und zu seinen eigenen Beiträgen in den Versammlungen zählten Lesungen aus dem noch unveröffentlichten Manuskript des *Hobbit*. Als 1939 der Krieg ausbrach, warb der Freundeskreis ein neues Mitglied an. Dies war Charles Williams, der im Londoner Büro der Oxford University Press gearbeitet hatte und der nun mit den übrigen Mitarbeitern des Verlags nach Oxford übersiedelte. Williams war über fünfzig; seine Ideen und Schriften — er war Romancier, Lyriker, Theologe und Literaturkritiker — waren bereits bekannt und geachtet, wenn auch nur bei einem kleinen Leserkreis. Vor allen seine »religiösen Thriller« (wie man sie genannt hat), Romane, die von übernatürlichen und mystischen Ereignissen vor einem alltäglichen Hintergrund handeln, hatten ein kleines, aber enthusiastisches Publikum gefunden. Lewis kannte und bewunderte Williams schon seit einiger Zeit, doch Tolkien war ihm nur ein- oder zweimal begegnet. Jetzt schälte sich in ihm ein schwieriges Verhältnis zu Williams heraus.

Mit seinem merkwürdigen Gesicht (halb Engel, halb Affe, sagte Lewis), seinem in Oxford höchst stilwidrigen blauen Anzug, der Zigarette im Mundwinkel und einem in eine Nummer von *Time & Tide* eingeschlagenen Bündel Korrekturfahnen unter dem Arm, war Williams ein Mensch von großem natürlichem Charme. Tolkien erinnerte sich zwanzig Jahre später: »Wir mochten uns gegenseitig und sprachen gern miteinander (meist im Scherz).« Aber er fügte hinzu: »Auf tieferen (oder höheren) Ebenen hatten wir uns nichts zu sagen.« Das kam zum Teil daher, daß zwar Williams die Kapitel aus dem *Herrn der Ringe* gefielen, die damals der Gruppe vorgelesen wurden, Tolkien aber Williams' Bücher, soweit er sie gelesen hatte, nicht mochte. Er erklärte, er finde sie »ganz und gar fremd, manchmal sehr geschmacklos, stellenweise lächerlich«. Und vielleicht waren seine Vorbehalte gegen Williams oder dessen Zugehörigkeit zu den Inklings nicht ausschließlich literarisch. Lewis glaubte, wie er in den *Vier Arten der Liebe* geschrieben hat, daß echte Freunde nicht eifersüchtig sein können, wenn ein Dritter sich ihnen anschließt. Aber da sprach Lewis über Lewis und nicht über Tolkien. Eindeutig war Tolkien ein wenig eifersüchtig oder fühlte sich zurückgesetzt, und nicht ohne Grund, denn Lewis' Enthusiasmus verschob sich nun fast unmerklich von ihm selbst auf Williams. »Lewis war ein sehr beeindruckbarer Mensch«, schrieb Tolkien viele Jahre später, und bei anderer Gelegenheit sprach er von dem »beherrschenden Einfluß«, den Williams, wie er glaubte, schließlich auf Lewis gewonnen habe, besonders über seinen dritten Roman *Die böse Macht*.

So bedeutete Williams' Ankunft in Oxford für Tolkiens Freundschaft mit Lewis den Beginn einer dritten Phase, einer leichten Abkühlung auf seiten Tolkiens, die Lewis vermutlich einstweilen noch kaum bemerkte. Noch etwas anderes trug zu Tolkiens Abkühlung bei, etwas noch Heikleres: Lewis' wachsendes Ansehen als christlicher Apologet. Da Tolkien bei der Rückkehr seines Freundes in den christlichen Glauben eine so wichtige Rolle gespielt hatte, bedauerte er, daß Lewis nicht katholisch geworden war wie er selbst, sondern angefangen hatte, die anglikanische Kirche seiner Ortsgemeinde zu besuchen, womit er wieder die Religion seiner Kindheit ausübte. Tolkien hegte gegen die Kirche von England einen tiefen Groll, den er manchmal auch auf ihre Bauwerke ausdehnte; er erklärte, seine Achtung vor ihrer Schönheit werde getrübt durch seine Trauer, daß sie ihrer (wie er glaubte) von Rechts wegen katholischen Bestimmung abspenstig gemacht worden seien. Als Lewis eine Prosa-

Allegorie veröffentlichte, in der er unter dem Titel *The Pilgrim's Regress* die Geschichte seiner Bekehrung erzählte, da verstand Tolkien den Titel ironisch. »Lewis wollte zurückgehen (regress)«, sagte er. »Er wollte nicht durch eine neue Tür ins Christentum Eingang finden, sondern wieder durch die alte: zumindest in dem Sinne, daß er zugleich mit dem Christentum auch die ihm in seiner Kindheit und Jugend so emsig eingepflanzten Vorurteile wiederaufnahm oder neu erweckte. Er wurde wieder ein nordirischer Protestant.«

Mitte der vierziger Jahre erlangte Lewis im Zusammenhang mit seinen christlichen Schriften *The Problem of Pain* und *The Screwtape Letters** ein beträchtliches Maß an Publizität (»zuviel für seinen Geschmack«, sagte Tolkien, »und zuviel für unsern«). Während Tolkien zusah, wie sein Freund in diesen Dingen immer berühmter wurde, kam es ihm vielleicht so vor, als habe der Schüler geschwind den Meister überholt, um unberechtigte Ehren zu ernten. Einmal bedachte er Lewis mit der wenig schmeichelhaften Bezeichnung »Allerwelts-Theologe«.

Doch wenn all diese Gedanken Tolkien zu Anfang der vierziger Jahre überhaupt schon gekommen sein sollten, so blieben sie zunächst unterschwellig. Immer noch empfand er für Lewis eine fast uneingeschränkte Zuneigung, und vielleicht hegte er sogar noch manchmal die Hoffnung, sein Freund werde eines Tages doch noch katholisch werden. Und weiterhin gewährten ihm die Inklings viel Freude und Ermutigung. *»Hwæt! we Inclinga«*, schrieb er, die Anfangszeilen des *Beowulf* parodierend, *»on ærdagum searoþancolra snyttru gehierdon.«* — »Siehe! Wir haben gehört von der Weisheit der gelehrten Inklings in alten Tagen; wie jene Weisen beisammensaßen im Rate, Wissen lehrend und kunstreiche Verse aufsagend, ernsthaft nachsinnend. Das war reine Freude!«

---

* Deutsch unter den Titeln *Über den Schmerz* (Köln, Olten, J. Hegner, 1954) und *Dämonen im Angriff* (St. Gallen, Buchhandlung der Evang. Gesellschaft, 1944).

5
Northmoor Road

Was taten denn unterdessen die Frauen? Wie soll ich das wissen? Ich bin ein Mann und habe nie die Geheimnisse der Bona Dea ausspioniert.« So schreibt C. S. Lewis in den *Vier Arten der Liebe,* wo er die Geschichte der Männerfreundschaft erörtert. Dies ist die unvermeidliche Folgeerscheinung eines Lebens, das ganz auf männliche Gesellschaft und auf Gruppen wie die Inklings ausgerichtet ist. Die Frauen bleiben draußen.

Edith Tolkien hatte nur eine mäßige Bildung in einem Mädchen-Internat genossen, dessen Musikerziehung zwar gut war, das aber in anderen Fächern nicht viel leistete. Sie hatte ein paar Jahre in einer Pension in Birmingham zugebracht, einige Zeit in Cheltenham, in einem alles andere als intellektuellen Mittelschicht-Haushalt, und dann hatte sie lange mit ihrer wenig gebildeten älteren Cousine Jenny zusammengelebt. Sie hatte keine Gelegenheit gehabt, ihre Bildung zu erweitern oder ihren Geist zu bereichern. Mehr noch, sie hatte ein Gutteil ihrer Selbständigkeit eingebüßt. Sie war auf die Laufbahn einer Klavierlehrerin und womöglich gar einer Solistin vorbereitet worden, doch diese Aussicht hatte sich einfach verflüchtigt, zuerst, weil sie es nicht unmittelbar nötig gehabt hatte, ihren Lebensunterhalt zu verdienen, und später dann, weil sie Ronald Tolkien geheiratet hatte. In jener Zeit kam es unter normalen Umständen für eine Frau aus der Mittelschicht gar nicht in Frage, daß sie nach der Ehe weiter Geld verdiente, denn dies wäre ein Anzeichen dafür gewesen, daß der Mann nicht imstande war, selber genug zu verdienen. So wurde das Klavierspielen auf ein bloßes Steckenpferd beschränkt, obwohl sie weiterhin bis ins hohe Alter regelmäßig spielte und Ronald ihre Musik gefiel. Er ermutigte sie nicht zu irgendeiner geistigen Betätigung, teils weil ihm das für eine Frau und Mutter nicht notwendig schien, teils weil seine erotische Haltung zu ihr (die er am liebsten »Kleine« nannte) mit seinen eigenen geistigen Interessen nichts zu tun hatte. Ihr zeigte er eine ganz andere Seite seiner Persönlichkeit als seinen männlichen Freunden. Ebenso wie er bei seinen Freunden gern Mann unter Männern war, so war er darauf eingestellt, zuhause eine in erster Linie weibliche Welt vorzufinden.

Dennoch hätte es Edith gelingen können, etwas Positives zu seinem Leben an der Universität beizusteuern. Etliche andere Dozentenfrauen in Oxford brachten dies fertig. Einige wenige glückliche wie Lizzie Wright, Joseph Wrights Frau, waren selbst im Fach ihres Mannes beschlagen und konnten ihm bei seiner Arbeit helfen. Aber auch eine Reihe anderer, die wie Edith keine Universität besucht hatten, verstanden es, ihr Haus zu einem geselligen Mittelpunkt für die Freunde ihres Mannes zu machen, und hatten so in vielem an seinem Leben teil.

Unglücklicherweise kam für Edith alles ganz anders. Sie neigte zur Schüchternheit, denn in ihrer Kindheit und Jugend hatte sie nur wenig Geselligkeit erlebt, und als sie 1918 nach Oxford kam, nahmen ihr die ersten Erfahrungen dort das Selbstvertrauen. Sie wohnte mit Ronald und dem Kind (und ihrer Cousine Jenny, die bis zu dem Umzug nach Leeds bei ihnen blieb) in einer bescheidenen Wohnung in einer Nebenstraße, und aus der Sicht einer Frau, die Oxford nicht kannte, erschien die Universität als eine nahezu unbetretbare Festung, eine Phalanx imponierender Bauten, zwischen denen Männer in Talaren mit wichtigen Mienen hin und her gingen und in denen Ronald jeden Tag zur Arbeit verschwand. Wenn sich die Universität einmal über ihre Schwelle bequemte, dann in Gestalt höflicher, doch verlegener junger Männer, Freunden von Ronald, die mit Frauen nicht zu reden verstanden, und bei denen ihr nichts einfiel, was sie zu ihnen hätte sagen können, denn ihre Welten berührten sich einfach nicht. Noch schlimmer war es, wenn die Frau eines Dozenten zu Besuch kam, etwa die furchtbare Mrs. Farnell, die Gattin des Rektors vom Exeter College, deren Gegenwart sogar Ronald einschüchterte. Diese Frauen bestätigten Edith nur in ihrem Glauben, daß die Universität in ihrer Hoheit unnahbar sei. Sie kamen aus ihren ehrfurchtgebietenden College-Wohnungen oder ihren turmverzierten Häusern in Nord-Oxford, alberten herablassend etwas mit dem kleinen John in seinem Kinderbett herum, und wenn sie gingen, dann ließen sie ihre Visitenkarten im Briefkasten (eine Karte mit ihrem eigenen Namen, eine Doppelkarte mit dem ihres Gatten), um anzudeuten, daß sie von Mrs. Tolkien natürlich eine *Erwiderung* des Besuchs nach ein paar Tagen erwarteten. Aber dazu hatte Edith nicht den Mut. Was könnte sie zu diesen Leuten sagen, wenn sie ihre imponierenden Häuser betrat? Worüber sollte sie sich mit diesen würdevollen Damen unterhalten, die nur über Leute redeten, von denen sie nie gehört hatte, von Professorentöchtern, adligen Cousinen und von anderen Gastgeberinnen in Oxford? Ronald machte sich Sorgen, denn er wußte, was für ein Verstoß es wäre, wenn seine Frau sich nicht streng an die Etikette von Oxford hielte. Er überredete sie, einen Besuch zu erwidern, bei Lizzie Wright, die zwar sehr gebildet, aber doch nicht wie die meisten Akademikerfrauen war, denn sie hatte etwas von der Offenheit und dem gesunden Sinn ihres Mannes; doch selbst da mußte Ronald sie bis vor die Haustür der Wrights bringen und selbst die Klingel drükken, ehe er um die Ecke verschwand. Alle anderen Visitenkarten verstaubten, die Besuche blieben unerwidert, und es sprach sich herum, daß Mr. Tolkiens Gattin *keine Besuche mache* und daher von dem Reihum der Abendgesellschaften und Hausbesuche stillschweigend auszuschließen sei.

Dann zogen die Tolkiens nach Leeds, und dort, fand Edith, war es anders. Die Leute wohnten in normalen, bescheidenen Häusern, und man machte nicht viel Wesens um Visitenkarten. Eine andere Dozentenfrau wohnte ein paar Häuser weiter in der St. Marc's Terrace und kam oft vorbei, um zu plaudern. Edith begann etliche von Ronalds Schülern kennenzulernen, die zu den Sprechstunden oder zum Tee kamen, und viele von ihnen mochte sie sehr gern. Viele dieser Schüler wurden Freunde der Familie, hielten den Kontakt aufrecht und kamen auch in späteren Jahren noch oft zu Besuch. An der Universität gab es ungezwungene Tanzabende, an denen sie Freude hatte. Sogar die Kinder (das waren nun John, Michael und, am Ende der Zeit in Leeds, auch Christopher) wurden nicht vergessen, denn die Universität veranstaltete herrliche Weihnachtsfeste, bei denen der Vizekanzler als Weihnachtsmann auftrat. Später trieb Ronald irgendwie das Geld für ein größeres Haus in der Darnley Road auf, abseits von dem Rauch und Schmutz der Stadt. Sie hatten ein Haus- und ein Kindermädchen. Alles in allem war Edith glücklich.

Doch dann waren sie plötzlich wieder in Oxford. Das erste Haus in der Northmoor Road hatte Ronald gekauft, als Edith noch in Leeds war und ohne daß sie es gesehen hatte, und sie fand es zu klein. Die beiden älteren Jungen hatten sich beim Kämmen im Atelier eines Photographen in Leeds Flechten geholt und bedurften langwieriger und kostspieliger Behandlung. Als sie soweit wiederhergestellt waren, daß sie zur Schule gehen konnten, kamen sie mit dem rauhen Gebaren der anderen Jungen nicht zurecht. Dann wurde Edith wieder schwanger. Erst nach der Geburt Priscillas im Jahre 1929 und dem Umzug in das größere Haus nebenan im nächsten Jahr konnte sie sich zuhause fühlen.

Aber auch dann kam das Familienleben nie wieder in das Gleichgewicht zurück, das es in Leeds gefunden hatte. Edith gewann den Eindruck, daß Ronald sie nicht beachtete. Gewiß, nach Stunden gerechnet war er viel zuhause: Seinen Unterricht gab er zum großen Teil dort, und abends war er nicht öfter als ein- oder zweimal die Woche fort. Doch im Grunde ging es um seine Zuneigung. Er behandelte sie sehr zärtlich und rücksichtsvoll, war besorgt um ihre Gesundheit (wie sie um die seine) und hilfsbereit in häuslichen Dingen. Doch sie konnte sehen, daß die eine Seite seines Wesens nur auflebte, wenn er unter Männern seinesgleichen war. Besonders gekränkt war sie, als sie merkte, wie sehr er an Jack Lewis hing.

Bei den Gelegenheiten, wo Lewis in die Northmoor Road kam, machte er sich bei den Kindern beliebt, denn er sprach mit ihnen nicht von oben herab, und er brachte ihnen Bücher von E. Nesbit mit, die ihnen gefielen. Gegen Edith aber war er schüchtern und linkisch. Die Folge war, daß sie nicht verstehen konnte, warum Ronald an seiner Gesellschaft Vergnügen hatte, und sie wurde ein wenig eifersüchtig. Und es gab noch andere Schwierigkeiten. Sie hatte in ihrer eigenen Kindheit nur ein sehr eng umschränktes häusliches Leben gekannt und hatte so kein Vorbild, an dem sie ihre Haushaltsführung hätte ausrichten können. Es überrascht nicht, daß sie diese Unsicherheit hinter autoritärem Gebaren verhüllte: Sie verlangte strikteste Pünktlichkeit bei den Mahlzeiten, die Kinder mußten jeden Bissen vom Teller essen, und die Dienstmädchen mußten in ihren Pflichten unfehlbar sein. Bei alldem war sie oft sehr einsam und zu den Tageszeiten, wo Ronald außer Haus oder in seinem Arbeitszimmer war, ohne andere Gesellschaft als die Dienstmädchen und die Kinder. Während dieser Jahre wurde das gesellige Leben in Oxford nach und nach weniger steif; sie aber blieb mißtrauisch und fand in den Familien der Kollegen kaum Freundinnen, bis auf Charles Wrenns Frau Agnes. Sie litt auch unter schweren Kopfschmerzen, die sie manchmal für einen ganzen Tag oder länger niederstreckten.

Ronald wurde schnell klar, daß Edith mit Oxford unzufrieden war, und insbesondere, daß sie ihm seine männlichen Freunde übelnahm. Er erkannte auch, daß sein Bedürfnis nach Männerfreundschaft mit dem Eheleben nicht ganz vereinbar war. Doch hielt er dies für eine der traurigen Wahrheiten der gefallenen Welt, und alles in allem war er der Meinung, daß ein Mann ein Anrecht auf männliche Vergnügen habe, und darauf bestand er, wenn es nötig war. An einen seiner Söhne, der zu heiraten gedachte, schrieb er: »Es gibt vieles, wovon ein Mann meint, daß es berechtigt sei, auch wenn es deshalb Ärger gibt. Möge er seine Frau oder Geliebte darin nicht belügen! Mach damit Schluß, oder, wenn es den Streit lohnt, dann besteh darauf! Derlei ergibt sich oft — das Glas Bier, die Pfeife, unbeantwortete Briefe, der andere Freund usw. usw. Wenn die Forderungen der anderen Seite wirklich unvernünftig sind (und das sind sie manchmal, auch bei noch so inniger Liebe und zwischen den zärtlichsten Eheleuten), dann ist es sehr viel besser, man begegnet ihnen mit offener Ablehnung und ›Krach‹ als mit Ausflüchten.«

Ein weiteres Problem war Ediths Haltung zum Katholizismus. Bevor sie heirateten, hatte Ronald sie bewogen, aus der anglikanischen Kirche auszutreten und katholisch zu werden, und das hatte sie ihm damals ein wenig übelgenommen. In den folgenden Jahren hatte sie es fast aufgegeben, zur Messe zu gehen. Im zweiten Jahrzehnt ihrer Ehe versteifte sich Ediths antikatholische Einstellung, und zu der Zeit, als die Familie 1925 wieder nach Oxford kam, verriet sie schon Unwillen, wenn Ronald mit den Kindern zur Kirche ging. Zum Teil waren ihre Empfindungen der fast mittelalterlichen Starrheit zuzuschreiben, mit der Ronald auf dem häufigen Beichtgang bestand, denn Edith hatte es immer verabscheut, einem Priester ihre Sünden bekennen zu müssen. Auch konnte er mit ihr nicht vernünftig über ihre Empfindungen sprechen, jedenfalls nicht mit der gleichen Klarsichtigkeit, die er in seinen theologischen Diskussionen mit Lewis bewies: Edith bekam nur seine Gefühlsbindung an die Religion zu spüren, für die sie wenig Verständnis hatte. Manchmal flammte ihr schwelender Ärger über die Kirchgänge in Wut auf, doch zumindest nach einem dieser Ausbrüche, im Jahre 1940, kam es zwischen ihr und Ronald zu einer echten Aussöhnung, in der sie ihm ihre Gefühle mitteilte und sogar erklärte, daß sie wieder zur Kirche gehen wolle. Sie wurde zwar dann doch keine regelmäßige Kirchgängerin mehr, aber in ihrem späteren Leben zeigte sie keine Abneigung gegen den Katholizismus und nahm sogar freudiges Interesse an kirchlichen Belangen, so daß selbst katholische Freunde den Eindruck hatten, sie sei eine aktive Kirchgängerin.

In gewissem Maße lebten Ronald und Edith in der Northmoor Road jeder für sich, mit getrennten Schlafzimmern und unterschiedlicher Tageseinteilung. Er arbeitete bis spät in die Nacht, teils weil er tagsüber nicht genug Zeit hatte, teils aber auch, weil er erst, wenn sie zu Bett gegangen war, am Schreibtisch ungestört blieb. Am Tage konnte er nicht lange arbeiten, ohne daß sie ihn zu irgendeiner häuslichen Pflicht rief oder ihn zum Tee holte, wenn sie Besuch hatte. Diese häufigen Unterbrechungen, von seiten Ediths nur zu verständliche Ansprüche an seine Zuneigung und Aufmerksamkeit, waren ihm ein Ärgernis, obwohl er sie geduldig ertrug.

Doch wäre es falsch, Edith so zu schildern, als wäre sie von seiner Arbeit ganz ausgeschlossen gewesen. In diesen Jahren ließ er sie an dem, was er schrieb, längst nicht mehr im gleichen Maße Anteil nehmen wie früher einmal in Great Haywood, und unter seinen Manuskripten sind nur die ersten Seiten des »Book of Lost Tales« von ihrer Hand geschrieben. Doch unvermeidlich teilte sie das Interesse der ganzen Familie, als er den *Hobbit* und den *Herrn der Ringe* schrieb, und wenn sie auch mit den Einzelheiten seiner Bücher wenig vertraut war und kein tieferes Verständnis für sie besaß, so schloß er sie doch von dieser Seite seines Lebens nicht aus. Sie war immerhin die erste, der er zwei von seinen Geschichten zeigte, *Leaf by Niggle* und *Smith of Wootton Major*; und ihre Zustimmung empfand er stets als erwärmend und ermutigend.

Ronald und Edith hatten viele Freunde gemeinsam. Darunter waren manche Verwandten von Professoren, so etwa Rosfrith Murray (die Tochter Sir James Murrays, des ersten Herausgebers des *Oxford Dictionary*) und ihr Neffe Robert Murray, manche waren frühere Schülerinnen oder Kolleginnen wie Simonne d'Ardenne, Elaine Griffiths, Stella Millis und Mary Salu. Sie alle waren mit der Familie befreundet, d. h. mit Edith ebenso wie mit Ronald, und dies war an und für sich schon eine gewisse bindende Kraft zwischen ihnen. Edith und Ronald sprachen nicht immer mit den gleichen Personen über die gleichen Dinge, und als sie älter wurden, gingen beide in dieser Hinsicht ihren eigenen Weg, so daß Ronald vielleicht einer Besucherin einen englischen Ortsnamen erläuterte, offenbar ohne zu bemerken, daß sie zugleich von Edith über die Masern eines Enkelkindes unterrichtet wurde. Doch dies war etwas, womit die häufigeren Besucher sich abzufinden lernten.

Diejenigen Freunde und anderen Personen, die Ronald und Edith Tolkien über die Jahre hin kannten, zweifelten nie daran, daß eine tiefe Zuneigung zwischen ihnen bestand. Diese wurde in kleinen Dingen sichtbar, in dem fast absurden Maße, in dem sie beide auf die Gesundheit des anderen bedacht waren, und in der Sorgfalt, mit der sie einander Geburtstagsgeschenke aussuchten und verpackten, aber auch in größeren Dingen, etwa darin, wie Ronald nach der Pensionierung einen so großen Teil seines gewohnten Lebens aufgab, um Edith die letzten Jahre in Bournemouth zu gewähren, die sie, wie er meinte, verdient hatte, und in dem Maße, wie sie auf seinen Ruhm als Autor stolz war.

Eine wichtige Quelle der Zufriedenheit war die gemeinsame Liebe zu ihrer Familie. Diese verband sie miteinander bis ans Ende ihres Lebens und war vielleicht die stärkste Kraft in ihrer Ehe. Sie bedachten und besprachen gern miteinander jede Einzelheit im Leben ihrer Kinder und später auch ihrer Enkel. Sie waren stolz, als Michael im Zweiten Weltkrieg für seinen Einsatz als Flugzeugabwehr-Kanonier bei der Verteidigung der Flugplätze in der Schlacht um England den Georgs-Orden erhielt; und einen ähnlichen Stolz empfanden sie, als John kurz nach dem Kriege zum katholischen Priester geweiht wurde. Tolkien war ein überaus freundschaftlicher und verständnisvoller Vater, der sich nie scheute, seine Söhne in der Öffentlichkeit zu küssen, auch dann nicht, als sie schon erwachsene Männer waren, und der mit Herzlichkeit und Liebesbezeigungen nie geizte.

Wenn es uns, die wir viele Jahre später darüber lesen, so erscheint, als wäre das Leben in der Northmoor Road öde und ereignislos gewesen, so müssen wir uns klarmachen, daß die Familie selbst es zu jener Zeit nicht so empfand. Für die Tolkiens war das Leben voller Ereignisse. Da war der unvergeßliche Tag im Jahre 1932, als Tolkien seinen ersten Wagen kaufte, einen Morris Cowley, der nach den ersten zwei Buchstaben auf seinem Nummernschild den Namen »Jo« erhielt. Nachdem er fahren gelernt hatte, lud er die ganze Familie in den Wagen, um seinen Bruder Hilary auf dessen Obstfarm bei Evesham zu besuchen. Zu verschiedenen Zeitpunkten während dieser Fahrt erlitt »Jo« zwei Pannen, und bei Chipping Norton nahm er ein Stück von einer Trockenmauer mit, was zur Folge hatte, daß Edith sich einige Monate lang weigerte, noch einmal mitzufahren – nicht ganz zu Unrecht, denn Tolkien fuhr mehr gewagt als gekonnt. Wenn er auf einer belebten Hauptstraße von Oxford Gas gab, um in eine Nebenstraße einzubiegen, pflegte er alle anderen Fahrzeuge zu ignorieren und zu rufen: »*Nur drauf, und sie türmen!*« — und sie türmten in der Tat. »Jo« wurde später durch einen zweiten Morris ersetzt, der bis zum Anfang des Zweiten Weltkriegs seinen Dienst tat, als es wegen der Benzinrationierung unzweckmäßig wurde, ihn zu behalten. Um diese Zeit hatte Tolkien den Schaden erkannt, den der Verbrennungsmotor und die neuen Straßenbauten der Landschaft zufügten, und nach dem Krieg kaufte und fuhr er keinen Wagen mehr.

Was behielten die Kinder sonst noch in Erinnerung? Viele Stunden im Sommer, an denen sie den Asphalt des alten Tennisplatzes umgruben, um den Gemüsegarten zu vergrößern, unter der Aufsicht ihres Vaters, der (wie ihre Mutter) ein begeisterter Gärtner war, die praktische Arbeit des Gemüsepflanzens und Bäumebeschneidens aber gern John überließ und die eigene Aufmerksamkeit lieber auf die Rosenbeete und den Rasen konzentrierte, aus denen er jedes Hälmchen Unkraut entfernte. Die ersten Jahre, noch in dem Haus No. 22, als sie nacheinander mehrere *Au pair*-Mädchen aus Island hatten, die ihnen Märchen von den Trollen erzählten. Theaterbesuche, an denen ihr Vater immer Freude zu haben schien, obwohl er doch behauptete, das Theater abzulehnen. Radfahrten zur Frühmesse in der St. Aloysius- oder St. Gregory-Kirche über die Woodstock Road oder zum Karmeliter-Kloster in der Nachbarschaft. Das Bierfaß in der Kohlenkammer hinter der Küche, das immerzu tropfte und nach dem das ganze Haus (sagte ihre Mutter) wie eine Brauerei roch. Bootsfahrten auf dem Cherwell (das Ufer war ganz in der Nähe, ein Stück die Straße hinunter) an Juli- und Augustnachmittagen, mit dem Stechkahn, den sie für die Saison gemietet hatten, flußabwärts durch die Parks zur Magdalen-Brücke, oder besser noch flußaufwärts nach Water Eaton und Islip, wo man am Ufer Picknick halten konnte. Spaziergänge über die Felder nach Wood Eaton, um Schmetterlinge zu fangen, und dann zurück am Fluß entlang, wo Michael sich im Stamm einer alten Weide versteckte; Spaziergänge, bei denen ihr Vater ein scheinbar unbegrenztes Wissen über Bäume und Pflanzen preisgab. Sommerferien am Meer in Lyme Regis, wo der alte Pater Francis Morgan sie aus Birmingham besuchen kam und die Kinder mit seinem lauten Gepolter ebenso einschüchterte wie vor fünfundzwanzig Jahren Ronald und Hilary am gleichen Ort. Die Ferien in Lamorna Cove in Cornwall 1932, zusammen mit Charles Wrenn und dessen Frau und Tochter, als Wrenn und Tolkien ein Wettschwimmen machten, die Panamahüte auf dem Kopf und die Pfeifen im Mund. Dies waren die Ferien, von denen Tolkien später schrieb: »Es gab eine merkwürdige Figur im Ort, einen alten Mann, der herumlief und allerlei Klatsch verbreitete, Wettervoraussagen und ähnliches. Um die Jungen zu amüsieren, nannte ich ihn Gaffer Gamgee, und der Name ging in die Familientradition ein, als Bezeichnung für alte Männer dieses Schlages. Auf ›Gamgee‹ war ich hauptsächlich der Alliteration wegen gekommen, doch habe ich den Namen nicht erfunden. Als ich klein war (in Birmingham), war dies der Ausdruck für ›Baumwolle‹.« Dann später die Ferien in Sidmouth, mit den Spaziergängen durch die Hügel und mit den herrlichen Felsenteichen am Meer, als ihr Vater schon anfing, den *Herrn der Ringe* zu schreiben; die Autofahrten an den Herbstnachmittagen nach den Dörfern östlich von Oxford, nach Worminghall, Brill oder Charlton-on-Otmoor, oder nach Berkshire im Westen, den White Horse-Berg hinauf, zu dem alten Langhügelgrab, das die Wielandsschmiede genannt wurde; die Erinnerungen an Oxford, an das Land ringsum und an die Geschichten, die ihnen ihr Vater erzählte.

6
Der Geschichtenerzähler

Diese Geschichten hatten schon während der Jahre in Leeds angefangen. John, der Älteste, konnte oft nicht gut einschlafen. Wenn er wach lag, kam sein Vater herein, setzte sich aufs Bett und erzählte ihm eine Geschichte von »Carrots«, einem rothaarigen Jungen, der in eine Kuckucksuhr hineinkletterte und von da aus eine Reihe seltsamer Abenteuer erlebte.

Auf diese Weise entdeckte Tolkien, daß er die Phantasie, die das komplizierte Gefüge des *Silmarillion* schuf, auch zum Erfinden einfacherer Geschichten gebrauchen konnte. Er hatte einen liebenswürdig kindlichen Sinn für Humor, und dieser bekundete sich in lärmenden Spielen mit den Jungen, als sie älter wurden — und in den Geschichten, die er Michael, dem Jüngeren, erzählte, als der von Albträumen gequält wurde. Diese Geschichten, die er sich in der ersten Zeit in der Northmoor Road ausdachte, handelten von dem unbezähmbaren Schurken »Bill Stickers« (Steckbrief), einem Riesenklotz von einem Mann, der sich nie bei etwas erwischen ließ. Sein Name stammte aus einem Anschlag an einem Tor in Oxford: *Gesucht: Bill Stickers,* und aus einer ähnlichen Quelle kam auch der andere Name für den Rechtschaffenen, der immerzu hinter Stickers her war, »Major Road Ahead« (Major Geradeaus).

Die Geschichten von »Bill Stickers« wurden nie aufgeschrieben, wohl aber andere. Als er im Sommer 1925 mit seiner Familie in Filey Ferien machte, schrieb Tolkien eine Geschichte für John und Michael in voller Länge nieder. Der Jüngere hatte einen Spielzeughund am Strand verloren, und um ihn zu trösten, begann der Vater die Abenteuer Rovers zu erfinden und zu erzählen, eines kleinen Hundes, der einen Hexenmeister ärgert, von ihm in ein Spielzeug verwandelt und dann von einem kleinen Jungen am Strand verloren wird. Doch das ist nur der Anfang, denn Rover wird von dem Sandzauberer Psamathos Psamathides gefunden, der ihm die Kraft wiedergibt, sich zu bewegen, und ihn auf eine Reise zum Mond schickt, wo er viele seltsame Abenteuer erlebt und insbesondere auch dem Weißen Drachen begegnet. Tolkien schrieb diese Geschichte unter dem Titel »Roverandom« auf. Viele Jahre später bot er sie seinem Verlag an, mit vielen Vorbehalten, als eine von mehreren möglichen Arbeiten zur Veröffentlichung im Anschluß an den *Hobbit*, doch wurde sie bei dieser Gelegenheit als ungeeignet befunden, und Tolkien bot sie nie mehr an.

Die Kinder waren von »Roverandom« so begeistert, daß er sich ermutigt fühlte, weitere Geschichten zu ihrer Belustigung aufzuschreiben. Viele davon fingen gut an und kamen ein ganzes Stück weit, wurden aber nie zu Ende geführt. Manche kamen auch nicht über die ersten paar Sätze hinaus, so etwa die Geschichte von Timothy Titus, einem sehr kleinen Mann, den seine Freunde »Tim Tit« nennen. Unter den anderen Geschichten, die angefangen, aber bald wieder aufgegeben wurden, war auch die von Tom Bombadil, die »in den Tagen des Königs Bonhedig« spielt und in der eine Figur beschrieben wird, die offenbar der Held der Geschichte sein soll: »Tom Bombadil war der Name eines der ältesten Einwohner des Königreichs, aber er war ein reger und rüstiger Bursche. Vier Fuß groß war er in Stiefeln und drei Fuß breit. Er trug einen spitzen Hut mit einer blauen Feder, seine Jacke war blau, und seine Schuhe waren gelb.«

Weiter kam die Geschichte nie zu Papier, doch Tom Bombadil war in der Familie Tolkien wohlbekannt, denn die Figur beruhte auf einer holländischen Puppe, die Michael gehörte. Mit der Feder am Hut sah die Puppe ganz prächtig aus, doch John konnte sie nicht leiden und versuchte eines Tages, sie durchs WC hinunterzuspülen. Tom wurde gerettet und erlebte es noch, wie er von dem Vater der Kinder zum Helden eines Gedichtes gemacht wurde, »The Adventures of Tom Bombadil«, das 1934 im *Oxford Magazine* veröffentlicht wurde. Es erzählt von Toms Begegnungen mit »Goldbeere, der Tochter der Flußfrau«, mit dem »alten Weidenmann«, der ihn in einer Spalte seines Stammes einschließt (eine Idee, von der Tolkien einmal gesagt hat, daß er sie vermutlich zum Teil von Arthur Rackhams Baumzeichnungen habe), mit einer Dachsfamilie und mit einem »Grabunhold«, einem Geist aus einem vorgeschichtlichen Hügelgrab von der Art, wie man sie nahe bei Oxford auf den Berkshire-Höhen findet. Für sich allein genommen wirkt das Gedicht wie eine Skizze zu etwas Längerem, und als 1937 über mögliche Anschluß-Veröffentlichungen zum *Hobbit* gesprochen wurde, schlug Tolkien dem Verlag vor, daß er es zu einer umfangreicheren Geschichte erweitern könne, denn, so erklärte er, Tom Bombadil solle den Geist der (verschwindenden) Landschaft um Oxford und Berkshire darstellen. Die Idee wurde vom Verlag nicht aufgegriffen, doch Tom und seine Abenteuer fanden anschließend ihren Weg in den *Herrn der Ringe.*

Der Erwerb eines Autos im Jahre 1932 und Tolkiens Mißgeschicke beim Fahren brachten ihn auf das Thema zu einer anderen Kindergeschichte, »Mr. Bliss«. Sie erzählt von einem großen, dünnen Mann, der in einem großen, dünnen Haus lebt und der für fünf Schilling ein strahlend gelbes Auto kauft, mit bemerkenswerten Folgen (darunter mehreren Zusammenstößen). Die Geschichte wurde von Tolkien mit Tusche und Farbstiften reich illustriert, den Text schrieb er in einer schönen Handschrift dazu, und das Ganze wurde zu einem kleinen Buch zusammengebunden. »Mr. Bliss« erinnert in seinem ironischen Humor ein wenig an Beatrix Potter und in den Zeichnungen an Edward Lear, doch ist Tolkiens Stil weniger grotesk und zarter als der Lears. Wie »Roverandom« und das Bombadil-Gedicht zeigte Tolkien diese Geschichte 1937 seinem Verlag, und sie wurde mit großer Begeisterung aufgenommen. Eine vorläufige Abmachung, sie zu veröffentlichen, wurde getroffen, nicht so sehr im Anschluß an den *Hobbit* denn vielmehr als unterhaltsamer Lückenbüßer, solange die echte Fortsetzung noch nicht fertig war. Die vielfarbigen Zeichnungen hätten aber den Druck sehr teuer werden lassen, und der Verlag fragte Tolkien, ob er sie in einfacherer Weise neu zeichnen könne. Er war einverstanden, fand aber keine Zeit, und das Manuskript des »Mr. Bliss« wurde einem Zeichner anvertraut, bei dem es viele Jahre liegenblieb, bis es die Marquette University in Amerika erwarb, zusammen mit den Manuskripten von Tolkiens veröffentlichten Geschichten.*

Die Tatsache, daß »Mr. Bliss« so verschwenderisch illustriert — ja, im Grunde um die Bilder herum geschrieben — war, gibt einen Hinweis darauf, wie ernst es Tolkien mit dem Geschäft des Malens und Zeichnens war. Diese Liebhaberei aus der Kindheit hatte er nie ganz aufgegeben, und in seiner Studentenzeit illustrierte er mehrere von seinen Gedichten mit Wasserfarben, farbigen Tinten oder Stiften

---

* »Mr. Bliss« ist nicht die einzige Arbeit Tolkiens, deren Idee vom Auto-Verkehr angeregt ist. »The Bovadium Fragments« (vermutlich anfangs der sechziger Jahre geschrieben) sind eine Parabel von der Zerstörung Oxfords (Bovadiums) durch die *motores*, die von dem *Dämon von Vaccipratum* hergestellt werden (eine Anspielung auf Lord Nuffield und seine Motorenwerke in Cowley) und die Straßen verstopfen, die Bewohner ersticken und schließlich explodieren.

und begann einen Stil zu entwickeln, in dem man seine Neigung zu japanischen Holzschnitten erkennt und der doch eine persönliche Art der Linienführung und Farbgebung verrät. Der Krieg und später der Beruf unterbrachen ihn, doch etwa um 1925 fing er wieder an zu zeichnen, und eines der ersten Ergebnisse war eine Reihe von Illustrationen zu »Roverandom«. Später, während der Ferien in Lyme Regis 1927 und 1928, zeichnete er Szenen aus dem *Silmarillion*. Diese lassen erkennen, wie klar er die Landschaften vor Augen hatte, in denen seine Legenden spielen, denn in mehreren Zeichnungen ist die Landschaft von Lyme in die Geschichten eingegangen und hat das Geheimnisvolle in sich aufgenommen.

Inzwischen war er ein sehr fähiger Zeichner, auch wenn ihm Figuren nicht so gut gelangen wie Landschaften. Am besten zeichnete er seine geliebten Bäume, und wie Arthur Rackham (dessen Werk er bewunderte) verstand er es, knorrigen Wurzeln und Ästen eine nicht geheure Beweglichkeit zu geben, die zugleich ganz naturgetreu war.

Vereint wurden Tolkiens Talente als Erzähler und Illustrator in jedem Dezember, bevor die Kinder einen Brief vom Weihnachtsmann bekamen. 1920, als John drei Jahre alt war und die Familie im Begriff stand, nach Leeds zu ziehen, hatte Tolkien seinem Sohn in zittriger Handschrift einen Brief geschrieben, der mit »Yr loving Fr. Chr.« unterzeichnet war. Von da an schrieb er jedes Jahr zu Weihnachten einen ähnlichen Brief. Nach einfachen Anfängen wuchsen sich die Briefe zu kleinen Geschichten aus, in denen außer dem Weihnachtsmann noch viele andere Figuren auftreten: der Polarbär, Mitbewohner im Hause des Weihnachtsmanns, der Schneemann, sein Gärtner, ein Elf namens Ilbereth, sein Sekretär, Schnee-Elfen, Gnomen und, in den Höhlen hinter dem Haus des Weihnachtsmanns, eine Schar Kobolde, die viel Unruhe stiften. Jedes Jahr, oft in letzter Minute, schrieb Tolkien einen solchen Bericht über die letzten Ereignisse am Nordpol, in der zittrigen Handschrift des Weihnachtsmanns, den runenähnlichen Großbuchstaben des Polarbären oder in der flüssigen Schrift Ilbereths. Dann fügte er Zeichnungen hinzu, schrieb die Adresse auf den Umschlag (mit Beförderungsvermerken wie »Eilzustellung durch Gnomen, sehr dringend!«) und malte und schnitt eine sehr realistische Freimarke der Nordpolpost zurecht. Schließlich stellte er den Brief zu. Dies geschah auf verschiedene Weise. Am einfachsten war es, den Brief am Kamin zu lassen, so als wäre er zum Schornstein hereingekommen, und am frühen Morgen ein paar sonderbare Geräusche zu machen, die zusammen mit einem Schneestapfen auf dem Teppich dafür sprachen, daß der Weihnachtsmann dagewesen war. Später wurde der Briefträger als Verbündeter gewonnen, und wenn er die Briefe brachte, wie hätten die Kinder da nicht an sie glauben sollen? Tatsächlich glaubten sie es alle, bis sie in die Jahre kamen, wo sie durch Zufall oder Logik herausfanden, daß ihr Vater der Autor der Briefe war. Auch dann aber wurde nichts gesagt, was den jüngeren Kindern die Illusion hätte nehmen können.

Die Kinder der Tolkiens wurden aber nicht nur mit den Geschichten ihres Vaters unterhalten, sondern hatten auch immer Regale voller Kinderbücher. Zum Teil bestand ihre Lektüre aus Tolkiens eigenen Lieblingsbüchern wie George MacDonalds »Curdie«-Geschichten und der Märchensammlung von Andrew Lang, daneben aber auch aus neueren Kinderbüchern wie E. A. Wyke-Smiths' *The Marvellous Land of Snergs*, das 1927 erschienen war. Tolkien bemerkte, daß seine Söhne sich sehr über die Snergs amüsierten, »ein Volk von Leutchen, die nur ein wenig kleiner sind als ein gewöhnlicher Tisch, doch breit in den Schultern und von großer Kraft«.

Tolkien selbst hatte nur in beschränktem Maße Zeit und Lust, Geschichten zu lesen. Im allgemeinen zog er die leichteren Romane seiner Zeit vor. Die Geschichten von John Buchan gefielen ihm, und er las auch manches von Sinclair Lewis' Werken. Mit Sicherheit kannte er *Babbitt*, Lewis' 1922 erschienenen Roman über einen amerikanischen Geschäftsmann in mittleren Jahren, dessen wohlgeordnetes Leben nach und nach in die Brüche geht.

Im literarischen Schmelztiegel können sonderbare Mischungen zusammenfinden, und sowohl das *Land of Snergs* wie auch *Babbitt* hatten einen, wenn auch kleinen Anteil am *Hobbit*. Tolkien schrieb einmal an W. H. Auden, daß ihm das erstere Buch wahrscheinlich unbewußt als Quelle gedient habe, »aber nur für die Hobbits, für nichts sonst«, und einem Interviewer sagte er, daß das Wort *Hobbit* »mit Sinclair Lewis' Babbitt assoziiert sein könnte. Sicher nicht mit ›rabbit‹ [Kaninchen], wie manche Leute glauben. Babbitt hat dieselbe bürgerliche Selbstzufriedenheit wie die Hobbits. Seine Welt ist ebenso eng.«

Weniger im Dunkeln liegen die Ursprünge einer anderen Geschichte, die Tolkien irgendwann in den dreißiger Jahren schrieb, teils zur Unterhaltung seiner Kinder, teils wohl auch zu seiner eigenen. Dies ist *Farmer Giles of Ham*, im »Kleinen Königreich«, in Oxfordshire und Buckinghamshire spielend. Die Geschichte ist offenbar aus einer Deutung des Ortsnamens »Worminghall« hervorgewachsen (»Wurmhalle« oder »Drachenhalle«), einem Dorf ein paar Meilen östlich von Oxford. Die erste Fassung der Geschichte, die wesentlich kürzer ist als die schließlich veröffentlichte, ist eine geradlinige Erzählung, deren Humor eher in den berichteten Ereignissen als im Erzählstil liegt. Auch sie wurde als mögliches Folgestück zum *Hobbit* dem Verlag angeboten und wie die anderen Geschichten zwar als ausgezeichnet, aber für den Augenblick nicht ganz das Richtige befunden.

Ein paar Monate später, Anfang 1938, sollte Tolkien vor einem Studenten-Klub einen Vortrag über Märchen halten. Doch als es soweit war, hatte Tolkien den Text nicht fertig, und er beschloß, statt dessen den *Farmer Giles* vorzulesen. Als er den Text noch einmal durchsah, schienen ihm ein paar Verbesserungen angebracht, und als er sich nun ans Umschreiben machte, wurde daraus eine längere Geschichte von feinerem Witz.

Wenige Abende später las er sie am Worcester College vor. »Ich war sehr überrascht über das Ergebnis«, berichtete er später. »Die Zuhörer waren offenbar nicht gelangweilt — sie bogen sich geradezu vor Heiterkeit.« Als deutlich wurde, daß die Fortsetzung zum *Hobbit* noch erhebliche Zeit auf sich warten lassen würde, bot er diese Neufassung des *Farmer Giles* seinem Verlag an, und sie wurde begeistert angenommen; doch Verzögerungen durch den Krieg und Tolkiens Unzufriedenheit mit dem Zeichner, der das Buch zuerst illustrieren sollte, führten dazu, daß der Band erst 1949 erschien, mit Bildern von einer jungen Künstlerin namens Pauline Diana Baynes. Ihre das Mittelalter persiflierenden Zeichnungen gefielen Tolkien, und er schrieb dazu: »Sie sind mehr als nur Illustrationen, sie sind ein Werk für sich.« Aufgrund ihres Erfolges mit dem *Farmer Giles* wurde Miss Baynes auch als Illustratorin für C. S. Lewis' Narnia-Geschichten ausgewählt, und später zeichnete sie die Bilder zu Tolkiens Gedichtsammlung und zu *Smith of Wootton Major*; sie und ihr Gatte wurden in späteren Jahren Freunde der Tolkiens.

Farmer Giles fand zur Zeit seines Erscheinens nicht viel Beachtung, und erst nachdem sich der Erfolg des *Herrn der Ringe* auch auf den Verkauf von Tolkiens anderen Büchern ausgewirkt hatte, erreichte er ein breites Publikum. Zu einer Zeit gedachte Tolkien, dazu eine Fortsetzung zu schreiben, und er skizzierte die Handlung bis in manche Einzelheiten; es sollte darin um Giles' Sohn George Worming und einen Pagen namens Suet gehen, der Drache Chrysophylax sollte wieder vorkommen, und spielen sollte es in derselben Landschaft wie die erste Geschichte. Doch 1945 war die Landschaft um Oxford, die Tolkien so liebte, vom Krieg gezeichnet, und er schrieb an seinen Verlag: »Die Fortsetzung [zum *Farmer Giles*] ist skizziert, doch ungeschrieben, und wahrscheinlich bleibt sie das auch. Das Herz des Kleinen Königreiches ist dahin, und die Wälder und Ebenen sind nun Flugplätze und Zielscheiben für Bombenabwurf-Übungen.«

Obwohl sie manchmal tiefe Empfindungen anrühren, sind die kurzen Geschichten, die Tolkien in den zwanziger und dreißiger Jahren für seine Kinder schrieb, eigentlich doch nur Fingerübungen. Seine wahre Neigung galt den erhabeneren Themen, in Vers wie Prosa.

Er arbeitete weiter an dem langen Gedicht »The Gest of Beren and Lúthien« und an den Stabreim-Versen, in denen er die Geschichte von Túrin und dem Drachen erzählte. 1926 schickte er diese und andere Gedichte an R. W. Reynolds, bei dem er an der König-Edwards-Schule Unterricht in englischer Literatur gehabt hatte, und bat um seine Kritik. Reynolds gefielen die verschiedenen kürzeren Stükke, aber den großen mythologischen Gedichten spendete er nur lauen Beifall. Unbeirrt arbeitete Tolkien an beiden weiter, ermutigt durch C. S. Lewis' Lob für das Gedicht von Beren und Lúthien. Doch obwohl die Túrin-Legende auf über zweitausend und die »Gest« auf über viertausend Verse kamen, blieben beide Gedichte unvollendet; und als Tolkien später daranging, das *Silmarillion* zu überarbeiten (nachdem er den *Herrn der Ringe* geschrieben hatte), hatte er vermutlich jede Absicht, sie in den veröffentlichten Text des Zyklus mitaufzunehmen, fallengelassen. Dennoch waren die beiden Gedichte wichtig für die Entwicklung der Legenden, insbesondere die »Gest«, welche die ausführlichste Fassung der Geschichte von Beren und Lúthien enthält.

Wichtig waren die Gedichte auch für Tolkiens technische Schulung als Schriftsteller. Die Paarreim-Verse in den ersten Strophen der »Gest« sind gelegentlich im Rhythmus monoton oder banal im Reim, doch als Tolkien mehr Gewandtheit im Versmaß erlangte, wurde das Gedicht bedeutend sicherer, und es hat viele schöne Passagen. Das Túrin-Gedicht ist in Stabreim-Versen geschrieben, einer modernen Form des angelsächsischen Versmaßes, und darin beweist Tolkien großes Können. Die folgende Passage beschreibt Túrins Kindheit und Jugend im Elben-Königreich Doriath:

Much lore be learned, and loved wisdom,
but fortune followed him in few desires;
oft wrong and awry what he wrought turnéd;
what he loved he lost, what he longed for he won not;
and full friendship he found not easily,
nor was lightly loved for his looks were sad.
He was gloomy-hearted, and glad seldom
for the sundering sorrow that seared his youth.
On manhood's threshold he was mighty holden
in the wielding of weapons; and in weaving song
he had a minstrel's mastery; but mirth was not in it.

(Viel Wissenschaft erfuhr er und liebte die Weisheit,
doch selten neigte das Schicksal sich seinen Wünschen;
oft wandte sich zum Falschen und Schlimmen, was er wirkte;
was er liebte, verlor er, was er ersehnte, gewann er nicht;
und reine Freundschaft fand er nicht leicht,
noch war er unbeschwert zu lieben, denn traurig sah er aus.
Er war düsteren Herzens und selten froh,
denn das Leid der Trennung hatte seine Jugend verdorrt.
Auf der Schwelle des Mannesalters galt er als stark
im Gebrauch der Waffen; und Lieder verstand er zu dichten,
geschickt wie ein Spielmann; doch Freude war nicht darinnen.)

Indem er so den alten poetischen Stil für seine eigenen Zwecke umformte und modernisierte, gelang Tolkien etwas ganz Ungewöhnliches von erstaunlicher Kraft. Es ist schade, daß er nur so wenig Stabreim-Verse geschrieben — oder zumindest veröffentlicht — hat, denn diese lagen seiner Vorstellungswelt weit näher als moderne Reimverse.

Während der dreißiger Jahre schrieb er noch andere längere Gedichte, die keineswegs alle direkt mit seiner Mythologie verknüpft sind. Das eine, das von den keltischen Legenden der Bretagne angeregt war, hieß »Aotrou and Itroun« (bretonisch für »Herr« und »Herrin«); das früheste Manuskript ist auf den September 1930 datiert. Das Gedicht erzählt von einem kinderlosen Fürsten, der von einer Zauberin oder »Corrigan« (die bretonische Bezeichnung für Personen von elbischem Geschlecht) einen Trank empfängt, der bewirkt, daß die Gattin des Fürsten Zwillinge gebiert; die Corrigan aber fordert als Entgelt, daß der Fürst sie heiraten solle, und seine Weigerung hat tragische Folgen. »Aotrou and Itroun« wurde einige Jahre darauf von Tolkiens Freund und Kollegen Gwyn Jones in der *Welsh Review* veröffentlicht. Es ist in alliterierenden Versen geschrieben, die auch ein Reimschema enthalten.

Ein anderes längeres Gedicht aus dieser Zeit hat Alliterationen, aber keine Endreime. Dies ist »The Fall of Arthur«, Tolkiens einziger dichterischer Streifzug im Gebiet des Artus-Zyklus, dessen Sagen ihm seit seiner Kindheit gefallen hatten, die ihm aber als »zu üppig, phantastisch, inkohärent und repetitiv« erschienen. Als Mythen waren die Artus-Geschichten für ihn auch insofern unbefriedigend, als sie ausdrücklich die christliche Religion enthalten. In seinem eigenen Artus-Gedicht wird das Thema des Grals nicht berührt, dafür aber begann er seine persönliche Version der *Morte d'Arthur*, in welcher der König und Gawain zum Krieg ins »Sachsenland« ziehen, durch die Nachricht von Mordreds Verrat aber wieder heimgerufen werden. Das Gedicht wurde nie vollendet; gelesen und gutgeheißen wurde es jedoch von E. V. Gordon und von R. W. Chambers, dem Professor für Englisch an der Universität London, der meinte, es sei eine »große Sache — echte Heldendichtung, ganz abgesehen davon, daß es zeigt, wie das Versmaß des *Beowulf* im modernen Englisch gebraucht werden kann«. Es ist auch interessant als eine der ganz wenigen Arbeiten, in denen Tolkien ausdrücklich auf die geschlechtliche Leidenschaft eingeht, als er Mordreds ungestillte Begierde nach Guinever (so schreibt er ihren Namen) schildert:

His bed was barren; there black phantoms
of desire unsated and savage fury
in his brain had brooded till bleak morning.

(Sein Bett war öd; schwarze Gespenster
ungestillten Begehrens und wilder Wut
hatten dort in seinem Hirn gebrütet bis zum bleichen Morgen.)

Doch Tolkiens Guinever ist nicht die tragische Heldin, als die sie von den Autoren der meisten Artus-Erzählungen gefeiert wird. Sie wird vielmehr beschrieben als

lady ruthless,
fair as fay-woman and fell-minded,
in the world walking for the woe of men.

(unbarmherzige Dame,
schön wie eine Fee und grausamen Sinns,
in der Welt wandelnd zum Leide der Männer.)

Obwohl der »Fall of Arthur« in den dreißiger Jahren beiseite gelegt wurde, schrieb Tolkien noch 1955, daß er immer noch hoffe, ihn zu vollenden; schließlich blieb er jedoch unabgeschlossen.

Ein- oder zweimal versuchte er, vom Mythischen, Legendären und Phantastischen abzugehen und eine herkömmliche Kurzgeschichte für Erwachsene zu schreiben, die in der modernen Welt spielte. Die Ergebnisse waren nicht bemerkenswert; sie zeigten nur, daß seine Phantasie des Mythos und der Legende bedurfte, um all ihre Möglichkeiten ausschöpfen zu können. Und nach wie vor widmete er ja am meisten Aufmerksamkeit dem *Silmarillion*. Er unternahm zahlreiche Überarbeitungen und Neufassungen der wichtigsten Geschichten des Zyklus, entschloß sich, auf den Seefahrer »Eriol« zu verzichten, dem die Geschichten ursprünglich hatten erzählt werden sollen, und nannte ihn statt dessen »Ælfwine« oder »Elbenfreund«. Viel Zeit (wahrscheinlich mehr als mit den Geschichten selbst) verbrachte er auch mit der Arbeit an den Elbensprachen und ihren Alphabeten. Er hatte nun ein neues Alphabet erfunden, das er zunächst »quenyatisch« und dann »feanorisch« nannte, und von 1926 an schrieb er darin sein Tagebuch. Oft beschäftigte er sich auch mit der Geographie und mit anderen Seitenaspekten des Legendenzyklus.

Bis Ende der dreißiger Jahre waren all diese Arbeiten zum *Silmarillion* zu einem großen Stapel Manuskripte angewachsen, viele davon in erlesener Handschrift. Doch noch immer unternahm Tolkien nichts zu ihrer Veröffentlichung. Nur wenige Menschen wußten überhaupt von ihrer Existenz. Außerhalb der Familie waren sie als einzigem C. S. Lewis bekannt. Innerhalb der Familie war Tolkiens dritter Sohn, Christopher, sein häufigster Zuhörer. Der Junge, schrieb Tolkien in sein Tagebuch, sei herangewachsen zu »einem nervösen, reizbaren, widerborstigen, selbstquälerischen und frechen Menschen. Und doch ist etwas zutiefst Liebenswertes an ihm, für mich jedenfalls, gerade weil wir uns so ähnlich sind.« An vielen Abenden in den frühen dreißiger Jahren hörte Christopher, an den warmen Ofen im Arbeitszimmer geschmiegt, regungslos zu, wie ihm sein Vater — meist aus dem Stegreif — von den Kriegen der Elben gegen die schwarze Macht erzählte und von Berens und Lúthiens gefährlicher Fahrt ins Innere von Morgoths eiserner Festung. Das waren nicht bloß Geschichten — es waren Legenden, die zum Leben erwachten, wenn sein Vater davon sprach, eindringliche Schilderungen einer grausigen Welt, wo üble Orks und ein finsterer Nekromant den Weg überwachten und ein entsetzlicher rotäugiger Wolf Berens Gefährten, die Elben, einen nach dem andern in Stücke riß, aber auch einer Welt, in der die drei großen Elbensteine, die Silmarilli, mit einem seltsamen und mächtigen Licht leuchteten, eine Welt, in der Berens Fahrt gegen alle Wahrscheinlichkeit siegreich enden konnte.

Tolkiens Gefühle für seinen dritten Sohn waren vielleicht einer der Gründe, die ihn ein neues Buch beginnen ließen. Direkter gab C. S. Lewis den Anstoß, der eines Tages (wie Tolkien berichtete) zu ihm sagte: »Tollers, Geschichten, wie wir sie wirklich mögen, gibt es zu wenige. Ich fürchte, wir müssen es selber versuchen und ein paar schreiben.« »Wir wurden uns einig«, sagte Tolkien, »daß er es mit ›Raumreisen‹ versuchen sollte und ich mit ›Zeitreisen‹.« Sie beschlossen auch, daß jede ihrer Geschichten zur Entdeckung des Mythos führen sollte.

Lewis' Beitrag war *Out of the Silent Planet,* das erste Buch seiner »Ransom«-Trilogie.* Tolkiens Antwort auf diesen Anreiz war eine Geschichte mit dem Titel »The Lost Road«, in der zwei Zeitreisende, Vater und Sohn, als sie sich in das Land Númenor zurückversetzen, die Mythologie des *Silmarillion* entdecken.

Tolkiens Legende von Númenor, der großen Insel im Westen, die den Menschen geschenkt wird, welche den Elben in ihren Kriegen gegen Morgoth Hilfe geleistet haben, war vermutlich schon einige Zeit früher als »The Lost Road« geschrieben worden. Sie hatte einen

---

* Dieses und die beiden folgenden Bücher las Lewis den Inklings vor, während er daran arbeitete. Die beiden ersten Bücher fanden von seiten Tolkiens fast uneingeschränkten Beifall (obwohl ihm die von Lewis erfundenen Namen nicht alle gefielen), und es war zum Teil seiner Fürsprache zu verdanken, daß *Out of the Silent Planet,* nachdem es von zwei Verlegern abgelehnt worden war, von The Bodley Head angenommen und 1938 veröffentlicht wurde. *Perelandra* gefiel ihm sogar noch besser als die erste Geschichte; als aber Lewis den Inklings *That Hideous Strength* vorzulesen begann, notierte sich Tolkien: »Kitschig, wie ich befürchte«; und auch die nähere Bekanntschaft mit dem Buch änderte seine Meinung nicht. Er hielt es für verdorben durch den Einfluß von Charles Williams' arthurianisch-byzantinischer Mythologie.
Tolkien bemerkte, daß zu der Figur des Philologen Ransom, des Helden der drei Geschichten, zum Teil wohl er selbst als Modell gedient hatte. Er schrieb 1944 an seinen Sohn Christopher: »Etwas von mir als Philologen steckt vielleicht in ihm, und ich erkenne manche meiner Meinungen und Ideen lewisifiziert in ihm wieder.«

ihrer Ursprünge in dem Albtraum, der ihn seit seiner Kindheit beunruhigt hatte, seinem Atlantis-Traum, in dem er die unentrinnbare Welle kommen sah, die sich entweder aus einer ruhigen See heraus auftürmte oder über die grünen Binnenlande hereinbrach. Als sich die Bewohner von Númenor durch Sauron (Morgoths Statthalter, der schon in dem langen Gedicht von Beren und Lúthien aufgetreten war) verleiten lassen, ein göttliches Gebot zu brechen und nach Westen zu den verbotenen Landen zu segeln, da erhebt sich ein gewaltiger Sturm, eine riesige Welle bricht über Númenor herein, und die ganze Insel wird in den Abgrund geschleudert. Atlantis ist versunken.

Die Geschichte von Númenor verbindet die Platonische Atlantis-Legende mit der Vorstellungswelt des *Silmarillion*. Am Ende erzählt Tolkien, wie beim Untergang von Númenor die Gestalt der Welt geändert wird und die Lande im Westen »für immer aus den Kreisen der Welt entrückt werden«. Die Welt wird krumm, doch der Gerade Weg in den Alten Westen bleibt noch offen für jene, die ihn zu finden wissen. Dies ist der »Verschollene Weg«, von dem die neue Geschichte ihren Titel hatte.

»The Lost Road« für sich genommen (im Unterschied zu der Númenor-Legende, in die damit hineingeführt werden soll) ist offensichtlich eine Art idealisierter Autobiographie. Protagonisten sind ein Vater mit seinem Sohn. Der Vater, ein Professor der Geschichte namens Alboin (die lombardische Form von »Ælfwine«), erfindet Sprachen, oder richtiger, er stellt fest, daß ihm Wörter übermittelt werden, Wörter, die Fragmente aus uralten und vergessenen Sprachen zu sein scheinen. Viele dieser Wörter beziehen sich auf den Untergang von Númenor, und die Geschichte bricht unvollendet an der Stelle ab, wo Alboin und sein Sohn sich zu ihrer Reise durch die Zeit aufmachen, nach Númenor selbst. Die Geschichte ist ziemlich plump, was das Vater-Sohn-Verhältnis angeht, das so geschildert wird, wie Tolkien es sich gewünscht hätte; auch ist auffällig, daß weder Alboin noch sein Vater (der zu Anfang ebenfalls auftritt) mit einer Gattin belastet sind: Beide sind sie schon in jungen Jahren verwitwet. Wahrscheinlich wurde die Geschichte den Inklings vorgelesen; mit Sicherheit hatte Lewis die Númenor-Legende gehört, denn er verweist darauf in *That Hideous Strength*, mit der Fehlschreibung »Numinor«. (Weitere Anleihen bei Tolkien nahm er auf, als er seinem Helden Ransom den Vornamen »Elwin« gab, was eine Version von »Ælfwine« ist, und außerdem, als er in *Perelandra* Adam und Eva »Tor und

Tinidril« nannte, wozu Tolkien meinte, daß es »wohl ein Echo auf Tuor und Idril in ›The Fall of Gondolin‹« sei.)

»The Lost Road« wurde abgebrochen (»wegen meiner Langsamkeit und Ungewißheit«, sagte Tolkien), kurz nachdem die Zeitreisenden in der Geschichte Númenor erreicht haben. Doch Tolkien kam auf das Thema der Zeitreise als eine Möglichkeit, in die Númenor-Legende hineinzuführen, noch einmal zurück, als er Ende 1945 die »Notion Club Papers« zu schreiben begann. Hier werden die Inklings selbst (in durchsichtiger Verkleidung) als Handlungshintergrund benutzt, und diesmal sind es zwei Oxforder »Dons«, Mitglieder der informellen literarischen Gesellschaft (des »Notion Club«, nach dem die Geschichte benannt ist), die sich auf die Zeitreise begeben. Aber ebenso wie ihre Vorgängerin bricht die Geschichte am Ende der einleitenden Erzählung ab, noch ehe die Zeitreise selbst eingehender beschrieben wird. In den »Notion Club Papers« wird vieles von der Geistesart der Inklings eingefangen, obwohl sich Tolkien kaum Mühe gibt, seine Freunde zu porträtieren. Ein Teil der Geschichte kam zum Druck, ein Gedicht über die Reise St. Brendans, eine mittelalterliche Legende, die Tolkien auf seine eigene Mythologie hin adaptierte. Unter dem Titel »Imram« (gälisch »Reise«) erschien das Gedicht 1955 in *Time & Tide*. Für sich allein genommen ist es ein wenig nichtssagend, ein verlorenes Andenken an eine unvollendete und verheißungsvolle Geschichte.

In dieser Weise bewegte sich Tolkiens Phantasie während der zwanziger und dreißiger Jahre in zwei deutlich getrennten Bahnen, die sich nicht trafen. Einerseits schrieb er manche Geschichten nur zum Vergnügen, insbesondere zur Unterhaltung seiner eigenen Kinder. Andererseits beschäftigten ihn die größeren Themen, manchmal aus der Artus-Sage oder den keltischen Legenden, meist aber mit seiner eigenen Mythologie verknüpft. Unterdessen gelangte nichts zum Druck, abgesehen von ein paar Gedichten im *Oxford Magazine*, denen seine Kollegen entnehmen konnten, daß Tolkien an Drachenhorten und ulkigen kleinen Leutchen mit Namen wie Tom Bombadil seine Freude hatte — ein harmloser Zeitvertreib, fanden sie, vielleicht ein bißchen kindisch.

Etwas fehlte noch, etwas, das die beiden Seiten seiner Phantasie zusammenband und eine Geschichte hervorbrachte, die einmal heroisch und mythisch war, zugleich aber auch volkstümlich und märchenhaft. Ihm war natürlich dieser Mangel weder bewußt, noch schien es ihm besonders bemerkenswert zu sein, als sich das fehlende Zwischenstück plötzlich einstellte.

Es war an einem Sommertag, und er saß am Fenster seines Studierzimmers in der Northmoor Road und quälte sich mit dem Lesen von Schulprüfungsarbeiten. Jahre später erzählte er: »Einer der Prüflinge hatte gnädig eine Seite unbeschrieben gelassen (immer noch das Beste, was einem Prüfer je widerfahren kann), und ich schrieb darauf: ›In a hole in the ground there lived a hobbit‹ [In einem Loch im Boden, da lebte ein Hobbit]. In meinem Sinn erzeugt ein Name immer eine Geschichte. Schließlich dachte ich mir, ich sollte doch lieber erst einmal herausfinden, was denn Hobbits seien. Aber das ist nur der Anfang.«

V
1925–1949(b)
DAS DRITTE ZEITALTER

1
Mr. Baggins tritt auf

Eigentlich war das fehlende Zwischenstück schon immer dagewesen. Es war die Suffield-Seite seines eigenen Charakters.

Sein tiefes Gefühl, daß die Landschaft des Westens von Mittelengland seine wahre Heimat sei, hatte seit der Studentenzeit seine wissenschaftlichen Interessen geprägt. Dieselben Beweggründe, aus denen heraus er *Beowulf, Gawain* und die *Ancrene Wisse* untersucht hatte, ließen ihn nun eine Figur schaffen, die all das verkörperte, was er an den West-Midlands liebte: Mr. Bilbo Baggins*, den Hobbit.

Oberflächlich gesehen, hat dieser Einfall manche Vorläufer: die Snergs, der Name Babbitt, und in Tolkiens eigenen Geschichten der vier Fuß große Tom Bombadil und der winzige Timothy Titus. Aber viel sagt uns das nicht. Das persönliche Moment ist sehr viel aufschlußreicher. In der Erzählung ist Bilbo Baggins der Sohn der lebhaften Belladonna Took (Tuk), ihrerseits eine der drei ausgezeichneten Töchter des alten Took, außerdem stammt er von den respektablen Baggins ab, ist von mittlerem Alter, neigt nicht zu Abenteuern, kleidet sich solide, doch gern in leuchtenden Farben, und bevorzugt gutbürgerliche Küche; und doch ist etwas Eigenartiges an seinem Charakter, das wach wird, wenn das Abenteuer beginnt. John Ronald Reuel Tolkien, der Sohn der rührigen Mabel Suffield, ihrerseits eine der drei ausgezeichneten Töchter des alten John Suffield (der fast hundert Jahre alt wurde), außerdem von den respektablen Tolkiens abstammend, war von mittlerem Alter, neigte zum Pessimismus, kleidete sich solide, trug aber gern auch farbige Westen, wenn er sie sich leisten konnte, und bevorzugte gutbürgerliche Küche. Doch etwas Wunderliches war auch an seinem Charakter; es hatte sich schon darin geäußert, daß er eine Mythologie erfand, und nun bewog es ihn, diese neue Geschichte anzufangen.

Tolkien selbst war sich der Ähnlichkeit zwischen dem Autor und

---

* In den deutschen Ausgaben: »Beutlin«.

seiner Figur wohlbewußt. »Ich bin selber ein Hobbit«, schrieb er einmal, »in allem bis auf die Größe. Ich liebe Gärten, Bäume und Ackerland ohne Maschinen; ich rauche Pfeife, esse gern gutbürgerlich (nichts aus dem Kühlschrank) und verabscheue die französische Küche; ich trage gern — ein Wagnis in dieser öden Zeit — dekorative Westen. Ich mag Pilze (vom Felde), habe einen sehr einfachen Humor (den sogar meine wohlwollendsten Kritiker störend finden); ich gehe spät zu Bett und stehe spät auf (wenn möglich). Ich reise nicht viel.« Als wollte er die Ähnlichkeit der Charaktere noch betonen, nannte er den Wohnsitz des Hobbits »Beutelsend«, wie die Nachbarn den Bauernhof seiner Tante Jane in Worcestershire nannten. Worcestershire, die Grafschaft, aus der die Suffields stammten und wo sein Bruder Hilary damals Obst anbaute, ist von allen Gegenden der West Midlands diejenige, wo die Hobbits lebten, »The Shire« — »Das Auenland«. Tolkien schrieb darüber: »Jeder Winkel dieser Grafschaft (ob schön oder elend) liegt für mich in unerklärlicher Weise auf dem ›Heimweg‹, wie kein anderes Stück von der Welt.« Das Dorf Hobbingen selbst aber mit seiner Mühle und dem Fluß findet sich nicht in Worcestershire, sondern in Warwickshire, nun halbversteckt in dem roten Backsteinring um Birmingham, doch immer noch als Sarehole erkennbar, wo Ronald Tolkien vier bedeutsame Jahre verlebte.

Doch sind die Hobbits nicht nur Widerspiegelung persönlicher Eigenheiten. Zu einem Interviewer sagte Tolkien einmal: »Die Hobbits sind einfach ländliche Engländer — klein im Wuchs, weil das die im allgemeinen kleine Reichweite ihrer Vorstellungen spiegelt, nicht jedoch klein an Mut oder an latenten Kräften.« Anders ausgedrückt, die Hobbits stellen die Verbindung eines engen Horizonts mit großem Mut dar, eine Verbindung, die (wie Tolkien in den Schützengräben des Ersten Weltkriegs gesehen hatte) oft unter hoffnungslosen Bedingungen zu überleben half. »Es hat mich immer beeindruckt«, sagte er einmal, »daß wir noch da und am Leben sind, dank des unbezähmbaren Muts ganz kleiner Leute, gegen alle Aussichten.«

In mancher Hinsicht ist es falsch, wenn wir die Hobbits als das »fehlende Zwischenstück« bezeichnen, dessen es bedurfte, ehe die beiden Seiten von Tolkiens Phantasie in den zwanziger und dreißiger Jahren sich treffen und miteinander verschmelzen konnten; zumindest ist es chronologisch falsch, denn Tolkien begann wahrscheinlich schon sehr früh in dieser Periode, den *Hobbit* zu schreiben. Genauer wäre es, zu sagen, daß ihm erst, als das Buch fertig und erschienen war — eigentlich erst, als er die Fortsetzung zu schreiben begann —, die Bedeutung der Hobbits aufging, und nun erst sah er, daß sie eine entscheidende Rolle in seiner Mythologie zu spielen hatten. Für sich genommen, war der *Hobbit* zunächst nur eine unterhaltsame Geschichte unter anderen. Auch hätte er beinahe dasselbe Schicksal erlitten wie so viele andere und wäre unvollendet liegengeblieben.

Wir können zwar recht klar sehen, warum Tolkien diese Geschichte zu schreiben begann, doch ist es unmöglich, genau zu sagen, wann das war. Im Manuskript sind keine Daten vermerkt, und Tolkien selbst konnte sich später nicht mehr genau erinnern, wann er mit dem Buch angefangen hatte. Einmal sagte er dazu: »Ich bin nicht sicher, aber ich glaube, die unvorhergesehene Gesellschaft (das erste Kapitel) wurde sehr eilig vor 1935 geschrieben, mit Sicherheit aber nach 1930, als ich in die Northmoor Road 20 zog.« Anderswo schrieb er: »Auf ein leeres Blatt kritzelte ich: ›In einem Loch im Boden, da lebte ein Hobbit.‹ Ich wußte nicht, warum, und weiß es auch jetzt noch nicht. Ich tat lange Zeit nichts daran, und über ein paar Jahre hin kam ich nicht weiter als bis zum Zeichnen von Thrors Landkarte. Aber Anfang der dreißiger Jahre wurde es dann der *Hobbit*.« Diese Erinnerung, daß zwischen der ersten Idee und dem Niederschreiben des Hauptteils der Geschichte ein Einschnitt lag, wird durch eine Notiz bestätigt, die Tolkien auf eine noch erhaltene Seite des ursprünglichen ersten Kapitels kritzelte: »Einzige noch vorhandene Seite vom ersten handgeschriebenen Manuskript des *Hobbit*, das nicht weiter ging als das erste Kapitel.« 1937, kurz nachdem das Buch erschienen war, gab Christopher Tolkien (in seinem Brief an den Weihnachtsmann) die folgende Darstellung von der Entstehung des Buches: »Papa hat es vor ewigen Zeiten geschrieben und es John, Michael und mir in unseren Winter-Lesestunden, abends nach dem Tee, vorgelesen; aber die letzten Kapitel waren noch ziemlich flüchtig und überhaupt noch nicht getippt; vor einem Jahr hat er es zu Ende geschrieben.« Und in einem Brief an den Verlag schrieb Tolkien im gleichen Jahr: »Mein ältester Junge war dreizehn, als er die Fortsetzungen hörte. Den jüngeren hat es nicht gefallen, sie mußten jeder erst dazu heranwachsen.«

Diese Aussagen führen zu der Folgerung, daß das Buch 1930 oder 1931 angefangen wurde (als John, der Älteste, dreizehn war); mit Sicherheit existierte gegen Ende 1932 schon ein Typoskript (in dem nur noch die letzten Kapitel fehlten), das C. S. Lewis gezeigt wurde. John und Michael Tolkien glauben jedoch, daß dies nicht die ganze Wahrheit ist, denn sie erinnern sich klar, manche Elemente der Geschichte schon im Studierzimmer des Hauses Northmoor Road *22* gehört zu haben, das heißt vor 1930. Sie sind nicht sicher, ob das damals schon eine *geschriebene* Geschichte war, und glauben, es könne auch eine Reihe von Stegreif-Geschichten gewesen sein, die erst später in den *Hobbit* mit eingingen.

Das Manuskript des *Hobbit* spricht dafür, daß die eigentliche Niederschrift des Hauptteils in einem vergleichsweise kurzen Zeitraum vonstatten ging: Tinte, Papier und Handschrift sind gleichbleibend, die Seiten sind durchgehend numeriert, und es gibt fast gar keine Kapiteleinteilung. Es scheint auch, daß Tolkien die Geschichte flüssig und ohne viel zu zögern herunterschrieb, denn es gibt verhältnismäßig wenig Streichungen oder Änderungen. Der Drache hieß zuerst »Pryftan«, den Namen »Gandalf« trug zuerst der oberste der Zwerge, und der Zauberer hieß »Bladorthin«. Der Name des Drachen wurde bald zu »Smaug« geändert, von dem germanischen Verbum *smugan*, mit der Bedeutung »durch ein Loch drücken«; Tolkien nannte dies einen »schlechten Philologenwitz«. Der Name »Bladorthin« dagegen wurde eine ganze Weile beibehalten, und erst als das Manuskript schon ziemlich weit fortgeschritten war, wurde der Anführer der Zwerge in »Thorin Eichenschild« umbenannt, und der Name »Gandalf« (der wie alle Zwergennamen aus der Älteren Edda entlehnt ist) wurde dem Zauberer gegeben, zu dem er wegen seiner isländischen Bedeutung »Hexen-Elb« am besten paßte.

Er schrieb die Geschichte also anfangs nur zur eigenen Belustigung. Gewiß hatte Tolkien zuerst nicht vor, die bürgerlich-behagliche Welt Bilbos in irgendein Verhältnis zu der weiten mythischen Landschaft des *Silmarillion* zu bringen. Doch allmählich begannen manche Elemente aus seiner Mythologie sich einzuschleichen. Unvermeidlich stifteten die Zwerge eine Verbindung, denn sie kamen auch in dem früheren Werk vor; und wenn der Zauberer im ersten Kapitel den »Nekromanten« erwähnt, so war das ein Hinweis auf die Legende von Beren und Lúthien. Bald war deutlich, daß die Reise Bilbos und seiner Gefährten durch eine Gegend von Mittelerde führte, deren Vorgeschichte im *Silmarillion* aufgezeichnet war. Dies war, wie Tolkien sagte, »die Welt, in die Mr. Baggins hinauszog«. Und wenn die Ereignisse der neuen Geschichte eindeutig lange nach denen des *Silmarillion* stattfanden und die früheren Chroniken von der Geschichte des Ersten und Zweiten Zeitalters von Mittelerde berichteten, dann schien es, daß der *Hobbit* wohl eine Erzählung aus dem Dritten Zeitalter sein mußte.

»Eine solche Geschichte«, sagte Tolkien, »schreibt man aus dem Blätter-Humus des Geistes«, und obwohl wir die Gestalt von einigen wenigen dieser Blätter noch erkennen können — der Alpenwanderung von 1911, den Kobolden aus den »Curdie«-Büchern George MacDonalds, einer Episode des *Beowulf*, in der einem schlafenden Drachen ein Becher gestohlen wird —, ist dies doch nicht das Wesentliche an Tolkiens Metapher. Man lernt wenig daraus, wenn man in einem Komposthaufen herumstochert, um zu sehen, was es für tote Pflanzen waren, die einmal in ihn eingangen sind. Besser ist, man sieht zu, wie er auf die neuen Pflanzen wirkt, die darauf wachsen. Und im *Hobbit* trieb Tolkiens geistiger Humus ein reiches Wachstum hervor, mit dem nur wenige Kinderbücher zu vergleichen sind.

Denn ein Kinderbuch ist es. Ungeachtet der Tatsache, daß es in seine Mythologie hineingezogen worden war, ließ Tolkien nicht zu, daß es überwältigend ernsthaft oder auch nur im Tonfall »erwachsen« wurde, sondern er hielt an der ursprünglichen Absicht fest, die eigenen Kinder und vielleicht auch die anderer Leute damit zu unterhalten. Diese Absicht verfolgte er sogar bisweilen allzu bewußt und geflissentlich, denn das erste Manuskript enthält eine große Zahl Seitenbemerkungen an den jungen Leser, etwa in der Art wie »nun wißt ihr also fürs erste Bescheid« oder »wie wir am Ende sehen werden«. Viele davon wurden später gestrichen, doch manche stehen noch im veröffentlichten Text — sehr zu Tolkiens Bedauern, denn er faßte schließlich eine Abneigung gegen dergleichen und kam sogar zu der Ansicht, daß jedes gönnerhafte »Ansprechen« der Kinder in einer Geschichte ein großer Fehler sei. »Ich kümmere mich nicht um die Kinder«, schrieb er einmal. »Das ›Kind‹ als solches, ob nun modern oder anders, interessiert mich nicht, und ich habe ganz sicher nicht die Absicht, ihm auf halbem Wege oder auch einem Viertel des Weges entgegenzukommen. Das ist in jedem Falle ein Fehler, entweder nutzlos (bei den Dummen) oder schädlich (wenn man es den Begabten aufdrängt).« Als er jedoch den *Hobbit* schrieb, litt er noch an dem, was er später »die heutigen Illusionen über ›Märchen‹ und Kinder« nannte, Illusionen, auf die er, wie er nicht viel später bewußt entschied, verzichten wollte.

Mit der Arbeit an der Geschichte kam er flott voran, bis zu der Stelle, nicht weit vor dem Ende, wo der Drache sterben soll. Hier zögerte Tolkien und versuchte den weiteren Gang der Handlung in Notizen festzulegen — etwas, das er im *Herrn der Ringe* dann öfter tat, im *Hobbit* aber anscheinend selten. In diesen Notizen wird erwogen, daß

Bilbo in die Höhle des Drachen kriechen und ihn erstechen könnte. »Bilbo stößt ihm sein kleines Zaubermesser rein«, schrieb er. »Todeskampf des Drachen. Zerstört die Mauern und den Eingang zum Tunnel.« Doch diese Idee, die kaum zum Charakter des Hobbits gepaßt und dem Drachen nicht den würdigen Tod bereitet hätte, der ihm gebührte, wurde zugunsten der Lösung im veröffentlichten Text verworfen, wo der Drache von dem Bogenschützen Bard getötet wird. Und dann, kurz nachdem er den Tod des Drachen beschrieben hatte, ließ Tolkien die Geschichte liegen.

Oder genauer gesagt, er schrieb nichts mehr nieder. Für seine Kinder hatte er aus dem Stegreif einen Schluß zu der Geschichte gefunden, doch, wie Christopher Tolkien es ausdrückte, »die letzten Kapitel waren noch ziemlich flüchtig und überhaupt nicht getippt«. Sie waren noch nicht einmal handschriftlich im Manuskript festgehalten. Das Typoskript der nahezu fertigen Geschichte, in den kleinen, klaren Typen seiner Hammond-Maschine, mit Kursivschrift für die Lieder, wurde ab und zu einem besonders geschätzten Freund gezeigt, zusammen mit den dazugehörigen Landkarten (und vielleicht auch schon ein paar Illustrationen). Aber außer Haus kam es nicht oft. Es lag unfertig in Tolkiens Studierzimmer, und dort würde es nun wohl auch bleiben. Die Jungen wurden älter und baten nicht mehr um »Wintergeschichten«, und so gab es keinen Grund, weshalb der *Hobbit* jemals fertig werden sollte.

Eine der wenigen, die das Typoskript des *Hobbit* zu sehen bekamen, war eine graduierte Studentin namens Elaine Griffiths, eine ehemalige Schülerin Tolkiens, die eine Freundin der Familie geworden war. Auf seine Empfehlung hin war sie von dem Londoner Verlag George Allen & Unwin beauftragt worden, Clark Halls Übersetzung des *Beowulf* zu überarbeiten, eine bei den Studenten beliebte »Eselsbrücke«. Eines Tages im Jahre 1936 (einige Zeit, nachdem Tolkien den *Hobbit* liegengelassen hatte) kam eine Mitarbeiterin des Verlags nach Oxford, um mit ihr über das Vorhaben zu sprechen. Dies war Susan Dagnall, die zur gleichen Zeit wie Elaine Griffiths in Oxford Englisch studiert hatte und sie gut kannte. Sie erfuhr, daß Professor Tolkien eine noch unfertige, aber ausgezeichnete Kindergeschichte geschrieben habe. Elaine Griffiths schlug ihr vor, sie solle in die Northmoor Road gehen und fragen, ob sie das Manuskript ausleihen könne. Susan Dagnal ging hin, sprach mit Tolkien, erbat das Typoskript und erhielt es. Sie nahm es mit nach London, las es und befand, daß es auf jeden Fall eine Prüfung durch Allen & Unwin verdiente. Doch es brach kurz nach dem Tod des Drachen ab; daher schickte sie es Tolkien zurück und fragte, ob er es beenden könne, und zwar möglichst bald, damit es für die Veröffentlichung im nächsten Jahr geprüft werden könne.

Tolkien machte sich an die Arbeit. Am 10. August 1936 schrieb er: »Der *Hobbit* ist nun fast fertig, und der Verlag schreit danach.« Er stellte seinen Sohn Michael an, der sich in der Schule die rechte Hand übel an einem Fenster zerschnitten hatte, und ließ sich von ihm mit der Linken beim Tippen helfen. In der ersten Oktoberwoche wurde die ganze Arbeit fertig, und das Typoskript wurde an Allen & Unwin geschickt, mit dem Titel *The Hobbit, or There and Back Again.*

Der Verlagsleiter, Stanley Unwin, war der Ansicht, daß die besten Sachverständigen für Kinderbücher die Kinder seien; daher übergab er den *Hobbit* seinem zehnjährigen Sohn Rayner, der ihn las und das folgende Gutachten schrieb:

> Bilbo Baggins war ein Hobbit, der in seiner Hobbit-Höhle lebte und *nie* auf Abenteuer ging, bis endlich der Zauberer Gandalf und seine Zwerge ihn überredeten, doch zu gehen. Er hatte sehr aufregende Erlebnisse im Kampf mit Orks und Wölfen. Zuletzt kamen sie zum einsamen Berg; Smaug, der Drache, der den Schatz bewacht, wird getötet, und nach einer großen Schlacht mit den Orks kehrte er heim — als reicher Mann! Dieses Buch braucht wegen der Karten keine Abbildungen es ist gut und müßte allen Kindern zwischen 5 und 9 Jahren gefallen.

Als Honorar für dieses Gutachten bekam der Junge einen Shilling, und das Buch wurde zur Veröffentlichung angenommen.

Gegen Rayner Unwins Meinung wurde entschieden, daß der *Hobbit* doch Illustrationen brauche. Tolkien schätzte seine Talente als Zeichner bescheiden ein, und als er auf Bitten des Verlags eine Anzahl der Bilder schickte, die er zu der Geschichte gezeichnet hatte, merkte er an: »Die Bilder scheinen mir im wesentlichen nur zu beweisen, daß der Autor nicht zeichnen kann.« Aber Allen & Unwin waren anderer Meinung und nahmen mit Freuden acht seiner Schwarzweißzeichnungen.

Obwohl Tolkien eine gewisse Vorstellung von den technischen Verfahren der Buchherstellung hatte, verwunderte ihn doch die Menge von Schwierigkeiten und Enttäuschungen während der folgenden Monate; die Umständlichkeit und manchmal auch die schlichte Unfähigkeit der Verlags- und Druckerei-Angestellten erregten auch später, bis an sein Lebensende, immer wieder sein Erstaunen. Die Karten zum Hobbit mußte er noch einmal zeichnen, weil er zuerst zu viele Farben verwendet hatte, und auch dann noch wurde sein Wunsch, die allgemeine Übersichtskarte am Ende und Thrors Karte innerhalb des ersten Kapitels zu bringen, nicht befolgt. Der Verlag hatte entschieden, beide Karten als Beilagen am Ende zu bringen, und infolgedessen mußte er auch auf die »unsichtbare Schrift« verzichten, die man nur sehen sollte, wenn man Thrors Karte gegen das Licht hielt. Auch die Korrekturen kosteten ihn einige Zeit — doch das war allein seine Schuld. Als die Abzüge mit dem Seitenumbruch im Februar 1937 in der Northmoor Road ankamen, beschloß er, in mehreren Teilen des Buches noch wesentliche Änderungen vorzunehmen, denn er hatte das Manuskript außer Haus gehen lassen, ohne es zuvor mit seiner gewohnten Gründlichkeit noch einmal durchzusehen, und nun war er mit einer ganzen Anzahl von Abschnitten unzufrieden; insbesondere mißfielen ihm die meisten der onkelhaften »Beiseite«-Bemerkungen für den jugendlichen Leser, und auch in der Beschreibung der Örtlichkeiten sah er viele Unstimmigkeiten, Details, die zwar nur die aufmerksamsten und gewissenhaftesten Leser bemerken würden, die er in seinem Perfektionsdrang aber nicht konnte durchgehen lassen. In wenigen Tagen hatte er die Fahnen mit einer Unmenge Änderungen vollgeschrieben. Mit der für ihn bezeichnenden Rücksicht auf die Setzer trug er Sorge, daß der neue Text jeweils genau so lang war wie der alte — doch da verschwendete er seine Zeit, denn in der Druckerei entschloß man sich, alle von ihm geänderten Abschnitte neu zu setzen.

Der *Hobbit* erschien am 21. September 1937. Tolkien war ein wenig ängstlich, was man in Oxford dazu sagen werde, besonders weil er gerade ein Leverhulme-Forschungsstipendium bekam, und er bemerkte: »Ich werde es nun sehr schwer haben, die Leute zu überzeugen, daß nicht dies der wichtigste Ertrag meiner ›Forschung‹ 1936/37 ist.« Er hätte unbesorgt sein können: Oxford nahm zuerst fast keine Notiz.

Ein paar Tage nach dem Erscheinen wurde das Buch in den Spalten der *Times* begrüßt. »Alle, die jene Art Kinderbücher lieben, die auch der Erwachsene lesen und wieder lesen kann«, schrieb der Rezensent, »sollten zur Kenntnis nehmen, daß ein neuer Stern an diesem Himmel aufgegangen ist. Dem geschulten Blick werden manche Gestalten als nahezu mythopoetisch erscheinen.« Der geschulte Blick war der Blick C. S. Lewis', der damals regelmäßig Rezensionen für das *Times Literary Supplement* schrieb und dem es gelungen war, diese Notiz über das Buch seines Freundes in die Mutterzeitung zu lancieren. Natürlich widmete er dem Buch auch im *Supplement* selbst eine feurige Besprechung. Ebenso begeistert wurde das Buch auch von vielen anderen Kritikern aufgenommen, wenn auch manche es sich nicht entgehen ließen, auf den unpassenden »Waschzettel« des Verlags hinzuweisen, der das Buch mit *Alice im Wunderland* verglich, bloß weil beide das Werk Oxforder Professoren waren; und es gab auch einige wenige abweichende Stimmen, darunter die eines Rezensenten, der (etwas rätselhaft) im *Junior Bookshelf* schrieb: »Die kühne Freiheit des echten Abenteuers kommt nicht zum Vorschein.«

Die erste Auflage des *Hobbit* war bis Weihnachten verkauft. Eilig wurde eine Neuauflage gedruckt, in die nun vier von den fünf farbigen Illustrationen aufgenommen wurden, die Tolkien gezeichnet hatte; anscheinend hatte er sie Allen & Unwin bisher überhaupt nicht angeboten, und ihr Vorhandensein wurde erst entdeckt, als sie über das Verlagsbüro an Houghton Mifflin weitergeleitet werden sollten, die das Buch in Amerika verlegten. Als die amerikanische Ausgabe einige Monate später erschien, fand auch sie die Zustimmung der meisten Kritiker und erhielt den Preis der *New York Herald Tribune* für das beste Jugendbuch der Saison. Stanley Unwin wurde klar, daß er einen Kinderbuch-Bestseller im Katalog hatte. Er schrieb an Tolkien: »Ein großes Publikum wird nächstes Jahr danach schreien, von Ihnen mehr über die Hobbits zu erfahren.«

2
»Der neue Hobbit«

Ein paar Wochen nach dem Erscheinen des *Hobbit* fuhr Tolkien nach London, um bei einem Essen mit Stanley Unwin über eine mögliche Anschluß-Veröffentlichung zu sprechen. Er fand, der kleine, helläugige und bärtige Verleger sehe aus »genau wie einer von meinen Zwergen, nur glaube ich, er raucht nicht«. Unwin rauchte bestimmt nicht, er trank auch keinen Alkohol (denn er kam aus einer strengen Dissidenten-Familie), und die beiden fanden sich gegenseitig recht sonderbar. Unwin erfuhr, daß Tolkien ein großes mythologisches Werk, *Das Silmarillion* genannt, geschrieben habe, daß er nun veröffentlichen wolle; Tolkien gab aber zu, daß es im Anschluß an die Abenteuer von Bilbo Baggins nicht ganz das Richtige sei, und sagte, er habe auch mehrere kurze Geschichten für Kinder, »Mr. Bliss«, »Farmer Giles of Ham« und »Roverandom«, sowie einen unvollendeten Roman, »The Lost Road«. Unwin bat Tolkien, alle diese Manuskripte an sein Büro in der Museum Street zu schicken.

Tolkien schickte sie, und sie wurden gelesen. Die Kindergeschichten gefielen alle, doch keine handelte von Hobbits, und Stanley Unwin war sicher: Was die Leser wollten, denen das erste Buch gefallen hatte, waren die Hobbits. Was die »Lost Road« anging, so war sie offensichtlich für eine jugendliche Leserschaft ungeeignet. Aber ein komplizierteres Problem stellte das *Silmarillion* dar.

Das Manuskript dieses umfangreichen Werks — oder vielmehr das Bündel Manuskripte — war in etwas ungeordnetem Zustand angelangt, und der einzige klar fortlaufende Teil schien das lange Gedicht »The Gest of Beren and Lúthien« zu sein. Also wurde dieses Gedicht einem Verlagslektor anvertraut. Der Lektor hielt nicht viel von der Sache, und über die Paarreim-Verse sprach er sich in seinem Gutachten geradezu abschätzig aus. Er beeilte sich jedoch zu sagen, daß er die Prosafassung der Geschichte von Beren und Lúthien überaus packend finde — Tolkien hatte sie vermutlich beigefügt, um den Fortgang der Handlung zu zeigen, denn das Gedicht selbst war unfertig. »Hier schreitet die Erzählung in atemberaubendem Tempo voran«, berichtete der Lektor Stanley Unwin und fuhr dann begeistert fort (wenn auch mit ziemlich unsinnigen Lobsprüchen): »Die Geschichte wird mit einer bildhaften Knappheit und Würde erzählt, die das Interesse des Lesers fesselt, trotz der keltischen Namen, von denen einem die Augen weh tun. Sie hat etwas von jener verrückten, helläugigen Schönheit, die jeden Angelsachsen angesichts keltischer Kunst so betroffen macht.«

Es gibt keine Anzeichen dafür, daß auch andere Teile des *Silmarillion* zu dieser Zeit bei Allen & Unwin gelesen wurden. Dennoch schrieb Stanley Unwin am 15. Dezember 1937 an Tolkien:

> *Das Silmarillion* enthält vieles an herrlichen Stoffen; es ist aber eher eine Mine, die beim Schreiben weiterer Bücher wie dem *Hobbit* auszuwerten wäre, als ein Buch für sich. Ich glaube, das war doch zum Teil auch Ihre Meinung, nicht wahr? Was wir unbedingt brauchen, ist ein neues Buch, das an unseren Erfolg mit dem *Hobbit* anknüpft, doch leider scheint keines von diesen Manuskripten (das Gedicht und *Das Silmarillion* selbst) dazu ganz das Richtige zu sein. Ich hoffe immer noch, daß Sie sich anregen lassen, ein weiteres Buch über den Hobbit zu schreiben.

In diesem Brief gab Unwin auch die begeisterten, wenngleich fehlgeleiteten Komplimente des Lektors zu dem Teil des *Silmarillion*, den er gelesen hatte, an Tolkien weiter. Tolkien antwortete (am 16. Dezember 1937:

> Zu meiner größten Freude höre ich, daß das *Silmarillion* nicht mit Verachtung abgewiesen wird. Ich habe unter einer ganz lächerlichen Furcht und Bekümmerung gelebt, seit ich diesen ganz privaten und mir teuren Unsinn aus dem Haus gegeben habe; und ich glaube, wenn es auch Ihnen als Unsinn erschienen wäre, dann hätte ich mich wohl ganz zermalmt gefühlt. Aber nun hoffe ich ganz bestimmt, daß ich eines Tages in der Lage sein werde oder es mir werde leisten können, das *Silmarillion* zu veröffentlichen. Die Bemerkungen Ihres Lektors bereiten mir Vergnügen. Es tut mir leid, daß die Namen seinen Augen weh tun — ich persönlich glaube (und hier traue ich mir ein gutes Urteil zu), daß sie gut sind und einen großen Teil der Wirkung ausmachen. Sie sind in sich stimmig und aus zwei miteinander verwandten Sprachstämmen gebildet, so

daß sie einen Realitätsgrad erreichen, wie ihn andere Namen-Erfinder (z. B. Swift oder Dunsany) nicht ganz erreicht haben. Überflüssig zu sagen, daß sie nicht keltisch sind! Ebensowenig wie die Geschichten.

Ich hatte nicht geglaubt, daß irgendeine von den Sachen, die ich Ihnen geschickt habe, ganz das Richtige sein würde. Was ich nur wissen wollte, war, ob irgend etwas davon von äußerem, nicht nur persönlichem Wert ist. Ich denke, es ist klar, daß ganz unabhängig davon eine Fortsetzung oder ein Anschluß zum *Hobbit* erwünscht ist. Ich verspreche, dies gewissenhaft zu bedenken. Aber ich bin sicher, Sie werden es verstehen, daß der Aufbau einer vielschichtigen und stimmigen Mythologie (und zweier Sprachen) die Gedanken ziemlich in Anspruch nimmt, und die Silmaril habe ich ins Herz geschlossen. Weiß der Himmel, was also weiter werden wird. Mr. Baggins begann als eine komische Erzählung unter herkömmlichen und unstimmigen grimmschen Märchenzwergen, und dann wurde er am Rande da hineingezogen — so daß sogar Sauron der Schreckliche über den Rand lugte. Und was können Hobbits mehr tun? Sie können komisch sein, aber ihre Komik ist zu bieder, wenn sie sich nicht gegen elementarere Dinge abhebt. Aber der wirkliche Spaß mit Orks und Drachen, das war (meiner Meinung nach) vor ihrer Zeit. Vielleicht eine neue (wenn auch ähnliche) Linie?

Stanley Unwin verstand wahrscheinlich nicht allzu viel in diesem Brief; aber jedenfalls hatte Tolkien hier angefangen, laut zu denken und Pläne zu machen, denn nur drei Tage später, am 19. Dezember 1937, schrieb er an Charles Furth, einen der Lektoren bei Allen & Unwin: »Ich habe das erste Kapitel einer neuen Geschichte über Hobbits geschrieben — ›Ein langerwartetes Fest‹.«

Die neue Geschichte begann ähnlich wie die erste. Mr. Bilbo Baggins (Beutlin) feiert seinen Geburstag, und nachdem er eine Ansprache an seine Gäste gehalten hat, steckt er den Zauberring auf, den er im *Hobbit* gewonnen hat, und verschwindet. Als Grund für sein Verschwinden wird in der ersten Fassung angegeben, daß Bilbo kein Geld und keine Juwelen mehr übrig hatte und sich nun aufmachte, um nach weiterem Drachengold zu suchen. An diesem Punkt bricht das erste Manuskript des Einleitungskapitels ab, und es wurde nie beendet.

Tolkien hatte noch keine klare Vorstellung, um was es in der neuen Geschichte gehen sollte. Gegen Ende des *Hobbit* hatte er gesagt, daß

Bilbo »sehr glücklich bis ans Ende seiner Tage lebte, und bis dahin war es noch außerordentlich lang«. Wie sollte also der Hobbit, ohne daß dem widersprochen würde, noch irgend etwas erleben, das den Namen Abenteuer verdiente? Und hatte er nicht auch alle Möglichkeiten der Figur schon ausgeschöpft? Er beschloß, einen neuen Hobbit ins Spiel zu bringen, Bilbos Sohn, und ihn nach einer Familie von Spielzeug-Bären zu benennen, die seine Kinder besaßen, »den Bingos«. So strich er im ersten Manuskript »Bilbo« durch und schrieb »Bingo« darüber. Dann kam ihm eine andere Idee, und er hielt sie in einer Notiz fest (wie er es bei dieser Geschichte noch oft tun sollte): »*Rückkehr des Rings* zum Motiv machen.«

Der Ring war schließlich zum einen ein Bindeglied zu dem ersten Buch, zugleich aber auch eines der wenigen Elemente, die dort nicht voll ausgeschöpft worden waren. Bilbo hatte ihn mehr zufällig dem widerlichen Gollum unter den Nebelbergen abgenommen. Daß er die Kraft besaß, seinen Träger unsichtbar zu machen, das wußte man schon aus dem *Hobbit*, doch konnte man sich gut vorstellen, daß er noch andere Eigenschaften habe. Tolkien machte sich einige weitere Notizen: »Der Ring — woher kommt er? Nekromant? Nicht sehr gefährlich, wenn für gute Zwecke gebraucht. Aber er zieht seine Strafe nach sich. Man muß ihn entweder verlieren, oder man verliert *sich selbst*.« Dann schrieb er das erste Kapitel neu, nannte den Helden nun »Bingo Bolger-Baggins« und machte ihn zu Bilbos Neffen anstatt zu seinem Sohn. Er tippte es ab und schickte es Anfang Februar 1938 an Allen & Unwin, mit der Bitte, ob Stanley Unwins Sohn Rayner, der das erste Gutachten über den *Hobbit* geschrieben hatte, sich die Mühe machen wolle, ihn seine Meinung darüber wissen zu lassen.

Stanley Unwin schrieb am 11. Februar, daß Rayner es gelesen und Freude daran gehabt habe, und er sagte Tolkien: »Machen Sie nur so weiter.«

Tolkien war ermutigt, aber er antwortete: »Es fällt mir nur allzu leicht, Einleitungskapitel zu schreiben — und im Augenblick will die Geschichte sich nicht entfalten. Ich habe für den ersten ›Hobbit‹ so viel verschwendet (der ja auch keine Fortsetzung haben sollte), daß es schwer ist, jetzt etwas zu finden, das in jener Welt noch neu ist.« Dennoch machte er sich wieder an die Arbeit und schrieb ein zweites Kapitel, das er mit »Three's Company« (»Drei Mann hoch«) überschrieb. Es erzählte, wie Bingo mit seinen Vettern Odo und Frodo zu einer nächtlichen Wanderung über Land aufbricht.

»Geschichten geraten einem aus der Hand«, schrieb Tolkien ein paar Wochen später an seinen Verleger, »und diese hat eine ungeahnte Wendung genommen.« Er meinte das — von ihm gar nicht beabsichtigte — Auftauchen eines unheimlichen »Schwarzen Reiters«, der offenbar nach den Hobbits sucht. Das war nur die erste von mehreren ungeahnten Wendungen, welche die Geschichte noch nahm. Unbewußt und gewöhnlich ohne Vorherwissen lenkte Tolkien seine Geschichte aus dem heiteren Stil des *Hobbit* heraus und zu etwas Dunklerem und Mächtigerem hin, das der Welt des *Silmarillion* näherkam.

Ein drittes Kapitel wurde geschrieben, ohne Titel, doch im wesentlichen das gleiche, das später als »Geradenwegs zu den Pilzen« gedruckt wurde. Dann tippte Tolkien alles ab, was er geschrieben (und umgeschrieben) hatte, und schickte es noch einmal zur Stellungnahme an Rayner Unwin. Wieder gefiel es dem Jungen, doch sagte er, es sei »zu viel Hobbit-Gerede« darin, und er fragte, wie das Buch denn heißen werde.

Ja, wie wohl? Tolkien hatte noch nicht einmal eine klare Vorstellung, um was es gehen sollte. Auch hatte er nicht viel Zeit für das Buch. Zu den Dingen, die ihn gewöhnlich in Anspruch nahmen — Vorlesungen, Prüfungen, Verwaltung, Forschung —, kam noch die Sorge eines rätselhaften Herzleidens hinzu, das bei seinem Sohn Christopher festgestellt worden war. Der Junge, der kürzlich wie vor ihm seine Brüder auf das katholische Internat in Berkshire gekommen war, mußte für viele Monate wieder nach Hause und lag darnieder, und sein Vater widmete ihm viel Zeit und Pflege. Viele Wochen lang nahm er die neue Geschichte nicht mehr vor. Am Ende der schon geschriebenen drei Kapitel hatte Tolkien eine Notiz gemacht: »Bingo wird etwas gegen den Nekromanten unternehmen, der einen Angriff auf das Auenland vorbereitet. Sie müssen Gollum finden und herausbekommen, wo er den Ring her hat, denn 3 werden gebraucht.« Aber so vielversprechend das zuerst erschienen sein mag, zu unmittelbaren Ergebnissen führte es nicht, und am 24. Juli 1938 schrieb er an Charles Furth bei Allen & Unwin: »Die Fortsetzung zum *Hobbit* ist nicht weitergekommen. Sie gefällt mir nicht mehr, und ich habe keine Ahnung, was ich daraus machen soll.«

Wenig später kam die Nachricht, daß E.V.Gordon im Krankenhaus gestorben war, und dieser Schlag bedeutete eine weitere Verzögerung für die Arbeit an der neuen Geschichte. Und doch begann Tolkien etwa um diese Zeit seine Gedanken zu der zentralen Frage des Ringes zu ordnen, und er schrieb ein Stück Dialog zwischen Bingo und dem Elben Gildor, worin erklärt wird, welche Bewandtnis es damit hat. Er ist, sagt der Elb, einer von mehreren Ringen, die der Nekromant gemacht hat, und es scheint, daß *er* nun danach sucht. Die Schwarzen Reiter, erklärt der Elb, sind »Ringgeister«, die durch andere Ringe für immer unsichtbar gemacht worden sind. Jetzt endlich kamen die Gedanken in Fluß, und Tolkien schrieb einen weiteren Dialog zwischen Bingo und dem Zauberer Gandalf, in dem ausgemacht wird, daß der Ring viele hundert Meilen weit in das dunkle Land Mordor gebracht und dort »in eine Erdspalte« geworfen werden muß, wo ein großes Feuer brennt. Das war als Grundlage ausreichend, um die Geschichten fortzusetzen, bis die Hobbits in das Haus von Tom Bombadil kommen. Nachdem er so weit war, schrieb Tolkien am 31. August 1938 an Allen & Unwin, daß das Buch »vorankommt und ziemlich aus der Hand gerät. Es ist etwa bei Kapitel VII angelangt und schreitet ganz unvorhergesehenen Zielen entgegen«. Dann fuhr er mit der Familie, darunter auch Christopher, dem es nun viel besser ging, in die Ferien nach Sidmouth.

Dort leistete er ein Gutteil Arbeit an der Geschichte und brachte die Hobbits bis in ein Dorfgasthaus in »Bree«, wo sie einem sonderbaren Fremden begegnen, wieder eine ungeahnte Wendung der Geschichte. In den ersten Fassungen beschrieb Tolkien diese Figur als einen »verdächtig aussehenden, braungesichtigen Hobbit«, und nannte ihn »Trotter«. Später wurde er zu einem Menschen von heldenhafter Gestalt umgebildet, zu dem König, dessen Rückkehr zur Herrschaft dem dritten Band des Buches den Titel gibt; bis jetzt aber wußte Tolkien noch ebensowenig wie die Hobbits, wer er sei. Tolkien schrieb weiter, bis Bingo nach Bruchtal kam; und etwa um diese Zeit kritzelte er auf ein leeres Blatt: »Zu viele Hobbits. Auch Bingo Bolger-Baggins schlechter Name. Mach Bingo = Frodo.« Darunter aber schrieb er: »Nein — bin jetzt zu sehr an Bingo gewöhnt.« Dann war da auch das Problem, warum der Ring allen so wichtig erscheint — dies war noch nicht klargeworden. Plötzlich kam ihm eine Idee, und er schrieb: »Bilbos Ring erwies sich als der *eine herrschende Ring* — alle andern waren schon nach Mordor zurückgekommen: aber dieser eine war verlorengegangen.«

Der eine Ring, der alle anderen beherrschte, Quelle und Werkzeug für die Macht Saurons, des Dunklen Herrn von Mordor; der Ring, den die Hobbits dahin bringen müssen, wo er zerstört wird, oder die ganze Welt wird unter Saurons Herrschaft fallen. Nun rückte alles an seinen Ort, und die Geschichte hob sich von der »Kinderbuch«-Ebene des *Hobbit* bis in die Sphäre des großen Helden-Epos. Sie hatte jetzt sogar einen Titel: Als Tolkien das nächste Mal an Allen & Unwin schrieb, sprach er von ihr als von »The Lord of the Rings«, dem »Herrn der Ringe«.

Was geschehen war, war fast unvermeidlich gewesen. Tolkien hatte nicht wirklich noch mehr Geschichten wie den *Hobbit* schreiben, er hatte das ernsthafte Geschäft seiner Mythologie fortführen wollen. Und das konnte er nun tun. Die neue Geschichte hatte sich fest an das *Silmarillion* angeschlossen und sollte bald in Stil und Thema etwas von der Würde des älteren Werkes annehmen. Gewiß, die Hobbits blieben Hobbits, kleine Leutchen mit Pelz auf den Füßen und mit komischen Namen wie Baggins und Gamgee (die Witze in der Familie über den »Gaffer Gamgee« führten dazu, daß eine Figur dieses Namens in der Geschichte auftrat [dt. Ausgabe: »der Ohm«] und überdies noch einen Sohn »Sam« hat, der eine wichtige Rolle spielen soll). In gewissem Sinne war Tolkien ja nur durch Zufall — weil er sie aus dem ersten Buch übernehmen mußte — zu den Hobbits gekommen. Jetzt aber erkannte er zum ersten Mal, was die Hobbits in Mittelerde zu bedeuten hatten. Das Thema seiner neuen Geschichte war weit, aber sein Mittelpunkt war der Mut dieser kleinen Leute, und das Herzstück des Buches fand sich in den Gärten und Gasthäusern des Auenlandes — Tolkiens Bild von all dem, was er an England liebte.

Nun, wo der ganze Charakter der Geschichte klargeworden war, gab es weniger falsche Anfänge und Neuansätze. Nach der Rückkehr aus den Ferien verbrachte Tolkien im Herbst 1938 viele Stunden über der Geschichte, so daß er Ende des Jahres schon ein gutes Stück weit in den Teil hinein vorgedrungen war, der später das zweite Buch wurde. Meist arbeitete er nachts, wie es seine Gewohnheit war, gewärmt von dem launischen Ofen in seinem Studierzimmer, und mit seiner Eintauch-Feder auf die Rückseiten alter Prüfungsarbeiten schreibend — so daß ein großer Teil des *Herrn der Ringe* mit Fragmenten längst vergessener Aufsätze von Examenskandidaten durchsetzt ist. Von jedem Kapitel machte er zunächst eine schnell hingekritzelte und oft unleserliche Handschrift, dann wurde es in schönerer Schrift abgeschrieben und zuletzt auf der Hammond-Maschine getippt. Die einzige größere Änderung, die noch ausstand, betraf den Namen des Helden. Nach einer kurzen Periode im Sommer 1939, als er daran dachte, alles, was er schon geschrieben hatte, zu ändern und mit Bilbo als dem Helden von vorn anzufangen — vermutlich nach dem Prinzip, daß der Held des ersten Buches auch der des zweiten sein müsse —, kam Tolkien auf die Figur des »Bingo« zurück; da ihm aber der Name »Bingo« im Hinblick auf den ernsthaften Charakter, den die Geschichte nun angenommen hatte, ganz unerträglich geworden war, veränderte er ihn zu »Frodo«, einem Namen, den bisher schon eine Nebenfigur getragen hatte. Und bei »Frodo« blieb es.

Etwa zu der Zeit, als Tolkien beschlossen hatte, sein Buch den *Herrn der Ringe* zu nennen, unterzeichnete Chamberlain das Münchner Abkommen mit Hitler. Wie so viele andere damals mißtraute Tolkien den Absichten der Deutschen weniger als denen Sowjet-Rußlands; er schrieb, er habe »einen Widerwillen dagegen, auf einer Seite zu stehen, auf der auch Rußland steht«, und er fügte hinzu: »Man kann sich vorstellen, daß Rußland wahrscheinlich für die gegenwärtige Krise und die Wahl ihres Augenblicks letzten Endes weit mehr Verantwortung trägt als Hitler.« Dennoch, wenn Mordor (der Sitz des Bösen im *Herrn der Ringe*) in den Osten verlegt wird, so ist dies keine allegorische Anspielung auf die zeitgenössische Weltpolitik, denn, wie Tolkien selbst versicherte, es war »einfach eine erzählerische und geographische Notwendigkeit«. An anderer Stelle traf er eine sorgfältige Unterscheidung zwischen »Allegorie« und »Anwendbarkeit«: ». . . ich habe eine herzliche Abneigung gegen die Allegorie in all ihren Erscheinungsformen, und zwar immer schon, seit ich alt und wachsam genug war, um ihr Vorhandensein zu entdecken. Wahre oder erfundene Geschichte mit ihrer vielfältigen Anwendbarkeit auf das Denken und die Erfahrung der Leser ist mir sehr viel lieber. Ich glaube, daß viele Leute ›Anwendbarkeit‹ mit ›Allegorie‹ verwechseln; aber die eine ist der Freiheit des Lesers überlassen, die andere wird ihm von der Absicht des Verfassers aufgezwungen.« Wie C. S. Lewis über den *Herrn der Ringe* geschrieben hat: »Dies wurde nicht so angelegt, daß es bestimmten Situationen in der realen Welt entsprach. Umgekehrt, die realen Ereignisse begannen sich, furchtbarerweise, in das von ihm frei erfundene Muster zu fügen.«

Tolkien hoffte die Arbeit an dem Buch in den ersten Monaten des Jahres 1939 fortsetzen zu können, aber es gab endlose Ablenkungen. Eine davon entstand aus seinem Versprechen, Anfang März die Andrew-Lang-Vorlesung an der Universität von St. Andrews zu halten. Er hatte das gleiche Thema gewählt, das er ein Jahr zuvor dem Studenten-Club am Worcester College zuerst angekündigt hatte: Märchen. Als ein Thema, das Lang selbst stark beschäftigt hatte, war es dem Anlaß gemäß, und Tolkien kam es oft in den Sinn, während er an seiner neuen Geschichte schrieb. Der *Hobbit* war eindeutig für Kinder bestimmt und das *Silmarillion* für Erwachsene, aber Tolkien sah wohl, daß der *Herr der Ringe* nicht so leicht einzuordnen war. Im Oktober 1938 schrieb er an Stanley Unwin, daß die Geschichte im Begriff sei, »die ›Kinder‹ zu vergessen und beängstigender zu werden als der *Hobbit*«. Und er fügte hinzu: »Es kann sein, daß sie sich als ganz ungeeignet erweist.« Doch er war fest überzeugt, daß Märchen nicht unbedingt für Kinder seien, und er beschloß, seine Vorlesung zum großen Teil dem Beweis dieser Überzeugung zu widmen.

Den wichtigsten Punkt hatte er schon einmal in dem Gedicht »Mythopoeia« berührt, das er vor etlichen Jahren für C. S. Lewis geschrieben hatte, und er beschloß, in der Vorlesung daraus zu zitieren:

The heart of man is not compound of lies,
but draws some wisdom from the only Wise,
and still recalls Him. Though now long estranged,
Man is not wholly lost nor wholly changed.
Dis-graced he may be, yet is not de-throned,
and keeps the rags of lordship once he owned:
Man, Sub-creator, the refracted light
through whom is splintered from a single White
to many hues, and endlessly combined
in livings shapes that move from mind to mind.
Though all the crannies of the world we filled
with Elves and Goblins, though we dared to build
Gods and their houses out of dark and light,
and sowed the seed of dragons — 'twas our right
(used or misused). That has not decayed:
we make still by the law in which we're made.

(Das Menschenherz besteht nicht nur aus Lügen,
sondern ein wenig fließt ihm zu vom Wissen des einzig Weisen,
und Seiner gedenkt es noch. Wenn auch nun schon lang entfremdet,
ist der Mensch doch nicht ganz verloren, nicht ganz verändert.
Entgnadet mag er sein, doch ist er nicht entthront
und bewahrt noch die Lumpen der Herrscherwürde, die er einst besessen:
Mensch, Nebenschöpfer, durch den das gebrochene Licht

sich spaltet aus dem einen Weiß
in viele Farben und sich endlos verbindet
zu lebendigen Formen, die wandern von Geist zu Geist.
Und wenn wir auch randvoll die Welt
mit Elben und Kobolden füllten, selbst wenn wir es wagten,
aus Licht und Dunkel Götter und ihre Häuser zu bilden
und Drachensaat zu säen — dies war unser Recht
(wohl- oder mißgebraucht). Dies Recht ist nicht verfallen:
wir schaffen noch nach dem Gesetz, unter dem wir geschaffen wurden.)

Der Mensch als »Sub-creator«, als »Neben-Schöpfer«, war in einer Hinsicht ein neuer Ausdruck für das, was man oft »die willentliche Aussetzung des Unglaubens« nennt, und Tolkien machte dies zum zentralen Argument seiner Vorlesung.

»Was eigentlich geschieht«, schrieb er, »ist, daß sich der Erzähler als ein erfolgreicher ›Nebenschöpfer‹ erweist. Er schafft eine Sekundärwelt, die unser Geist betreten kann. Darinnen ist ›wahr‹, was er erzählt: Es stimmt mit den Gesetzen jener Welt überein. Daher glauben wir es, solange wir uns gewissermaßen darinnen befinden. Sobald Unglaube aufkommt, ist der Bann gebrochen; der Zauber, oder vielmehr die Kunst, hat versagt. Und dann sind wir wieder in der Primärwelt und betrachten die kleine, mißlungene Sekundärwelt von außen.«

Er brachte in der Vorlesung recht viele Argumente vor, vielleicht allzu viele, als daß sie ganz hätten überzeugen können. Doch am Ende versicherte er in nachdrücklichen Formulierungen, daß es keine höhere Aufgabe für den Menschen gebe als die »Nebenschöpfung« einer Sekundärwelt wie der, an welcher er im *Herrn der Ringe* bereits arbeitete, und er äußerte seine Hoffnung, daß seine Geschichte und das Ganze der mit ihr verbundenen Mythologie sich in einer Hinsicht als »wahr« erweisen könnten: »Jeder Schriftsteller, der eine Sekundärwelt schafft«, erklärte er, »wünscht in gewissem Maße, ein echter Schöpfer zu sein, oder hofft, aus dem Wirklichen zu schöpfen: hofft, daß die Eigenart dieser Sekundärwelt (wenn auch nicht alle Einzelheiten) sich aus der Wirklichkeit herleitet oder in sie übergeht.« Er ging sogar so weit, zu sagen, daß es ein spezifisch christliches Unterfangen sei, eine Geschichte wie die zu schreiben, mit der er jetzt beschäftigt war: »Der Christ mag nun erkennen, daß all seine Neigungen und Fähigkeiten einen Sinn haben, der eingelöst werden kann. So groß ist die Gabe, die ihm verliehen ist, daß er nun vielleicht mit Recht wagen darf, zu vermuten, daß er in der Phantasie tatsächlich daran mitwirken könne, die Schöpfung mit vielerlei Laubwerk zu bereichern.«

Die Vorlesung wurde am 8. März 1939 (das Datum wurde verschiedentlich falsch mit 1938 oder 1940 angegeben) an der St.-Andrews-Universität gehalten, und Tolkien kehrte darauf mit neuem Enthusiasmus zu der Geschichte zurück, deren Sinn er gerechtfertigt hatte. Sie hatte angefangen als eine bloße »Fortsetzung« zum *Hobbit*, auf Drängen seines Verlegers, jetzt aber, besonders nach dieser Erklärung ihres hohen Zwecks in seiner Vorlesung, bedeutet der Ring ihm ebensoviel wie die Silmaril. Ja, es war nun klar, daß der *Herr der Ringe* eine Fortsetzung nicht so sehr des *Hobbit* als vielmehr des *Silmarillion* war. Jeder Aspekt des älteren Werkes reichte in das neue hinüber: die Mythologie als solche, die sowohl einen historischen Hintergrund als auch einen gewissen Tiefenschatten abgab, die Elbensprachen, die er über mehr als fünfundzwanzig Jahre hin so gewissenhaft und gründlich ausgeformt hatte, und sogar das feanorische Alphabet, in dem er von 1926 bis 1933 sein Tagebuch geführt hatte und dessen er sich nun für die elbischen Inschriften in der Geschichte bediente. Mit seinen Freuden aber sprach Tolkien noch immer bescheiden von seiner Geschichte als von »dem neuen Hobbit« oder der »Hobbit-Fortsetzung«.

Unter diesem Titel wurde sie Kapitel für Kapitel den Inklings vorgelesen und von ihnen mit großer Begeisterung aufgenommen; doch nicht alle, die zuhörten, waren glücklich über den »hohen« Prosastil, der in dem Buch nun vorzuherrschen begann. Tolkien war von dem vergleichsweise lockeren Umgangston der einleitenden Kapitel zu einem Stil übergegangen, der immer archaischer und feierlicher wurde. Er war sich dessen wohlbewußt. Er verfuhr ganz absichtlich so und erklärte es zu jener Zeit in einer Veröffentlichung, ebenso wie er die Absichten seines Buches in der St. Andrews-Vorlesung erklärt hatte. Den Anlaß gab dieses Mal seine Einleitung zu Halls revidierter *Beowulf*-Übersetzung. Elaine Griffiths hatte sich außerstande gesehen, die Revision zu Ende zu führen, und da Tolkien selbst keine Zeit fand, gab er die Arbeit an seinen Kollegen Charles Wrenn weiter, der damals an der Universität London lehrte. Wrenn brachte die Arbeit schnell zu Ende, doch Allen & Unwin mußten noch Monate warten, ehe Tolkien sich überreden ließ, seine Gedanken soweit zu ordnen, daß er die Einleitung zu dem Bande schreiben konnte, die er versprochen hatte. Nachdem sie endlich geschrieben war, erwies sie sich als eine lange Abhandlung über die Prinzipien des Übersetzens und insbesondere als ein Plädoyer für einen »hohen Stil« bei Behandlung heroischer Stoffe. Ob nun bewußt oder unbewußt, er erörterte im Grunde den *Herrn der Ringe*, der damals (Anfang 1940) bis zur Mitte des späteren zweiten Buches gediehen war.

In dieser Einleitung erklärte Tolkien: »Wir werden uns sogleich wohlweislich vor der eigenen Frivolität in acht nehmen, wenn wir statt *hitting* oder *whacking* (etwa: dreschen, prügeln) ›striking‹ und ›smiting‹ (etwa: schlagen, hauen) den Vorzug geben, wenn wir statt *talk* und *chat* (etwa: Sprechen, Geplauder) lieber ›speech‹ und ›discourse‹ sagen (etwa: Rede, Worte), statt *well-bred, brilliant* oder *polite noblemen* (wohlerzogene, ausgezeichnete oder höfliche Adelige) — dabei denken wir an Klatschspalten in der Presse und fette Männer an der Riviera — lieber ›worthy, brave and courteous men‹ (edle, tapfere und ritterliche Männer), wie einst vor langer Zeit.« Von nun an setzte er diese stilistischen Maximen im *Herrn der Ringe* mehr und mehr in die Tat um. Dies war fast unvermeidlich, denn indem die Geschichte in Maß und Bedeutung weiter wurde, nahm sie den Stil des *Silmarillion* an. Doch wurden die ersten Kapitel, die in viel leichterem Ton geschrieben waren, nicht überarbeitet, und Tolkien selbst bemerkte fünfundzwanzig Jahre später, als er das Buch noch einmal las: »Der erste Band ist wirklich ganz anders als die übrigen.«

Der Ausbruch des Krieges im September 1939 hatte für Tolkiens Leben keine direkten Folgen; doch während dieser Zeit änderte sich manches in seiner Familie, unvermeidlich, doch zu seinem Kummer, denn die Jungen gingen aus dem Haus. John, der Älteste, der wie sein Vater am Exeter College Englisch studiert hatte, ließ sich in Rom zum katholischen Priester ausbilden und wurde später mit den anderen englischen Studenten von dort nach Lancashire evakuiert. Michael verbrachte ein Jahr am Trinity College und wurde dann Kanonier bei der Flugzeug-Abwehr. Christopher, der von seiner Krankheit genesen war, kehrte für kurze Zeit in die Schule zurück, ehe er seinem Bruder ans Trinity College folgte. Nur Priscilla, die Jüngste in der Familie, lebte noch zu Hause. Es gab manche Störungen für das geregelte Leben in der Northmoor Road: Dienstmädchen wurden selten, Evakuierte und andere Wohngäste wurden manchmal einquartiert, im Garten wurden Hühner gehalten, damit man mehr Eier bekam, und Tolkien leistete Dienst als Luftschutzwart und schlief in der kleinen, feuchten Hütte, in der das örtliche Hauptquartier war. Es gab jedoch keine deutschen Luftangriffe auf Oxford; und im Gegensatz zu anderen Professoren wurde Tolkien auch nicht zur Arbeit für das Kriegsministerium oder eine andere Regierungsbehörde eingesetzt.

Im Verlauf des Krieges änderte der Charakter der Universität sich sehr, denn Offiziersanwärter wurden in großer Anzahl zu »Kurzlehrgängen« nach Oxford abkommandiert, ehe sie den Offiziersdienst antraten. Tolkien stellte einen Lehrplan für Marine-Kadetten an der English School auf und modifizierte viele seiner Vorlesungen mit Rücksicht auf die weniger spezialisierte Hörerschaft. Doch im allgemeinen verlief sein Leben nun nicht sehr viel anders als vor dem Krieg, und sein Schmerz über die Fortdauer der Feindseligkeiten kam fast ebensosehr aus ideologischen wie aus persönlichen Gründen. »Die Menschen in unserem Land«, schrieb er 1941, »scheinen sich noch gar nicht darüber im klaren zu sein, daß wir in den Deutschen Feinde haben, bei denen die Tugenden des Gehorsams und des Patriotismus (und dies sind nun einmal Tugenden) in der Masse größer sind als bei uns. Ich hege in diesem Krieg einen heißen persönlichen Groll gegen Adolf Hitler, diesen frechen kleinen Ignoranten, der jenen edlen nordischen Geist, jenen vortrefflichen Beitrag zu Europa, den ich immer geliebt und in seinem wahren Licht zu zeigen versucht habe, ruiniert, verdorben und mißbraucht hat, so daß er nun für immer verflucht ist.«

Viele Jahre später erinnerte sich Tolkien, daß die Arbeit am *Herrn der Ringe* gegen Ende 1940 für fast ein Jahr zum Stillstand kam, an dem Punkt der Erzählungen, wo die Gefährten Balins Grab in Moria entdecken. Wenn das stimmt — und auch andere Anzeichen sprechen dafür —, so war dies nur die erste von mehreren längeren Unterbrechungen oder Verzögerungen, von denen keine auf einen bestimmten äußeren Grund zurückführen ist.

Als er die Arbeit wiederaufnahm, machte er Pläne für das Ende der Geschichte — er glaubte, bis dahin seien es nur noch wenige Kapitel — und begann die Episode zu skizzieren, wo zwei von den Hobbits Baumbart begegnen, jenem Wesen, in dem Tolkiens Liebe zu den Bäumen ihren höchsten Ausdruck fand. Als er das Kapitel dann schrieb (so erzählte er Nevill Coghill), da nahm er für Baumbarts Sprechweise, für das *Hram*, *Hrum*, die dröhnende, tiefe Stimme von C. S. Lewis zum Vorbild.

Bei Allen & Unwin hatte man ursprünglich gehofft, die neue Geschichte werde ein paar Jahre nach Erscheinen des *Hobbit* veröffentlichungsreif sein. Diese Hoffnung war geschwunden, und 1942 verschwand sogar der *Hobbit* aus dem Buchhandel, als die Restauflage bei den Bombenangriffen auf London im Lager verbrannte. Doch Stanley Unwin interessierte sich weiter für die Fortschritte des »neuen Hobbit«, und im Dezember 1942 erhielt er einen Brief von Tolkien, in dem es hieß: »Es geht nun auf den Schluß zu. Ich hoffe, in diesen Ferien ein bißchen Zeit freihalten zu können, und ich möchte hoffen, daß ich Anfang nächsten Jahres damit fertig werde. Ich bin nun bei Kapitel XXI und brauche mindestens noch sechs weitere bis zum Schluß (diese sind schon skizziert).«

Doch Kapitel XXI (nach der anfänglichen Zählung »Treibgut und Beute«) kommt erst gegen Ende des Teils, der später das dritte Buch wurde, und Tolkien schrieb schließlich nicht nur noch sechs, sondern weitere einunddreißig Kapitel, ehe das Buch fertig war. In den folgenden Monaten versuchte er, die Arbeit in Angriff zu nehmen, und schrieb ein Stückchen weiter. Aber im Sommer 1943 mußte er zugeben, daß er »vollkommen steckengeblieben« war.

Ein Grund für die Schwierigkeiten war sein Perfektionsdrang. Nicht zufrieden damit, daß er ein großes und vielschichtiges Buch schrieb, glaubte er auch dafür sorgen zu müssen, daß jede kleine Einzelheit sich zufriedenstellend in den Plan des Ganzen fügte. Geographie, Chronologie und Nomenklatur — alles mußte ganz stimmig sein. Für die Geographie hatte er etwas Hilfe bekommen, denn sein Sohn Christopher zeichnete ihm eine detaillierte Karte der Länder, wo die Geschichte spielt. Tolkien selbst hatte sich von Anfang an grobe Kartenskizzen gemacht. Er sagte einmal: »Wenn man eine komplizierte Geschichte erzählen will, muß man nach einer Karte arbeiten, andernfalls bekommt man die Karte nachher nie mehr zusammen.« Doch die Karte allein war nicht genug, und er stellte endlose Berechnungen über Zeiten und Entfernungen an und arbeitete Tabellen aus, die zu den Ereignissen in der Geschichte Datum, Wochentag und Tageszeit angaben, manchmal auch noch die Windrichtung und die Mondphase. Dies war teils sein gewohnter beharrlicher Perfektionseifer, teils pures Sichergehen in der Freude des »Nebenschöpfers«, vor allem aber ein Bestreben, ein ganz und gar überzeugendes Bild zu zeichnen. Viel später sagte er: »Ich wollte, daß die Leute einfach in diese Erzählung hineingeraten und sie (in gewissem Sinne) für wirkliche Geschichte nehmen.«

Auch die Namensschöpfung erforderte viel Aufmerksamkeit — unvermeidlich, denn die erfundenen Sprachen, aus denen die Namen abgeleitet wurden, waren sowohl die Quelle seiner Mythologie als auch an und für sich schon eine zentrale Tätigkeit seines Geistes. Erneut spielten die Elbensprachen Quenya und Sindarin, die nun noch feiner ausgeformt waren als vor fünfundzwanzig Jahren zu Beginn der Arbeit am *Silmarillion*, die wichtigste Rolle bei der Namensschöpfung, und in ihnen wurden auch die Gedichte und Lieder der Elben geschrieben. Weiter erforderte die Geschichte, daß von mehreren anderen Sprachen zumindest die Rudimente erfunden wurden, und all dies kostete Zeit und Energie. Überdies war er an einem Punkt angelangt, wo sich die Geschichte in mehrere selbständige und in sich wiederum komplizierte Ereignisketten verzweigte, und wenn er auch glaubte, Frodo und Sam Gamdschie in nicht mehr als zwei oder drei Kapiteln nach Mordor bringen zu können, so sah er doch noch nicht, wie er die Verwicklungen der gleichzeitigen Ereignisse in Gondor und Rohan auflösen sollte. Er hatte nun fast sechs Jahre gebraucht, um die Geschichte so weit zu bringen; wie sollte er je die Zeit und Energie finden, um sie zu Ende zu führen, geschweige denn das *Silmarillion* zu vervollständigen und zu überarbeiten, das auch immer noch seine Gedanken in Anspruch nahm. Er war einundfünfzig, müde und voller Sorge, am Ende gar nichts fertigzubringen. Als Philologe hatte er bereits eine gewisse Berühmtheit für das nahezu unbegrenzte Sichhinziehen seiner Arbeiten erlangt, und manchmal belustigte ihn das, doch oft erschien es ihm betrüblich; daß er aber auch seine Mythologie vielleicht nie zu Ende bringen würde, das war ein furchtbarer und betäubender Gedanke.

Eines Tages, etwa zu dieser Zeit, erzählte ihm Lady Agnew, die in der Northmoor Road in dem Haus gegenüber wohnte, daß eine große Pappel auf der Straße sie nervös mache; sie sagte, der Baum halte die Sonne von ihrem Garten fern und sei eine Gefahr für ihr Haus, wenn er in einem Sturm umstürze. Tolkien fand das lächerlich. »Ein solcher Wind«, sagte er, »der den Baum entwurzeln und auf ihr Haus werfen könnte, würde sie mitsamt ihrem Haus auch ohne jede Hilfe seitens des Baumes niederlegen.« Aber die Pappel war schon gestutzt und verstümmelt worden, und obwohl es ihm einstweilen gelang, sie zu retten, begann Tolkien darüber nachzudenken. Letztlich war er »in Sorgen über meinen eigenen inneren Baum«, seine Mythologie, und die Sache schien ein wenig gleichnishaft zu sein.

Eines Morgens wachte er auf und hatte eine kurze Geschichte im Kopf; er schrieb sie nieder. Es war die Geschichte eines Malers namens Niggle (»Feiler«, »Bossler«, »Tüftler«,), eines Mannes, der —

wie Tolkien — an Einzelheiten herumfeilte: »Er pflegte viel Zeit auf ein einziges Blatt zu verwenden, um seine Form und seinen Glanz einzufangen und das Glitzern der Tautropfen an seinen Rändern. Und doch wollte er einen gewaltigen Baum malen. Insbesondere ein Bild machte ihm Kummer. Es hatte angefangen mit einem Blatt, das im Wind wehte, und es wurde ein Baum; und der Baum wuchs, er streckte unzählige Äste aus und bekam ganz phantastische Wurzeln. Seltsame Vögel kamen angeflogen und setzten sich auf seine Zweige und mußten auch betreut werden. Dann begann überall um den Baum herum und hinter ihm und in den Lücken zwischen den Blättern und dem Geäst eine Landschaft sich auszubreiten . . .«*

In dieser Geschichte, die er *Leaf by Niggle* nannte, gab Tolkien seinen schlimmsten Befürchtungen für seinen Mythen-Baum Ausdruck. Wie Niggle spürte er, daß er von seiner Arbeit weggeholt werden würde, lange bevor sie beendet war — wenn sie überhaupt in dieser Welt jemals beendet werden könnte. Denn erst an einem anderen, freundlicheren Ort findet Niggle seinen Baum vollendet und erfährt, daß er nun ein wirklicher Baum ist, ein echter Teil der Schöpfung.

Es dauerte noch viele Monate, bis die Geschichte veröffentlicht wurde, doch allein schon die Arbeit, sie zu schreiben, half Tolkiens Angst ein wenig zu lindern und ihn wieder an den *Herrn der Ringe* zu bringen; doch der unmittelbare Anstoß kam von C. S. Lewis.

Anfang 1944 war der *Herr der Ringe* viele Monate lang unberührt geblieben, und Tolkien schrieb: »Es scheint, ich habe keine geistige Energie oder Erfindungsgabe mehr.« Lewis aber hatte bemerkt, was geschehen war, und er drängte Tolkien, sich wieder aufzuraffen und die Geschichte zu beenden. »Ich brauchte ein wenig Druck«, sagte Tolkien, »und werde vermutlich darauf ansprechen.« Anfang April nahm er die Arbeit wieder auf und begann den Teil zu schreiben, der später das vierte Buch wurde, in dem Frodo und Sam Gamdschie durch die Sümpfe nach Mordor hin wandern, wo sie den Ring in die Spalten des Schicksals zu werfen und zu vernichten hoffen.

Christopher Tolkien war nun zur Luftwaffe eingezogen und zur Piloten-Ausbildung nach Südafrika geschickt worden (sehr zum Bedauern seines Vaters, der den Luftkrieg sowohl für unmoralisch wie auch für allzu gefährlich hielt). Tolkien schrieb seinem Sohn bereits lange Briefe, und nun gingen in diese Briefe detaillierte Berichte ein, wie er mit dem Buch vorankam und wie er es den Gebrüdern Lewis

* Zitiert nach der deutschen Ausgabe in dem Band *Fabelhafte Geschichten*.

und Charles Williams vorgelesen hatte, im »White Horse«, einer Kneipe, die sie damals bevorzugten. Hier sind ein paar Auszüge:

Mittwoch, den 5. April 1944: »Ich habe richtig Anlauf genommen, mein Buch zu Ende zu bringen, und bin ziemlich lange aufgeblieben: eine Menge Nachlesen und Nachforschen ist nötig. Und es ist so mühsam, wieder in Fahrt zu kommen. Ein paar Seiten für eine Menge Schweiß; aber im Augenblick begegnen sie gerade Gollum an einer Felswand.«

Samstag, den 8. April: »Habe mich einen Teil des Tages (und der Nacht) mit dem Kapitel herumgeschlagen. Gollum führt sich gut auf nach seiner Rückkehr. Eine schöne Nacht, der Mond stand hoch. Gegen 2 Uhr früh war ich in dem warmen, silberhellen Garten, wünschte mir, wir beide könnten ein Stück laufen. Dann zu Bett gegangen.«

Donnerstag, den 13. April: »Ich denke an Dich, jede Stunde, und bin einsam ohne Dich. Natürlich, ich habe meine Freunde, aber ich kann sie selten sehen. Aber mit C. S. L. und Charles Williams war ich gestern fast zwei Stunden zusammen. Ich las mein letztes Kapitel vor; es erhielt Zustimmung. Ich habe ein neues angefangen. Werde Durchschläge machen lassen, wenn möglich, und sie Dir schicken. Nun will ich noch für ein Weilchen zu Frodo und Gollum zurück.«

Freitag, den 14. April: »Ich bin für eine Stunde oder zwei zum Schreiben gekommen und habe Frodo bis fast an die Tore von Mordor gebracht. Nachmittags Rasenmähen. Semester beginnt nächste Woche, und Fahnen von den Wales-Papieren sind angekommen. Trotzdem mache ich in jedem freien Augenblick mit dem ›Ring‹ weiter.«

Dienstag, den 18. April: »Ich hoffe, morgen vormittag C. S. L. und Charles W. zu treffen und mein nächstes Kapitel vorzulesen — über die Durchquerung der Totensümpfe und den Weg zu den Toren von Mordor —, das ich nun praktisch fertig habe. Semester hat fast schon angefangen: Ich hatte eine Tutoren-Stunde mit Miss Salu. Der Nachmittag wurde mit Klempnern (Abfluß freimachen) und Ausmisten der Hühner vertan. Sie legen freigebig (gestern wieder 9). Das Laub ist da: das Weißgrau der Quitten, das Graugrün der jungen Apfelbäume, das satte Grün des Weißdorns, die Blütenquasten sogar an den trägen Pappeln.«

Sonntag, den 23. April: »Ich habe mein zweites Kapitel, Durchquerung der Sümpfe, Mi. vormittag Lewis und Williams vorgelesen. Es wurde gebilligt. Jetzt habe ich ein drittes fast fertig: Die Tore zum

Land des Schattens. Aber diese Geschichte nimmt mich mit, und jetzt habe ich schon drei Kapitel, wo nur eines sein sollte! Und ich habe zu vieles vernachlässigt, um schreiben zu können, und muß meinen Sinn davon losreißen, um mich an Fahnen von Examensarbeiten und Vorlesungen heranzumachen.«

Dienstag, den 25. April: »Habe eine schlechte Vorlesung gehalten, sah die beiden Lewis und C. W. (White Horse) für eine halbe Stunde; drei Rasen gemäht, einen Brief an John geschrieben und mich mit einer widerspenstigen Passage im »Ring« abgemüht. Für den Augenblick muß ich wissen, wieviel später der Mond jede Nacht aufgeht, kurz bevor er voll wird, und wie man ein Kaninchen schmort.«

Dienstag, den 4. Mai: »Eine neue Figur ist auf der Szene erschienen (ich bin sicher, ich habe ihn nicht erfunden, ich wollte ihn überhaupt nicht dahaben, obwohl ich ihn mag, aber da kam er in die Wälder von Ithilien spaziert): Faramir, Boromirs Bruder — und er hält die ›Katastrophe‹ auf mit einer Menge Zeugs über die Geschichte von Gondor und Rohan. Wenn er noch lange so weitermacht, wird das meiste davon in die Anhänge verschwinden müssen, wohin schon manches faszinierende Material über die Tabakindustrie der Hobbits und die Sprachen des Westens gewandert ist.«

Sonntag, den 14. Mai: »Gestern habe ich ein Stück weit geschrieben, wurde aber durch zwei Dinge aufgehalten: durch die Notwendigkeit, mein Zimmer aufzuräumen (es war in den chaotischen Zustand geraten, der immer ein Anzeichen für literarische oder philologische Tätigkeit ist) und Geschäfte zu erledigen, und durch den Ärger mit dem Mond. Womit ich sagen will, daß ich bemerkt habe, meine Monde haben in den kritischen Tagen zwischen Frodos Flucht und der gegenwärtigen Situation (Ankunft in Minas Morgul) Unmögliches gemacht, im einen Teil des Landes gehen sie auf und gleichzeitig gehen sie im andern unter. Umschreiben der Stellen aus den zurückliegenden Kapiteln dauerte den ganzen Nachmittag.«

Sonntag, den 21. Mai: »Ich habe eine bitterkalte, graue Woche (in der der Rasen nicht gewachsen ist, trotz einem bißchen Regen) zum Schreiben ausgenutzt, bin aber auf schwierigen Boden geraten. Alles, was ich vorher skizziert oder geschrieben hatte, erwies sich als wenig nützlich, weil sich die Zeiten, Motive usw. alle geändert haben. Aber unter sehr großer Anstrengung und Vernachlässigung anderer Pflichten habe ich nun doch alles oder fast alles zusammengeschrieben, bis zu Frodos Gefangennahme im Paß, auf der Schwelle nach Mordor. Jetzt muß ich zu den anderen Leuten zurück und sehen, daß ich die

Dinge mit etwas Tempo zum letzten Zusammenstoß bringe. Findest Du, daß *Shelob** ein guter Name für ein riesiges Spinnenwesen ist? Natürlich ist das bloß ›She+lob‹ (= Spinne), aber zusammengeschrieben wirkt es doch ganz widerlich.«

Mittwoch, den 31. Mai: »Seit Montag bin ich nicht mehr richtig zum Schreiben gekommen. Bis heute Mittag habe ich über den Sektionspapieren geschwitzt, und heute nachmittag um zwei habe ich meine Manuskripte zum Druck gebracht — am letztmöglichen Tag. Gestern: Vorlesung, Reifenpanne nach dem Fischholen, also mußte ich zu Fuß in die Stadt und wieder zurück, und weil Fahrrad-Reparaturen unmöglich sind, mußte ich den Nachmittag mit dieser dreckigen Plakkerei vertun; endete schließlich damit, daß ich den Reifen abbekam, ein Loch im Schlauch und einen Schnitt im Mantel flickte und das Ding wieder draufbekam. Io! triumphum!

Das Treffen mit den Inklings (am letzten Donnerstagabend) war sehr erfreulich. Hugo war da: sah recht müde aus, war aber laut wie gewohnt. Hauptunterhaltung waren ein Kapitel aus Warnie Lewis' Buch über die Zeit Ludwigs XIV. (sehr gut, fand ich) und ein paar Auszüge aus C. S. L.'s ›Who Goes Home‹**, einem Buch über die Hölle; ich meinte, man hätte es lieber ›Hugo's Home‹ (Hugo ist wieder zuhause) nennen sollen. Ich war erst nach Mitternacht wieder zuhause. Der Rest meiner Zeit, abgesehen von Arbeiten im Haus und draußen, verging mit dem verzweifelten Bemühen, den ›Ring‹ bis zu einer günstigen Pause zu bringen, der Gefangennahme Frodos durch die Orks in den Pässen von Mordor, bevor ich wegen der Prüfungen abbrechen muß. Ich bin die ganze Nacht aufgeblieben und habe es geschafft: und habe die letzten 2 Kapitel (›Kankras Lauer‹ und ›Die Entscheidungen von Meister Samweis‹) am Montagvormittag C. S. L. vorgelesen. Er lobte es ungewöhnlich stürmisch und war vom letzten Kapitel richtig zu Tränen gerührt; es scheint also nicht abzufallen.«

Das vierte Buch des *Herrn der Ringe* wurde getippt und an Christopher nach Südafrika geschickt. Zu dieser Zeit war Tolkien vom fieberhaften Schreiben geistig erschöpft. »Wenn meine Müdigkeit vorbei ist«, schrieb er Christopher, »werde ich mit der Geschichte weiterma-

---

* In der deutschen Ausgabe: »Kankra«.

** »Who Goes Home« wurde schließlich unter dem Titel *The Great Divorce* veröffentlicht.

chen.« Aber einstweilen brachte er nichts zustande. »Alle Eingebungen für den Ring sind vollkommen ausgetrocknet«, schrieb er im August, und bis zum Ende des Jahres hatte er nichts geschrieben außer einer Übersicht über den weiteren Gang der Handlung. Er dachte daran, »The Lost Road« umzuarbeiten und zu vollenden, die Geschichte von einer Zeitreise, die er viele Jahre zuvor angefangen hatte, und mit Lewis sprach er über die Idee zu einem gemeinsamen Buch über Wesen, Zweck und Ursprung der Sprache. Doch zu beiden Vorhaben unternahm er nichts, und als Lewis etwas später auf das Nichterscheinen ihres Buches über die Sprache einging, da bezeichnete er Tolkien als »jenen großen, aber bummeligen und unmethodischen Menschen«. »Bummelig« war nicht ganz gerecht, aber »unmethodisch« war er in der Tat oft.

Im Jahre 1945 kam Tolkien mit dem *Herrn der Ringe* kaum voran. Am 9. Mai war der Krieg in Europa zu Ende. Am Tag darauf wurde Charles Williams krank. Er unterzog sich in einem Oxforder Krankenhaus einer Operation, doch am 15. Mai starb er. Obwohl Williams und Tolkien nicht in derselben geistigen Region zuhause waren, so waren sie doch gute Freunde gewesen, und der Verlust war bitter, ein Zeichen, daß der Friede nicht das Ende aller Nöte bringen würde — etwas, das Tolkien nur allzu gut wußte. Während des Krieges hatte er zu Christopher gesagt: »Wir versuchen, Sauron mit dem Ring zu besiegen«, und jetzt schrieb er: »Der Krieg ist nicht vorüber (und der, der vorüber ist, oder der Teil davon, ist weitgehend verloren). Aber natürlich ist es falsch, in solch eine Stimmung zu verfallen, denn Kriege werden immer verloren, und *der* Krieg geht immer weiter; und es ist nicht gut, schwach zu werden.«

Im Herbst 1945 wurde er Merton-Professor für englische Sprache und Literatur und damit auch Fellow des Merton College, einer Institution, die er im Vergleich zu Pembroke »erfreulich ungezwungen« fand. Ein paar Monate später trat David Nichol Smith in den Ruhestand, und nun stellte sich die Frage, wer zum Merton-Professor für englische Literatur ernannt werden solle. Tolkien war einer der Wahlmänner, und er schrieb: »Eigentlich müßte es C. S. Lewis werden oder vielleicht Lord David Cecil, aber man kann nie wissen.« Und am Ende wurden diese beiden übergangen, und der Lehrstuhl fiel an F. P. Wilson. Obwohl es keinen Grund gibt, anzunehmen, Tolkien habe Lewis bei der Wahl nicht unterstützt, wurde danach der Abstand zwischen den beiden Freunden doch etwas größer, oder, genauer gesagt, es kam zu einer mählichen Abkühlung von seiten

Tolkiens. Es ist unmöglich, genau zu sagen, warum. Lewis selbst merkte es vermutlich nicht gleich, doch als er es dann merkte, war er betroffen und traurig. Tolkien ging weiterhin zu den Versammlungen der Inklings, ebenso sein Sohn Christopher (der nach dem Krieg sein Studium am Trinity College wiederaufgenommen hatte). Christopher wurde zu den Inklings zuerst eingeladen, um aus dem *Herrn der Ringe* vorzulesen, weil Lewis behauptete, er lese besser als sein Vater, und später wurde er selbst einer der Inklings. Doch obwohl Tolkien regelmäßig an den Dienstagvormittagen im »Adler mit dem Kind« und an den Donnerstagabenden im Magdalen College anzutreffen war, bestand zwischen ihm und Lewis nicht mehr die gleiche Vertraulichkeit wie früher.

Zum Teil mag der Verfall ihrer Freundschaft durch Lewis' manchmal strenge Kritik an Einzelheiten im *Herrn der Ringe* beschleunigt worden sein, besonders durch seine Bemerkungen über die Gedichte, die ihm gewöhnlich mißfielen (bezeichnenderweise mit Ausnahme der Stabreim-Verse). Tolkien wurde durch Lewis' Bemerkungen oft verletzt, und im allgemeinen beachtete er sie nicht, so daß Lewis später über ihn sagte: »Niemand hat Tolkien je beeinflußt — das war so, als hätte man einen Zipferlaken* beeinflussen wollen.« Daß Tolkien zunehmend kühler wurde, lag wohl zum Teil auch an seiner Abneigung gegen Lewis' »Narnia«- Geschichten für Kinder. 1949 begann Lewis die erste dieser Geschichten Tolkien vorzulesen: *The Lion, the Witch and the Wardrobe (Die Abenteuer im Wandschrank oder Der Löwe und die Hexe,* deutsch 1957). Sie wurde mit Verachtung aufgenommen. »Das geht wirklich nicht!« sagte Tolkien zu Roger Lancelyn Green. »Ich meine: ›Nymphen und ihre Gepflogenheiten, Das Liebesleben eines Fauns‹!« Dennoch schrieb Lewis die Geschichte zu Ende, und als diese und die nachfolgenden erst veröffentlicht waren, da fand »Narnia« ein ebenso breites und begeistertes Publikum wie der *Hobbit*. Und doch konnte Tolkien sich nicht dazu durchringen, sein erstes Urteil zu ändern. »Es ist traurig«, schrieb er 1964, »daß ›Narnia‹ und jener ganze Teil des Werkes von C. S. L. außer Reichweite meiner Sympathie bleibt, so wie vieles von mir außerhalb seiner Sympathie lag.« Ohne Zweifel hatte er das Gefühl, daß Lewis sich in gewisser Weise Tolkiens Ideen und Geschichten in seinen Büchern zunutze gemacht habe; und ebenso wie ihn Lewis' Fortschritte vom Neubekehrten zum Populär-Theologen verdrossen, so war er nun

---

* Ein Ungetüm aus Lewis Carrols *Alice hinter den Spiegeln.*

vielleicht verärgert, daß der Freund und Kritiker, der sich seine Geschichten von Mittelerde angehört hatte, sozusagen vom Sessel aufgestanden und zum Schreibtisch gegangen war, die Feder genommen und es »selber versucht« hatte. Schon die Menge von Lewis' Kinderbüchern und die beinahe unanständige Eile, mit der sie produziert wurden, regten ihn zweifellos auf. Die sieben »Narnia«-Geschichten wurden in ganzen sieben Jahren geschrieben und veröffentlicht, das war nicht einmal die Hälfte der Zeit, in welcher der *Herr der Ringe* ausgetragen wurde. Dies war ein weiterer Keil zwischen den beiden Freunden, und nach 1954, als Lewis auf einen neuen Lehrstuhl für die Literatur des Mittelalters und der Renaissance in Cambridge gewählt wurde und nicht mehr so oft in Oxford sein konnte, traf er sich mit Tolkien nur noch bei vergleichsweise seltenen Anlässen.

Nach Kriegsende wurde der *Hobbit* neu aufgelegt, und Vereinbarungen über die Veröffentlichung des *Farmer Giles of Ham* wurden getroffen. Im Sommer 1946 berichtete Tolkien seinem Verlag, daß er sich sehr angestrengt habe, den *Herrn der Ringe* zu beenden, es aber nicht geschafft habe; in Wahrheit hatte er das Manuskript seit dem späten Frühjahr 1944 kaum mehr angerührt. Er versicherte: »Ich hoffe wirklich, ich werde noch vor dem Herbst damit fertig«, und tatsächlich nahm er in den Wochen, die folgten, die Arbeit wieder auf. Gegen Ende des Jahres erklärte er Allen & Unwin, er sei nun »bei den letzten Kapiteln«. Aber dann kam ein Umzug dazwischen.

Das Haus in der Northmoor Road war für die Familie in ihrem jetzigen Umfang zu groß und zu kostspielig im Unterhalt. So bewarb sich Tolkien um ein Haus des Merton College, und als in der Manor Road, nahe am Stadtzentrum, eines frei wurde, da mietete er es. Im März 1947 zog er mit Edith, Christopher und Priscilla dort ein. John war inzwischen Geistlicher in den Midlands, und Michael war Lehrer geworden, verheiratet und mit einem Sohn im Säuglingsalter.

Fast sofort begriff Tolkien, daß ihr neues Haus unerträglich eng war. Es war das Haus Manor Road No. 3, ein häßlicher Backsteinbau und sehr klein. Tolkien hatte kein richtiges Studierzimmer, nur einen »Wohn- und Schlafraum« unterm Dach. Es wurde abgemacht, daß daß man ein zweites Mal umziehen werde, sobald das College ein besseres Haus anbieten könne. Einstweilen aber mußte man mit diesem vorliebnehmen.

Rayner Unwin, der Sohn des Verlegers, der als Kind das Gutachten geschrieben hatte, das über die Annahme des *Hobbit* entschied, war nun Student in Oxford und hatte Tolkien kennengelernt. Im Sommer 1947 gab ihm Tolkien ein Typoskript mit dem größten Teil des *Herrn der Ringe* zu lesen; er fand nun, daß die Geschichte dem Abschluß nahe genug sei. Nachdem Rayner Unwin sie gelesen hatte, berichtete er seinem Vater, es sei »ein schauriges Buch«, aber dennoch »eine glänzende und packende Geschichte«. Er bemerkte, der Kampf zwischen Licht und Dunkel lasse ihn eine Allegorie argwöhnen, und er schrieb: »Ganz ehrlich gesagt, ich weiß nicht, wer es lesen soll: Kindern wird manches daran entgehen, aber wenn Erwachsene es nicht unter ihrer Würde finden, so werden ohne Zweifel viele ihre Freude daran haben.« Er bezweifelte nicht, daß das Buch es verdiente, im Verlag seines Vaters zu erscheinen, und schlug vor, es in mehrere Abschnitte zu unterteilen, denn, so bemerkte er, in dieser Hinsicht sei Frodos Ring dem Ring der Nibelungen ähnlich.

Stanley Unwin gab diese Äußerungen an Tolkien weiter. Der Vergleich seines Rings mit dem Nibelungenlied und mit Wagner hat Tolkien immer geärgert; einmal sagte er: »Beide Ringe waren rund, und damit hört die Ähnlichkeit auf.« Auch war er natürlich über die Vermutung einer Allegorie nicht erfreut, und er antwortete: »Möge Rayner keine ›Allegorie‹ argwöhnen. Eine ›Moral‹ gibt es, so glaube ich, in jeder erzählenswerten Geschichte. Doch das ist nicht dasselbe. Sogar der Kampf zwischen Licht und Dunkel (wie er das nennt, nicht ich) ist für mich nur eine besondere Phase der Geschichte, ein Beispiel für ihren Gang, aber nicht *der* Gang der Geschichte; und die Personen der Handlung sind Individuen — deren jedes natürlich Universalien enthält, oder es würde überhaupt nicht leben, sie aber niemals als solche darstellt.« Alles in allem aber freute er sich über Rayners Begeisterung für das Buch, und er schloß mit den Worten: »Worauf es jetzt ankommt, ist, die Sache zu Ende zu bringen wie geplant, und dann möge man darüber urteilen.«

Doch auch jetzt wurde er noch nicht fertig. Er überarbeitete, feilte und korrigierte an den früheren Kapiteln, was ihn so viel Zeit kostete, daß seine Kollegen ihn allmählich als für die Philologie verloren betrachteten. Aber den letzten Punkt hinter das Manuskript zu setzen, das brachte er noch nicht zuwege.

Im Sommer 1947 setzte er eine Änderung zum *Hobbit* auf, die eine befriedigendere Erklärung für Gollums Verhältnis zu dem Ring gab, oder, genauer gesagt, eine Erklärung, die besser zu der Fortsetzung paßte. Als er dies geschrieben hatte, schickte er es an Stanley Unwin und bat ihn um seine Meinung dazu. Unwin nahm fälschlich an, es solle ohne weitere Diskussion in die nächste Auflage des *Hobbit* aufgenommen werden, und gab es gleich an seine Hersteller weiter. Etliche Monate später war Tolkien dann erstaunt, das veränderte Kapitel schon abgesetzt zu finden, als er die Umbruchfahnen für die neue Auflage erhielt.

In den folgenden Monaten kam der *Herr der Ringe* endlich zum Abschluß. Tolkien erinnerte sich, daß er »richtig geweint« habe, als er den Empfang beschrieb, der den Hobbits auf dem Feld von Cormallen bereitet wird. Schon viel früher hatte er beschlossen, daß die Hauptfiguren am Ende des Buches übers Meer gen Westen fahren sollten, und als er das Kapitel geschrieben hatte, in dem geschildert wird, wie sie an den Grauen Anfurten die Segel setzen, da war das gewaltige Manuskript nahezu vollständig. Nahezu, aber nicht ganz. »Ich knüpfe gern lose Enden zusammen«, hat Tolkien einmal gesagt, und er wollte sichergehen, daß in seiner großen Erzählung keine losen Enden zurückblieben. Also schrieb er einen Epilog, in dem Sam Gamdschie seinen Kindern erzählt, was aus den anderen Gestalten geworden ist, die nicht in den Westen gefahren sind. Es endete damit, wie Sam dem Seufzen und Murmeln des Meeres an den Ufern von Mittelerde zuhört.

Und das nun *war* das Ende; aber Tolkien mußte alles wieder und wieder durchgehen, bis er mit dem ganzen Text zufrieden war, und das dauerte viele Monate. Er hat einmal von dem Buch gesagt: »Ich glaube nicht, daß es viele Sätze darin gibt, an denen nicht herumgefeilt worden ist.« Dann machte er eine Reinschrift, die Schreibmaschine vor sich auf dem Bett in seiner Dachstube, weil auf dem Tisch kein Platz war, mit zwei Fingern tippend, denn mit zehn hatte er es nie gelernt. Erst im Herbst 1949 war alles fertig.

Das Typoskript lieh er C. S. Lewis, der es las und ihm schrieb:

Mein lieber Tollers,

Uton herian holbytlas, wahrhaftig. Ich habe den vollen Becher geleert und einen langen Durst gestillt. Sobald es einmal so recht in Fahrt ist, hat dieses stetige Bergauf von Majestät und Schrecken (doch nicht ohne Erholung in grünen Tälern, sonst wäre es überhaupt unerträglich) im ganzen Umkreis der mir bekannten Erzählkunst kaum seinesgleichen. Durch zwei Tugenden, glaube ich, ragt es heraus: pures Nebenschöpfertum — Bombadil, Grabunholde, Elben, Ents — wie aus nie versiegenden Quellen, und im Aufbau.

Auch an *gravitas*. Keine Romanze kann den Vorwurf des »Eskapismus« mit so viel Zuversicht zurückweisen. Wenn es irrt, dann genau in der entgegengesetzten Richtung: Wie da alle Siege der Hoffnung vertagt und die Chancen gnadenlos gegen die Helden aufgetürmt werden, das ist beinahe schon allzu quälend. Und die lange *Coda* nach der Eukatastrophe, ob Du es nun so beabsichtigt hast oder nicht, hat die Wirkung uns daran zu erinnern, daß der Sieg ebenso vorläufig ist wie der Kampf, daß es (wie Byron sagt) »keine strengere Moralistin gibt als die Lust«, und so bleibt ein letzter Eindruck von tiefer Melancholie zurück.

Natürlich ist damit nicht alles gesagt. Es gibt viele Passagen, wo ich wünschte, Du hättest sie anders geschrieben oder ganz weggelassen. Wenn ich in diesem Brief von meinen Einwänden nicht rede, dann deshalb, weil Du die meisten davon schon gehört und abgewiesen hast (*abgewiesen* ist vielleicht ein zu mildes Wort für Deine Reaktion bei zumindest einer Gelegenheit!). Und wenn selbst alle meine Einwände richtig wären (was natürlich unwahrscheinlich ist), die Fehler, die ich zu finden glaube, könnten die Anerkennung nur verzögern und beschweren: die reiche Pracht der Erzählung kann all das tragen. *Ubi plura nitent in carmine non ego paucis offendi maculis*.

Ich gratuliere Dir. All die langen Jahre, die Du darüber zugebracht hast, sind gerechtfertigt.

Dein
Jack Lewis

Tolkien selbst hielt sein Buch nicht für fehlerlos. Doch er erklärte Stanley Unwin: »Es ist mit meinem Herzblut geschrieben, so wie es nun einmal ist, dick oder dünn, und ich kann nicht anders.«

VI
1949–1966
ERFOLG

1
Zugeschlagene Türen

Zwölf Jahre hatte er gebraucht, um den *Herrn der Ringe* zu schreiben. Als Tolkien damit fertig war, lag sein sechzigster Geburtstag nicht mehr allzu fern.

Natürlich wollte er das gewaltige Buch nun gedruckt sehen. Aber er war sich nicht im klaren, ob er wollte, daß Allen & Unwin es verlegten, obwohl er doch, während er daran schrieb, mit ihnen darüber gesprochen und von ihnen Ermutigung und Anerkennung für das Manuskript erhalten hatte. Denn er glaubte, nun jemanden gefunden zu haben, der es zusammen mit dem *Silmarillion* verlegen würde.

Im Lauf der Jahre hatte es ihn gegen Allen & Unwin erbittert, daß sie das *Silmarillion* 1937 abgelehnt hatten — obwohl sie es in Wahrheit gar nicht abgelehnt hatten; Stanley Unwin hatte nur gesagt, es sei ungeeignet im Anschluß an den *Hobbit*. Tolkien war zu der Auffassung gekommen, dies sei ein Fall von »einmal abgelehnt, immer abgelehnt«. Und das tat ihm leid, denn er wollte das *Silmarillion* veröffentlichen. Es war zwar möglich, den *Herrn der Ringe* als eine Geschichte für sich gelten zu lassen, doch er schloß dunkle Hinweise auf die ältere Mythologie mit ein, und daher wäre es viel besser, die beiden Bücher zusammen erscheinen zu lassen. Vor allem aber wünschte er, ein Publikum für das ältere Buch zu finden, und dies schien die ideale, vielleicht die einzige Gelegenheit zu sein. Als daher Milton Waldman vom Verlag Collins Interesse zeigte, beide Bücher in Verlag zu nehmen, war Tolkien stark geneigt, Allen & Unwin den Rükken zu kehren und sich mit ihm zu verbünden.

Waldman, einen Katholiken, hatte Tolkien durch Gervase Mathew, einen Gelehrten und Dominikanerpater, kennengelernt, der oft zu den Treffen der Inklings kam. Als Waldman erfuhr, daß Tolkien eine lange Fortsetzung jense sehr erfolgreichen Buches, des *Hobbit*, fertiggestellt habe, da äußerte er Interesse, und gegen Ende 1949 schickte Tolkien ihm ein voluminöses Manuskript. Aber es war nicht der *Herr der Ringe*, es war das *Silmarillion*. Das ältere mythologische Werk, das er 1917 als das »Book of Lost Tales« begonnen hatte, war noch immer unvollständig, doch Tolkien hatte es während der letzten Arbeiten am *Herrn der Ringe* erneut vorgenommen, und es war soweit in geordnetem Zustand, daß Waldman es lesen konnte. Dergleichen hatte Waldman noch nie gesehen: eine sonderbare Geschichte in archaischer Sprache, von Elben, bösen Mächten und Heldentaten. Manches war mit der Maschine, vieles aber auch in schönen Buchstaben von Hand geschrieben. Waldman sagte Tolkien, daß er es bemerkenswert finde und daß er es veröffentlichen wolle — vorausgesetzt, Tolkien könne es zu Ende führen. Tolkien freute sich. Waldman hatte die erste Prüfung bestanden: Er hatte (provisorisch) das *Silmarillion* angenommen. Er wurde von Tolkien nach Oxford eingeladen und bekam das Manuskript des *Herrn der Ringe* ausgehändigt. Er nahm es mit in die Ferien und begann zu lesen.

Anfang Januar 1950 war er fast durch, und abermals erklärte er Tolkien, daß es ihm gefalle. »Es ist ein wahrhaft schöpferisches Werk«, schrieb er, obwohl er hinzufügte, daß der Umfang ihm Sorgen mache. Doch hatte er große Hoffnungen, daß Collins es werde drukken können, und tatsächlich war dieser Verlag dazu gut in der Lage. Die meisten Verlage, auch Allen & Unwin, litten nach dem Krieg schwer unter der Papierknappheit; Collins dagegen war nicht nur ein Verlag, sondern zugleich Papierhandlung, Schreibheft-Fabrik und Druckerei und erhielt daher eine viel größere Papierzuteilung als die meisten anderen Firmen. Und was die kommerzielle Tragfähigkeit von Tolkiens langen mythologischen Geschichten anging, so hatte William Collins, der Vorsitzende des Unternehmens, zu Waldman schon gesagt, er würde mit Freuden jede Geschichte von dem Autor des *Hobbit* verlegen. Tatsächlich ging es Collins eigentlich um den Erwerb des lukrativen *Hobbit*. Tolkien, der mit der ersten Nachkriegsauflage des *Hobbit* unzufrieden war, weil darin (aus Sparsamkeitsgründen) auf die Farbtafeln verzichtet worden war, sagte Waldman, daß er froh wäre, wenn man das Buch Allen & Unwin abkaufen und es nach seinen ursprünglichen Absichten neu herausbringen könnte. Er war außerdem verstimmt gegen Allen & Unwin wegen ihrer nach seiner Ansicht unzulänglichen Werbung für *Farmer Giles of Ham*, und glaubte, daß Collins seine Bücher besser verkaufen werde. So schienen für eine Partnerschaft zwischen Tolkien und Collins die besten Voraussetzungen gegeben.

Einen Punkt jedoch wünschte Waldman zu klären. »Ich gehe davon aus«, schrieb er an Tolkien, »daß Sie keine entweder moralische oder rechtliche Bindung an Allen & Unwin haben.« Tolkien antwortete: »Eine *rechtliche* Verpflichtung glaube ich nicht zu haben. In meinem Vertrag für den *Hobbit* stand eine Klausel, die eine zweimonatige Bedenkzeit für mein nächstes Buch vorsah. Dem wurde Genüge getan a) durch Stanley Unwins anschließende Ablehnung des *Silmarillion* und b) durch *Farmer Giles*. Ich habe jedoch ein freundschaftliches persönliches Verhältnis zu Stanley U. und insbesondere zu seinem zweiten Sohn Rayner. Wenn all dies eine *moralische* Verpflichtung ausmacht, so stehe ich in einer solchen. Ich will aber gewiß versuchen, mich — oder zumindest das *Silmarillion* und seine ganze Sippe — aus den dilatorischen Schlingen von A. und U. herauszuwinden, wenn ich es kann — in freundlicher Form, wenn möglich.«

Tolkien hatte sich tatsächlich in eine Geistesverfassung hineingesteigert, in der er Allen & Unwin wenn nicht als Feinde, so doch als höchst unzuverlässige Verbündete ansah, während Collins all das zu verkörpern schien, worauf er hoffte. Die wirkliche Lage war aber sehr viel komplizierter, wie sich herausstellen sollte.

Im Februar 1950 schrieb Tolkien an Allen & Unwin, um mitzuteilen, daß der *Herr der Ringe* fertig sei. Aber er machte dem Verlag nicht eben Mut, Interesse anzumelden. »Mein Werk ist mir aus den Händen geraten«, schrieb er, »und ich habe ein Monstrum erzeugt: eine ungemein lange, komplizierte, ziemlich bittere und ziemlich schreckliche Erzählung, ganz ungeeignet für Kinder (wenn überhaupt für irgendwen), und es ist eigentlich auch keine Fortsetzung des *Hobbit*, sondern des *Silmarillion*. So lächerlich und störrisch ich Ihnen auch erscheinen mag, ich möchte beides veröffentlichen, das *Silmarillion* und den *Herrn der Ringe*. Das ist, was ich möchte. Oder ich lasse es ganz. An drastische Veränderungen oder Kürzungen ist nicht zu denken. Ich werde aber kein Recht haben, zu klagen (und werde auch nicht allzu überrascht sein), wenn Sie einen so offensichtlich unvorteilhaften Vorschlag ablehnen.« Fast wie in einer Fußnote fügte er hinzu, daß die beiden Bücher zusammen (nach seiner Schätzung) auf den mächtigen Umfang von über einer Million Wörter kämen.

Stanley Unwin antwortete und gab zu, daß der Umfang der Bücher ein Problem darstelle, fragte aber, ob sie sich denn nicht in »drei oder vier bis zu einem gewissen Maß in sich abgeschlossene Bände« aufteilen ließen. Nein, antwortete Tolkien, das gehe nicht; die einzige natürliche Unterteilung sei die zwischen den beiden Büchern. Und er ging noch weiter darin, Unwin bewußt abzuschrecken. »Ich frage mich jetzt«, schrieb er, »ob viele Leute außer meinen Freunden, die auch nicht alle bis zum Ende durchgehalten haben, etwas so Langes lesen wollen. Bitte denken Sie nicht, ich hätte ein Recht, zu klagen, wenn Sie nichts damit zu tun haben wollen.« (»Ich hoffe bestimmt, er läßt es auf sich beruhen, ohne das MS. anzufordern«, schrieb er an Waldman.)

Doch Sir Stanley Unwin (er war kurz nach dem Krieg geadelt worden) war so leicht nicht abzuschrecken. Er schrieb an seinen Sohn Rayner, der in Harvard studierte, und bat um seinen Rat. Rayner antwortete: »*Der Herr der Ringe* ist auf seine eigenartige Weise ein sehr großes Buch und verdient, irgendwie herausgebracht zu werden. *Ich* hatte, als ich es las, nie das Gefühl, daß mir ein *Silmarillion* dazu fehlte. Aber obwohl er behauptet, an drastische Änderungen usw. sei nicht zu denken, so ist dies doch gewiß eine Aufgabe für einen Lektor, der alles *wirklich* Wichtige aus dem *Silmarillion* in den *Herrn der Ringe* einbringen müßte, ohne dessen ja schon enormen Umfang noch zu vergrößern; er sollte diesen, wenn möglich, sogar beschneiden. Tolkien würde das nicht machen, aber jemand, dem er vertraute und der Verständnis hätte (einer seiner Söhne?), könnte es möglicherweise. Wenn dies nicht nicht zu machen ist, dann würde ich sagen, veröffentliche den *Herrn der Ringe* als ein Prestige-Buch, und, nachdem Du es noch einmal angesehen hast, laß das *Silmarillion* fallen.« Stanley Unwin hatte die Unklugheit, Tolkien von diesem Brief eine Kopie zu schicken.

Tolkien war wütend. Er schrieb Unwin im April 1950, daß Rayners Brief seine schlimmsten Befürchtungen bestätigt habe, »d. h. Sie sind vielleicht bereit, den *Herrn* zu nehmen, aber das ist mehr als genug, und Dreingaben wollen Sie keine, jedenfalls nicht das *Silmarillion*, das Sie nicht aufrichtig erneut zu prüfen gedenken. Eine Ablehnung ist letzten Endes eine Ablehnung und bleibt gültig. Aber die Frage, ob Sie das *Silmarillion* nach einer diskreten Scheinprüfung ›fallenlassen‹ und den *Herrn der Ringe* (redigiert) nehmen können, stellt sich überhaupt nicht. Ich habe den *Herrn der Ringe* weder Ihnen noch irgend jemand anderem zu solchen Bedingungen angeboten und werde ihn nicht anbieten — wie ich sicher bin, zuvor schon klargestellt zu haben. Ich wünsche eine Entscheidung, ja oder nein, und zwar zu meinem Angebot, nicht zu irgendeiner vorgestellten Möglichkeit.«

Stanley Unwin antwortete am 17. April: »Ich bedaure es mehr, als ich sagen kann, daß Sie es nötig finden, mir ein Ultimatum zu stellen, und noch dazu in bezug auf ein Manuskript, das ich in seiner letzten und vollständigen Form nie gesehen habe. Da Sie ein direktes

›Ja‹ oder ›Nein‹ fordern, ist die Antwort ›nein‹; doch sie hätte sehr wohl ›ja‹ lauten können, hätte ich genug Zeit und das Typoskript vorliegen. Es tut mir leid, aber dabei muß ich es notgedrungen belassen.«

Tolkien hatte sein Ziel erreicht. Nun war er frei für eine Abmachung mit Collins. Inzwischen war er wieder am Umziehen. Das Merton College hatte ihm ein altes, stilvolles Haus mit vielen Zimmern angeboten, Holywell No. 99, und mit Edith und Priscilla zog er zu Beginn des Frühjahrs 1950 aus der (nur ein paar hundert Meter entfernten) Manor Road dorthin. Priscilla war nun Studentin an der Lady Margaret Hall, während Christopher, der nicht mehr zuhause wohnte, als Privat-Tutor an der Englisch-Fakultät arbeitete und sein Studium mit dem B. Litt. abschloß.

Milton Waldman von Collins war für sein Teil ganz sicher, daß sein Verlag Tolkiens Bücher herausbringen werde. Er sorgte dafür, daß Tolkien das Verlagsbüro in London besuchte, wo er William Collins kennenlernte und seine Bücher mit den Herstellern besprach. Alles schien reif für eine Vertragsunterzeichnung und für den Druckbeginn des *Herrn der Ringe* und ähnlich auch des *Silmarillion*, sobald es fertig wäre, doch an diesem letzteren Buch würde Tolkien noch einiges zu tun haben. Nur eines blieb noch zu klären: Im Mai 1950 kam Waldman nach Oxford und sagte Tolkien, der *Herr der Ringe* müsse »unbedingt gekürzt« werden. Tolkien war bestürzt. Er sagte zu Waldman, er habe »schon oft und stark gekürzt«, wolle es aber noch einmal versuchen, sobald er Zeit finde. Waldman seinerseits war überrascht, als er erfuhr, daß nach Tolkiens Schätzung das *Silmarillion*, wenn es erst fertig sei, fast ebenso lang sein werde wie der *Herr der Ringe* — während das Manuskript, das Waldman gelesen hatte, bei weitem nicht so lang gewesen war.

Tolkiens Schätzung war tatsächlich äußerst ungenau. Der Gesamtumfang des *Silmarillion*, so wie er es damals zu veröffentlichen gedachte, dürfte vielleicht einhundertfünfundzwanzigtausend Wörter betragen haben, vielleicht auch weniger, mit Sicherheit aber nicht annähernd soviel wie die halbe Million Wörter des *Herrn der Ringe*. Tolkien aber, der das *Silmarillion* als ebenso wichtig ansah wie das spätere Buch, war zu dem Glauben gelangt, daß es folglich auch ebenso lang sein müsse. Auch machte er das Ganze zu diesem Zeitpunkt nicht leichter, indem er Waldman noch einige weitere Kapitel zum *Silmarillion* übergab, ohne ihm zu erklären, wo sie in die Geschichte eingefügt werden sollten. Waldman wurde durch sie ein wenig irritiert.

»Sie lassen mich ziemlich ratlos«, sagte er. Insgesamt wurden die Verhandlungen nun wirr, die doch klar und einfach hätten sein sollen.

Zu dieser Zeit reiste Waldman nach Italien ab. Dort verbrachte er gewöhnlich den größten Teil des Jahres und kam nur im Frühjahr und Herbst nach London. Seine Abwesenheit machte die Sache nicht besser. William Collins wußte nicht viel über Tolkiens Bücher; er hatte die ganze Angelegenheit Waldman überlassen. Dann wurde Waldman krank, und sein Herbstbesuch in London verzögerte sich. Die Folge war, daß Tolkien Ende 1950, ein Jahr, nachdem er den *Herrn der Ringe* beendet hatte, feststellen mußte, daß er der Veröffentlichung noch nicht nähergekommen war. Nachricht von diesem Stand der Dinge sickerte durch zu Stanley Unwin, der ihm schrieb, er hoffe immer noch »auf die Ehre, mit seiner Publikation in Verbindung zu treten«. Doch so leicht war Tolkien nicht zu Allen & Unwin zurückzulocken. Er antwortete freundlich, doch ohne das Buch zu erwähnen.

Tolkiens Zeit verging zumeist mit akademischen und administrativen Tätigkeiten in Oxford, mit Besuchen in Belgien (zu philologischen Arbeiten) und in Irland (als Prüfer), und bald war ein weiteres Jahr vergangen, ohne daß für die Veröffentlichung etwas geschehen war. Gegen Ende 1951 schrieb er einen langen Brief an Milton Waldman, in dem er in rund zehntausend Wörtern die Struktur seiner ganzen Mythologie zusammenfaßte, um so Waldman davon zu überzeugen, daß seine Bücher wechselseitig voneinander abhängig und untrennbar seien. Doch im März 1952 hatte er noch immer keinen Vertrag mit Collins geschlossen, und das *Silmarillion* war noch immer nicht veröffentlichungsreif. William Collins war in Südafrika, Waldman in Italien, und die Papierpreise waren weiter gestiegen. Tolkien (der eigentlich für die Verzögerung ebensoviel Verantwortung trug wie nur irgendeiner) schrieb an Collins, man habe seine Zeit verschwendet. Entweder müsse Collins den *Herrn der Ringe* nun sofort herausbringen, oder er werde das Manuskript wieder an Allen & Unwin schicken. Es war klar, welches das Ergebnis sein mußte, denn William Collins liebte Ultimaten ebensowenig wie Stanley Unwin. Er kam aus Südafrika zurück, las Tolkiens Brief und antwortete am 18. April 1952: »Ich bedaure, uns erschreckt der sehr große Umfang des Buches, was bei den gegenwärtigen Papierpreisen eine sehr hohe Auslage bedeutet«, und er fügte hinzu, daß es ihm in der Tat als das Beste erschiene, wenn Tolkien das Manuskript wieder an Allen & Unwin schickte.

Aber würden Allen & Unwin es noch einmal haben wollen?

Am 22. Juni 1952 schrieb Tolkien an Rayner Unwin, der nun nach England zurückgekehrt war und für den Verlag seines Vaters arbeitete: »Was den *Herrn der Ringe* und das *Silmarillion* angeht, so sind sie immer noch, wo sie waren. Der eine fertig, das andere noch nicht (oder nicht überarbeitet), und beide setzen Staub an. Ich habe meine Ansichten nun doch geändert. Besser etwas als gar nichts! Obwohl sie für mich eines sind und es für den *Herrn der Ringe* viel besser (und natürlicher) wäre, wenn er als Teil eines Ganzen erschiene, wäre ich doch froh über jede Veröffentlichung auch nur eines Teils der Sache. Die Jahre werden kostbar. Was ist mit dem *Herrn der Ringe*? Läßt sich da etwas tun, um die Türen wieder zu öffnen, die ich selbst zugeschlagen habe?«

2
Das Tausend-Pfund-Risiko

Rayner Unwin ließ sich nicht zweimal bitten. Er schlug vor, Tolkien solle das Manuskript des *Herrn der Ringe* per Einschreiben sofort an Allen & Unwin schicken. Tolkien aber besaß nur ein einziges Typoskript des Buches in seiner endgültigen und revidierten Fassung, und das wollte er nicht der Post anvertrauen. Er wollte es persönlich überbringen, und wie es sich ergab, war das einige Wochen lang nicht möglich. Im August machte er in Irland Ferien, und im gleichen Monat besuchte er George Sayer, einen Freund von C. S. Lewis, der am Malvern College unterrichtete und oft zu den Inklings kam. Während er bei Sayer in Worcestershire war, nahm sein Gastgeber auf Tonband auf, wie er aus dem *Hobbit* und aus dem Typoskript des *Herrn der Ringe*, das er mitgebracht hatte, las und sang. Als Tolkien sich die Aufnahmen anhörte, war er »überrascht festzustellen, was für gute Rezitationen es waren und (wenn ich das so sagen darf) was ich selbst für ein guter Erzähler bin.« Viele Jahre später, nach Tolkiens Tod, wurden die bei dieser Gelegenheit gemachten Aufnahmen auf Langspielplatten herausgebracht.

Tolkien hatte noch nie zuvor ein Tonbandgerät aus der Nähe gesehen — er gab vor, Sayers Gerät mit großem Argwohn zu begegnen, und sprach zuerst das Vaterunser auf Gotisch ins Mikrophon, um alle Teufel auszutreiben, die darin lauern mochten. Doch nach den Aufnahme-Sitzungen in Malvern war er von dem Apparat so beeindruckt, daß er sich selbst einen für den Hausgebrauch anschaffte und zur eigenen Unterhaltung weitere Aufnahmen von seinem Werk zu machen begann. Einige Jahre zuvor hatte er etwas geschrieben, das sich dann als ein sehr wirksames »Hörspiel« erwies. Es trug den Titel *The Homecoming of Beorhtnoth, Beorhthelm's Son* und ist im wesentlichen eine »Fortsetzung« zu dem angelsächsischen Gedicht *The Battle of Maldon*, denn darin wird eine imaginäre Episode nach jener Schlacht erzählt, in der zwei Diener des Herzogs Beorhtnoth in der Dunkelheit aufs Schlachtfeld kommen, um den Leichnam ihres Herrn zu holen. Es ist in einer modernen Form des angelsächsischen Stabreim-Verses geschrieben und hebt das Ende des heroischen Zeitalters hervor, dessen Wesenszüge exemplarisch im Kontrast zwischen dem jugendlichen Romantiker Torhthelm und dem schlauen alten Bauern Tídwald dargestellt werden. The *Homecoming of Beorhtnoth* lag schon 1945 vor, wurde aber erst 1953 in dem Band *Essays and Studies* veröffentlicht. Auf der Bühne wurde es nie aufgeführt aber ein Jahr nach dem Erscheinen wurde es im Dritten Programm der BBC gesendet. Tolkien war über diese Rundfunksendung tief verärgert, denn das Stabreim-Versmaß wurde darin ignoriert, und die Verse wurden gesprochen, als ob es fünffüßige Jamben wären. Er nahm selbst in seinem Studierzimmer eine Fassung auf Tonband, die ihn sehr viel mehr befriedigte und in der er nicht nur beide Rollen sprach, sondern auch geschickt manche Ton-Effekte improvisierte. Obwohl einzig zur persönlichen Unterhaltung aufgenommen, ist dieses Tonband doch eine vorzügliche Demonstration von Tolkiens nicht geringem schauspielerischen Talent. Er hatte dieses Talent schon einmal vor dem Kriege bewiesen, als er 1938 und 1939 den Chaucer in den »Summer Diversions« spielte, die Nevill Coghill und John Masefield in Oxford inszeniert hatten. Bei diesen Anlässen hatte er auswendig die *Nun's Priest's Tale* und (im Jahr darauf) die *Reeve's Tale* rezitiert. Vom Theater als Kunstform war er nicht begeistert, denn er fand es ermüdend anthropozentrisch und daher einengend. Doch von dieser Abneigung nahm er die dramatische Vers-Rezitation aus, und zu dieser Kategorie gehörte für ihn vermutlich sein *Beorhtnoth*.

Am 19. September 1952 kam Rayner Unwin nach Oxford und nahm das Typoskript des *Herrn der Ringe* mit. Sein Vater war in Japan, und so mußte er die nächsten Schritte selbst unternehmen. Er beschloß, um weitere Verzögerungen zu vermeiden, das gewichtige Typoskript nicht noch einmal zu lesen, denn er hatte von seiner ersten Lektüre vor fünf Jahren noch einen lebhaften Eindruck von der Geschichte. Statt dessen ließ er sofort die Herstellungskosten schätzen, denn ihm lag daran, den Preis des Buches innerhalb einer Grenze zu halten, bis zu welcher die normalen Käufer (und besonders die Leihbüchereien) gehen würden. Nach den Kalkulationen und Besprechungen im Verlagsbüro schien es das Beste zu sein, wenn man das Buch in drei Bände aufteilte, die (mit einer nur kleinen Gewinnspanne) zu je einundzwanzig Schilling verkauft werden sollten. Das war immer noch viel Geld, merklich über der oberen Preisgrenze für Romane, aber es war das Beste, was sich machen ließ. Rayner schickte seinem Vater ein Telegramm, um ihn zu fragen, ob er das Buch veröffentlichen könne, wobei er zugab, daß es »ein großes Risiko« sei, bei dem die Firma bis zu eintausend Pfund verlieren könne. Aber er bemerkte zum Schluß, daß es seiner Meinung nach ein geniales Werk sei. Sir Stanley Unwin telegraphierte zurück, er solle es machen.

Am 10. November 1952 schrieb Rayner Unwin an Tolkien, der Verlag würde den *Herrn der Ringe* gern veröffentlichen und einen Vertrag mit Gewinnteilung schließen. Das bedeutete, daß Tolkien nicht den herkömmlichen Prozentanteil vom Absatz, sondern statt dessen den »halben Gewinn« erhalten würde, d. h. er würde so lange nichts bekommen, bis der Absatz die Kosten gedeckt hätte, von da an aber würde er von allen entstehenden Gewinnen den gleichen Anteil erhalten wie der Verlag. Dieses Verfahren, das einmal allgemein üblich gewesen, bei anderen Verlagen aber inzwischen nur noch wenig in Gebrauch war, wurde von Sir Stanley Unwin immer noch für möglicherweise unökonomische Bücher bevorzugt. Es half den Preis solcher Bücher niedrig zu halten, weil kein zusätzlicher Betrag für den Anteil des Autors in die Kosten mit einkalkuliert werden mußte. Andererseits, wenn das Buch sich unerwartet gut verkaufte, so hatte der Autor einen höheren Gewinn als bei einer Beteiligung am Absatz. Doch erwarteten Allen & Unwin nicht, mehr als ein paar tausend Exemplare vom *Herrn der Ringe* zu verkaufen, denn er war zu dick und ungewöhnlich, weder Kinderbuch noch Roman für Erwachsene, so daß er in keinen »Markt« recht zu passen schien.

Unter Tolkiens Freunden verbreitete sich bald die Nachricht, daß sein Buch endlich zur Veröffentlichung angenommen sei. C. S. Lewis schrieb, um ihm zu gratulieren, und bemerkte: »Ich glaube, die lange Schwangerschaft hat Deine Vitalität ein bißchen erschöpft. Eine neue Reife und Freiheit wird sich einstellen, wenn das Buch erst da ist.« In diesem Augenblick aber fühlte sich Tolkien als alles andere denn frei. Er wollte das Typoskript noch einmal lesen, bevor es in Satz ging, und alle etwa noch vorhandenen Unstimmigkeiten ausbügeln. (Zum Glück hatte Rayner Unwin keine Kürzungen verlangt, wie sie Milton Waldman gewünscht hatte.) Auch die Anhänge zu dem Buch, die er seit einiger Zeit vorbereitet hatte, waren eine verzwickte Frage; sie sollten Auskünfte enthalten, die für die Geschichte wichtig waren, sich aber in die Erzählung nicht einfügen ließen. Bis jetzt lagen sie nur in Form von Rohfassungen und verstreuten Notizen vor, und er konnte sehen, daß es ihn noch viel Zeit kosten werde, sie zu ordnen.

Auch die Notwendigkeit, dem Buch eine klare und genaue Karte beizugeben, machte ihm Sorgen, denn eine Reihe topographischer und erzählerischer Veränderungen hatten seine Orientierungskarte (die Christopher etliche Jahre zuvor gezeichnet hatte) ungenau und unzulänglich werden lassen. Außerdem hatten sich aus vielen Jahren unerledigte akademische Verpflichtungen bei ihm angesammelt, die er nicht länger ignorieren durfte. Und dann hatte er beschlossen, noch einmal umzuziehen.

Das Haus in der Holywell Street, wo die Tolkiens seit 1950 wohnten, war ein stilvoller Bau, wurde aber fast unerträglich gemacht durch den Verkehrsstrom, der den ganzen Tag und einen großen Teil der Nacht lang daran vorübertoste. »Dieses reizende Haus«, schrieb Tolkien, »ist unbewohnbar geworden: Darin kann man nicht mehr schlafen, nicht arbeiten, es wird geschüttelt und gequält vom Lärm und durchspült von Dünsten. Das ist das moderne Leben. Mordor in unserer Mitte.« Er und Edith waren nun allein, denn Priscilla war nach Bristol gezogen, um dort zu arbeiten. Edith war durch Rheumatismus und Arthritis sehr lahm geworden, so daß sie die vielen Treppen im Hause beschwerlich fand. Bis zum Frühjahr 1953 hatte Tolkien ein Haus in Headington gefunden und gekauft, einem ruhigen Vorort im Osten der Stadt. Dort zog er im März mit Edith ein.

Trotz der Unordnung, die der Umzug hervorrief, konnte Tolkien die letzte Durchsicht dessen, was der erste Band des *Herrn der Ringe* werden sollte, bis Mitte April abschließen; dann schickte er den Text an Allen & Unwin, damit der Satz beginnen konnte. Bald darauf schickte er auch den Text für den zweiten Band. Er hatte schon mit Rayner Unwin über die Frage der Titel gesprochen. Unwin hielt es für besser, jedem Band einen eigenen Titel und nicht nur die Bandnummer unter einem Gesamttitel zu geben. Obwohl das Buch eine fortlaufende Geschichte und nicht eine Trilogie war — ein Punkt, den Tolkien immer bemüht war, hervorzuheben —, fand man es am besten, wenn es Band für Band unter verschiedenen Titeln erschiene, so daß es in der Presse dreimal anstatt nur einmal besprochen und vielleicht auch sein riesiger Umfang verhüllt würde. Tolkien war über diese Bandeinteilung nie recht froh, und er bestand auf dem *Herrn der Ringe* als Gesamttitel. Aber nach vielem Hin und Her einigte er sich mit Rayner Unwin schließlich auf *The Fellowship of the Ring (Die Gefährten), The Two Towers (Die zwei Türme)* und *The Return of the King (Die Rückkehr des Königs)* als Bandtitel, obwohl Tolkien den dritten Band lieber »The War of the Ring« (Der Ringkrieg) genannt hätte, um weniger über den Ausgang zu verraten.

Die »Herstellungs«-Probleme, die nun auf Tolkien zukamen, waren ähnlich denen beim Druck des *Hobbit*. Er war sehr darum besorgt, daß sein geliebtes Buch ganz so, wie er es beabsichtigt hatte, erscheinen sollte, doch wieder einmal wurden viele seiner Vorstellungen geändert, häufig aus Kostengründen. Unter den Dingen, die für zu kostspielig erklärt wurden, waren die rote Farbe für die Flammenschrift, die auf dem Ring erscheint, und das Halbtonverfahren, das nötig gewesen wäre, um das »Buch von Mazarbul« farbig im Faksimile wiederzugeben, einen angebrannten und zerfetzten Band, der (in der Geschichte) in den Minen von Moria aufgefunden wird. Das betrübte ihn ganz besonders, denn er hatte viele Stunden mit der Herstellung der Vorlage zugebracht, wobei er zuerst die Seiten mit Runen und Elben-Buchstaben beschrieb und sie dann absichtlich beschädigte, indem er ihre Ränder ansengte und sie mit Substanzen, die wie trockenes Blut aussahen, beschmierte. All diese Mühe war nun vergebens.* Auch der Anblick der Korrekturfahnen versetzte ihn in Wut, denn er fand, daß die Setzer mehrfach seine wohlüberlegten Schreibungen für Wörter wie *dwarves, elvish* oder *elven* geändert hatten. Die Setzer wurden gerügt; zur Selbstverteidigung sagten sie, sie hätten sich nur an die Rechtschreibung in den Wörterbüchern gehalten. (Ähnliche »Korrekturen« an Tolkiens Schreibungen wurden auch 1961 vorgenommen, als Puffin Books den *Hobbit* als Taschenbuch herausbrachte, und dieses Mal wurde der Fehler zu Tolkiens Leidwesen erst entdeckt, als das Buch schon auf dem Markt war.) Eine weitere Sorge war die Karte, die er immer noch nicht fertig hatte, genauer, die Karten, denn eine zusätzliche Skizze des Auenlandes wurde nun ebenfalls für notwendig gehalten. »Ich bin ratlos«, schrieb Tolkien im Oktober 1953, »ja, in Panik. Sie sind wesentlich und dringend, aber ich bekomme sie einfach nicht fertig.« Am Ende übertrug er die Aufgabe seinem ersten Kartenzeichner, Christopher, dem es irgendwie gelang, die übereinandergezeichneten, abgeänderten und oft widersprüchlichen Grobskizzen seines Vaters zu deuten und aus ihnen eine übersichtliche, sauber beschriftete Gesamtkarte und eine kleinere Karte vom Auenland zu machen.

Der erste Band des *Herrn der Ringe* sollte im Sommer 1954 er-

---

* Seiten aus dem »Book of Mazarbul« wurden später in dem »Tolkien Calendar« für 1977 reproduziert.

scheinen, die anderen beiden anschließend in kurzen Abständen. Es war nur ein bescheidener Druckauftrag: dreieinhalbtausend Exemplare vom ersten Band und etwas weniger von den beiden anderen; der Verlag nahm an, dies werde ausreichen, um das mäßige Interesse zu befriedigen, welches das Buch vermutlich nur erwecken könne. Was die Werbung anging, so hatte Rayner Unwin panische Angst davor, einen Klappentext für den Buchumschlag schreiben zu müssen, denn das Buch spottete jeder herkömmlichen Beschreibung. Daher erbaten er und sein Vater die Hilfe dreier Autoren, von denen zu vermuten war, daß sie etwas darüber zu sagen wüßten: Naomi Mitchison, die den *Hobbit* bewunderte, Richard Hughes, der vor langer Zeit ebenfalls das erste Buch gerühmt hatte, und C. S. Lewis. Alle drei antworteten mit schwungvollen Worten der Empfehlung. Mrs. Mitchison verglich den *Herrn der Ringe* mit Science Fiction und mit Malory, und C. S. Lewis zog eine Parallele zu Ariost. (»Ariost kenn' ich nicht«, sagte Tolkien einmal, »und würde ich ihn kennen, ich fänd' ihn abscheulich.«)

Der Erscheinungstag des ersten Bandes rückte näher. Es war über sechzehn Jahre her, seit Tolkien angefangen hatte, das Buch zu schreiben. »Mir graut vor dem Erscheinen«, sagte er zu seinem Freund, dem Pater Robert Murray, »denn es wird unmöglich sein, sich nichts draus zu machen, was gesagt wird. Ich habe mein Herz bloßgelegt, und nun kann man danach schießen.«

3
Geld oder Ehre

Dies ist ein Buch wie ein Blitz aus klarem Himmel. Wenn wir sagen, daß in ihm plötzlich die heroische Romanze wiedergekehrt ist, unverschüchtert in all ihrer Pracht und Eloquenz, zu einer Zeit, deren Anti-Romantizismus fast schon pathologisch ist, so reicht das nicht aus. Für uns, die wir in dieser sonderbaren Zeit leben, ist diese Wiederkehr — und die schiere Erleichterung, die sie bringt — zweifellos das Wichtigste. Doch in der Geschichte der Romanze selbst — einer Geschichte, die bis zur *Odyssee* und weiter zurück reicht — bedeutet es nicht eine Wiederkehr, sondern einen Schritt vorwärts oder eine Revolution; die Eroberung eines neuen Geländes.« Diese Besprechung der *Gefährten* (des ersten Bandes des *Herrn der Ringe*) erschien in *Time & Tide* am 14. August 1954, ein paar Tage, nachdem das Buch erschienen war. Der Rezensent war C. S. Lewis.

Vielleicht war es ein bißchen zuviel, daß Lewis nach seinem Beitrag zum Klappentext nun auch noch eine Besprechung geschrieben hatte, aber er wollte alles tun, was in seiner Macht stand, um Tolkien zu helfen. Doch bevor er seinen Werbetext an Rayner Unwin schickte, hatte er Tolkien gewarnt: »Selbst wenn er und Du mit meinem Text einverstanden seid, überlegt es Euch zweimal, ob Ihr ihn verwenden wollt: Ich bin gewiß ein vielgehaßter Mann — und es wird vielleicht noch schlimmer —, einer, dessen Name Euch vielleicht mehr schadet als nützt.« Das waren prophetische Worte, denn mehr als einer der Kritiker, die das Buch im August 1954 besprachen, verriet eine ungewöhnliche persönliche Feindseligkeit gegen Lewis und verbrauchte (oder vergeudete) viel Platz, um sich darüber lustig zu machen, daß Lewis Tolkien mit Ariost verglichen hatte. Edwin Muir schrieb im *Observer*: »Nur ein großes Meisterwerk könnte das Bombardement mit Lobsprüchen überleben, die aus dem Klappentext darauf geworfen werden.« Muir gab zwar zu, das Buch mit Vergnügen gelesen zu haben, zeigte sich aber enttäuscht über den »Mangel an menschlicher Differenzierung und Tiefe«, die der Stoff verlange. «Mr. Tolkien«, fuhr Muir fort, »schildert einen fürchterlichen Konflikt zwischen Gut und Böse, von dem die Zukunft des Lebens auf der Erde abhängt. Aber die Guten sind bei ihm konstant gut, die Bösen unwandelbar böse, und in seiner Welt ist kein Platz für einen zugleich bösen und tragischen Satan.« (Offenbar hatte Mr. Muir Gollum vergessen, der böse und tragisch ist und der Vergebung sehr nahe kommt.) Mehrere Kritiker stichelten gegen Tolkiens Prosastil, unter ihnen Peter Green im *Daily Telegraph*, der schrieb, »er schwankt zwischen Präraffaelitisch und Schulaufsatz«, während J. W. Lambert in der *Sunday Times* zwei sonderbare Merkmale der Geschichte feststellte: Es gebe darin »keinerlei religiösen Geist und im Grunde keine Frauen« (beide Behauptungen waren nicht ganz gerecht, doch beide wurden später von anderen Kritikern aufgegriffen). Bei all diesen harten Urteilen gab es jedoch auch viele begeisterte, und selbst unter den Spöttern waren manche, die das Buch am Ende doch empfahlen. Green im *Telegraph* mußte zugeben, daß das Buch »eine unleugbare Faszination hat«, und Lambert schrieb in der *Sunday Times*: »Komische Schwarte mit Botschaft? Nein – es rauscht dahin mit einer erzählerischen und malerischen Kraft, die es über jenes Niveau erhebt.« Vielleicht die klügste Bemerkung stammte von dem Rezensenten der *Oxford Times*, der sagte: »Streng praktische Menschen werden keine Zeit dafür haben. Diejenigen, deren Phantasie sich anfachen läßt, werden sich vollkommen mitgerissen finden, als Teilnehmer an der ereignisreichen Fahrt, und bedauern, daß nur noch zwei Bände kommen.«

Die Besprechungen waren gut genug, um den Absatz zu fördern, und es wurde bald klar, daß die zuerst gedruckten dreieinhalbtausend Exemplare des ersten Bandes nicht ausreichen würden, um die Nachfrage zu decken. Sechs Wochen nach Erscheinen wurde eine neue Auflage bestellt. Tolkien schrieb: »Was die Rezensionen angeht, so waren sie um einiges besser, als ich befürchtet hatte.« Im Juli war er in Dublin gewesen, um von der Nationalen Universität von Irland ein Ehrendoktorat der Literatur zu empfangen. Im Oktober fuhr er abermals ins Ausland, nach Lüttich, um noch einmal Ehrendoktor zu werden; und diese und andere zeitliche Belastungen verzögerten seine Arbeit am Anhang zum *Herrn der Ringe.* Die Druckerei hatte den Text des dritten Bandes schon setzen lassen, aus dem Tolkien nun den etwas sentimentalen Epilog zu streichen beschloß, der von Sam und seiner Familie handelte. Gedruckt werden konnte der Band aber erst, wenn die Anhänge kamen, die vergrößerte Karte von

Gondor und Mordor, die Tolkien nun erforderlich schien, und das Namensregister, das er im Vorwort zum ersten Band versprochen hatte.

Der zweite Band, *Die zwei Türme,* erschien Mitte November. Die Besprechungen waren im Ton denen zum ersten Band ähnlich. Der dritte Band wurde von der Fraktion der zustimmenden Kritiker nun fieberhaft erwartet, denn die Geschichte brach an der Stelle ab, wo Frodo gefangen in den Turm von Cirith Ungol kommt. »Die Spannung ist grausam«, erklärte der Rezensent der *Illustrated London News.* Inzwischen war der Termin vergangen, den Allen & Unwin für die Ablieferung der Anhänge gesetzt hatten, ohne daß die Manuskripte in ihr Büro gelangt waren. »Es tut mir entsetzlich leid«, schrieb Tolkien, »ich habe mir große Mühe gegeben.« Und kurz darauf bekam er einen Teil der Anhänge fertig und schickte sie an den Verlag — einen Teil, doch nicht alles.

In Amerika hatte Houghton Mifflin im Oktober die *Gefährten* herausgebracht; wenig später folgten *Die zwei Türme.* Die amerikanischen Rezensionen zu den ersten zwei Bänden waren alles in allem zurückhaltend. Doch begeisterte Artikel von W. H. Auden in der *New York Times* — »ich habe seit fünf Jahren keine Geschichte mehr gelesen, die mir mehr Freude gemacht hätte«, schrieb Auden — halfen den Absatz in die Höhe zu treiben, und im folgenden Jahr wurde eine große Anzahl Exemplare von den amerikanischen Lesern gekauft.

Im Januar 1955, zwei Monate nach Erscheinen des zweiten Bandes, hatte Tolkien die so dringend erwarteten Anhänge noch immer nicht vervollständigt. Die Hoffnung, ein Namenregister erstellen zu können, hatte er ganz aufgegeben; es würde zu lange dauern. Von diesem Druck befreit, brachte er im Januar und Februar weitere Texte fertig, doch fand er die Aufgabe zum Verrücktwerden schwierig. Er hatte früher einmal vorgehabt, einen ganzen Band mit »fachlichen« Einzelheiten über Geschichte und Sprachen seiner mythischen Völker zusammenzustellen, und dafür hatte er eine Menge Notizen angesammelt. Nun aber mußte er dies alles komprimieren, denn der Verlag konnte ihm nur ein bißchen Raum am Ende des Buches gewähren. Doch er arbeitete beharrlich weiter, angespornt durch die nun schon eingehenden Briefe von Lesern, die das Buch fast wie ein Geschichtswerk behandelten und zu vielen Themen um nähere Auskunft baten. Dieses Verhältnis zu seiner Geschichte schmeichelte ihm, denn diese Reaktion hatte er zu erwecken gehofft, und doch bemerkte er: »Ich bin mir überhaupt nicht sicher, ob diese Geneigtheit die ganze Sache als eine Art großes Spiel zu betrachten, wirklich gut ist — für mich jedenfalls nicht, denn für mich hat so etwas eine nur allzu fatale Attraktivität.« Dennoch war es ermutigend zu wissen, daß die Auskünfte über den Auenland-Kalender, über die Herrscher von Gondor und über die feanorischen Buchstaben, die er nun so mühsam zusammenstellte, von vielen Menschen begierig gelesen werden würden.

Im März waren die Anhänge immer noch nicht fertig, und nun gingen allmählich erbitterte Briefe bei Allen & Unwin ein, warum denn der dritte Band noch nicht da sei. Dem Verlag war klar, daß das Buch mehr als das gewöhnliche Interesse an erzählender Litaratur hervorrief. Rayner Unwin flehte Tolkien an, die Arbeit fertigzustellen, doch erst am 20. Mai erreichte das endgültige Anhang-Manuskript die Druckerei. Die letzte Karte, an der Christopher vierundzwanzig Stunden hintereinander gearbeitet hatte, war schon drei Wochen vorher angekommen, so daß es nun keine Verzögerungen mehr hätte geben sollen. Doch es gab welche. Zuerst war die Runen-Tafel falsch gesetzt worden, und Tolkien mußte Korrekturen vornehmen. Dann kamen in der Druckerei andere Zweifel auf, zu denen Tolkien gefragt werden mußte, doch der war inzwischen nach Italien in die Ferien gefahren.

Er reiste mit Priscilla per Schiff und Bahn, während Edith mit drei Freundinnen eine Mittelmeer-Kreuzfahrt machte. Er führte Tagebuch und hielt sein Gefühl fest, zurückgekehrt zu sein »ins Herz der Christenheit: ein Auswanderer, der von den Grenzen und den entlegenen Provinzen heimkehrt oder doch die Heimat seiner Väter sieht«. Zwischen den Kanälen von Venedig fand er sich »fast befreit von der verfluchten Krankheit des Verbrennungsmotors, an der die ganze Welt stirbt«, und nachher schrieb er: »Venedig erschien unglaublich, elbisch schön — für mich wie ein Traum von Alt-Gondor oder dem Pelargir der Númenórerschiffe vor der Wiederkehr des Schattens.« Mit Priscilla fuhr er weiter nach Assisi, wo ihn die Anfragen der Druckerei erreichten, doch konnte er sie erst beantworten, als er nach Oxford zurückgekehrt war, wo er seine Unterlagen hatte. So kam *Die Rückkehr des Königs* erst am 20. Oktober in die Buchhandlungen, fast ein Jahr nach dem Erscheinen der *Zwei Türme*. Eine Notiz auf der letzten Seite entschuldigte das Fehlen des versprochenen Registers.

Nachdem nun alle drei Bände vorlagen, konnten die Kritiker ihr

Urteil über den ganzen *Herrn der Ringe* abgeben. C. S. Lewis huldigte ihm noch einmal in *Time & Tide*: »Das Buch ist zu eigenartig und zu reich für jedes endgültige Urteil nach der ersten Lektüre. Aber wir wissen sofort, daß es uns etwas angetan hat. Wir sind nicht mehr ganz dieselben Menschen.« Im Chor der Lobgesänge war eine neue Stimme zu vernehmen. Bernard Levin schrieb in *Truth*, er halte das Buch für »eines der erstaunlichsten Werke der Literatur unserer Zeit oder aller Zeiten. Es ist tröstlich, in diesen unruhigen Tagen wieder einmal die Gewißheit zu erhalten, daß die Sanftmütigen das Erbe der Erde antreten werden.« Aber es kam auch weitere Kritik am Stil. John Metcalf schrieb in der *Sunday Times*: »Nur allzu oft gleitet Mr. Tolkien in eine Art Brauerei-Biblisch ab, verschnörkelt mit Inversionen, verkrustet mit Archaismen.« Auch Edwin Muir nahm den Angriff wieder auf, in einer Rezension im *Observer* mit der Überschrift »Eine Knabenwelt«. »Das Erstaunliche ist«, schrieb Muir, »daß alle Figuren kleine Jungen sind, die sich als erwachsene Helden maskieren. Die Hobbits oder Halblinge sind gewöhnliche Jungen, die rein menschlichen Helden gehen schon in die Fünfte Klasse, doch kaum einer weiß Bescheid über Frauen, außer vom Hörensagen. Sogar die Elben und die Zwerge und die Ents sind kleine Jungen, unabänderlich, und werden nie bis zur Pubertät kommen.«

»Geht mir mit Edwin Muir und seiner Spätadoleszenz«, meinte Tolkien verächtlich. »Er ist alt genug und sollte es besser wissen. Wenn er einen M. A. hätte, würde ich ihm die Professur für Poesie übertragen — Rache ist süß.«

Inzwischen hatten sich feste Meinungsfronten gebildet. Das Buch hatte seine Bewunderer und Feinde gefunden, und, wie W. H. Auden schrieb: »Niemand scheint gemäßigter Ansicht zu sein; entweder sehen die Leute darin wie ich selbst ein Meisterwerk seiner Gattung, oder sie können es nicht ausstehen.« Und dabei sollte es bleiben, solange Tolkien lebte: höchstes Lob von der einen Seite, totale Verachtung von der anderen. Alles in allem machte Tolkien sich nicht sehr viel daraus; es belustigte ihn nur. Er schrieb dazu:

The Lord of the Rings
is one of those things:
if you like you do:
if you don't, then you boo!

Die Universität Oxford buhte ihn nicht geradezu aus, dazu war man zu höflich. Aber, wie Tolkien selbst berichtete, die Kollegen sagten zu ihm: »Jetzt wissen wir also, was Sie all die Jahre getrieben haben! Warum die Edition von diesem und der Kommentar zu jenem und die Grammatiken und Glossare ›angekündigt‹ worden sind und nicht fertig wurden. Jetzt haben Sie Ihren Spaß gehabt, und nun kommt mal ein bißchen *Arbeit*.« Der erste Ertrag aus diesen Verpflichtungen war ein bereits seit vielen Monaten überfälliger Vortrag, in einer Reihe über das keltische Element in der englischen Sprache. Tolkien hielt ihn unter dem Titel »English and Welsh« am 21. Oktober 1955, einen Tag nach dem Erscheinen der *Rückkehr des Königs*. Es war eine lange und etwas diffuse Untersuchung über das Verhältnis zwischen den beiden Sprachen, aber es sollte (wie Tolkien erklärte) auch nicht viel mehr sein als die Eröffnung zu der Vortragsreihe. Mit Sicherheit enthielt der Vortrag jedoch vieles, was als autobiographische Bemerkung Tolkiens zur Geschichte seines eigenen Interesses an Sprachen von Bedeutung ist. Zu Anfang entschuldigte sich Tolkien für die Verspätung seines Vortrags und fügte zu seiner Entlastung hinzu, unter den vielen Arbeiten, die ihn abgehalten hätten, sei auch »das lange verzögerte Erscheinen eines umfangreichen ›Werkes‹, wenn man es so nennen kann, das in der Darstellungsform, die mir am natürlichsten erscheint, vieles von dem enthält, was das Studium des Keltischen mir persönlich gegeben hat«.

Inzwischen war klargeworden, daß Allen & Unwin um die tausend Pfund, die sie für den *Herrn der Ringe* aufs Spiel gesetzt hatten, nicht besorgt zu sein brauchten. Die Verkaufszahlen stiegen beharrlich weiter an, wenn auch noch nicht auffällig. Sie wurden hochgetrieben durch eine Hörspiel-Dramatisierung des Buches, die freilich Tolkiens Beifall nicht finden konnte, denn wenn er schon gegen das Drama allgemein Vorbehalte hatte, so war er erst recht gegen die »Bearbeitung« von Geschichten, denn er glaubte, diese würden dabei unweigerlich auf die bloß menschliche und damit trivialste Ebene heruntergedrückt. Die Rundfunksendungen halfen jedoch, das Buch populär zu machen, und als Tolkien Anfang 1956 von Allen & Unwin die erste Zahlung nach dem Gewinnteilungsvertrag erhielt, da war dies ein Scheck über mehr als dreieinhalbtausend Pfund. Das war wesentlich mehr als sein Jahresgehalt von der Universität, und obgleich er sich natürlich freute, machte ihm doch auch die Einkommensteuer sehr viel Sorgen. 1956 stieg der Absatz noch weiter an, und der Scheck, den er ein Jahr später erhielt, war noch bedeutend höher. Infolge dieses unverhofften Einkommens wünschte er, daß er sich für die Pensionierung mit fünfundsechzig anstatt (wie er sich verpflichtet hatte) mit siebenundsechzig Jahren entschieden hätte, dem üblichen Ruhestandsalter für Oxforder Professoren. Die Sorgen wegen der Steuer, die sich bald als berechtigt erwiesen, führten unter anderem dazu, daß er mit Freuden annahm, als ihm 1957 die Marquette University, eine katholische Universität im amerikanischen Mittelwesten, anbot, die Manuskripte seiner wichtigsten veröffentlichten Geschichten zu erwerben. Die Summe von 1250 Pfund wurde ausbezahlt (damals soviel wie 5000 Dollar), und im Frühjahr 1958 wanderten die Original-Manuskripte des *Hobbit*, des *Herrn der Ringe* und des *Farmer Giles of Ham* über den Atlantik, zusammen mit dem noch unveröffentlichten des »Mr. Bliss«.

Abgesehen von dem Geld trug der *Herr der Ringe* Tolkien auch eine große Menge Zuschriften von Verehrern ein. Darunter war auch die von einem echten Sam Gamgee, der den *Herrn der Ringe* zwar nicht gelesen, aber gehört hatte, daß sein Name darin vorkomme. Tolkien freute sich, erklärte, wie er auf den Namen gekommen war, und schickte Mr. Gamgee ein signiertes Exemplar der drei Bände. Später sagte er: »Einige Zeit lebte ich in der Furcht, einen Brief mit der Unterschrift ›S. Gollum‹ zu bekommen. Das wäre schwerer zu beantworten gewesen.«

Allen & Unwin hatten begonnen, über die Übersetzungsrechte des *Herrn der Ringe* zu verhandeln. Das erste Ergebnis war die holländische Ausgabe, die 1956 erschien, nachdem Tolkien die ersten Versuche des Übersetzers, die komplizierte Namenfolge der Geschichte in der eigenen Sprache wiederzugeben, einer strengen Kritik unterzogen hatte. Mit der holländischen Übersetzung war Tolkien am Ende zufrieden, doch weit weniger gefiel ihm die schwedische, die drei Jahre später erschien. Hier mißbilligte er nicht nur vieles an der eigentlichen Übersetzung (er hatte eine hinreichende Kenntnis des Schwedischen), sondern ihn erzürnte auch ein Vorwort des Übersetzers. Tolkien bezeichnete dieses Vorwort als »fünf Seiten impertinenten Unfugs«. Der Übersetzer deutete darin den *Herrn der Ringe* als eine Allegorie zur gegenwärtigen Weltpolitik, sprach davon, wie Tolkien die Geschichte »einer Schar von Enkelkindern« erzählt haben sollte, und beschrieb die Szenerie in dem äußerst gewöhnlichen Oxforder Vorort Headington, wo Tolkien nun wohnte (auf einer kleinen Anhöhe, die auch der »Headington Hill« genannt wird), als eine »grüne Obstgarten-Landschaft . . . hinter der sich die Hügelgräber-Höhen oder Headington Hills erheben«. Nachdem Tolkien geharnischten Protest eingelegt hatte, verzichtete der schwedische Verlag in den späteren Auflagen auf das Vorwort.

In den folgenden Jahren wurde der *Herr der Ringe* in die meisten europäischen und in einige andere Sprachen übersetzt, mit der Folge, daß Tolkien etliche Einladungen erhielt, ins Ausland zu kommen und sich feiern zu lassen. Eine dieser Einladungen nahm er an und kam im Frühjahr 1958 nach Holland, wo ihm ein großer Erfolg beschieden war. Des herzlichen Empfangs war er sicher, denn er war seit mehreren Jahren mit Professor Piet Harding von der Universität Amsterdam befreundet, der ihn bei der Ankunft erwartete und ihn fürstlich bewirtete. Das Hauptereignis war ein »Hobbit Dinner«, das ein Rotterdamer Buchhändler veranstaltete. Dort hielt Tolkien eine lebhafte Ansprache, auf englisch, doch mit Einschüben in Holländisch und Elbisch. Zum Teil war es eine Parodie auf Bilbos Festrede zu Anfang des *Herrn der Ringe.* Zum Abschluß erinnerte er daran, »daß es nun genau zwanzig Jahre her ist, seit ich ernstlich begann, die Geschichte unserer verehrten Hobbit-Vorfahren aus dem Dritten Zeitalter zu schreiben. Ich blicke nach Osten, Westen, Norden und Süden, doch Sauron sehe ich nicht; ich sehe aber, daß Saruman viele Nachkommen hat. Gegen sie haben wir Hobbits keine Zauberwaffen. Und doch, meine werten Hobbits, bringe ich Ihnen diesen Toast dar: Auf die Hobbits! Mögen sie Saruman überdauern und den Frühling wieder in den Bäumen sehen.«

Um diese Zeit war schon klar, daß der *Herr der Ringe* international so etwas wie »heiße Ware« war. Stanley Unwin bereitete Tolkien darauf vor, daß bald Angebote für die Filmrechte kommen würden, und die beiden Männer sprachen miteinander ab, wie sie sich dazu stellen wollten: entweder eine achtbare Bearbeitung des Buches oder aber viel Geld. Wie Sir Stanley es ausdrückte, sie hatten die Wahl zwischen »Geld oder Ehre«. Das erste Angebot aus der Filmwelt kam Ende 1957, als drei amerikanische Geschäftsleute an Tolkien herantraten und ihm Zeichnungen zu einer von ihnen beabsichtigten Trickfilm-Bearbeitung zeigten. Diese Herren (Mr. Forrest J. Ackerman, Mr. Morton Grady Zimmerman und Mr. Al Brodax) übergaben ihm auch ein Szenario oder eine Handlungsskizze zu dem Film. Als er dies las, sah er, daß sein Buch darin nicht gerade achtungsvoll behandelt wurde. Eine Anzahl Namen waren gleichbleibend falsch geschrieben (aus »Boromir« war »Borimor« geworden), fast alle Fußmärsche in der Geschichte wurden dadurch ausgespart, daß man die Ring-Gemeinschaft auf dem Rücken der Adler transportieren ließ, und die elbische Wegzehrung, die *Lembas*, wurde als ein »Nährstoff-Konzentrat« bezeichnet. Viel Ehre schien dies nicht zu verheißen, und da es mit dem Geld auch nicht weit her war, wurden die Verhandlungen nicht fortgesetzt. Aber es war ein Hinweis, was für Dinge noch bevorstanden. In der Zwischenzeit hatte Tolkien weiterhin hohe Einkünfte aus seinen Büchern. »Ich kann mir nicht helfen«, meinte er, »aber für ›die gröberen Formen des literarischen Erfolgs‹, wie ein bissiger Kritiker das neulich genannt hat, läßt sich doch einiges sagen.«

Der Absatz des *Hobbit* und des *Herrn der Ringe* stieg weiterhin stetig an, doch bis 1965 gab es darin keine einschneidenden Änderungen. Zu Beginn dieses Jahres erfuhr man, daß ein amerikanischer Verlag, der nicht von allzu vielen Skrupeln geplagt zu sein schien, eine unautorisierte Taschenbuch-Ausgabe des *Herrn der Ringe* plante, höchstwahrscheinlich ohne Tolkien seinen Anteil entrichten zu wollen. Aufgrund des wirren amerikanischen Verlagsrechts zu jener Zeit glaubte der Verlag ohne Zweifel, dies ungestraft tun zu können, und er rechnete für eine solche Ausgabe auf breiten Absatz, besonders unter den amerikanischen Studenten, die bereits Interesse an dem Buch zeigten. Die einzige Möglichkeit, die Lage zu retten, war, daß Tolkiens autorisierter amerikanischer Verlag, Houghton Mifflin, so schnell wie möglich selbst eine Taschenbuch-Ausgabe machte, und dies war auch beabsichtigt, in Kooperation mit den Ballantine Books. Um aber für diese neue Ausgabe ein Copyright anmelden zu können, bedurfte es einiger Textänderungen, damit das Buch im juristischen Sinne »neu« war. Rayner Unwin kam nach Oxford, um Tolkien all dies zu erklären und ihn um ein paar eilige Veränderungen zu bitten, am *Herrn der Ringe* und am *Hobbit*, damit auch das letztere Buch geschützt werden könne. Tolkien willigte ein, und Unwin kehrte zufrieden nach London zurück.

Normalerweise brauchte nur das Wort »Änderungen« zu fallen, und Tolkien machte sich ans Werk. In diesem Falle aber tat er einstweilen nichts. Er war schon daran gewöhnt, Termine zu überschreiten und dringend verlangte Manuskripte nicht zu schicken, und jetzt feilte er weiter an seiner neuen Geschichte *Smith of Wootton Major* (die er soeben geschrieben hatte), arbeitete an seiner Übersetzung des *Gawain* und an ein paar Bemerkungen zu dem elbischen Gedicht *Namárië*, das der Komponist Donald Swann als Teil eines Tolkien-

Liederzyklus vertonen wollte. Bis er all diese Arbeiten erledigt hatte, war es Juni geworden, und die amerikanische Ausgabe des *Herrn der Ringe*, die Tolkien und andere als einen »Raubdruck« betrachteten, war erschienen.

Der Verlag hieß Ace Books, und seine Vertreter behaupteten, wenn man sie zur Rede stellte, an ihrem Taschenbuch sei nichts Rechtwidriges, obwohl es ohne jede Genehmigung Tolkiens oder seiner autorisierten Verleger gedruckt worden war und der Verlag Tolkien keine Gewinnbeteiligung angeboten hatte. Die Ausgabe war sogar mit einiger Sorgfalt hergestellt worden, so daß der Erwerb der drei Bände für je 75 Cents tatsächlich ein gutes Geschäft war. Es gab ein paar Druckfehler, aber alles in allen war Tolkiens Text genau wiedergegeben, sogar bis zur Lächerlichkeit genau, denn sowohl das Versprechen des Namensregisters im Vorwort war abgedruckt als auch die Notiz am Schluß, die sein Fehlen entschuldigte. Ace hatte bereits einen Namen als Science-Fiction-Verlag, und sicherlich mußte die Ausgabe eine Menge Käufer finden, solange keine autorisierte Taschenbuch-Ausgabe auf dem Markt war. Tolkien wurde dringend aufgefordert, die Revision (an der er, wie man meinte, schon seit mindestens sechs Monaten arbeitete) so schnell wie möglich zum Abschluß zu bringen.

Also fing Tolkien an. Er machte sich aber nicht gleich an den *Herrn der Ringe*, der eilig war, sondern zuerst an den *Hobbit*, der noch Zeit gehabt hätte. Ein paar Stunden verbrachte er mit der Suche nach älteren Notizen für eine Revision, die er aber nicht fand. Statt dessen fand er ein Typoskript mit dem Titel »The New Shadow«, eine Fortsetzung zum *Herrn der Ringe*, die er vor langer Zeit begonnen, aber nach ein paar Seiten liegengelassen hatte. Es handelte von der Rückkehr des Bösen nach Mittelerde. Bis vier Uhr morgens las er es und dachte darüber nach. Als er am nächsten Tag endlich doch an den *Hobbit* kam, fand er ein Gutteil davon »sehr schlecht« und mußte an sich halten, um nicht gleich das ganze Buch umschreiben zu wollen. Die Änderungen brauchten ihre Zeit, und als er endlich zum *Herrn der Ringe* kam, war der Sommer schon weit fortgeschritten. Er beschloß eine Reihe von Änderungen, die noch verbliebene Unstimmigkeiten behoben, und sah das Register durch, das man nun für ihn vorbereitet hatte, doch es wurde August, ehe er den überarbeiteten Text nach Amerika schicken konnte.

Inzwischen hatte sich der Verlag der autorisierten Taschenbuch-Ausgabe, Ballantine Books, entschlossen, nicht länger zu warten. Um wenigstens *ein* Buch von Tolkien in den Handel zu bringen, druckten sie den *Hobbit* in der ursprünglichen Fassung, ohne auf Tolkiens Änderungen zu warten, die sie in eine spätere Auflage einzufügen gedachten. Sie schickten ihm ein Exemplar, und er sah mit Verblüffung das Bild auf dem Umschlag. Ace Books hatte bei aller »Räuber«-Moral doch immerhin einen Graphiker mit der Gestaltung des Umschlags betraut, der etwas von der Geschichte wußte; das Umschlagbild der Ballantine-Ausgabe dagegen schien überhaupt nichts mit dem *Hobbit* zu tun zu haben, denn darauf sah man einen Hügel, zwei Emus und einen sonderbar verrenkten Baum mit nagellackfarbenen Knollenfrüchten. Tolkien explodierte: »Was hat das mit der Geschichte zu tun? Wo soll das sein? Wieso Emus? Und was ist das für ein Ding im Vordergrund mit den rosa Knollen daran?« Als die Antwort kam, der Graphiker habe keine Zeit gehabt, das Buch zu lesen, und das Objekt mit den rosa Knollen solle einen Weihnachtsbaum darstellen, konnte Tolkien nur noch antworten: »Allmählich komm' ich mir vor wie im Irrenhaus.«

Im Oktober 1965 erschien die »autorisierte« amerikanische Taschenbuch-Ausgabe des *Herrn der Ringe* in drei Bänden, mit Tolkiens Änderungen; abermals sah man die Emus und den Weihnachtsbaum auf dem Umschlag des ersten Bandes, doch wurde dieses Bild später durch eine von Tolkiens eigenen Zeichnungen ersetzt; auch für den zweiten und dritten Band wurden zwei seiner Zeichnungen verwendet. Auf jedes Exemplar war eine Erklärung von Tolkien aufgedruckt: »Diese Taschenbuch-Ausgabe und keine andere wurde mit meiner Zustimmung und unter meiner Mitwirkung veröffentlicht. Wer (zumindest) die Rechte lebender Autoren anerkennt, wird diese Ausgabe erwerben und keine andere.«

Doch dies hatte noch nicht den gewünschten Erfolg. Die Ausgabe von Ballantine kostete (weil sie Lizenz-Gebühren einkalkulierte) pro Band zwanzig Cent mehr als die von Ace, und die studentischen Käufer in Amerika zeigten zunächst keine Vorliebe für die teurere. Offenbar mußte noch etwas mehr getan werden. Merkwürdig war, daß Tolkien selbst an der Kampagne, die nun begann, in auffälliger und erfolgreicher Weise mitwirkte — merkwürdig, weil er kein Geschäftsmann war und weil ihm seine wenig geschäftsmäßigen Gepflogenheiten aus den letzten Jahren nun ironischerweise zum Vorteil ausschlugen. Er hatte sich daran gewöhnt, viele Stunden, die er auf die Fertigstellung von Veröffentlichungen hätte verwenden sollen, mit der Beantwortung von ungezählten Leserbriefen zu verbringen.

Das aber bedeutete nun, daß er sich bereits einen Anhang von vielen Dutzend begeisterter Briefpartner gesichert hatte, besonders in Amerika, und diese waren nur allzu erfreut, daß sie ihm zu Hilfe kommen konnten. Aus eigener Initiative begann er in allen Antworten an amerikanische Leser zu vermerken, daß die Ace-Ausgabe nicht autorisiert sei, und er bat die Leser, es ihren Freunden zu sagen. Dies hatte bald eine erstaunliche Wirkung. Die amerikanischen Leser begannen nicht nur, die Ace-Ausgabe zurückzuweisen, sondern verlangten auch, und oft in sehr handgreiflicher Weise, daß die Buchhändler sie aus ihren Regalen entfernten. Auch ein Leser-Klub, »The Tolkien Society of America«, beteiligte sich an der Schlacht. Gegen Ende des Jahres begann der Absatz der Ace-Ausgabe scharf abzufallen; und als sich auch noch der einflußreiche Verband der amerikanischen Science-Fiction-Autoren (Science Fiction Writers of America) der Sache annahm und erheblichen Druck auf Ace auszuüben begann, da hatte dies zur Folge, daß Ace an Tolkien schrieb und ihm für jedes verkaufte Exemplar einen Ladenpreisanteil anbot; außerdem wollte Ace seine Ausgabe, wenn die Lagerbestände vergriffen seien, nicht mehr nachdrucken. Ein Vertrag wurde unterzeichnet, und »der Krieg um Mittelerde«, wie ein Journalist es getauft hatte, ging zu Ende.

Doch die wichtigste Folge kam erst noch. Der Streit hatte beträchtliches Aufsehen erregt, und Tolkiens Name und die Titel seiner Bücher waren dabei in Amerika weithin bekannt geworden. Von der Ace-Ausgabe des *Herrn der Ringe* waren 1965 annähernd einhunderttausend Taschenbücher verkauft worden, doch diese Zahl wurde von der »autorisierten« Ausgabe, die schnell die Millionengrenze erreichte, bald überholt. Ace hatte Tolkien, ohne es zu wollen, einen Dienst erwiesen, denn das Buch war nun aus der »respektablen« gebundenen Form, in der es seit einigen Jahren dahinvegetierte, herausgeholt und an die Spitze der populären Bestseller getragen worden. Und inzwischen war der *Herr der Ringe* unter den Studenten zum Gegenstand eines »Kults« geworden.

Offensichtlich war vieles in Tolkiens Büchern, was die amerikanischen Studenten ansprach. Der darin eingeschlossene Wunsch, die natürliche Szenerie gegen die Verwüstungen der Industriegesellschaft zu verteidigen, harmonisierte mit der wachsenden ökologischen Bewegung, und es war leicht, den *Herrn der Ringe* als einen Kommentar zur Gegenwart zu lesen. Doch der Hauptreiz lag, wie C. S. Lewis schon früher gesehen hatte, in der unverschüchterten

Wiederkehr der heroischen Romanze. Die unfreundlichen Kritiker mochten das »Eskapismus« nennen, während noch härtere Gegner es mit dem finsteren Einfluß der halluzinatorischen Drogen verglichen, die damals in manchen Studentenkreisen in Mode waren, aber, aus welchem Grund immer, für Hunderttausende von jungen Amerikanern wurde die Erzählung von Frodos Fahrt mit dem Ring nun *das* Buch, und alle früheren Bestseller wurden übertroffen. Ende 1966 berichtete eine Zeitung: »In Yale verkauft die Trilogie sich schneller als William Goldings *Herr der Fliegen* auf seinem Höhepunkt. In Harvard überholt sie J. D. Salingers *Fänger im Roggen*.« Anstecknadeln begannen zu erscheinen, mit Parolen wie »Frodo Lives«, »Gandalf for President« oder »Come to Middle-earth«. Gruppen der Tolkien-Gesellschaft breiteten sich an der Westküste und im Staat New York aus und schlossen sich am Ende zur »Mythopoetic Society« zusammen, die sich zugleich auch der Lektüre der Werke von C. S. Lewis und Charles Williams widmete. Mitglieder von »Fan-Klubs« veranstalteten »Hobbit-Picknicks«, bei denen sie Pilze und Apfelwein genossen und sich als Figuren aus Tolkiens Geschichten kostümierten. Am Ende wurden Tolkiens Bücher sogar in akademischen Kreisen respektabel; Doktorarbeiten mit Titeln wie »Eine parametrische Analyse des antithetischen Konflikts und der Ironie in J. R. R. Tolkiens *Herr der Ringe*« begannen zu erscheinen, und in den Universitätsbuchläden sah man Bände mit Tolkien-Interpretationen. Eine Präsidententochter, ein Astronaut und ein Filmstar schrieben Tolkien, wie begeistert sie von seinen Büchern seien. Unter den Inschriften an den Mauern amerikanischer Universitätsgebäude konnte man lesen: »J. R. R. Tolkien is Hobbit-forming.«*

Die Welle der amerikanischen Tolkien-Begeisterung erfaßte auch andere Länder. Bei Festlichkeiten in Saigon sah man einen vietnamesischen Tänzer mit dem lidlosen Auge Saurons auf seinem Schilde, und in Nordborneo wurde eine »Frodo-Gesellschaft« gegründet. Etwa zur gleichen Zeit stieg das Interesse an Tolkiens Büchern in England deutlich an, zum Teil weil diejenigen, die sie zuerst als Kinder gelesen hatten, nun erwachsen wurden und ihren Enthusiasmus auf ihre Freunde übertrugen, und zum Teil als Widerhall auf den Kult in Amerika. Der Absatz der Bücher in Großbritannien ging scharf in die Höhe, in London und in anderen Städten begannen sich Tolkien-Gesellschaften zu bilden, die Studenten an der Universität

---

* Wortspiel mit »habit-forming« (Gewohnheitsbildung), einem Forschungsgegenstand der Lernpsychologie.

Warwick benannten die Ring Road um das Universitätsgelände in »Tolkien Road« um, und eine »psychedelische Zeitschrift« unter dem Titel *Gandalf's Garden* erschien, mit dem erklärten Ziel, »schöne Menschen zusammenzubringen«. In ihrer ersten Ausgabe wurde erklärt, daß Gandalf »schnell in dem jugendlichen Geist der Welt aufgeht, als der mythische Held des Zeitalters«.

Tolkien selbst bezeichnete in einem Brief an seinen Kollegen Norman Davis die weitverbreitete Begeisterung für seine Bücher als »meinen beklagenswerten Kult«, und einem Reporter, der ihn fragte, ob ihn die Begeisterung der jungen Amerikaner freue, antwortete er: »Die Kunst bewegt sie, und sie wissen nicht, was sie bewegt hat, und werden ganz betrunken davon. Viele junge Amerikaner nehmen an den Geschichten in einer Weise Anteil, die mir fernliegt.«

Der Absatz der Bücher stieg immer weiter an, und obwohl es unmöglich ist, eine genaue Zahl anzugeben, so scheint es doch, daß bis Ende 1968 in aller Welt gegen drei Millionen Exemplare vom *Herrn der Ringe* verkauft worden waren. In vielen Sprachen erschienen Übersetzungen.*

In immer größerer Zahl begannen Reporter Tolkien aufzusuchen, und obwohl er Interviews grundsätzlich ungern gab, machte es ihm seine natürliche Höflichkeit schwer, sie abzuweisen; schließlich wählte er einige aus, die er besonders schätzte, und bestand darauf, mit ihnen allein zu sprechen. Besucher jeder Art sprachen in Angelegenheiten, die mit seinen Büchern zusammenhingen, bei ihm vor, und obgleich er lieber ungestört blieb, willigte er meist ein, sie zu empfangen. Im allgemeinen neigte er dazu, Menschen im ersten Augenblick sympathisch zu finden, sich dann aber binnen kurzem über sie zu ärgern; und vielleicht geschah es aus dieser Erwägung heraus, daß er schließlich einen Wecker aufstellte, der wenige Minuten nach der Ankunft des Besuchers klingelte, woraufhin Tolkien zu verstehen gab, daß er nun anderes vorhabe, und den Besucher hinausgeleitete.

Amerikaner, die von seinen Büchern begeistert waren, begannen Pilgerfahrten anzutreten, um ihn kennenzulernen. Dick Plotz, ein Gründungsmitglied der amerikanischen Tolkien-Gesellschaft, sprach vor, um ihn für eine »Fan«-Zeitschrift zu interviewen. Professor Clyde S. Kilby aus Illiois kam und zeigte großes Interesse am *Silmarillion*, auf das die Tolkien-Enthusiasten nun voll Ungeduld warteten. Tolkien zeigte Kilby ein paar von seinen Manuskripten zum

* Vollständig aufgeführt finden sie sich im Anhang C dieses Buches.

Silmarillion und freute sich über seine verständnisvollen Bemerkungen. Ein weiterer Universitätslehrer aus dem Mittelwesten, William Ready, besuchte Tolkien und veröffentlichte später ein Buch über ihn, das Tolkien »beleidigend und widerwärtig« fand; und von da an war er gegen Besucher vorsichtiger. Anfang 1968 drehte die BBC einen Film über ihn, der »Tolkien in Oxford« genannt wurde; er stellte sich darin unbefangen vor der Kamera dar und fand ein gelindes Vergnügen an der Sache. Alles in allem aber mochte er derlei nicht. Er schrieb an einen Leser: »Ich fürchte, es ist keineswegs angenehm, bei Lebzeiten Gegenstand eines Kults zu sein. Ich finde aber auch nicht, daß es einen aufplustern muß; ich jedenfalls fühle mich dabei sehr klein und unzulänglich. Aber auch die Nase eines sehr bescheidenen Idols bleibt nicht ganz ungekitzelt vom süßen Duft des Weihrauchs.«

VII
1959–1973
DIE LETZTEN JAHRE

1
Headington

Der Ruhm verwirrte ihn. Das war nichts, was er je erwartet hatte, oder wovon er meinte, daß es ihm gebühre. Gewiß, sollten die Leser doch von den Geschichten begeistert sein, warum aber machten sie soviel Wesens um ihn? Und sie machten Wesens. Er mußte Berge von Zuschriften beantworten, und viele Leser schickten ihm nicht bloß einen Brief. Mit den Briefen kamen auch Geschenke jeder Art: Gemälde, Plastiken, Trinkbecher, Photographien, auf denen man die Leser als Figuren aus seinen Büchern kostümiert sah, Tonbandaufnahmen, Lebensmittel, Getränke, Tabak und Wandbehänge. Das Haus Sandfield Road 76, wo die Tolkiens nun wohnten, war schon zum Bersten voll mit Büchern und Papieren, und nun quoll es auch noch von Geschenken über. Tag um Tag saß Tolkien an den Dankesbriefen. Als Allen & Unwin ihm Hilfe für die Beantwortung seiner Leser-Post anboten, nahm er dankbar an. Weil aber seine Privatadresse eine gewisse Publizität erlangt hatte und seine Rufnummer im Oxforder Telefonbuch stand, wurde er noch auf andere Weise gestört. Unangemeldete Besucher begannen zu erscheinen, die ihn um Signierung seiner Bücher oder auch um Geld baten. Meistens waren sie höflich, manchmal aber auch wild oder bedrohlich. Mitten in der Nacht konnte das Telefon klingeln: Ein unbekannter Amerikaner war am Apparat und wünschte, Tolkien persönlich zu sprechen, offenbar ohne etwas von dem Zeitunterschied zu ahnen. Am schlimmsten war, daß manche Leute durch die Fenster photographierten. Das war etwas, das es in einer geordneten Welt, im befreiten Auenland, nicht geben sollte.

Als Tolkien älter wurde, traten viele seiner Eigenarten schärfer hervor. Die hastige Redeweise, die schlechte Aussprache und die langen, verschachtelten Sätze wurden noch ausgeprägter. Langgehegte Einstellungen wie etwa seine Abneigung gegen die französische Küche wurden zu absurden Karikaturen ihrer selbst. Was er einmal über die Vorurteile von C. S. Lewis geschrieben hat, hätte im hohen

Alter auch für ihn selbst gegolten: »Er hatte deren mehrere, manche davon unaustilgbar, denn sie beruhten auf Unwissenheit, waren aber mit Informationen nicht zu durchdringen.« Zugleich aber hatte er bei weitem nicht so viele Vorurteile wie Lewis, und »Vorurteile« ist auch nicht ganz das richtige Wort, denn es würde besagen, daß sein Tun auf diesen Meinungen beruhte, während in Wirklichkeit seine eigenartigsten Überzeugungen nur selten irgendeinen Einfluß auf sein Verhalten ausübten. Es handelte sich weniger um Vorurteile als um die (in Oxford nicht seltene) Gewohnheit, dogmatische Behauptungen über Dinge aufzustellen, von denen er sehr wenig wußte.

In mancher Hinsicht litt er unter dem Alter, in anderer Hinsicht brachte es das Beste an ihm zum Vorschein. Ihn schmerzte das Bewußtsein der schwindenden Kräfte, und 1965 schrieb er: »Es fällt mir schwer zu arbeiten — fange an, mich alt zu fühlen, und das Feuer brennt nieder.« Manchmal stürzte ihn dies in Verzweiflung, und in seinen späteren Jahren neigte er besonders zu der Düsterkeit, die sein Leben schon immer begleitet hatte; allein schon, daß er im Ruhestand war und sich zurückgezogen hatte, ließ diese Seite seines Wesens hervortreten. Doch die andere Seite, seine Neigung zu gutgelaunter Geselligkeit, blieb ebenso stark oder schien noch zu wachsen, wie um die Verdüsterung auszugleichen. Das nahende Alter veränderte sein Äußeres zu seinem Vorteil, und als das Eckige an seinem langen, schmalen Gesicht von Runzeln und Falten gemildert wurde und unter der farbigen Weste, die er nun fast immer trug, ein Anflug von Beleibtheit erkennbar war, da bemerkten seine Freunde, daß ihm die Reifung durch das Alter gut anstand. Jedenfalls schien sein Vergnügen an der Gesellschaft anderer im Lauf der Jahre noch zu wachsen, und sein Augenzwinkern, seine enthusiastische Redeweise, sein explosives Gelächter, seine unbekümmerte Freundlichkeit und seine Lautstärke bei Tisch oder in einer Kneipe machten ihn zu einem höchst angenehmen Gefährten.

»Er war ein Mann der ›Spezis‹«, schrieb C. S. Lewis in seinem (vorsorglich verfaßten) Nachruf auf Tolkien, »und war immer am liebsten in einem kleinen Kreis von Vertrauten, wo der Ton zugleich bohemienhaft, literarisch und christlich war.« Doch als Tolkien im Sommer 1959 seine Professur niederlegte, zog er sich nahezu absichtlich aus dem Gesichtsfeld seiner Freunde, aus der Gesellschaft derer zurück, die er (abgesehen von seiner Familie) am meisten liebte, und die Folge war, daß er ziemlich unglücklich wurde. Auch in diesen späteren Jahren traf er Lewis noch ab und zu und kam gelegentlich in die

Kneipe zum »Adler mit dem Kind« oder zu den »Kilns«, Lewis' Haus auf der anderen Seite von Headington. Vermutlich hätten Tolkien und Lewis einen Rest ihrer alten Freundschaft wahren können, wäre Tolkien nicht befremdet und sogar verärgert gewesen über Lewis' Ehe mit Joy Davidman, die von 1957 bis zum Tode der Frau im Jahre 1960 dauerte. Teils mag der Umstand, daß Joy Davidman, als sie Lewis heiratete, schon einmal geschieden war, seine Gefühle erklären, teils dürfte er Lewis den Wunsch verübelt haben, seine Freunde möchten seiner Frau ihre Aufwartung machen — während es in den dreißiger Jahren Lewis gewesen war, der, damals ganz Junggeselle, es gern übersah, daß seine Freunde Frauen zuhause hatten. Aber es war noch mehr dahinter als dies. Es war fast so, als fühlte sich Tolkien durch diese Ehe verraten, als nähme er die Einmischung einer Frau in ihre Freundschaft übel — ähnlich wie Edith in Lewis eine Störung ihrer Ehe gesehen hatte. Die Ironie wollte es, daß nun Edith sich mit Joy Davidman anfreundete.

Das Aufhören der regelmäßigen Zusammenkünfte Tolkiens mit Lewis Mitte der fünfziger Jahre bezeichnet das Ende des »Club«-Kapitels in seinem Leben, eines Kapitels, das mit dem T. C. B. S. begonnen und in den Inklings kulminiert hatte. Von dieser Zeit an war er im wesentlichen einsam und die meiste Zeit über zuhause. Dies war zwar in der Hauptsache eine Notwendigkeit, denn er war sehr besorgt um Ediths Gesundheit und Wohlbefinden, und da sie von Jahr zu Jahr mehr lahmte und außerdem ständig unter Verdauungsbeschwerden litt, empfand er es als seine Pflicht, soviel wie möglich bei ihr zu sein. Doch dieser Wandel in seiner Lebensweise war zu einem gewissen Teil auch ein bewußter Rückzug von der Gesellschaft, in der er vierzig Jahre lang gelebt, gearbeitet und geredet hatte; denn ganz Oxford wandelte sich, und seine Generation machte einem neuen Menschenschlag Platz, Menschen, die weniger umschweifig waren, weniger gesellig im alten Sinne und mit Sicherheit auch weniger christlich.

In seiner Abschiedsrede vor dem dichtgedrängten Auditorium in der Merton College Hall am Ende seines letzten Sommersemesters ging Tolkien auf manche der Wandlungen ein, die sich in Oxford vollzogen. Er richtete einige stachelige Bemerkungen gegen die Betonung der Post-Graduierten-Forschung und bezeichnete sie als »die Degeneration der echten Neugier und Begeisterung zu einer ›Planwirtschaft‹, bei der eine gewisse Menge Forschungszeit in mehr oder weniger normierte Schläuche gestopft und zu Würsten verarbeitet wird, deren Form und Größe den Richtlinien in unserem kleinen gedruckten Kochbuch entspricht«. Er schloß jedoch nicht mit der Erörterung von Universitätsangelegenheiten, sondern mit einem Zitat aus seinem elbischen Abschiedslied »Namárië«. Nach vier Jahrzehnten Universitätsdienst konnte er nun endlich seine ganze Zeit seinen Legenden widmen, insbesondere der Beendigung des *Silmarillion*, das zu veröffentlichen Allen & Unwin nun brennend interessiert waren und auf das sie schon seit mehreren Jahren warteten.

Das Haus in der Sandfield Road war nicht der beste Ort für den Ruhestand. Tolkien wohnte nun schon seit sechs Jahren dort und war sich über die Einschränkungen im klaren, die es erzwingen würde; dennoch hatte er wohl nicht das ganze Ausmaß der Isolierung erwartet, die er zu empfinden begann, seitdem er nicht mehr täglich den Weg zum College zu machen brauchte. Von dem Haus waren es zwei Meilen bis ins Stadtzentrum, und die nächste Bus-Haltestelle lag in einiger Entfernung, weiter als Edith bequem gehen konnte. Folglich mußte zu jeder Fahrt nach Oxford hinein oder zum Einkaufen in Headington ein Taxi genommen werden. Auch kamen nun nicht mehr so oft Freunde zu Besuch wie früher, als die Tolkiens in der Innenstadt wohnten. Was die Familie anging, so kamen Christopher und seine Frau Faith oft zu Besuch. Faith war Bildhauerin und hatte von ihrem Schwiegervater eine Büste gemacht, die er anläßlich seiner Pensionierung von der Englisch-Fakultät als Geschenk erhielt; Tolkien ließ sie später auf eigene Kosten in Bronze gießen, und die Büste wurde in der Fakultätsbibliothek aufgestellt. Doch hatte Christopher, der nun Lektor, später Fellow, am New College war, viel mit seiner eigenen Arbeit zu tun. John hatte nun seine eigene Kirchengemeinde in Staffordshire, während Michael Lehrer in Mittelengland war und nur gelegentlich mit seiner Familie (einem Sohn und zwei Töchtern) zu Besuch kommen konnte. Priscilla war wieder in Oxford, wo sie als Bewährungshelferin arbeitete; sie kam oft zu ihren Eltern, aber sie wohnte am anderen Ende der Stadt, und auch sie hatte ihre eigenen Interessen.

Tolkiens Kontakte zur Universität beschränkten sich nun auf gelegentliche Besuche von Alistair Campbell, dem Professor für Angelsächsisch, welcher der Nachfolger von Charles Wrenn geworden war, und auf Ausfahrten zum Essen mit seinem früheren Schüler Norman Davis, dem neuen Merton-Professor für englische Sprache und Literatur. Davis und seine Frau begriffen schnell, daß diese Ausflüge ein wichtiges Moment im Leben der Tolkiens waren, da sie eine

Befreiung aus dem engen häuslichen Alltag in der Sandfield Road gewährten. Etwa einmal die Woche holte das Ehepaar Davis sie ab und fuhr mit ihnen zu einem Gasthaus auf dem Lande, das gerade in Gunst stand — und keines blieb bei den Tolkiens lange in Gunst, wegen irgendeines Mangels der Speisen, einer zu hohen Rechnung oder des Umstandes, daß man auf einer neuen Autostraße dorthin gelangte, welche die Landschaft verdorben hatte. In dem Gasthaus gab es eine Runde Getränke — Edith fand, daß ein großer Schnaps gut war für ihre Verdauung — und dann ein gutes Essen mit viel Wein. Während der Mahlzeit sprach Lena Davis mit Edith, die sie sehr gern hatte, so daß die beiden Männer ungestört miteinander reden konnten. Doch dies und die Familienfeste waren schon fast Tolkiens ganzer geselliger Umgang.

Das Exeter College wählte ihn 1963 zum Ehrenmitglied, und das Merton College ernannte ihn wenig später zum Fellow Emeritus. Doch obwohl er in beiden Colleges stets willkommen war und oft von ihnen Einladungen erhielt, ging er nur selten dort zum Abendessen — und dann aß er nur wenig, denn er traute der Küche nicht. Auch ging er abends nur dann aus dem Haus, wenn Priscilla oder eine Freundin unterdessen Edith Gesellschaft leisteten. Die Sorge um ihr Wohl hatte für ihn immer Vorrang.

Sofort nach seiner Pensionierung bekam er im Hause genug zu tun, was ihn beschäftigte. Er mußte alle seine Bücher aus seinem Zimmer im College entfernen und sie zuhause unterbringen. Da sein Schlaf- und Arbeitszimmer im Obergeschoß schon vollgestopft war, beschloß er, die Garage (die leer stand, denn er hatte keinen Wagen) in eine Bibliothek mit Büro zu verwandeln. Das Umräumen der Bücher dauerte viele Monate, und es tat ihm nicht gut, denn er klagte jetzt über Hexenschuß. Doch am Ende stand alles an seinem Ort, und nun konnte er an die große Aufgabe gehen, das *Silmarillion* zu überarbeiten und zu beenden.

Unvermeidlich hatte er, seiner Gewohnheit drastischen Umschreibens gemäß, beschlossen, daß das ganze Werk neu aufgebaut werden müsse, und an diese große Arbeit machte er sich nun. Dabei half ihm seine Teilzeit-Sekretärin Elisabeth Lumsden, die sich wie ihre beiden Nachfolgerinnen Naomi Collyer und Phyllis Jenkinson mit ihm und Edith anfreundete. Doch kaum war er ein Stück weit vorangekommen, da unterbrach ihn die Ankunft der Korrekturfahnen zu seiner Ausgabe der *Ancrene Wisse*, die durch einen Druckerstreik verzögert worden war. Widerstrebend legte er seine Mythologie beiseite und machte sich an das mühsame Geschäft, zweihundertzweiundzwanzig Seiten Mittelenglisch, mit vielen Einzelheiten in den Fußnoten, durchzusehen. Sobald dies aus dem Weg geräumt war, wandte er sich wieder dem Werke zu, das er als seine »wirkliche Arbeit« bezeichnete. Nun aber dachte er, er sollte, bevor er mit dem *Silmarillion* weitermachte, zuerst noch die Revision seiner *Gawain*- und *Pearl*-Übersetzungen fertigstellen und die Einleitung dazu schreiben, die der Verlag wünschte. Auch von diesen Arbeiten war noch keine abgeschlossen, als er sich wieder eine neue Aufgabe vornahm, nämlich seinen Vortrag über Märchen zu überarbeiten, den Allen & Unwin zusammen mit *Leaf by Niggle* abdrucken wollten. So herrschte eine ewige Diskontinuität, die immer wieder die Fäden seiner Arbeit zerriß, den Abschluß verzögerte und ihn mehr und mehr frustrierte.

Ein großer Teil seiner Zeit verging auch einfach damit, daß er Briefe beantwortete. Die Leser schrieben ihm zu Dutzenden; sie rühmten, kritisierten und erbaten weitere Auskunft zu verschiedenen Punkten in seinen Geschichten. Tolkien nahm jeden Brief ernst, besonders wenn er von einem Kind oder von einem älteren Menschen kam. Manchmal machte er zwei, drei Entwürfe zu einer Antwort — und dann konnte es sein, daß er mit dem Ergebnis so unzufrieden oder so unschlüssig war, was er sagen sollte, daß er überhaupt nichts abschickte. Oder er verlor einen Brief, nachdem er ihn geschrieben hatte, und wühlte dann stundenlang in der Garage oder in seinem Arbeitszimmer, bis er ihn gefunden hatte. Bei der Suche konnte es sein, daß er auf andere vergessene Dinge stieß, einen unbeantworteten Brief oder eine angefangene Geschichte, und dann ließ er von seinem ursprünglichen Vorhaben ab, setzte sich hin und las (oder schrieb um), was er gerade entdeckt hatte. Viele Tage vergingen auf diese Weise.

Gern beschäftigte er sich immer mit Anfragen von Lesern, die ihr Haus, ein Tier oder sogar ein Kind nach einem Ort oder einer Figur aus seinen Büchern benennen wollten; er fand sogar, es sei nicht mehr als richtig, daß sie ihn fragten, und er ärgerte sich, als ein Schnellboot ohne seine Erlaubnis den Namen »Shadowfax« (»Schattenfell« — Gandalfs Pferd) bekam. Wer ihm in solchen Fragen schrieb, wurde oft in ungeahnter Weise belohnt. Ein Viehzüchter, der angefragt hatte, ob er »Rivendell« (»Bruchtal«) als Herdennamen verwenden könne, erhielt von Tolkien einen Brief, der besagte, das elbische Wort für »Stier« sei *mundo*, und außerdem eine Reihe von Namen für einzelne Stiere vorschlug, die von *mundo* abzuleiten seien.

(Nachdem er den Brief abgeschickt hatte, setzte Tolkien sich hin, um zu klären, wie *mundo* denn zu der Bedeutung »Stier« gekommen sein könnte, etwas, das er zuvor nicht bedacht hatte.) Während diese und ähnliche Dinge ihn mehr und mehr beschäftigten, kam er wenig zur Arbeit am *Silmarillion*.

Dennoch, er blieb weiter an diesem Werk, und es hätte ihm gelingen können, es zu dieser Zeit druckreif zu machen, hätte er sich nur zu einer regelmäßigen Arbeitsweise disziplinieren können. Aber oft verbrachte er seine Zeit einfach damit, Patience zu spielen, oft bis tief in dic Nacht. Es war eine langjährige Angewohnheit, und er hatte selbst eine große Anzahl Kombinationen erfunden, die er stolz an andere Patience-Spieler weiterzugeben pflegte. Gewiß dachte er viel nach, während er scheinbar die Zeit über den Karten vertrödelte, doch gewöhnlich hatte er wegen der auf diese Weise verbrachten Stunden ein schlechtes Gewissen. Oft malte er den halben Tag lang wunderbar verschlungene Muster auf die Rückseite einer alten Zeitung, während er das Kreuzworträtsel löste, und unweigerlich gingen diese Muster dann in seine Geschichten ein und wurden zu elbischen Wappen, númenórischen Teppichmustern oder Zeichnungen exotischer Pflanzen mit Namen in Quenya oder Sindarin. Doch dann schämte er sich wieder seiner Bummelei und versuchte, sich zum Arbeiten zu zwingen, und nun klingelte das Telefon, oder Edith holte ihn zum Einkaufen oder zum Tee mit einer Freundin, und er mußte die Arbeit für diesen Tag aufgeben.

So war er zum Teil selbst schuld, daß er nicht viel fertig bekam. Und das allein schon deprimierte ihn und machte ihn noch weniger arbeitsfähig, während ihn außerdem seine, wie ihm oft schien, monotone und einengende Lebensweise betrübte. »Die Tage scheinen leer«, schrieb er, »und ich kann mich auf nichts konzentrieren. Ich finde das Leben so *öd* in dieser Gefangenschaft.«

Vor allem fühlte er sich einsam, denn ihm fehlte männliche Gesellschaft. Sein alter Freund und Arzt, R. E. Harvard von den Inklings, wohnte in der Nähe und saß (da er Katholik war) sonntags oft bei der Messe neben ihm. Ihr Gespräch auf dem Heimweg von der Kirche war für Tolkien ein wichtiges Stück von der Woche, doch oft machte es ihn nur nostalgisch.

Am 22. November 1963 starb C. S. Lewis, im Alter von vierundsechzig Jahren. Tolkien schrieb an seine Tochter Priscilla: »Bisher habe ich mich gefühlt, wie es für einen Mann meines Alters normal ist, wie ein alter Baum, der alle seine Blätter verliert, eines nach dem andern — dies aber fühlt sich an wie ein Axthieb dicht bei der Wurzel.«

Er lehnte die Bitte um einen Nachruf auf Lewis ab, und ebenso die Einladung, einen Beitrag zu einem Gedenkband zu liefern. Doch er verbrachte viele Stunden im Nachsinnen über Lewis' letztem Buch, *Letters to Malcolm, Chiefly on Prayer*.*

Bald nach Lewis' Tod begann er ein Tagebuch zu führen, etwas, das er seit etlichen Jahren nicht mehr getan hatte. Zum Teil diente es als Vorwand für den Gebrauch eines neuen Alphabets, das er erfunden hatte. Er nannte es das »New English Alphabet« und bemerkte, es sei gedacht als Verbesserung »des lächerlichen Alphabets, das von Personen vorgeschlagen wird, die um das Geld jenes absurden Herrn Shaw wetteifern«. Es beruhte auf einigen der herkömmlichen Buchstaben (doch mit anderen Lautwerten), manchen Zeichen der internationalen Lautschrift und einigen Symbolen aus seinem eigenen feanorischen Alphabet. In seinem Tagebuch gebrauchte er es, wenn er über private Angelegenheiten schreiben wollte. Wie in allen seinen Tagebüchern hielt er auch in diesem häufiger Leid als Freuden fest, und es gibt kein ganz ausgewogenes Bild von seinem Leben in der Sandfield Road. Es zeigt jedoch, in welch bedrückende Verdüsterung er fallen konnte, wenn auch nur für kurze Zeiträume. »Das Leben ist grau und bitter«, schrieb er in einem solchen Augenblick. »Ich bekomme nichts fertig, zwischen Fadheit und Langweile (ans Haus gefesselt), Angst und Zerstreuung. Was soll ich tun? Mich in ein Hotel oder Altersheim oder einen Klub locken lassen, ohne Bücher oder Kontakte oder Gespräche mit Männern? Gott bewahre mich!«

Wie es für ihn nicht untypisch war, wandte Tolkien auch diese Depression zum guten Ende. So wie die Verzweiflung, daß er den *Herrn der Ringe* nicht fertig bekam, *Leaf by Niggle* hervorgebracht hatte, so brachten ihn die Angst vor der Zukunft und und das Leid des nahenden Alters dazu, *Smith of Wootton Major* zu schreiben.

Es war merkwürdig, wie er zu der Geschichte kam. Ein amerikanischer Verlag hatte Tolkien um ein Vorwort zu einer neuen Ausgabe von George MacDonalds *The Golden Key* gebeten. Gewöhnlich lehnte er solche Aufforderungen ab, dieses Mal aber nahm er an, ohne daß klar wäre, warum. Er machte sich Ende Januar 1965 an die Arbeit, zu einer Zeit, als seine Stimmung besonders elend war. Er fand, daß MacDonalds Buch weit weniger nach seinem Geschmack

---

* *Briefe an einen Freund,* Einsiedeln, Benziger Verlag, 1966.

war, als er es in Erinnerung gehabt hatte, und bemerkte, es sei »schlecht geschrieben, zusammenhanglos und schwach, trotz einiger erinnernswerter Passagen«. (Überhaupt war Tolkien bei weitem kein so leidenschaftlicher Bewunderer von MacDonald wie C. S. Lewis; ihm gefielen die Curdie-Bücher, doch vieles von MacDonalds Büchern wurde ihm durch deren moralisch-allegorischen Gehalt verleidet.) Doch trotz dieses Eindrucks von der Geschichte blieb er, ganz gegen seine Gewohnheit, bei der Aufgabe, so als müßte er einmal etwas fertigbringen, um zu beweisen, daß er nicht arbeitsunfähig war. Er begann den jugendlichen Lesern, für welche die Ausgabe gedacht war, die Bedeutung des Ausdrucks »Fairy« (»Fee«, »Elf«, »Märchen« in »fairy-tale«) zu erklären. Er schrieb:

> *Fairy* ist etwas sehr Mächtiges. Selbst der schlechte Autor kann ihm nicht entgehen. Er stückelt vermutlich seine Geschichte aus älteren Geschichten oder aus Dingen zusammen, an die er sich nur noch halb erinnert, und diese sind dann vielleicht zu stark, als daß er sie verderben oder entzaubern könnte. Ein Leser stößt auf sie vielleicht zum ersten Mal in dieser albernen Geschichte, erhascht einen Blick auf das Fairy und geht dann zu Besserem über. Das ließe sich in eine Geschichte wie diese bringen: Es war einmal ein Koch, und der gedachte einen Kuchen für ein Kinderfest zu backen. Seine wichtigste Idee war, daß der Kuchen sehr süß sein müsse...

Die Geschichte hatte nur ein paar Absätze lang werden sollen. Aber sie ging weiter und weiter, bis Tolkien innehielt und begriff, daß sie ihr eigenes Leben hatte und als etwas Selbständiges fertiggestellt werden sollte. Im ersten Entwurf hieß sie »The Great Cake«, doch bald bekam sie den Titel *Smith of Wootton Major.* (Das MacDonald-Vorwort wurde nie beendet.)

In zweierlei Hinsicht war die Geschichte ungewöhnlich: Sie wurde von Anfang an auf der Maschine geschrieben — was Tolkien normalerweise nicht tat —, und sie hatte eng und sogar in bewußter Weise mit ihm selbst zu tun. Er nannte sie »eine Altmännergeschichte, voll vorgeahnter Trauer«, und an anderer Stelle sagte er, sie sei »geschrieben mit tiefem Gefühl, zum Teil aus dem erlittenen Schmerz des ›Ruhestands‹ und des nahenden Alters«. Wie Smith, der Dorfjunge, der einen Zauberstern verschluckt und so Zutritt zum Elbenland erhält, so war Tolkien in seiner Phantasie lange durch geheimnisvolle Länder gewandert; nun aber fühlte er das Ende nahen und wußte, er würde bald seinen eigenen Stern, seine Phantasie, abgeben müssen. Es war in der Tat die letzte Geschichte, die er schrieb.

Nicht lange, nachdem sie fertig war, zeigte er sie Rayner Unwin, dem sie gefiel, obwohl er meinte, daß sie erst mit anderen Geschichten zusammen einen hinreichend gewichtigen Band ergäbe. Am Ende jedoch beschlossen Allen & Unwin, die Geschichte gesondert herauszubringen, und sie erschien 1967 in England und Amerika, mit Illustrationen von Pauline Baynes. Von den Kritikern wurde *Smith of Wootton Major* im allgemeinen freundlich aufgenommen, obgleich keiner von ihnen den persönlichen Gehalt oder das für den Autor uncharakteristische allegorische Moment bemerkte. Tolkien schrieb dazu: »Im Märchen ist *keine* Allegorie, denn wir schreiben ihm eine reale, außerseelische Existenz zu. Eine gewisse Spur von Allegorie weist der menschliche Teil auf, was mir offensichtlich scheint, obwohl noch kein Leser oder Kritiker bis jetzt darauf hingewiesen hat. Wie gewöhnlich gibt es in der Geschichte keine ›Religion‹, doch ist wohl klar, daß der Küchenmeister und der Große Saal usw. eine (ein bißchen satirische) Allegorie der Dorfkirche und des Dorfpfarrers sind: Ihre Zwecke geraten mehr und mehr in Verfall, verlieren jede Berührung mit den ›Künsten‹, bis es bloß noch um Essen und Trinken geht, und die letzte Spur von etwas ›Anderem‹ findet sich in den Kindern.«

Während dieser Zeit stellte Tolkien noch zwei weitere Bücher für die Veröffentlichung fertig. Die überarbeitete Fassung seines Vortrags *On Fairy-Stories* erschien 1964 zusammen mit *Leaf by Niggle* unter dem Gesamttitel *Tree and Leaf*; und als ihm 1961 seine Tante Jane Neave, nun neunundachtzig Jahre alt, schrieb, um ihn zu bitten, »ob Du nicht ein kleines Buch herausbringen könntest, mit Tom Bombadil im Mittelpunkt, so ein Buch von der Größe, daß wir Alten es uns leisten können, wenn wir Weihnachtsgeschenke kaufen«, da waren *The Adventures of Tom Bombadil* das Ergebnis. Die Gedichte, die Tolkien für dieses Buch auswählte, hatte er zumeist in den zwanziger und dreißiger Jahren geschrieben, ausgenommen »Bombadil Goes A-Boating«, das er eigens für diesen Band, und »Cat«, das er 1956 geschrieben hatte, zur Unterhaltung seiner Enkeltochter Joan Anne. Das Buch, das wieder von Pauline Baynes illustriert war, erschien gerade noch rechtzeitig, um Jane Neave eine Freude zu machen, die ein paar Monate später starb.

Wenn das Leben im Ruhestand auch manchmal »grau und grimmig« schien, so hatte es doch auch manche Seiten, die Tolkien freuten. Zum ersten Mal hatte er genug Geld. Schon 1962, noch vor dem gewaltigen Absatzerfolg der amerikanischen Taschenbuch-Ausgaben, schrieb er über sein Einkommen: »Die Lage ist erstaunlich, und ich hoffe nur, ich bin Gott dankbar genug. Es ist noch nicht lange her, da fragte ich mich, ob wir weiterhin hier würden leben können, bei meiner unzulänglichen Pension. Doch jetzt, wenn keine allgemeine Katastrophe kommt, werde ich zu meinen Lebzeiten wohl keine Geldsorgen mehr haben.«

Die Steuer nahm ihm einen großen Teil seiner Einkünfte wieder ab, doch alles in allem ertrug er dies philosophisch; nur bei einer Gelegenheit schrieb er quer über einen großen Scheck für das Finanzamt: »Keinen Penny für die Concorde«. Gegen Ende seines Lebens traf er eine finanzielle Regelung, die dafür sorgte, daß der größte Teil seines Besitzes auf seine vier Kinder überging.

Mit seinem neuerlangten Reichtum ging er großzügig um und spendete in seinen letzten Jahren eine beträchtliche Summe (anonym) für seine Gemeindekirche in Headington. Besonders war er immer froh, für die Bedürfnisse seiner Angehörigen sorgen zu können. Er kaufte für eines seiner Kinder ein Haus, für ein anderes einen Wagen, schenkte einem Enkelsohn ein Cello und bezahlte für eine Enkeltochter das Schulgeld. Doch trotz des Reichtums ließ sich die Gewohnheit, auf den Pfennig zu sehen — die er in langen Jahren hoher Ausgaben und kleiner Einkünfte erworben hatte —, nicht so leicht abstreifen, und in seinem Tagebuch findet sich neben einer täglichen Notiz über das Wetter unweigerlich ein genaues Verzeichnis auch der kleinsten Geldausgaben: »Luftpost 1s3d, Gillette-Klingen 2s11d, Porto 7 1/2d, Steradent 6s2d.« Geld gab er nie achtlos aus; er und Edith kauften sich keinerlei elektrischen Kram für das Haus, denn sie waren derlei nie gewöhnt gewesen und sahen nicht ein, warum sie es jetzt brauchen sollten. Sie hatten nicht nur keinen Fernsehapparat, sondern auch keine Wasch- oder Geschirrspülmaschine.

Und doch bereitete es Tolkien viel Vergnügen, daß er jetzt Geld in Fülle hatte. Er gönnte sich ein paar ausgesuchte Extravaganzen, die ganz nach seinem Geschmack waren: ein gutes Essen mit Wein in einem Restaurant nach einem vormittäglichen Einkaufsbummel in Oxford, eine schwarze Kordsamtjacke und eine neue Weste nach Maß und neue Kleider für Edith.

Er und Edith waren immer noch zwei sehr verschiedene Menschen mit höchst verschiedenen Interessen, und auch nach fünfzig Jahren Ehe waren sie nicht immer die beste Gesellschaft füreinander. Es gab manchmal Augenblicke der Verstimmung zwischen ihnen, wie während ihres ganzen Lebens. Doch immer noch herrschte die gleiche Liebe und Zuneigung wie früher, vielleicht noch mehr, da nun die Belastung, Kinder großziehen zu müssen, von ihnen genommen war. Sie hatten nun Zeit, einfach dazusitzen und zu reden, besonders an Sommerabenden nach dem Essen, auf einer Bank vor der Haustür an der Sandfield Road oder im Garten zwischen den Rosensträuchern, er seine Pfeife und sie eine Zigarette rauchend, eine Gewohnheit, die sie erst spät in ihrem Leben angenommen hatte. Unvermeidlich drehte sich ihr Gespräch meist um die Familie, an der sie beide ein unerschöpfliches Interesse nahmen. Die *Idee* der Familie, die sie als Kinder selbst kaum gekannt hatten, war ihnen immer wichtig gewesen, und nun fanden sie die Rolle der Großeltern ganz nach ihrem Herzen und freuten sich, wenn ihre Enkel zu Besuch kamen. Ihre Goldene Hochzeit, die 1966 mit viel Zeremoniell gefeiert wurde, bereitete ihnen großes Vergnügen. Während des Festes im Merton College wurde auch Donald Swanns Tolkien-Liederzyklus *The Road Goes Ever On* aufgeführt, mit dem Komponisten am Flügel und dem Sänger William Elvin — »der Name ist ein gutes Omen«, sagte Tolkien.

Die häuslichen Bedingungen in der Sandfield Road waren alles andere als ideal, und die Lage wurde noch schlechter, als Ediths Gesundheit im Lauf der Jahre immer mehr nachließ. Trotz der fortschreitenden Lähmung durch die Arthritis kochte sie noch immer alle Mahlzeiten, erledigte die meisten Arbeiten im Haus und zum Teil auch im Garten; als aber die sechziger Jahre dem Ende entgegengingen und ihr achtzigster Geburtstag näherrückte, da wurde klar, daß sie dem nicht mehr lange gewachsen sein würde. An den meisten Tagen hatte sie für ein paar Stunden eine Hilfe, aber das Haus war nicht klein, und es gab viel zu tun, doch war auch wieder nicht soviel Platz, daß man eine Haushälterin bequem hätte unterbringen können, angenommen, eine geeignete Person hätte sich gefunden. Tolkien selbst half, wo er konnte, und da er mit den Händen geschickt war, konnte er zerbrochene Möbel reparieren oder einen Kurzschluß beheben; doch auch er wurde steifer. Anfang 1968, als er sechsundsiebzig war und Edith neunundsiebzig, hatten sie beschlossen, in ein bequemeres Haus zu ziehen. Dies würde auch den Vorteil haben, daß er die neue Adresse geheimhalten und so dem nun fast unerträglichen Zustrom von Leserzuschriften, Geschenken, Anrufen und Besuchern aus dem Weg gehen könnte. Was das Wohin betraf, so erwog er mit Edith mehrere Möglichkeiten in der Gegend um Oxford. Zuletzt aber entschieden sie sich für Bournemouth.

2
Bournemouth

Selbst nach den Maßstäben englischer Küstenstädte ist Bournemouth ein besonders unfreundlicher Ort, eine Wucherung von Häusern, die ihre Architektur zumeist dem späten neunzehnten und frühen zwanzigsten Jahrhundert verdanken, ein blutarmes englisches Gegenstück zur französischen Riviera. Wie die meisten Ferienorte an der englischen Südküste zieht es die alten Leute in Scharen an. Sie verbringen dort ihre letzten Jahre in Bungalows und Villen oder in verwohnten Hotels, wo sie im Winter gern gesehen sind, wo aber die Wochenmiete in der Sommersaison scharf ansteigt. Sie gehen Luft schöpfen am Strand von East Cliff oder West Cliff; man sieht sie viel in der Stadtbibliothek, in den Wintergärten und auf dem Golfplatz, sie gehen in den Nadelwäldchen von Boscombe und Branksome Chine spazieren, und schließlich sterben sie. Und doch erfüllt Bournemouth seinen Zweck. Es ist ein Ort, wo einigermaßen wohlhabende ältere Leute es sich bequem machen und ihre Zeit unter anderen Menschen ihres Alters und ihrer Schicht verbringen können. Edith Tolkien war sehr gern dort, und nicht ohne Grund, denn in Bournemouth hatte sie zum ersten Mal in ihrem Leben einen großen Freundeskreis gefunden.

Ein paar Jahre zuvor hatte sie begonnen, Ferien im Miramar-Hotel am Strand westlich der Stadt zu verbringen, einem teuren, aber komfortablen und freundlichen Haus, das in der Hauptsache von Menschen ihrer Art frequentiert wurde. Nachdem Tolkien in Ruhestand getreten war und seine Prüfungsreisen nach Irland aufgegeben hatte, fing er an, sie zu begleiten, und er erkannte bald, daß sie insgesamt dort in Bournemouth glücklicher war als daheim in Oxford. Das war kaum überraschend, denn die Gesellschaft, die sie im Miramar antraf, war der sehr ähnlich, die sie in Cheltenham zwischen 1910 und 1913 im Haus der Jessops gekannt hatte: obere Mittelschicht, wohlhabend, unintellektuell und von ungezwungener Freundlichkeit gegen Menschen ihresgleichen. Im Miramar fühlte sie sich ganz daheim, in ihrem eigenen Milieu, wie sie es in Oxford oder zu anderen Zeiten während ihrer Ehe nicht mehr gekannt hatte. Gewiß, viele der anderen Hotelgäste waren adlig, reich und sehr selbstsicher. Und doch waren sie alle im wesentlichen vom gleichen Schlag: konservativ, froh, wenn sie über ihre Kinder und Enkelkinder oder über gemeinsame Bekannte reden konnten, mit Freuden bereit, den größten Teil des Tages im Foyer zu verbringen, mit gelegentlichen Spaziergängen am Meer, zufrieden, wenn sie nach dem Essen über ihrem Kaffee sitzen und die Neun-Uhr-Nachrichten im Fernsehzimmer ansehen konnten, ehe sie zu Bett gingen. Auch empfand Edith gegen sie keinerlei Unterlegenheit mehr, denn finanziell war sie nun ebenso gut dran wie nur irgend jemand von ihnen, und was die Adelstitel anging, so behob ihr Status als Frau eines international berühmten Schriftstellers alle Minderwertigkeitsgefühle, die sie sonst vielleicht gehabt hätte.

Auch in praktischer Hinsicht wurde das Miramar immer mehr zu der idealen Lösung für die häuslichen Probleme der Tolkiens. Wenn die Belastung durch den Haushalt für Edith zu groß wurde, dann war es leicht, ihre gewohnten Zimmer dort zu bestellen und mit ihrem ständigen Mietwagen-Fahrer abzumachen, daß er sie hinbrachte. Im Miramar pflegte Edith schnell ihre Kräfte und nicht zuletzt auch ihre gute Laune wiederzuerlangen; Tolkien seinerseits war oft froh, daß er einen Besuch in Bournemouth vorschlagen konnte, bloß um der Gefangenschaft in der Sandfield Road und der Verzweiflung zu entgehen, die aus seiner Unfähigkeit erwuchs, seine Arbeit zu vollenden.

Er selbst fühlte sich im Miramar nicht allzu wohl. Im Gegensatz zu Edith fand er wenig Gefallen an jenem Typ von Menschen, deren Konversation (wie C. S. Lewis einmal gesagt hatte) »fast ausschließlich erzählenden Charakters ist«, und wenn er auch hier und da einen männlichen Gesprächspartner unter den Hotelgästen fand, so war er doch manchmal in dem Gefühl des Eingekerkertseins zu stummer, ohnmächtiger Wut verurteilt. Doch in anderer Hinsicht kamen die Ferien in Bournemouth ihm sehr gut zupaß. In seinem Hotelzimmer konnte er ebenso gut (oder ebenso schlecht) arbeiten wie in der Sandfield Road — vorausgesetzt, er dachte daran, alle wichtigen Papiere mitzunehmen, was er nicht immer tat —, und er genoß den Komfort und die Küche. Sie hatten im Ort einen Arzt gefunden, der sich als unfehlbar freundlich und hilfsbereit erwies, wenn es einem von ihnen nicht gut ging; nicht allzu weit entfernt war eine katholische Kirche; das Hotel stand nahe am Meer, das er so liebte (wenn es auch für seinen Geschmack ein etwas zahmes Meer war); und vor allem konnte er sehen, daß Edith glücklich war. Daher fuhren sie weiterhin nach

Bournemouth, und als sie beschlossen, aus der Sandfield Road auszuziehen, da war es nicht weiter verwunderlich, daß sie sich nach einem neuen Haus in der Nähe des Miramar umsehen wollten.

»Er lebt in einem scheußlichen Haus — ich kann Ihnen gar nicht sagen, wie scheußlich, mit scheußlichen Bildern an den Wänden.« Dies sagte W. H. Auden bei einer Versammlung der Tolkien-Gesellschaft in New York, und seine Worte wurden im Januar 1966 in einer Londoner Zeitung wiedergegeben. Tolkien las sie und bemerkte: »Da es schon ein paar Jahre her ist, seit er das einzige Mal hier war, wobei er nur in Ediths Zimmer kam und Tee mit uns trank, müssen sich seine Erinnerungen verwirrt haben (wenn er dies wirklich so gesagt hat).« Das war eine gelassene Reaktion auf eine verletzende Äußerung, und nachdem er in einem Brief an Auden zuerst ein wenig sein Mißvergnügen bekundet hatte, schrieb er ihm bald darauf wieder freundschaftlich.

Audens Äußerung war töricht, und sie stimmte nicht. Weder war das Haus in der Sandfield Road (von dem er sprach) häßlicher als die anderen in jener nichtssagenden, bescheidenen Straße, noch waren die Bilder, die in Ediths Wohnzimmer die Wände schmückten, irgend anders als die Bilder in den durchschnittlichen Mittelschicht-Häusern des Bezirks. Aber natürlich wollte Auden genau dies sagen. Als ein Mann des verfeinerten Geschmacks war Auden befremdet über die offenbare Gewöhnlichkeit von Tolkiens Lebensstil und die Ordentlichkeit seines Hauses in einer Vorort-Straße. Dieser Lebensstil war nicht der genaue Ausdruck von Tolkiens Neigungen, doch andererseits hatte er auch nicht viel dagegen — es war ein asketischer Zug an ihm, der ihn dies alles überhaupt nicht bemerken ließ. Es ist wichtig, dies begriffen zu haben, ehe man zu einem Urteil über Tolkiens Leben in Bournemouth von 1968 bis Ende 1971 kommt.

Die Tolkiens kauften sich einen Bungalow, von dem aus das Miramar in einer kurzen Taxifahrt zu erreichen war. Was Auden von diesem kahlen modernen Haus in der Lakeside Road 19 gehalten hätte, kann man sich leicht denken, denn nach seinen Vorstellungen war es ebenso »scheußlich« wie das Haus in Headington. Aus der Sicht der Tolkiens aber — und zwar beider — war es genau das, was sie wollten. Es hatte eine gut ausgestattete Küche, wo Edith trotz ihrer zunehmenden Behinderung einigermaßen bequem kochen konnte, und abgesehen von einem Wohnzimmer, einem Eßzimmer und je einem Schlafzimmer für sie beide gab es noch einen Raum, der Tolkien als Arbeitszimmer diente; außerdem konnte er die Doppelgarage als Bibliothek mit Büro einrichten, genau wie in der Sandfield Road. Das Haus hatte Zentralheizung — was sie noch nie gehabt hatten —, und draußen waren eine Veranda, wo sie abends sitzen und rauchen konnten, und ein großer Garten mit viel Platz für ihre Rosen, sogar für ein bißchen Gemüse, und einem Nebenausgang am andern Ende, durch den man in die kleine bewaldete Schlucht von Branksome Chine kam und von da weiter zum Meer. Sie hatten katholische Nachbarn, die Tolkien oft in ihrem Wagen mitnahmen zur Kirche, eine Aufwartefrau kam regelmäßig, und das Miramar war nahe, wenn sie Freunde oder Familienangehörige, die sie besuchten, unterbringen wollten — aber sie aßen oft auch selbst dort oder schliefen dort sogar ab und zu eine Nacht, wenn Edith Ruhe brauchte.

Unvermeidlich mußte Tolkien wegen des Umzugs nach Bournemouth auf vieles verzichten. Ihn verlangte es wenig danach, Oxford zu verlassen, und er wußte, daß er sich von allen Kontakten bis auf die wenigen zu seinen Angehörigen und engsten Freunden abschnitt. Und ebenso wie nach seiner Pensionierung in Headington fand er die Wirklichkeit noch um einiges härter, als er erwartet hatte. »Ich fühle mich ganz wohl«, schrieb er ein Jahr nach dem Umzug an Christopher. »Und doch — und doch. Ich sehe keine Männer von meiner Art. Norman fehlt mir. Und vor allem fehlst Du mir.«

Aber der Verzicht hatte seinen Zweck, und der Zweck wurde erreicht. Edith war glücklich in der Lakeside Road, so glücklich wie während der Ferien im Miramar und glücklicher als je zuvor in ihrer Ehe. Abgesehen von dem Komfort des neuen Hauses und dem Vorteil, daß sie nun keine Treppen mehr zu steigen brauchte, hatte sie auch ein beständiges Vergnügen an den Besuchen im Miramar und an den Freundschaften, die sie dort schloß. Sie war nun nicht mehr die schüchterne, unsichere und manchmal verdrossene Frau eines Oxforder Professors, sondern wurde noch einmal sie selbst, die umgängliche, gutgelaunte Miss Bratt aus der Zeit von Cheltenham. Sie war wieder in der Umgebung, in die sie eigentlich gehörte.

Und insgesamt war das Leben so auch für Tolkien besser. Ediths Glück war für ihn zutiefst befriedigend und spiegelte sich in seinem Geisteszustand wider, und das Tagebuch, das er während der Jahre in Bournemouth nur für kurze Zeit führte, verrät sehr wenig von jener Niedergeschlagenheit, die ihn in der Sandfield Road oft überkam. Das Fehlen der »Männer von meiner Art«, wie er es nannte, wurde zum Teil wettgemacht durch häufige Besuche seiner Angehörigen und Freunde, und da er nun fast nie mehr von Verehrern gestört wurde (seine Adresse und Telefonnummer, sogar die Information, daß er an der Südküste lebte, wurden mit Erfolg geheimgehalten), blieb ihm sehr viel mehr Zeit zum Arbeiten. Als Sekretärin half ihm in gewissem Maße die Frau seines Arztes, und eine Mitarbeiterin von Allen & Unwin, Joy Hill, die seine Verehrer-Post betreute, kam regelmäßig, um die Briefe mit ihm zu besprechen. Zu Anfang wurde der Umzug für ihn noch verdrießlicher durch einen bösen Unfall, denn er stürzte in der Sandfield Road auf der Treppe, und ein Bein nahm schweren Schaden, mit der Folge, daß er einige Wochen im Krankenhaus lag und noch etliche Wochen länger eingegipst blieb; doch sobald er sich wieder erholt hatte, war er zumindest theoretisch imstande, sich mit einiger Gründlichkeit an das *Silmarillion* zu machen.

Doch es war schon schwer, auch nur zu entscheiden, wo er eigentlich anfangen sollte. In einer Hinsicht war nur noch sehr wenig zu tun. Die Erzählung des *Silmarillion* war an sich fertig — sofern man überhaupt von einer »Erzählung« sprechen kann, bei einem Werk, das mit einer Geschichte von der Erschaffung der Welt beginnt und sich dann in der Hauptsache mit dem Kampf zwischen den Elben und der Großmacht des Bösen beschäftigt. Um zu einer fortlaufenden Erzählung zu gelangen, mußte Tolkien nur noch entscheiden, welche Fassung von jedem Kapitel er verwenden wollte, denn es gab nun viele Fassungen, von den ältesten aus dem Jahre 1917 bis zu manchen Abschnitten, die er erst in den letzten Jahren geschrieben hatte. Dies aber erforderte so viele Entscheidungen, daß er nicht wußte, wo er anfangen sollte. Und selbst wenn er diesen Teil der Arbeit zu Ende brächte, so würde er dann noch dafür sorgen müssen, daß das ganze Buch in sich stimmig war. Im Lauf der Jahre hatte er durch das mehrfache Ändern und Umschreiben eine heillose Verwirrung in den Einzelheiten gestiftet. Namen von Figuren waren an der einen Stelle geändert worden, an einer anderen nicht. Die topographischen Beschreibungen waren ungeordnet und widersprüchlich. Am schlimmsten war, daß die Manuskripte sich dermaßen vermehrt hatten, daß er selbst nicht mehr sicher war, welches davon den letzten Stand seiner Überlegungen zu diesem oder jenem Abschnitt wiedergab. Sicherheitshalber hatte er in den letzten Jahren von jedem Typoskript zwei Kopien gemacht, deren jede an einem anderen Ort aufbewahrt wurde. Aber er hatte nie entschieden, welches die Arbeitskopie sein sollte, und oft hatte er beide unabhängig voneinander in widersprüchlicher Weise ergänzt. Um zu einem stimmigen und befriedigenden

Text zu kommen, mußte er alle Manuskripte im einzelnen vergleichen und kollationieren, und die Aussicht auf diese Arbeit erfüllte ihn mit Schrecken.

Außerdem war er sich noch immer nicht im klaren, wie das ganze Werk dargeboten werden sollte. Er neigte dazu, auf den ursprünglichen Rahmen, die einleitende Geschichte von dem Seefahrer, dem die Legenden berichtet werden, zu verzichten. Aber bedurfte es nicht vielleicht eines anderen Rahmens dieser Art? Oder war es genug, wenn er es einfach als die Mythologie darbot, die in schattenhaften Umrissen im *Herrn der Ringe* aufgetaucht war? Und was dieses andere Buch anging, so hatte er sich damit seine Arbeit noch komplizierter gemacht, indem er mehrere wichtige Figuren hineingenommen hatte wie die Elbenkönigin Galadriel und die »baumischen« Ents, die im ursprünglichen *Silmarillion* nicht vorgekommen waren, nun aber darin Erwähnung finden mußten. Inzwischen hatte er für diese Probleme befriedigende Lösungen gefunden, aber er wußte, er würde dafür sorgen müssen, daß das *Silmarillion* bis ins kleinste Detail mit dem *Herrn der Ringe* abgestimmt war, oder man würde ihn mit Briefen bombardieren, in denen die Unstimmigkeiten aufgezeigt würden. Und bei all diesen beängstigenden technischen Schwierigkeiten hatte er doch immer noch nicht aufgehört, grundsätzliche Aspekte der ganzen Geschichte neu zu bedenken, deren Änderung eine vollständige Umarbeitung von Anfang an bedeutet hätte.

Bis zum Sommer 1971, nach drei Jahren in Bournemouth, hatte er die ersten Fortschritte gemacht, obwohl er sich wie gewöhnlich in Überlegungen zu Einzelheiten verstrickte, anstatt einen Plan für das Ganze zu machen. Welche Form, so konnte er sich fragen, wollte ein bestimmter Name annehmen? Und dann begann er vielleicht zu überlegen, ob er nicht diesen oder jenen Zug der Elbensprachen ändern sollte. Selbst wenn er zum eigentlichen Schreiben kam, ging es meist nicht um die Überarbeitung der Erzählung, sondern um irgend etwas aus der gewaltigen Menge ergänzender Materialien, die sich inzwischen angesammelt hatten. Vieles davon hatte die Form von Abhandlungen über sozusagen »fachliche« Aspekte der Mythologie, z. B. über das Verhältnis zwischen den Alterungsvorgängen bei Elben und Menschen oder den Tod von Tieren und Pflanzen in Mittelerde. Er glaubte, daß jede Einzelheit seines Kosmos beachtet werden müsse, ob die Abhandlungen als solche nun je veröffentlicht würden oder nicht. Das Nebenschöpfertum war an und für sich schon als

Zeitvertreib lohnend genug, ganz unabhängig von seinem Wunsch, das Werk gedruckt zu sehen.

Manchmal blieb er viele Stunden lang am Schreibtisch, doch an anderen Tagen nahm er schon bald wieder die Patience-Karten vor und verzichtete auf jede Vorspiegelung, daß er arbeite. Dann gab es vielleicht ein gutes Essen im Miramar mit Wein in Fülle, und wenn ihm nachher nicht mehr nach Arbeit zumute war — warum auch? Die Leute sollten auf das Buch nur warten! Er würde sich Zeit lassen.

Doch an anderen Tagen bekümmerte es ihn wieder, daß die Zeit so rasch dahinschwand und das Buch immer noch nicht fertig war. Und Ende 1971 ging die Episode von Bournemouth abrupt zu Ende. Edith erkrankte Mitte November an einer Gallenblasen-Entzündung. Sie wurde ins Krankenhaus eingeliefert, und dort starb sie nach einigen Tagen schweren Leidens am Montagmorgen, dem 29. November, im Alter von zweiundachtzig Jahren.

3
Merton Street

Nachdem sich Tolkien von dem ersten Schock, daß Edith tot war, erholt hatte, kam es für ihn nicht in Frage, daß er in Bournemouth blieb. Natürlich wollte er wieder nach Oxford, doch zuerst war unklar, wo er dort unterkommen sollte. Dann lud das Merton College ihn ein, als Ehrenmitglied im Hause zu wohnen, und bot einige Zimmer in einem College-Gebäude in der Merton Street an, wo auch ein College-Diener und seine Frau nach ihm sehen konnten. Das war eine höchst ungewöhnliche Ehre und die perfekte Lösung. Tolkien nahm ganz begeistert an, und nachdem er einige Wochen mit seinen Angehörigen verbracht hatte, zog er Anfang März 1972 in die Merton Street 21. Wie es seine Art war, freundete er sich mit den drei Möbelträgern an und fuhr mit ihnen im Möbelwagen von Bournemouth nach Oxford.

Seine Wohnung in der Merton-Street bestand aus einem großen Wohnzimmer, einem Schlafzimmer und einem Bad. Charlie Carr, der College-Diener und zugleich der Hausmeister, wohnte mit seiner Frau im Erdgeschoß. Die Carrs erwiesen Tolkien viel Freundlichkeit; sie brachten ihm nicht nur das Frühstück aufs Zimmer (wie es die offizielle Regelung vorsah), sondern kochten ihm auch das Mittag- oder Abendessen, wenn er sich nicht wohlfühlte oder nicht im College essen mochte. Eine andere Alternative zu den Mahlzeiten im College war das Eastgate Hotel gleich nebenan, das sich seit den dreißiger Jahren, als er zuerst mit Lewis dort gewesen war, sehr verändert hatte und nicht mehr billig war; aber er war nun ein reicher Mann und konnte es sich leisten, dort zu essen, wann immer er wollte. Dennoch nahm er ein Gutteil der Mahlzeiten im College ein, denn dort hatte er Anrecht auf freies Mittag- und Abendessen, und im Gesellschaftsraum der Dozenten war er stets willkommen.

Sein Leben in den Jahren 1972 und 1973 war also ganz nach seinem Sinn. Er hatte unter Ediths Verlust sehr gelitten und war nun ein einsamer Mann, doch war er nun frei, wie er es nicht mehr gewesen war, so weit er zurückdenken konnte, und konnte ganz so leben, wie es ihm beliebte. So wie Bournemouth in gewissem Sinne für Edith eine Belohnung für all das gewesen war, was sie in der Anfangszeit ihrer Ehe hatte ertragen müssen, so schien nun sein beinah junggesellenhaftes Leben in der Merton Street eine Belohnung für seine Geduld in Bournemouth zu sein.

Er war alles andere als untätig. Oft kam er zu Besuch in das Dorf in der Umgebung von Oxford, wo Christopher mit seiner zweiten Frau Baillie lebte, und in Gesellschaft ihrer kleinen Kinder Adam und Rachel vergaß er seinen Hexenschuß und rannte auf dem Rasen herum, oder er warf eine Streichholzschachtel hoch ins Geäst eines Baums und versuchte dann zum Vergnügen der Kinder sie mit Steinen wieder herunterzuholen. Mit Priscilla und seinem Enkel Simon verbrachte er einen Urlaub in Sidmouth. Er besuchte noch einmal Christopher Wiseman, seinen alten Freund vom T. C. B. S. Mehrere Wochen lang war er bei John in seiner Kirchengemeinde in Stoke-on-Trent, und in Johns Wagen fuhren sie seinen Bruder Hilary besuchen, der immer noch auf seiner Obstfarm bei Evesham lebte.

Ronald und Hilary waren sich nun viel ähnlicher geworden, als sie je zuvor gewesen waren. Draußen vor dem Fenster waren die Pflaumenbäume, die Hilary vier Jahrzehnte lang geduldig abgeerntet hatte, nun alt geworden und trugen nicht mehr viel Früchte. Sie hätten abgehauen und durch junge Bäume ersetzt werden müssen, aber das war keine Arbeit mehr für Hilary, und so waren sie stehengeblieben. Die beiden alten Brüder sahen sich Cricket und Tennis im Fernsehen an und tranken Whisky.

Es waren zwei gluckliche Jahre in seinem Leben, auch wegen der Ehrungen, die ihm zuteil wurden. Mehrere amerikanische Universitäten luden ihn zu Besuchen ein, bei denen ihm Ehrendoktor-Titel verliehen werden sollten, aber er meinte, die Reise sei zuviel für ihn. Auch in seinem Heimatland warteten manche Ehrungen auf ihn. Im Juni 1973 fuhr er nach Edinburgh, um einen Ehrendoktor in Empfang zu nehmen. Tief bewegt war er im Frühling des Jahres zuvor gewesen, als er in den Buckingham-Palast kam, wo ihm die Königin den Kommandeurs-Orden des britischen Empire verlieh. Am meisten aber befriedigte ihn wohl im Juni 1972 die Verleihung eines Ehrendoktorats der Literatur durch seine eigene Universität Oxford, nicht, wie klargestellt wurde, für den *Herrn der Ringe*, sondern für seinen Beitrag zur Philologie. Dennoch gab es bei der Zeremonie in der Ansprache seines alten Freundes Colin Hardie mehr als einen Hinweis auf die Chroniken von Mittelerde, und die Rede schloß mit dem

Wunsch, daß er »so grün im Laube, während die Straße fort und fort schreitet, noch das *Silmarillion* und weitere wissenschaftliche Arbeiten hervorbringen« möge.

Was das *Silmarillion* anging, so zogen nun wieder die Monate vorüber, ohne daß er viel zuwege brachte. Unvermeidlich hatte es eine Verzögerung gegeben, als er nach dem Umzug aus Bournemouth seine Bücher und Papiere neu ordnete, und als er endlich wieder an die Arbeit kam, sah er sich von neuem in die technischen Details verstrickt. Schon einige Jahre zuvor hatte er entschieden: Wenn er sterben sollte, ehe das Buch beendet war, so sollte es Christopher (der es natürlich gut kannte) für die Veröffentlichung fertigstellen. Mit Christopher sprach er oft über das Buch und über die zahlreichen Probleme, die noch zu lösen waren, doch machten sie wenig Fortschritte.

Es ist fast sicher, daß er nicht erwartete, so bald zu sterben. Seiner früheren Schülerin Mary Salu berichtete er, daß es unter seinen Vorfahren eine Tradition der Langlebigkeit gebe und daß er glaube, er habe noch viele Jahre zu leben. Aber Ende 1972 kamen die ersten Warnsignale. Er begann unter einer schweren Verdauungsstörung zu leiden, und obwohl eine Röntgenuntersuchung nichts Spezifischeres als eine »Magenverstimmung« ergab, wurde er doch auf Diät gesetzt und gewarnt, keinen Wein mehr zu trinken. Und trotz seines unbeendeten Werkes schien ihm die Aussicht auf viele weitere Jahre in der Merton Street nicht zu behagen.

»Ich bin oft einsam«, schrieb er an seine alte Cousine Marjorie Incledon. »Wenn das Semester zu Ende ist und die Studenten abreisen, bin ich ganz allein in einem großen Haus, nur mit dem Hausmeister und seiner Frau ganz unten im Erdgeschoß.«

Gewiß, es kamen unaufhörlich Besucher zu ihm: seine Angehörigen, alte Freunde, Joy Hill von Allen & Unwin mit den Leser-Zuschriften. Ständig hatte er etwas mit Rayner Unwin zu besprechen oder mit Dick Williamson, seinem Anwalt und Berater in vielen Dingen. Jeden Sonntagvormittag fuhr er mit dem Taxi nach Headington zur Kirche und anschließend zu Ediths Grab auf dem Friedhof von Wolvercote. Doch die Einsamkeit nahm kein Ende.

Als der Sommer 1973 hinging, fanden manche, die ihm nahestanden, daß er trauriger war als gewöhnlich und nun schneller zu altern schien. Doch war die Diät scheinbar erfolgreich gewesen, und im Juli fuhr er nach Cambridge zu einem Essen des Ad-Eundem-Clubs. Am 25. August schrieb er einen etwas verspäteten Dankesbrief an seinen Gastgeber, Professor Glyn Daniel:

Lieber Daniel,

Es ist schon lange her seit dem 20. Juli, doch besser (hoffe ich), ich schreibe spät als gar nicht, was ich Ihnen schon längst hatte schreiben wollen, ehe ich wegen anderer Dinge nicht mehr dazu kam: Danke für das herrliche Dinner in St. John's und ganz besonders für Ihre Geduld und große Freundlichkeit gegen mich persönlich. Es hat sich als ein Wendepunkt erwiesen! Ich habe keinerlei schlechte Nachwirkungen gespürt, und seither habe ich auf die meisten Diät-Tabus verzichten können, die ich seit rund sechs Monaten hatte einhalten müssen.

Ich freue mich auf das nächste A. E.-Dinner und hoffe, daß Sie dasein werden.

Ihr
Ronald Tolkien

Drei Tage nachdem er diesen Brief geschrieben hatte, fuhr er nach Bournemouth, um Denis und Jocelyn Tolhurst zu besuchen, den Arzt und seine Frau, die sich um Edith und ihn gekümmert hatten, als sie dort lebten.

Das Ende kam schnell. Am Donnerstag nahm er an Mrs. Tolhursts Geburtstagsfeier teil, aber er fühlte sich nicht wohl und mochte nicht viel essen, trank jedoch ein bißchen Champagner. Während der Nacht hatte er Schmerzen, und am nächsten Morgen wurde er in eine Privatklinik gebracht, wo ein akutes blutendes Magengeschwür festgestellt wurde. Michael machte gerade Ferien in der Schweiz und Christopher in Frankreich, und beide hätten nicht mehr rechtzeitig an sein Krankenbett kommen können. Doch John und Priscilla kamen nach Bournemouth und waren bei ihm. Zuerst wurde sein Zustand optimistisch beurteilt, doch am Samstag hatte sich eine Entzündung in der Brust entwickelt, und am frühen Sonntagmorgen, am 2. September 1973, starb er, einundachtzig Jahre alt.

VIII
DER BAUM

Heute ist die Ansicht verbreitet, die Inklings, jene Handvoll Männer, die sich während der dreißiger und vierziger Jahre dienstagsabends im Magdalen College trafen, seien eine homogene Gruppe von Schriftstellern gewesen, die sich gegenseitig beeinflußten. Ob Sie diese Ansicht teilen oder nicht — wenn Sie gelegentlich nach Oxford kommen, dann besuchen Sie die Gräber der drei bekanntesten unter den Inklings, die Gräber von C. S. Lewis, Charles Williams und J. R. R. Tolkien.

Lewis' Grab finden Sie auf dem Friedhof seiner Kirchengemeinde Headington Quarry. Ein glatter Stein kennzeichnet das Grab, das er mit seinem Bruder teilt, dem Major W. H. Lewis. Der Stein trägt ein einfaches Kreuz und die Inschrift: *Men must endure their going hence*.

Williams liegt im Schatten der St. Cross Church im Zentrum von Oxford begraben. Nicht weit davon liegt Hugo Dyson, ein weiterer Inkling, und auf demselben Friedhof finden sich noch die Gräber vieler anderer Universitätslehrer jener Generation.

Lewis und Williams waren Mitglieder der Kirche von England; eine katholische Begräbnisstätte aber gibt es in Oxford heute nicht, bis auf den Gemeinschaftsfriedhof in Wolvercote, wo ein kleiner Teil des Geländes den Mitgliedern der römischen Kirche vorbehalten ist. Wenn Sie also nach dem dritten Grab suchen, werden Sie weit aus dem Stadtzentrum hinaus müssen, an den Ladenvierteln vorbei und über die Ringstraße, bis Sie an ein großes eisernes Tor kommen. Da gehen Sie hindurch, an der Kapelle und an vielen Gräbern vorbei, bis Sie in einen Bezirk kommen, wo viele der Grabsteine polnische Namen tragen; denn dies ist der katholische Teil, und hier sind die Gräber der Emigranten zahlreicher als die ihrer englischen Glaubensgenossen. Manche Gräber tragen hinter Glas die Photographie des Verstorbenen, und die Inschriften sind blumig. Um so deutlicher tritt daher, etwas links von den übrigen, ein grauer Granitstein aus Cornwall hervor, nicht zuletzt auch durch die etwas sonderbare Inschrift: *Edith Mary Tolkien, Lúthien, 1889–1971. John Ronald Reuel Tolkien, Beren, 1892—1973.*

Das Grab liegt in einem Vorort, einer ganz anderen Umgebung als der englischen Landschaft, die Tolkien liebte, doch nicht unähnlich den von Menschenhand geschaffenen Orten, wo er meistens gelebt hatte. So werden wir auch noch am Ende, an diesem einfachen Grab auf einem öffentlichen Friedhof, an die Antithese zwischen dem ganz gewöhnlichen Leben, das er führte, und der außergewöhnlichen Phantasie erinnert, die seine Mythologie erschuf.

Wo kam sie her, diese Phantasie, die Mittelerde mit Elben, Orks und Hobbits bevölkerte? Welches war der Ursprung der literarischen Vision, die das Leben dieses obskuren Gelehrten änderte? Und warum bewegte diese Vision so sehr den Geist und die Sehnsüchte zahlloser Leser in aller Welt?

Tolkien hätte diese Fragen nicht für beantwortbar gehalten, jedenfalls nicht in einem Buch dieser Art. Er mißbilligte die Biographie als Hilfsmittel literarischen Verstehenwollens, und vielleicht hatte er recht. Seine echte Biographie sind der *Hobbit*, der *Herr der Ringe* und das *Silmarillion*, denn auf ihren Seiten findet sich die Wahrheit über ihn.

Doch wenigstens einen Grabspruch würde er gestatten.

Seine Totenmesse wurde vier Tage, nachdem er gestorben war, in Oxford gehalten, in der kahlen, modernen Kirche in Headington, die er so oft besucht hatte. Die Gebete und Bibelstellen waren eigens von seinem Sohn John ausgesucht, der, assistiert von Tolkiens altem Freund Pater Robert Murray und seinem Gemeinde-Geistlichen Msgr. Doran, die Messe las. Es gab keine Predigt und keine Lesung aus seinen Schriften. Doch als ein paar Wochen später einige seiner amerikanischen Bewunderer in Kalifornien eine Gedenkfeier hielten, da wurde seine kurze Geschichte *Leaf by Niggle* vor der Gemeinde verlesen. Er hätte dies vielleicht nicht ungebührlich gefunden:

Vor ihm stand der Baum, sein Baum, fertig. Wenn man das von einem lebenden Baum sagen kann, dessen Blätter sich entrollen, dessen Äste wachsen und sich im Wind biegen, was Tüftler so oft gespürt oder geahnt und so oft nicht hatte einfangen können. Er starrte auf den Baum, hob langsam die Arme und breitete sie weit aus.

»Es ist eine Gabe!« sagte er.

ANHÄNGE

Anhang A
Vereinfachter Stammbaum von J. R. R. Tolkien

TOLKIEHNS (TOLLKÜHN) AUS SACHSEN

Tolkiehns in London
(später »Tolkien«)

John Benjamin Tolkien
1807–1896
(Klavierfabrikant und Musikalienhändler
in Birmingham)
verheiratet mit Mary Jane Stow

- 3 Töchter, 4 Söhne
- Arthur Reuel Tolkien
1857–1896
(Bankangestellter)

SUFFIELDS AUS EVESHAM

John Suffield
1802–1891
(Tuchhändler in Birmingham)

John Suffield
1833–1930
(Tuchhändler in Birmingham, später Handelsvertreter)
verheiratet mit Emily Sparrow

- 2 Söhne
- Edith Mary (»May«)
1865–1936
verh. mit Walter Incledon
(Kaufmann)
  - Marjorie
1891–1973
  - Mary
1895–1940
- Mabel Suffield
1870–1904
- Emily Jane (»Tante Jane«) 1872–1963
verh. mit Edwin Neave
1872–1909
(Versicherungskaufmann)
- William 1874–1904
(Kassierer)
verh. mit Beatrice
Bartlett (»Tante Bea«)

Arthur Reuel Tolkien, verheiratet mit Mabel Suffield, 1891

- *John Ronald Reuel Tolkien*
1892–1973
verh. mit Edith Bratt
1889–1971
  - John
geb. 1917
  - Michael
geb. 1920
  - Christopher
geb. 1924
  - Priscilla
geb. 1929
- Hilary Arthur Reuel Tolkien
1894–1976
verh. mit Magdalen Matthews
  - 3 Söhne

Anhang B
Chronologie der Ereignisse im Leben J. R. R. Tolkiens

1892 *3. Januar:* John Ronald Reuel Tolkien in Bloemfontein geboren.

1894 Geburt des jüngeren Bruders, Hilary Tolkien.

1895 *Frühjahr:* Mabel Tolkien fährt mit ihren beiden Söhnen nach England; Arthur Tolkien bleibt in Südafrika.

1896 *Februar:* Arthur Tolkien stirbt. *Sommer:* Mabel Tolkien mietet ein Häuschen in Sarehole Mill bei Birmingham. Dort bleibt sie mit den Jungen vier Jahre lang.

1900 Mabel Tolkien wird in die katholische Kirche aufgenommen. Sie zieht mit den Jungen aus Sarehole nach Moseley, einem Vorort von Birmingham. Ronald kommt auf die König-Edwards-Schule.

1901 Umzug von Moseley nach King's Heath.

1902 Umzug von King's Heath in die Oliver Road in Edgbaston, Birmingham. Ronald und Hilary besuchen die St. Philip's Grammar School.

1903 Die Jungen verlassen die St.-Philips-Schule. Ronald erlangt ein Stipendium für die König-Edwards-Schule und kehrt im Herbst dorthin zurück.

1904 Zu Anfang des Jahres wird bei Mabel Tolkien Diabetes festgestellt. Sie liegt mehrere Wochen im Krankenhaus. Im Sommer wohnt sie mit den Jungen in Rednal. Im November stirbt sie, vierunddreißig Jahre alt.

1905 Die Jungen ziehen ins Haus ihrer Tante Beatrice in der Stirling Road.

1908 Die Jungen ziehen ins Haus der Mrs. Faulkner in der Duchess Road. Ronald lernt Edith Bratt kennen.

1909 Pater Francis Morgan erfährt von Ronalds Liebschaft mit Edith Bratt. Ronalds erste Bewerbung um ein Stipendium in Oxford mißlingt.

1910 *Januar:* Ronald und Hilary ziehen um. Ronald trifft sich weiterhin mit Edith Bratt, doch dann wird ihm jeder Umgang mit

ihr verboten. *März:* Edith verläßt Birmingham und zieht nach Cheltenham. Ronald erringt ein Stipendium am Exeter College in Oxford.
Entstehung des »T.C.B.S.« *Sommer:* Ronald geht von der Schule ab. Wanderung in der Schweiz. *Herbst:* Sein erstes Semester in Oxford. *Weihnachten:* Er spielt mit in einer Aufführung von Sheridans *Nebenbuhlern* an der König-Edwards-Schule.
Januar: Ronalds 21. Geburtstag. Wiedersehen mit Edith Bratt. *Februar:* Er besteht die Honour Moderations und erhält eine Zweite Rangnote. *Sommer:* Er beginnt an der Fakultät für englische Sprache und Literatur zu studieren. Reise nach Frankreich mit einer mexikanischen Familie.
Edith wird in die katholische Kirche aufgenommen. Edith und Ronald verloben sich öffentlich. *Sommer:* Aufenthalt in Cornwall. Bei Ausbruch des Krieges beschließt er, nach Oxford zurückzukehren und sein Studium abzuschließen.
Sommer: Nach der Abschlußprüfung erhält er die Erste Rangnote mit Auszeichnung. Nach der Einberufung zu den Lancashire Fusiliers militärische Ausbildung in Bedford und Staffordshire.
22. März: Heirat mit Edith. Edith zieht nach Great Haywood. *Juni:* Schiffstransport nach Frankreich. Tolkien kommt an die Somme, als Unterleutnant des 11. Bataillons der Lancashire Fusiliers; Frontdienst als Meldeoffizier bis Herbst. *November:* Er ist an »Grabenfieber« erkrankt und kommt zurück nach England.
Januar und Februar: Während eines Genesungsurlaubs in Great Haywood beginnt er das »Book of Lost Tales« zu schreiben, aus dem später *Das Silmarillion* wird. *Frühjahr:* Er wird nach Yorkshire verlegt, verbringt jedoch einen großen Teil des Jahres im Krankenhaus. *November:* Geburt seines ersten Sohnes, John.
Tolkien (nun zum Leutnant befördert) wird in die Humber-Garnison und nach Staffordshire verlegt. Im November, nach dem Waffenstillstand, kehrt er mit seiner Familie nach Oxford zurück und wird Mitarbeiter am *New English Dictionary.*
Er beginnt als Privat-Tutor zu unterrichten. Er zieht mit Edith in die Alfred Street No. 1.
Er wird zum Lektor für englische Sprache an der Universität

Leeds ernannt und beginnt im Herbst dort zu unterrichten. Geburt seines zweiten Sohnes, Michael.

1921 Edith kommt mit den Kindern nach Leeds; sie ziehen in das Haus St. Mark's Terrace No. 11.

1922 E. V. Gordon wird Dozent in Leeds. Er und Tolkien beginnen an der Ausgabe von *Sir Gawain and the Green Knight* zu arbeiten.

1924 Tolkien wird Professor für englische Sprache in Leeds. Er kauft ein Haus in der Darnley Road. Geburt des dritten Sohnes, Christopher.

1925 Die Ausgabe des *Sir Gawain* erscheint. Im Sommer wird Tolkien zum Rawlinson- und Bosworth-Professor für Angelsächsisch in Oxford gewählt; er tritt die Stelle im Herbst an. Er kauft ein Haus in der Northmoor Road, und Anfang des neuen Jahres kehrt die Familie nach Oxford zurück.

1926 Beginn der Freundschaft zwischen Tolkien und C. S. Lewis. Entstehung der »Coalbiters«.

1929 Geburt einer Tochter, Priscilla.

1930 Die Familie zieht in der Northmoor Road um, von Haus No. 22 in No. 20. Etwa um diese Zeit beginnt Tolkien den *Hobbit* zu schreiben. Er läßt ihn unabgeschlossen liegen.

1936 Er hält einen Vortrag über *Beowulf: the Monster and the Critics*. Susan Dagnall vom Verlag Allen & Unwin liest das Manuskript des *Hobbit*, und auf ihren Wunsch schreibt Tolkien das Buch zu Ende. Es wird zur Veröffentlichung angenommen.

1937 *The Hobbit* erscheint im Herbst. Auf Vorschlag von Stanley Unwin macht sich Tolkien an eine Fortsetzung, aus der schließlich *Der Herr der Ringe* wird.

1939 Vortrag *On Fairy-Stories* an der St. Andrew's University. Zu Beginn des Krieges kommt Charles Williams nach Oxford und schließt sich den Inklings an.

1945 Tolkien wird zum Merton-Professor für englische Sprache und Literatur in Oxford gewählt.

1947 Die Tolkiens ziehen um in die Manor Road.

1949 *The Lord of the Rings* ist fertig. Erscheinen des *Farmer Giles of Ham*.

1950 Tolkien bietet den *Lord of the Rings* dem Verlag Collins an. Umzug von der Manor Road in die Holywell Street.

1952 Das Manuskript des *Lord of the Rings* wird von Collins zurückgesandt, und Tolkien gibt es an Allen & Unwin.

1953 Umzug in die Sandfield Road im Oxforder Vorort Headington.
1954 Die beiden ersten Bände des *Lord of the Rings* erscheinen.
1955 Der dritte Band erscheint.
1959 Tolkien wird pensioniert.
1962 *The Adventures of Tom Bombadil* erscheinen.
1964 *Tree and Leaf* erscheint.
1965 In Amerika bringen die Ace Books eine nicht autorisierte Taschenbuch-Ausgabe des *Lord of the Rings* heraus. Der »Kult« unter den amerikanischen Studenten setzt ein.
1967 *Smith of Wootton Major* erscheint.
1968 Die Tolkiens ziehen in die Lakeside Road in Poole bei Bournemouth.
1971 *November:* Edith Tolkien stirbt, zweiundachtzig Jahre alt.
1972 Tolkien kehrt nach Oxford zurück, wohnt in Räumen des Merton College. Er erhält von der Königin einen Orden und von der Universität Oxford ein Ehrendoktorat der Literaturwissenschaft verliehen.
1973 Am 28. August fährt er nach Bournemouth, um Freunde zu besuchen. Er wird krank und stirbt in einer Klinik, am Sonntag, dem 2. September, in den frühen Morgenstunden, einundachtzig Jahre alt.

Anhang C
Die veröffentlichten Schriften von J. R. R. Tolkien

1911 Gedicht »The Battle of the Eastern Fields« in *The King Edward's School Chronicle*, Bd. XXVI No. 186, März 1911, S. 22–7. (Birmingham, King Edward's School, 1911.) Tolkien schrieb für die Zeitschrift zwischen November 1910 und Juni 1911 außerdem Berichte über Versammlungen des Debattierklubs sowie Editorials zu den Ausgaben für Juni und Juli 1911.

1913 Gedicht »From the many-willow'd margin of the immemorial Thames« (ungezeichnet) in *The Stapeldon Magazine*, Bd. IV No. 20, Dezember 1913, S. 11 (Published for Exeter College by B. H. Blackwell, Oxford.)

1915 Gedicht »Goblin Feet« in *Oxford Poetry, 1915*, hrsg. von G. D. H. C[ole] und T. W. E[arp] (Oxford, B. H. Blackwell, 1915), S. 64–5. [Das Gedicht wurde nachgedruckt in *Oxford Poetry, 1914–1916* (Oxford, B. H. Blackwell, 1917), S. 120–1; ferner in *The Book of Fairy Poetry*, hrsg. von Dora Owen (London, Longmans, Green & Co.), S. 177–8; und in *Fifty New Poems for Children* (Oxford, Basil Blackwell, 1922), S. 26–7.]

1918 Einleitende Bemerkung (gezeichnet »J. R. R. T.«) in *A Spring Harvest*, poems by Geoffrey Bache Smith, late Lieutenant in the Lancashire Fusiliers (London, Erskine MacDonald Ltd. 1918). [Tolkien und C. L. Wiseman gaben diese Sammlung der Gedichte von G. B. Smith heraus und sorgten gemeinsam für ihre Veröffentlichung.]

1920 Gedicht »The Happy Mariners« (gezeichnet »J. R. R. T.«) in *The Stapeldon Magazine*, Bd. V No. 26, Juni 1920, S. 69–70. (Published for Exeter College by B. H. Blackwell, Oxford.)

1922 *A Middle English Vocabulary* (Oxford, Clarendon Press, 1922). [Als Hilfsmittel für Kenneth Sisams *Fourteenth Century Verse and Prose*, erschien getrennt von der Ausgabe dieses Buches von 1921, in den späteren Ausgaben als Glossar. Wurde auch getrennt nachgedruckt.]

1923 Gedicht »Iumonna Gold Galdre Bewunden« [»Der Hort«] in

The Gryphon, New Series, Bd. IV No. 4, Januar 1923, S. 130. (Published by Leeds University.)

Rezension mit der Überschrift »Holy Maidenhood«, *Times Literary Supplement*, London, Donnerstag, den 26. April 1923, S. 281. [Besprechung von Furnivalls E.E.T.S.-Ausgabe von *Hali Meidenhad*. Ungezeichnet, doch ist Tolkiens Autorschaft durch einen Vermerk in seinem Tagebuch gesichert.]

Gedicht »The City of the Gods« in *The Microcosm*, hrsg. von Dorothy Una Ratcliffe, Bd. VIII No. 1, Frühjahr 1923, S. 8. (Im Selbstverlag in Leeds.)

Nachruf: »Henry Bradley, 3 December 1845–23 May 1923.« (Gezeichnet »J. R. R. T.«), *Bulletin of the Modern Humanities Research Association* (London, Cambridge University Press), No. 20, Oktober 1923, S. 4–5.

Gedichte »The Eadigan Saelidan (The Happy Mariners)«, »Why the Man in the Moon Came Down Too Soon« und »Enigmata Saxonica Nuper Inventa Duo« in *A Northern Venture: verses by members of the Leeds University English School Association* (Leeds, at the Swan Press, 1923), S. 15–20. Gedicht »The Cat and the Fiddle: A Nursery Rhyme Undone and its Scandalous Secret Unlocked«, in *Yorkshire Poetry*, Bd. II No. 19, Okt.–Nov. 1923, S. 1–3. (Leeds, at the Swan Press). [Eine frühe Fassung des Gedichts, das im *Herrn der Ringe* in Buch I, Kapitel 9 erscheint.]

1924 Kapitel »Philology, General Works« in *The Years Work in English Studies*, Bd. IV, 1923, S. 20–37. (London, Oxford University Press, 1924).

1925 »Some Contributions to Middle-English Lexicography« *Review of English Studies*, Bd. I No. 2, April 1925, S. 210–15. (London, Sidgwick & Jackson.)

Gedicht »Light as Leaf on Lindentree« in *The Gryphon*, New Series, Bd. VI No. 6, Juni 1925, S. 217. (Published by Leeds University.) [Eine frühe Fassung des Gedichts, das im *Herrn der Ringe*, Buch I, Kapitel 11, erscheint.]

»The Devil's Coach-Horses«, *Review of English Studies,* Bd. I No. 3, Juli 1925, S. 331–6. (London, Sidgwick & Jackson.)

Sir Gawain and the Green Knight, hrsg. von J. R. R. Tolkien und E. V. Gordon (Oxford, Clarendon Press, 1925). [Viele Neuauflagen. Zweite Ausgabe bearbeitet von Norman Davis, Oxford 1967; Taschenbuch-Ausgabe 1968.]

1926 Kapitel »Philology, General Works« in *The Year's Work in English Studies*, Bd. V, 1924, S. 26–65 (London, Oxford University Press, 1926).

1927 Gedicht »The Nameless Land« in *Realities: An Anthology of Verse,* hrsg. von G. S. Tancred, S. 24 (Leeds, Swan Press; London, Gay & Hancock Ltd., 1927).

Kapitel »Philology, General Works« in *The Year's Work in English Studies*, Bd. VI, 1925, S. 32–66. (London, Oxford University Press, 1927.)

1928 Vorwort zu *A New Glossary of the Dialect of the Huddersfield District* von Walter E. Haigh (London, Oxford University Press, 1928).

1929 »Ancrene Wisse and Hali Meiðhad'«, *Essays and Studies by members of the English Association*, Bd. XIV, 1929, S. 104–26 (Oxford, Clarendon Press, 1929).

1930 »The Oxford English School«, *The Oxford Magazine*, Bd. XLVIII No. 21, 29. Mai 1930, S. 778–82 (Oxford, the Oxonian Press). [Artikel zur Befürwortung einer Lehrplan-Reform.]

1932 Appendix I: »The Name ›Nodens‹«, *Report on the Excavation of the Prehistoric, Roman, and Post-Roman Sites in Lydney Park, Gloucestershire*, Reports of the Research Committee of the Society of Antiquaries of London, No. IX (1932), S. 132–7 (London, Oxford University Press).

»Sigelwara Land«: Part I, *Medium Aevum*, 1 (Dezember 1932), S. 183–96 (Oxford, Basil Blackwell).

1933 Gedicht »Errantry« in *The Oxford Magazine*, Bd. LII No. 5, 9. November 1933, S. 180 (Oxford, The Oxonian Press).

1934 Gedicht »Looney« in *The Oxford Magazine*, Bd. LII No. 9, 18. Januar 1934, S. 340 (Oxford, The Oxonian Press). [Frühe Fassung des in *The Adventures of Tom Bombadil* unter dem Titel »The Sea-bell« abgedruckten Gedichts.]

Gedicht »The Adventures of Tom Bombadil«, in *The Oxford Magazine,* Bd. LII No. 13, 15. Februar 1934, S. 464–5 (Oxford, The Oxonian Press).

»Sigelwara Land«: Part II, *Medium Aevum*, 3 (Juni 1934), S. 95–111 (Oxford, Basil Blackwell).

»Chaucer as a Philologist: The Reeve's Tale«, *Transactions of the Philological Society* (1934), S. 1–70 (London, David Nutt).

1936 *Songs for the Philologists*, von J. R. R. Tolkien, E. V. Gordon u. a. (Privatdruck am Department of English at University College, London, 1936). [Eine Sammlung humoristischer Gedichte, die ursprünglich maschinengeschrieben an der Universität Leeds verbreitet wurden. Die Gedichte sind nicht gezeichnet, doch Tolkien war der Autor von »From One to Five«, »Syx Mynet«, »Ruddoc Hana«, »Ides Ælfscyne«, »Bagme Bloma«, »Eadig Beo þu«, »Ofer Widne Garsecg«, »La, Huru«, »I Sat Upon a Bench«, »Natura Apis«, »The Root of the Boot« (frühe Fassung von »The Stone Troll«), »Frenchmen Froth« und »Lit and Lang«.]

1937 Gedicht »The Dragon's Visit« in *The Oxford Magazine*, Bd. LV No. 11, 4. Februar 1937, S. 342 (Oxford, The Oxonian Press).

Gedicht »Knocking at the Door: Lines induced by sensations when waiting for an answer at the door of an Exalted Academic Person« (gezeichnet »Oxymore«) in *The Oxford Magazine*, Bd. LV No. 13, 18. Februar 1937, S. 403 (Oxford, The Oxonian Press). [Ursprüngliche Fassung von »The Mewlips«.]

Gedicht »Iumonna Gold Galdre Bewunden« [»Der Hort«] in *The Oxford Magazine*, Bd. LV No. 15, 4. März 1937, S. 473 (Oxford, The Oxonian Press).

»Beowulf: The Monsters and The Critics«, *Proceedings of the British Academy*, 22 (1936), S. 245–95 (London, Oxford University Press, 1937). [Gesondert nachgedruckt von der Oxford University Press, 1958. In den USA abgedruckt in *An Anthology of Beowulf Criticism*, hrsg. von Lewis E. Nicholson (University of Notre Dame Press, 1963) sowie in *The Beowulf Poet,* hrsg. von Donald K. Fry (New Jersey, Prentice Hall Inc., 1968).]

The Hobbit: or There and Back Again (London, George Allen & Unwin, 1937). [Neu aufgelegt 1937, 1942 und 1946, mit vier neuen Farbtafeln in der zweiten Auflage. Zweite Ausgabe 1951, viele Auflagen. Dritte Ausgabe 1966, viele Auflagen. Erste amerikanische Ausgabe 1938 (Boston, Houghton Mifflin), zweite Ausgabe 1958, dritte amerikanische Ausgabe 1965 (New York, Ballantine Books), viele Neuauflagen. Übersetzt ins Schwedische (1947 und 1962), Deutsche (1975, unter dem Titel »Der kleine Hobbit«, Recklinghausen, Georg Bitter), Holländische (1960), Polnische (1960), Portugiesische

(1962), Spanische (Argentinien, 1964), Japanische (1965), Dänische (1969 und 1975), Französische (1969), Norwegische (1972), Tschechische (1973), Italienische (1973), Bulgarische (1975), Rumänische (1975), Serbokroatische (1975). In Vorbereitung: Übersetzungen ins Hebräische, Ungarische, Portugiesische (Brasilien).

1938 Brief über den »Hobbit«, *Observer*, London, 20. Februar 1938. [Antwort auf einen Brief, der in derselben Zeitung am 16. Januar erschienen war.]

1940 Vorwort zu *Beowulf and the Finnesburg Fragment: A Translation into Modern English Prose* von John R. Clark Hall, neu bearbeitet von C. L. Wrenn (London, George Allen & Unwin, 1940).

1945 »Leaf by Niggle«, *The Dublin Review*, 432 (Januar 1945), S. 46—61 (London, Burns Oates & Washbourne) [Diese Kurzgeschichte wurde später nachgedruckt — vgl. unten — und übersetzt ins Holländische (1971), Schwedische (1972), Französische (1974), Deutsche (in *Fabelhafte Geschichten*, unter dem Titel »Blatt von Tüftler«, Stuttgart, Klett, 1975), Japanische (1975), Spanische (Argentinien, in Vorbereitung).

»The Lay of Aotrou and Itroun«, *The Welsh Review*, Bd. IV No. 4, Dezember 1945, S. 254–66 (Cardiff, Penmark Press).

1947 »›Iþþlen‹ in Sawles Warde«, *English Studies*, Bd. XXVIII No. 6, Dezember 1947, S. 168–70 (Amsterdam, Swets & Zeitlinger). (In Zusammenarbeit mit S. R. T. O. d'Ardenne.)

»On Fairy-Stories«, *Essays Presented to Charles Williams*, hrsg. von C. S. Lewis (London, Oxford University Press, 1947), S. 38—89. [Nachgedruckt — vgl. unten — und übersetzt ins Schwedische (1972), Japanische (1973), Spanische (Argentinien, in Vorbereitung)]

1948 »MS. Bodley 34: A re-collation of a collation«, *Studia Neophilologica,* Bd. XX, 1947–8, S. 65–72 (Uppsala, 1948). (In Zusammenarbeit mit S. R. T. O. d'Ardenne.)

1949 *Farmer Giles of Ham* (London, George Allen & Unwin). [Viele Neuauflagen. Erste amerikanische Ausgabe Boston, Houghton Mifflin, 1950. Übersetzt ins Schwedische (1961), Polnische (1965), Deutsche (1970, in einer zweisprachigen Ausgabe unter dem Titel »Die Geschichte von dem Bauern Giles und dem Drachen Chrysophylax« Ebenhausen bei München; 1975, in *Fabelhafte Geschichten* unter dem Titel »Bauer Giles von Ham«, Stuttgart, Klett), Holländische (1971), Hebräische (1968), Italienische (1975), Japanische (1975), Spanische (Argentinien, in Vorbereitung)].

1953 »A Fourteenth Century Romance«, *Radio Times*, London, 4. Dezember 1953. [Vorwort zur Sendung des »Sir Gawain and the Green Knight« in Tolkiens Übersetzung im dritten Programm der BBC.]

»The Homecoming of Beorhtnoth Beorhthelm's Son«, *Essays and Studies by members of the English Association*, New Series, Bd. VI, 1953, S. 1–18 (London, John Murray). [Später nachgedruckt — vgl. unten — und übersetzt ins Spanische (Argentinien, in Vorbereitung).]

»Middle English ›Losenger‹«, *Essais de Philologie Moderne*, 1951, S. 63–76 (Bibliothèque de la Faculté de Philosophie et Lettres de l'Université de Liège, fasc. 129, Paris: Les Belles Lettres, 1953).

1954 *The Fellowship of the Ring: being the first part of The Lord of the Rings* (London, George Allen & Unwin, 1954). *The Two Towers: being the second part of the Lord of the Rings* (London, George Allen & Unwin, 1954).

1955 *The Return of the King: being the third part of the Lord of the Rings* (London, George Allen & Unwin, 1955).

[Zwischen 1954 und 1966 hatte *The Fellowship of the Ring* vierzehn, *The Two Towers* elf und *The Return of the King* zehn Neuauflagen. Zweite Ausgabe aller drei Bände 1966, viele Neuauflagen. Taschenbuch-Ausgabe des *Lord of the Rings* in einem Band (London, George Allen & Unwin, 1968). Erste amerikanische Ausgabe Boston, Houghton Mifflin, 1954 (Bd. 1) und 1955 (Bde. 2 und 3). Taschenbuch-Ausgaben: Ace Books, New York, 1965; Ballantine Books, New York, 1965, viele Neuauflagen. Übersetzt* ins Holländische (1956), Schwedische (1959), Polnische (1961), Dänische (1968), Deutsche (unter dem Gesamttitel *Der Herr der Ringe*, Stuttgart, Klett, 1969; Kartonierte Ausgabe 1972), Italienische (1970), Französische (1972), Japanische (1972), Finnische (1973), Norwegische (1973), Portugiesische (Brasilien, 1974). In Vorbereitung: Hebräisch, Ungarisch, Isländisch, Spanisch (Argentinien).]

---

* Daten bezeichnen das Erscheinungsjahr des ersten Bandes.

Gedicht »Imram« in *Time & Tide*, London, 3. Dezember 1955, S. 1561. [Das Gedicht steht in dem unveröffentlichten Manuskript *The Notion Club Papers* unter dem Titel »The Death of St. Brendan«.]

Vorwort zu *The Ancrene Riwle*, in modernes Englisch übersetzt von M. B. Salu (London, Burns & Oates, 1955).

1962 *The Adventures of Tom Bombadil and other verses from The Red Book* (London, Allen & Unwin, 1962). [Später neu aufgelegt. Erste amerikanische Ausgabe Boston, Houghton Mifflin, 1962. Übersetzt ins Schwedische (1972), Französische (1975), Japanische (1975), Spanische (Argentinien, in Vorbereitung).]

Ancrene Wisse: the English Text of the Ancrene Riwle, hrsg. nach dem MS. Corpus Christi College Cambridge 402, Early English Text Society No. 249 (mit einer Einleitung von N. R. Ker). (London, Oxford University Press, 1962).

1963 »English and Welsh«, *Angles and Britons: O'Donnell Lectures* (Cardiff, University of Wales Press, 1963), S. 1–41. [In den USA von Verry, Lawrence, 1963, veröffentlicht.]

1964 *Tree and Leaf* (London, Allen & Unwin, 1964). [Neuausgabe von »On Fairy-Stories« und »Leaf by Niggle«. Erste amerikanische Ausgabe Boston, Houghton Mifflin, 1965.]

1965 Gedichte »Once Upon a Time« und »The Dragon's Visit« in *Winter's Tales for Children: 1.* hrsg. von Caroline Hillier (London, Macmillan, 1965), S. 44–5 und 84–7. [Gleichzeitig in den USA bei St. Martin's Press, New York, erschienen. Nachgedruckt in *The Young Magicians*, hrsg. von Lin Carter (New York, Ballantine Books, 1969), S. 254–62.]

1966 »Tolkien on Tolkien«, *Diplomat*, Bd. XVIII No. 197, Oktober 1966, S. 39. [Nach einem Text Tolkiens für seinen Verlag, mit einer kurzen Darstellung seines Lebens und seiner literarischen Beweggründe.]

Übersetzungsbeitrag zu *The Jerusalem Bible* (London, Darton, Longman & Todd, 1966). (New York, Doubleday, 1966). [Tolkien wird unter den Herausgebern dieses Werkes genannt, doch sein einziger Beitrag war der erste Entwurf zur Übersetzung des Buches Jona; vor der Veröffentlichung eingehend von anderer Hand überarbeitet.]

The Tolkien Reader (New York, Ballantine Books, 1966). [Sammelband, enthält »The Homecoming of Beorhtnoth«,

»On Fairy-Stories«, »Leaf by Niggle«, »Farmer Giles of Ham« und »The Adventures of Tom Bombadil«.]

1967 *Smith of Wootton Major* (London, Allen & Unwin, 1967; Boston, Houghton Mifflin, 1967). [Später neu aufgelegt. Übersetzungen in Afrikaans (1968), ins Holländische (1968), Schwedische (1972), Deutsche (»Der Schmied von Großholzingen«, in *Fabelhafte Geschichten*, Stuttgart, Klett, 1975), Japanische (1975), Spanische (Argentinien, in Vorbereitung).]
Gedicht »For W. H. A.« in *Shenandoah: The Washington and Lee University Review*, Bd. XVIII No. 2, Winter 1967, S. 96–7. [Ein Gedicht in Angelsächsisch, mit neuenglischer Übersetzung, zum 60. Geburtstag von W. H. Auden.]
The Road Goes Ever On: A Song Cycle. Gedichte von J. R. R. Tolkien, vertont von Donald Swann (Boston, Houghton Mifflin, 1967; London, Allen & Unwin, 1968). [Gleichzeitig mit diesem Liederbuch brachten Caedmon Records eine Langspielplatte unter dem Titel *Poems and Songs of Middle Earth* (TC 1231) heraus, mit William Elvin als Sänger und dem Komponisten Donald Swann am Klavier; außerdem trägt Tolkien darauf einige seiner Gedichte vor.]

1969 Brief über die Anfänge der Inklings, in *The Image of Man in C. S. Lewis* von William Luther White (Nashville und New York, Abingdon Press, 1969), S. 221–2. In England erschienen bei Hodder & Stoughton, London 1970.

1970 Gedicht »The Hoard« in *The Hamish Hamilton Book of Dragons*, hrsg. von Roger Lancelyn Green (London, Hamish Hamilton, 1970), S. 246–8.

1973 Ballantine Books bringt einen Kalender heraus, der eine Anzahl Zeichnungen von Tolkien enthält. Dieselben Illustrationen werden 1974 von Allen & Unwin und Ballantine in anderen Kalendern benutzt. 1975, 1976 und 1977 geben Allen & Unwin Kalender mit weiteren Zeichnungen von Tolkien heraus. Mehrere dieser Zeichnungen wurden auch in Form von Posters und Postkarten verbreitet.

1974 Gedicht »Bilbo's Last Song« erscheint in Form eines Posters, mit Dekorationen von Pauline Baynes (London, Allen & Unwin, 1974). Das Gedicht erschien auch als Poster mit fotografischem Hintergrund bei Houghton Mifflin, 1974.

1975 »Guide to the Names in *The Lord of the Rings*«, *A Tolkien Compass*, hrsg. von Jared Lobdell (La Salle, Illinois, Open

Court, 1975), S. 153–201. [Anmerkungen zur Nomenklatur in der Geschichte, ursprünglich zur Anleitung für Übersetzer geschrieben.]

Sir Gawain and the Green Knight, Pearl, and Sir Orfeo, in modernes Englisch übersetzt; hrsg. und mit einem Vorwort versehen von Christopher Tolkien (London, Allen & Unwin, 1975).

[Im Laufe des Jahres 1975 erscheinen zwei Langspielplatten der Caedmon Records (TC 1477 und 1478), auf denen Tolkien aus dem *Hobbit* und dem *Lord of the Rings* liest. Die Aufnahmen waren im August 1952 von George Sayer in Malvern gemacht worden.]

Tree and Leaf, Smith of Wootton Major und *The Homecoming of Beorhtnoth* erscheinen in einem Sammelband, *Farmer Giles of Ham* und *The Adventures of Tom Bombadil* in einem anderen (London, Unwin Books, 1975).

1976 *The Father Christmas Letters*, hrsg. von Baillie Tolkien (London, Allen & Unwin, 1976; Boston, Houghton Mifflin, 1976). [Deutsch: *Briefe vom Weihnachtsmann* (Stuttgart, Klett-Cotta, 1977).]

1977 *The Silmarillion,* hrsg. von Christopher Tolkien (London, Allen & Unwin, 1977). [Deutsch: *Das Silmarillion* (Stuttgart, Klett-Cotta, 1978)]

Anhang D
Quellen und Danksagungen

In diesem Buch wird J. R. R. Tolkien meist ohne Quellenangabe zitiert. Die erforderlichen Verweise wären andernfalls sehr zahlreich und (wie ich glaube) ermüdend für das Auge gewesen; da ohnehin viele der Zitate aus unveröffentlichten Quellen stammen, wären solche Angaben auch nur von sehr begrenztem Interesse. Auch auf die herkömmlichen Pünktchen zur Kennzeichnung einer Auslassung in einem Zitat habe ich verzichtet, weil sie zu zahlreich und daher (glaube ich) störend gewesen wären, ohne zu erhellen. Meine Absicht dabei war, den Bericht nicht mit »der Fährte des geschäftigen Redakteurs« zu durchkreuzen, wie Tolkien selbst dies einmal genannt hat.

Im Hinblick auf dieses Fehlen von Quellenangaben mag es von einigem Interesse sein, wenn ich kurz erkläre, welcher Art diese Quellen sind. Der Bericht über das Leben der Familie in Bloemfontein beruht auf Briefen von Arthur Tolkien an seine Eltern in England. Erinnerungen an Ronalds Kinderzeit in Sarehole und Birmingham sind erhalten in handschriftlichen Notizen Tolkiens sowie in Zeitungs- und Rundfunk-Interviews. Ich hatte auch das Glück, mit seinem Bruder Hilary Tolkien sprechen zu können, der mir vieles über ihre Kindheit erzählte und ausführlich mit mir korrespondierte, während ich an diesem Buch schrieb. Leider erlebte er nicht mehr, daß es fertig wurde, denn er starb Anfang 1976. Die Ereignisse in der Duchess Road wurden damals in Briefen zwischen Tolkien und seiner späteren Frau festgehalten, und über ihre erzwungene Trennung gibt ein Tagebuch Auskunft, das er damals für kurze Zeit führte. Nach ihrem Wiedersehen wurde der Briefwechsel fortgesetzt bis zum Beginn ihres ständigen Zusammenlebens Ende 1918; die mehreren hundert Briefe, die sie sich in diesen Jahren schrieben, waren die Quelle für viele Informationen über Tolkiens Studentenzeit und seinen Kriegsdienst. Von den Anfängen des »T. C. B. S.« erzählte mir Christopher Wiseman, dessen Hilfe, Ermutigung und Freundschaft eine meiner größten Freuden bei der Arbeit an diesem Buch gewesen ist. Tolkiens

Weg in Frankreich während des Ersten Weltkriegs wurde in groben Zügen in einem Tagebuch festgehalten, das er zu jener Zeit führte; dieses, zusammen mit Generalmajor J. C. Latters *History of the Lancashire Fusiliers, 1914—18 (Aldershot, 1949)* und John Harris' *The Somme* (London, 1966), ermöglichte es mir, ein detailliertes Bild von seiner Kriegsdienstzeit zu geben. Von 1919 bis 1933 führte Tolkien, in seinen erfundenen Alphabeten, ein recht ausführliches Tagebuch, und dies war die wichtigste Quelle für meinen Bericht über jene Zeit seines Lebens. Hinsichtlich der späteren Jahre stützte ich mich hauptsächlich auf seinen Briefwechsel mit Angehörigen und Freunden, mit seinem Verlag und den Lesern seiner Bücher, außerdem auf seine bald mehr, bald weniger regelmäßig geführten Tagebücher von 1964 bis zum Ende seines Lebens. Vieles von autobiographischem Gehalt konnte ich auch seinen Veröffentlichungen entnehmen, vor allem dem Essay *On Fairy-Stories* und dem Vortrag *English and Welsh.*

Die Tagebücher, Briefe und andere Papiere wurden mir von Professor Tolkiens Söhnen und Töchtern großzügig zur Verfügung gestellt, und am meisten Dank schulde ich daher ihnen, Pfarrer John Tolkien, Michael Tolkien, Christopher Tolkien und Priscilla Tolkien. Sie alle haben mir in reichem Maße Zeit und Aufmerksamkeit geschenkt, mit mir über das Leben ihres Vaters gesprochen und sich zu dem Manuskript dieses Buches geäußert; und während meiner ganzen Arbeit haben sie mir ihr Wohlwollen, ihre Ermutigung und Freundschaft nie versagt.

Ähnlich haben auch Professor Tolkiens Testamentsvollstrecker mir bei der Arbeit an diesem Buch jede erdenkliche Hilfe gewährt. Sie und der Verlag Allen & Unwin haben mir freundlich gestattet, aus Tolkiens veröffentlichten wie unveröffentlichten Schriften zu zitieren.

Viele Menschen haben schriftlich oder mündlich ihre Erinnerungen an Professor Tolkien mitgeteilt, entweder mir selbst oder Ann Bonsor, die mir großzügig die Verwendung der Tonbandaufnahmen gestattet hat, die sie für eine Rundfunk-Sendefolge über sein Leben gemacht hatte. Diesen schulde ich Dank: Professor Simonne d'Ardenne, Owen Barfield, dem verstorbenen John Bryson, Professor Nevill Coghill, Professor Norman Davis und seiner Gattin, dem verstorbenen Hugo Dyson, Elaine Griffiths, Joy Hill, dem verstorbenen Pfarrer Gervase Mathew O. P., Pfarrer Robert Murray S. J., Mary Salu, Donald Swann, Dr. Denis Tolhurst, Baillie Tolkien, Rayner

Unwin, dem verstorbenen Milton Waldman und Dick Williamson. Mehrere von den Genannten hatten auch die Freundlichkeit, das Buch im Manuskript zu lesen und sich dazu zu äußern.

Vielen Familienangehörigen Professor Tolkiens, außer den schon genannten, schulde ich Dank für Freundlichkeit und Hilfe in vielerlei Hinsicht. Ich bin auch dankbar für das Ausleihen von Familienfotos und die Erlaubnis, sie zu reproduzieren.

Viele andere Menschen haben mir auf verschiedene Weise geholfen, und mein Dank gilt (unter anderen): C. Talbot d'Alessandro, Jonathan Anelay, Sir Basil Blackwell, C. H. C. Blount und Norman Craig von der König-Edwards-Schule in Birmingham, Alina Dadlez, Professor Glyn Daniel, Dechant Pascall Dillon O. M. I., Charles Furth, Glen und Bonnie Good-Knight, Juliet Grindle, Pfarrer Walter Hooper, Guy Kay, Jessica Kemball-Cook, Professor Clyde S. Kilby, Pfarrer R. P. Lynch und Dechant C. J. G. Winterton vom Birminghamer Oratorium, Mr. und Mrs. Michael Maclagan, A. C. Muffet, Mr. und Mrs. David Phillips, und dem Leiter der St. Philip's Grammar School in Birmingham. Brenda Goodall von Supercopy (Oxford) hat mir beim Fotokopieren viel Hilfe gewährt.

Dank schulde ich auch den Nachlaßverwaltern des verstorbenen C. S. Lewis für die Erlaubnis, aus seinen Briefen an Tolkien zu zitieren.

Während der Vorarbeiten zu diesem Buch besuchte ich die Marquette-Universität in Milwaukee (USA), in deren Archiven die Manuskripte vieler Erzählungen von Tolkien aufbewahrt werden. Dort wurde mir viel Freundlichkeit erwiesen von Paul Gratke, Pfarrer Robert Callen S. J. und Pfarrer Raphael Hamilton S. J. Dank schulde ich auch mehreren britischen Bibliotheken: der Bodleian Library, der Bibliothek des Imperial War Museum, der Stadtbibliothek von Evesham und ihrem Bibliothekar Keith Barber sowie der Brotherton Library an der Universität Leeds.

Ich habe eine Reihe von Büchern zu Rate gezogen, die sich als nützlich erwiesen, vor allem C. S. Lewis' *Surprised by Joy,* seine *Vier Arten der Liebe*, seine gesammelten Briefe und seine Biographie von Roger Lancelyn Green und Walter Hooper. Zu den anderen Büchern, die von Nutzen waren, gehörten *The Life of Joseph Wright* von E. M. Wright (Oxford, 1932), *The Rise of English Studies* von D. J. Palmer (Oxford, 1965), *Tolkien Criticism: An Annotated Checklist* von Richard C. West (Kent State University Press) und *A Guide to Middle Earth* von Robert Foster (New York, 1974). Auch den vielen Presse- und Rundfunk-Journalisten, die Tolkien interviewt haben und deren Interviews ich zu Rate gezogen habe, schulde ich Dank. Besonders erwähnen muß ich die Interviews von Keith Brace (*Birmingham Post, 25. 5. 1968), Daphne Castell (Glasgow Herald*, 6. 8. 1966, und *Christian Science Monitor*, 11. 8. 1966), William Cater (*Daily Express*, 22. 11. 1966, und *Sunday Times*, 2. 1. 1972), Don Chapman (»Anthony Wood«, *Oxford Mail*, 9. 2. 1968), John Ezard (*Oxford Mail*, 3. 8. 1966), William Foster (*The Scotsman*, 25. 3. 1967), Denys Gueroult (*Now Read On*, BBC Radio 4, 16. 12. 1970), Philip Norman (*Sunday Times*, 15. 1. 1967), Charlotte und Denis Plimmer (*Daily Telegraph Magazine*, 22. 3. 1968) und Richard Plotz (*Seventeen*, 17. 1. 1967).

Ich muß hinzufügen, daß ich auch Mitgliedern meiner eigenen Familie danke, die das Buch im Manuskript gelesen und viele nützliche Vorschläge gemacht haben, und meiner Frau Mari Prichard, die, abgesehen von ihrer ständigen Beratung, auch Entscheidendes zur »Entschlüsselung« des Tagebuchs beitrug, das Tolkien von 1919 bis 1933 in seinen selbsterfundenen Alphabeten führte.

Christopher Tolkien habe ich schon erwähnt, doch darf meine ganz besondere Verpflichtung gegen ihn nicht unvermerkt bleiben. Als literarischer Nachlaßverwalter seines Vaters stand er vor der gewaltigen Aufgabe, das *Silmarillion* für die Veröffentlichung zu ordnen. Mitten in dieser Arbeit fand er noch ungezählte Stunden Zeit, mir zu helfen, und machte grundlegende und unschätzbare Vorschläge, die erheblichen Einfluß auf die endgültige Form dieses Buches hatten. Außerdem haben er, seine Gattin Baillie und ihre Kinder Adam und Rachel mich fast acht Monate lang an fünf Tagen in der Woche in ihrem Hause empfangen, während ich die vielen Papiere und Manuskripte durchsah, die damals unter ihrem Dach aufbewahrt wurden. Die Herzlichkeit, mit der sie mich stets begrüßten, machte mir meine Arbeit zum Vergnügen.

Register

Namen aus Tolkiens Schriften erscheinen in einfachen Anführungszeichen.

J. R. R. Tolkien

Die Briefe vom Weihnachtsmann

Ullstein Buch 39024

Auch als Weihnachtsmann hat J. R. R. Tolkien Meriten, denn als dieser hat er jahrelang, von 1925 bis 1938, seinen vier Kindern weihnachtliche Privatbriefe vom Nordpol geschrieben. Sie waren mit W. M. signiert, mit phantasievollen Zeichnungen ausgeschmückt und mit Briefmarken der Nordpolpost ordnungsgemäß frankiert. Meist gibt er in ihnen kauzige Berichte über den vorweihnachtlichen Hochbetrieb am Nordpol und macht seinem Ärger über böse Kobolde und sonstige Quälgeister Luft. Kein Wunder, daß bei all diesen Aufregungen die Schrift vom Weihnachtsmann ganz zittrig ist.

Klett-Cotta im
Ullstein Taschenbuch

J. R. R. Tolkien

Baum und Blatt

Ullstein Buch 39039

»Shakespeare erschuf Charaktere und Entwicklungen, Tolkien erschafft Welten und Mythen.« So beschrieb W. H. Auden das Werk des Oxfordprofessors und weltweit gefeierten Schöpfers der Hobbits.
In der deutschen Erstausgabe »Baum und Blatt« läßt sich Tolkien in seinem Essay »Über Märchen« auf das Abenteuer ein, über das Reich der Feien und Elben zu schreiben, über ein Land voller Fährnisse, in dem Fallen den Unbedachten und Kerker den Tolldreisten erwarten.
Die Geschichte »Blatt von Tüftler« ist durch die Symbole von Baum und Blatt eng verbunden mit dem Essay.
In beiden Texten geht Tolkien den Gesetzmäßigkeiten jener dichterischen Einbildungskraft nach, deren gelungene Gestalten die Form einer »zweiten Schöpfung« haben – einer neuen Welt der Phantasie.

Klett-Cotta im
Ullstein Taschenbuch

Die Hobbit Presse bei Klett-Cotta:

Gustavo Adolfo Bécquer: Die grünen Augen
230 Seiten, kart. im Schuber, ISBN 3-12-900541-2

Peter S. Beagle: He! Rebeck!
376 Seiten, kart. im Schuber, ISBN 3-12-900621-4

Peter S. Beagle: Das letzte Einhorn
Von Heinz Edelmann völlig neu gestaltete Ausgabe
183 Seiten, engl. brosch., ISBN 3-12-900571-4

Dahlov Ipcar: Der Ruf ins andere Land
279 Seiten, , kart. im Schuber, ISBN 3-12-903621-0

Nikolai Gogol: Abende auf dem Weiler bei Dikanka
327 Seiten, kart. im Schuber, ISBN 3-12-902961-3

Colin Andrew McLaren: Rattus Rex
256 Seiten, kart. im Schuber, ISBN 3-12-905541-X

Henri Bosco: Der Esel mit der Samthose
250 Seiten, kart. im Schuber, ISBN 3-12-900591-9

W. H. Hudson: Das Vogelmädchen
364 Seiten, kart. im Schuber, ISBN 3-12-903780-2

Peter Marginter: Der Baron und die Fische
360 Seiten, kart. im Schuber, ISBN 3-12-905581-9

Ueda Akinari: Unter dem Regenmond
170 Seiten, engl. brosch., ISBN 3-12-900460-2

H. P. Lovecraft: Die Traumfahrt zum unbekannten Kadath
208 Seiten, engl. brosch., ISBN 3-12-904930-4

Evangeline Walton: Die vier Zweige des Mabinogi
1100 Seiten in zwei Bänden, kart. im Schuber, ISBN 3-12-908540-8

Ariano Suassuna: Der Stein des Reiches
916 Seiten, 2 Bände, kart. im Schuber, ISBN 3-12-907520-8

J. R. R. Tolkien: Der Herr der Ringe

Normalausgabe

mit den »Anhängen«. Neu gestaltet von Heinz Edelmann.
Drei Bände, Leinen mit SU, zusammen 1379 Seiten,
ISBN 3-12-907921-1 · ISBN 3-12-907931-9 · ISBN 3-12-907941-6

Luxusausgabe

Drei Bände, Halbleder, zusammen 1379 Seiten,
ISBN 3-12-907981-5

Wohlfeile kartonierte Ausgabe
Drei Bände im Schuber, 1257 Seiten, ISBN 3-12-908000-7

Barbara Strachey: Frodos Reisen
Der Atlas zu »Der Herr der Ringe«
110 Seiten, 52 Karten, zweifarbig, kart., ISBN 3-608-95006-0

Der Herr der Ringe, Anhänge
128 Seiten, kart. im Schuber, ISBN 3-12-907980-7

Humphrey Carpenter: J. R. R. Tolkien / Eine Biographie
324 Seiten, 16 einfarbige Tafeln, Leinen mit Schutzumschlag,
ISBN 3-12-901460-8

Das Silmarillion
Herausgegeben von Christopher Tolkien
386 Seiten, Leinen, ISBN 3-12-907970-X

Fabelhafte Geschichten
Von Heinz Edelmann gestaltete Neuauflage
160 Seiten, broschiet, ISBN 3-12-908050-3

Die Briefe vom Weihnachtsmann
48 Seiten mit vielen farbigen Bildern, Großformat, Pappband
mit vierfarbigem Überzug, ISBN 3-12-907990-4

T. H. White: Der König auf Camelot
Band 1: 308 Seiten, ISBN 3-12-908690-0
Band 2: 336 Seiten, ISBN 3-12-908731-1

Joy Chant: Roter Mond und Schwarzer Berg
356 Seiten, kart. im Schuber, ISBN 3-12-901470-5

Lord Dunsany: Die Königstochter aus Elfenland
286 Seiten, kart. im Schuber, ISBN 3-12-901880-8

George MacDonald: Lilith
347 Seiten, kart. im Schuber, ISBN 3-12-906040-5

William Goldman: Die Brautprinzessin
332 Seiten, kart. im Schuber, ISBN 3-12-902960-5

Garcí Ordoñez de Montalvo: Amandís von Gallien
Zwei Bände, kart. im Schuber, zusammen 619 Seiten,
ISBN 3-12-905790-0

Klett-Cotta